民法典时代

医疗活动实务指南

刘 鑫 陈 伟 张宝珠 主编

北 京

国家行政管理出版社
NATIONAL ADMINISTRATION PRESS

图书在版编目（CIP）数据

民法典时代医疗活动实务指南 / 刘鑫，陈伟，张宝珠主编 . —北京：国家行政管理出版社，2021.4
ISBN 978-7-5150-2536-0

Ⅰ.①民… Ⅱ.①刘… ②陈… ③张… Ⅲ.①医药卫生管理—法规—中国—指南 Ⅳ.①D922.16-62

中国版本图书馆 CIP 数据核字（2021）第 061945 号

书　　名	民法典时代医疗活动实务指南 MINFADIAN SHIDAI YILIAO HUODONG SHIWU ZHINAN
主　　编	刘　鑫　陈　伟　张宝珠
责任编辑	刘韫劼
出版发行	国家行政管理出版社 （北京市海淀区长春桥路 6 号　100089）
综 合 办	（010）68928887
发 行 部	（010）68922366　68928870
经　　销	新华书店
印　　刷	北京盛通印刷股份有限公司
版　　次	2021 年 4 月北京第 1 版
印　　次	2021 年 4 月北京第 1 次印刷
开　　本	170 毫米×240 毫米　16 开
印　　张	24
字　　数	430 千字
定　　价	72.00 元

本书如有印装问题，可联系调换。联系电话：（010）68929022

作者团队

于潇洋	中国中医研究院西苑医院
王将军	中日友好医院
王思思	中国人民解放军总医院
王秀红	贵州医科大学
刘　鑫	中国政法大学
刘洪宇	北京市西城区人民法院
刘诗卉	北京积水潭医院
任美华	首都医科大学附属北京天坛医院
孙俊楠	北京华卫律师事务所
刘福爽	北京华卫律师事务所
张宝珠	中国人民解放军总医院
陈　伟	北京积水潭医院
陈薛妍	中国政法大学
李　浪	中国医学科学院肿瘤医院
李嘉彦	中国政法大学
宋　萍	四川大学华西医院
佘　苗	西安交通大学第一附属医院
沈燕飞	甘肃省人民医院
苑　冲	天津市河西区人民法院
郑秋实	北京大学肿瘤医院
郑永均	广东省中山市三乡医院
郑谢畅	中国政法大学
赵　双	北京积水潭医院
赵彩飞	北大国际医院
胡立莲	柳州市工人医院

段智元　中国政法大学
祝　涛　中国人民解放军第三〇五医院
敖丽丹　贵州省高级人民法院
高　杨　中国人民解放军总医院
童云洪　北京华卫律师事务所
蔡衡衡　中国政法大学
曾跃萍　首都医科大学附属北京儿童医院
徐　婷　陕西省汉中三二〇一医院
黄仙萍　山东大学附属济南市中心医院
寇学斌　河南省商丘市第一人民医院

目 录

绪论　让医院管理注入民法元素 …………………………… 1
 一、医患关系的民事法律属性 ………………………………… 1
 二、医疗机构依法执业依法管理的要求 ……………………… 3
 三、医疗机构应当树立民事权利意识 ………………………… 5
 四、将民法思维运用到医疗机构管理工作中 ………………… 8

第一章　《民法典》与医疗活动概述 …………………………… 16
 一、《民法典》的基本情况 …………………………………… 16
 二、《民法典》总则编与医疗活动有关的规定 ……………… 21
 三、《民法典》合同编与医疗活动有关的规定 ……………… 26
 四、《民法典》人格权编与医疗活动有关的规定 …………… 32
 五、《民法典》侵权责任编与医疗活动有关的规定 ………… 36

第二章　全周期健康保障中的民法问题 ……………………… 49
 一、全周期健康保障概述 ……………………………………… 49
 二、《民法典》人格权编相关法条解读 ……………………… 50
 三、关于死产与活产的认定及其法律意义 …………………… 71
 四、医疗机构面临的问题与对策 ……………………………… 73

第三章　医疗机构的法律地位 ………………………………… 76
 一、医疗机构的法律地位概述 ………………………………… 76
 二、《民法典》法人制度相关规定的解读 …………………… 79
 三、医院面临的问题与对策 …………………………………… 84
 四、典型案例及分析 …………………………………………… 87

第四章　医疗服务合同的签订、履行与违约 ············ 89
一、医疗服务合同概述 ············ 89
二、医疗服务合同的特点及分类 ············ 92
三、医疗服务合同的订立及效力 ············ 98
四、医疗服务合同的违约责任 ············ 105
五、医疗欠费及医疗机构的应对措施 ············ 109

第五章　特殊医疗服务合同 ············ 113
一、门诊预约合同 ············ 113
二、院前医疗急救服务合同 ············ 117
三、诊疗行为中的强制缔约义务 ············ 123
四、医疗费用担保合同的应用 ············ 126

第六章　医疗机构涉及的非医疗服务合同 ············ 131
一、医疗机构内的保管合同 ············ 131
二、陪护服务合同 ············ 140
三、医疗机构内的买卖合同 ············ 142
四、医疗机构内的租赁合同 ············ 145
五、医疗机构涉及的融资租赁合同 ············ 147
六、医患双方和解协议 ············ 151

第七章　监护、委托与代理 ············ 157
一、监护、委托与代理概述 ············ 157
二、《民法典》监护、委托与代理相关规定解读 ············ 161
三、医疗机构面临的问题及对策 ············ 164

第八章　自愿与因特殊义务实施的紧急救助 ············ 176
一、紧急救助概述 ············ 176
二、《民法典》紧急救助条款解读 ············ 177
三、医疗机构面临的问题与对策 ············ 181
四、典型案例分析 ············ 182

第九章　病历管理与患者个人信息保护 …… 188
- 一、病历管理与患者个人信息保护的概述 …… 188
- 二、《民法典》与病历相关的规定 …… 191
- 三、医疗机构病历书写与管理存在的问题 …… 202
- 四、医疗机构病历书写与管理建议 …… 207

第十章　医疗机构的安全保障义务 …… 211
- 一、医疗机构的安全保障义务概述 …… 211
- 二、医疗机构安全保障义务的类型 …… 213
- 三、医疗机构违反安全保障义务侵权责任的构成要件 …… 222
- 四、医院履行安全保障义务的要求以合理为限 …… 224

第十一章　医疗告知与说明义务的新要求 …… 227
- 一、医疗告知与说明义务概述 …… 227
- 二、医疗告知与说明义务的实施 …… 232
- 三、医疗机构的紧急救助义务 …… 238
- 四、知情同意书的法律效力问题 …… 243
- 五、违反医疗告知与说明义务的法律责任 …… 245
- 六、提高医疗机构医疗告知效力的法律建议 …… 249

第十二章　医疗损害鉴定与赔偿 …… 252
- 一、医疗损害鉴定与赔偿概述 …… 252
- 二、《民法典》医疗损害鉴定与赔偿相关规定解读 …… 259
- 三、医院面临的问题与对策 …… 267

第十三章　医院向医务人员的追偿 …… 275
- 一、医院向医务人员追偿概述 …… 275
- 二、《民法典》中医院向医务人员追偿的相关规定及问题 …… 277
- 三、医院及司法实践中可能面临的问题与对策 …… 281
- 四、典型案例分析 …… 284

第十四章　医疗活动中的免责规定 ………………………… 289
一、医疗活动免责概述 ……………………………………… 289
二、《民法典》相关免责规定解读 ………………………… 290
三、医院面临的问题与对策 ………………………………… 300
四、典型案例分析 …………………………………………… 303

第十五章　过度医疗与欺诈骗保 …………………………… 306
一、过度医疗与欺诈骗保概述 ……………………………… 306
二、过度医疗与欺诈骗保的特点和表现 …………………… 308
三、过度医疗及欺诈骗保的法律责任 ……………………… 314
四、医院面临的问题与对策 ………………………………… 319

第十六章　新型医疗技术实施的民法问题 ………………… 322
一、新型医疗技术试验与临床实践概述 …………………… 322
二、《民法典》新型医疗技术相关规定解读 ……………… 329
三、医疗机构面临的问题与对策 …………………………… 336
四、医疗机构应当加强临床试验合同管理 ………………… 339
五、典型案例分析 …………………………………………… 342

第十七章　医务人员合法权益保护 ………………………… 346
一、人格权保护概述 ………………………………………… 346
二、《民法典》人格权保护适用法律问题的解读 ………… 352
三、医疗机构面临的问题与对策 …………………………… 363

附　录　相关法律文件全称、简称对照表 ……………… 370

案例索引 …………………………………………………… 372

后　记 ……………………………………………………… 376

绪论　让医院管理注入民法元素

在我国社会主义法律体系建设上具有重大里程碑意义的《中华人民共和国民法典》（以下简称《民法典》）已于2021年1月1日在神州大地开始实施。《民法典》把平等主体之间因为财产关系、人身关系而产生的法律关系，统统囊括于自己的调整范围，正如有学者所言，《民法典》是老百姓生活中的百科全书。对于普通民众而言，生活就意味着吃、喝、拉、撒、睡，生、老、病、死、残，后五项即人的生命全周期，正是医疗机构医疗保健的范畴。从这个角度来看，《民法典》与医疗机构的工作息息相关。这种相关，不仅限于《民法典》"侵权责任编"中第六章"医疗损害责任"，还包括其他编中的很多相关章节条款。作为医疗机构的管理者，作为为患者提供医疗保健服务的专业机构、专业人员，除了应当熟悉、了解普通民事主体应当了解的《民法典》的规定之外，还应当结合医疗工作的特点和要求，对《民法典》中的一些规定有深入的了解，并且能够与本医疗机构的工作相结合，将《民法典》相关规定落实到医疗保健工作中去，最大限度提高医疗工作的效率，最大限度提升医疗服务质量，保障医疗安全，最终保障患者就医全流程的安全，以完成习近平总书记2016年8月19日在首届全国卫生与健康大会上提出来的"加快推进健康中国建设，努力全方位、全周期保障人民健康"[①]的重任。

一、医患关系的民事法律属性

医患关系是一种古老的、复杂的、有利益关联的人际关系，由于医疗活动具有人身侵害性、风险性以及治疗结果的不确定性等特点，医患关系必须从法律层面予以规制。在法律层面上考察各种法律关系，存在刑事法律关系、行政法律关

---

① 《把人民健康放在优先发展战略地位　努力全方位全周期保障人民健康》，《人民日报》2016年8月21日。

系、民事法律关系等多维度、多层次的法律关系，涉及纵横交叉的很多法律、法规。复杂的医患关系，虽然也涉及多种法律关系，以及多种法律、法规的调整，但是在医疗机构为患者提供医疗服务层面，医患关系应当属于平等主体之间涉及人身、财产内容的法律关系，因而是民事法律关系。

从法律层面来看，无论医疗机构是何种性质，政府举办的医疗机构还是社会力量举办的医疗机构，营利性医疗机构还是非营利性医疗机构，都是医疗服务提供的一方。这种医疗服务的提供，是应患者的诊疗需求作出的响应，没有患者发出的疾病诊疗需要的邀约，医疗机构就不可能作出提供医疗服务的允诺。医患双方在医疗需求与服务提供方面，是基于双方的合意一致而发生的，是一种契约关系，任何一方不得强制对方，在对方不能够实现自己的义务时，本方可以终止自己的义务，并追究对方的法律责任。从这个角度来看，医患双方具有法律地位的平等性，是平等主体之间的法律关系。合同自由是合同法的基本原则，是指双方当事人都有"是否订约、定何约、与谁订约、以何种方式订约"等方面的自由。然而，在医疗服务合同中，虽然患者在一定范围内有选择医疗机构及医务人员的自由，但医疗机构及医务人员不能选择患者，即其选择患者的自由几乎完全被限制。从这个角度来看，医患双方的地位存在不平等的情况。

医方基于其具有的特定身份或职业而负有的强制缔约义务。世界各国或地区的立法大都规定了医方的强制缔约义务。在医师负有强制缔约义务的场合，强制缔约只要在患者有意思表示能力或虽无意思表示能力（如处于昏迷状态），但由患者的配偶、法定代理人、监护人或其他亲属送医时，就可以成立。还有，在急诊急救中，当在医疗机构内面对来就诊的生命垂危的患者，或者住院的患者出现了危及生命的情况，又或者是在出诊的过程中面对生命垂危的患者，无论患者是否挂号、是否有支付医疗费用的能力，医疗机构及其医务人员都必须提供必要的医疗救护。但这些看似不平等的情况，并不能否定医患关系是一种民法上的合同关系。医患关系是一种服务关系，因而医患双方形成的法律关系，从合同层面考察，应当属于服务合同关系。

医患关系涉及患方的需求和医务人员诊疗服务的提供，二者之间的这种供需关系存在很大的风险，面临很多的不确定性。只有医患双方都遵循某种规则，依据诚信原则各自履行自己的义务，尤其是医务人员提供的医疗行为，因面临技术选择的不确定性、诊疗结果的不确定性、并发症和不良事件发生的不确定性等，更是要受到相关法律、法规、诊疗规范的规制，才能保证诊疗活动实施的安全和有效。因此，规范医患关系如果仅仅从社会学层面、心理学层面进行，是医患双方自发的、自愿的、随意的，构建起来的医患关系既不稳定，也不牢固，而且在有其他因素干预和影响之下，甚至会成为一种非常糟糕的恶劣的关系。因此，医患关系必须从法律层面予以规制，医患双方都必须遵守相关的法律、法规，按照法律规范和约定各自要履行各种义务，从而构建起一种受法律规制和保护的医患关系。

二、医疗机构依法执业依法管理的要求

（一）医疗机构应当加强法治建设

全面推进依法治国，建设社会主义法治国家，是社会发展的必然产物，是社会主义社会的本质要求，也是总结历史沉痛教训后的明智决策；是新时期培育和践行社会主义核心价值观的重要保证，因而是中国共产党领导全国人民把我国建成富强、民主、文明、和谐、美丽的社会主义现代化国家，实现中华民族伟大复兴中国梦的题中应有之义。党的十八届四中全会通过的《关于全面推进依法治国若干重大问题的决定》（以下简称《决定》）指出："全面推进依法治国，总目标是建设中国特色社会主义法治体系，建设社会主义法治国家。这就是，在中国共产党领导下，坚持中国特色社会主义制度，贯彻中国特色社会主义法治理论，形成完备的法律规范体系、高效的法治实施体系、严密的法治监督体系、有力的法治保障体系，形成完善的党内法规体系，坚持依法治国、依法执政、依法行政共同推进，坚持法治国家、法治政府、法治社会一体建设。""法律的生命力在于实施，法律的权威也在于实施。"法律的有效实施是社会主义法治国家的重要标志。具体来看，法律有效实施主要包括依法执政、依法行政、司法公正、公民守法这4个方面。守法是法律实施最重要的基本要求，也是法律实施最普遍的基本方式。守法的主体十分广泛，包括一切国家机关、武装力量、政党、社会团体、企事业组织、公民个人及在我国领域内的外国组织、外国人及无国籍人。在社会层面，医疗机构是医疗服务的提供者，政府举办的医疗机构也只是国家设立的事业单位，并非行政部门，没有行政职权，在国家权力层面属于行政管理相对方，属于受法律调整和约束的对象，在法律实施层面属于守法者。

为了规范行政机构的执法工作，促进相关部门和企事业单位守法，中共中央办公厅、国务院办公厅根据《决定》精神于2016年6月发布了《关于推行法律顾问制度和公职律师公司律师制度的意见》，要求党政机关、国有企业建立健全

法律顾问、公职律师制度。为此，2019年12月24日，国家卫生健康委办公厅印发《关于进一步加强医疗卫生事业单位法治建设的通知（试行）》，要求医疗卫生事业单位增强法治思维和能力，完善法治建设工作制度，逐步建立健全法治工作部门，全面推行法律顾问制度。医疗机构加强法治建设，在制定医疗决策、构建医疗制度、开展医疗活动等方面，要加强法治思维，建立法律审查程序，让相关法律、法规的规定落实到医疗机构的具体规章制度中，让医疗机构的各项活动符合法律的规定和要求。

（二）重大医疗决策要履行合法合规性审查程序

法治社会中的相关主体在履行法律职能，执行法定权力，开展相关业务活动中，必须符合法律、法规的规定。这就是近年来已经引起法学界乃至企业界的高度关注的合规（compliance）问题。[①] 在西方国家，相关单位建立一种有效的合规计划，依照合规程序开展合规审查，已经成为单位重大事项决策、加强内部治理的重要方式。所谓合规，就是指相关单位为有效防范、识别、应对可能发生的合规风险所建立的一整套机构内部的治理体系。当前我们正处于一个国际政治体系变革的年代，正赶上世界经济发展的机遇，适逢以信息技术、原子能、电子计算机、空间技术和生物工程的发明和应用为代表的第三次技术革命的时机，无论从自然界还是从人类社会来看，无论从国际社会还是国内环境来看，无论从各行各业还是医疗卫生行业来看，无论从医疗机构外部环境还是内部环境来看，风险无处不在，自然风险、社会风险、政治风险、经济风险、行政管理风险、医疗执业风险等都始终存在。面对这些医疗机构开展医疗活动相伴相随的风险，医疗机构管理者、医疗服务的实施者，都应当树立牢固的风险意识，充分认识到风险成为现实给单位、团队和个人带来的难以估量的后果和损失。

风险是固然存在的，但风险的化解也是有章可循的。就医疗机构的管理工作而言，就医疗业务活动的开展而言，都应当按照相关风险规避措施来免除风险造成的后果给自己带来的不良影响。重大事项的决策需要遵循3个程序。一是集体决策程序。重要事项应当提交医疗卫生事业单位党政会议集体决策；与职工利益密切相关的事项，决策前应当通过职工代表大会等形式听取意见和建议。二是合法性审核程序。重大决策事项、重大项目安排、大额度资金使用事项、内部管理制度、合同等应当就是否符合法律法规和国家政策等方面进行合法性审核，或由

[①] 参见陈瑞华：《企业合规制度的三个维度——比较法视野下的分析》，《比较法研究》2019年第3期。

法律顾问出具合法性审核意见。未经合法性审核的事项、文件、合同不得提交会议讨论、审议,不得发布实施或签署。三是会计审核程序。会计审核制度是合法合规性审查在经济层面落实的具体制度之一。会计审核制度是指各单位在会计机构内部指定专人对会计凭证、账簿、报表及其他会计资料进行审核的制度,包括经济业务入账以前审核和入账以后的审核,其目的在于防止会计核算工作上的差错和有关人员的舞弊行为。① 会计审核制度是单位内部会计监督的有效形式和方法制度,是内部会计控制制度的重要组成部分,主要依据会计审核为业务形式的稽查与核实制度。② 尤其在医疗机构作出重大投资项目决策,相关领导调动、离任之时,应当启动专业审计程序,甚至应当邀请第三方进行审计。

在医院的合法合规性审查方面,就是要对医院的决策事项、医疗服务活动开展是否符合法律、法规的规定和要求的情况进行审查,对存在的违法风险及后果情况进行评估,并制定相应的对策,或者探索弥补策略。合法合规性审查所适用的"法",包括以下内容:①国家法律法规,包括法律、行政法规、行政规章、地方性法规、司法解释等,所有具有法律渊源资格的规范文件都是需要遵守的对象,其中就包括《民法典》及相关司法解释;②行业惯例,既包括成文规范、标准、指南、专家共识,如各行业协会颁布的行为准则等,也包括不成文的行业习惯和惯常做法;③机构内部制定的规章制度,违反机构依照相关程序制定的规章制度同样会成为受到制裁的理由;④我国加入的国际组织条约,如世界卫生组织等国际组织制定的规范、条例、标准等。

三、医疗机构应当树立民事权利意识

正如邓小平在 1992 年南方谈话所言,发展是硬道理。习近平总书记指出:"一个国家、一个民族要振兴,就必须在历史前进的逻辑中前进、在时代发展的潮流中发展。"③ "对外开放是我国的基本国策,任何时候都不能动摇。"④ 当代中国正面临经济发展的良好机遇,无论世界格局如何变化,改革开放是我们不变的主旋律。国家要发展,必然要建立规范有序的市场经济。市场经济的实质就是法

---

① 参见陈少华:《会计学原理》(第 3 版),厦门大学出版社 2008 年版,第 289 页。
② 参见杨顺利、张满侠:《论会计审核制度建设》,《咸阳师范学院学报》2013 年第 2 期。
③ 习近平:《在浦东开发开放 30 周年庆祝大会上的讲话》,《人民日报》2020 年 11 月 13 日。
④ 《开放共创繁荣 创新引领未来——习近平出席博鳌亚洲论坛 2018 年年会开幕式并发表主旨演讲》,《人民日报》2018 年 4 月 11 日。

治经济，以法治划定政府与市场边界，将社会主义制度优势与市场经济生产力优势结合起来，把秩序与活力统一起来，是确保市场高效有序、经济健康发展的前提。我国《民法典》以保护产权、维护契约、统一市场、平等交换、公平竞争、有效监管为基本导向，顺应我国市场经济发展规律，引导市场主体规范从事经济活动，为社会主义市场经济的良性运行和持续发展铺平了法治轨道。从法理上看，《民法典》就是市场经济运行的总章程，是市场主体活动的总依据，是市场经济的基本法律，是名副其实的"经济宪章"。①

医疗机构作为民事主体给患者提供诊疗服务，无论国家相关法律有什么样的资格准入条件，有多么严格的医疗质量、医疗安全的保障要求，医疗行为有什么样的诊疗规范加以规制，本质上还是一种民事活动，医患双方的权利和义务当然要受到《民法典》的调整。在《民法典》背景下，医患双方的权利和义务进一步清晰，《民法典》及司法解释的相关规定和要求已经成为医疗服务合同中考察医患双方权利和义务的依据。医疗机构在正常的医疗服务运营过程中，需要跟各部门及人员打交道，必然产生各种法律关系，由此而衍生相关的权利和义务。

《民法典》中有大量涉及民事主体的权利、义务及法律责任的规定。比如，《民法典》规定民事主体的财产权利受法律平等保护（第一百一十三条），民事主体依法享有物权（第一百一十四条），民事主体依法享有债权（第一百一十八条），民事主体依法享有知识产权（第一百二十三条），等等。对这些权利，《民法典》中设立了专编、专章予以规定。由于知识产权种类繁多，保护方法较为特殊，《民法典》中没有作详细规定，相关规定在专门立法之中。

《民法典》第一百一十条规定，自然人享有生命权、身体权、健康权、姓名权、肖像权、名誉权、荣誉权、隐私权、婚姻自主权等权利。法人、非法人组织享有名称权、名誉权和荣誉权。对医务人员个人的姓名权、名誉权等权利的维护，人们一般有相应的法律意识。但是对于作为法人的医疗机构的名称权、名誉权等的保护，则明显意识不强。医疗机构作为法人，依法享有名称权、名誉权和荣誉权，医疗机构应当依法保护和维护自己的合法权益。当前，医疗机构的名称权、名誉权、荣誉权被肆意侵害的情况时有发生。医疗机构在维护自己合法权益方面明显做得不是很充分，相关部门在保护医疗机构名称方面做得也不是很到位。

---

① 参见郭晔：《中国民法典的法理定位》，《东方法学》2020年第6期。

绪论 让医院管理注入民法元素

【案例00-1】

上千家"协和"要改名！国家出手整治李鬼医院①

作为国家卫健委指定的全国疑难重症诊治指导中心，北京协和医院有着百年历史传承。可如今，在网上搜索"协和医院"，就能找到有2000多家贴着"协和"的医院遍布全国。目前，具有高医疗技术水平的"协和"系，除了北京协和医院外，还有华中科技大学同济医学院附属协和医院、福建医科大学附属协和医院。其他多属"傍名牌"。2020年5月29日，国家市场监督管理总局办公厅发布《关于对知名医院等机构被冒牌问题开展清理整治的通知》指出，为促进医疗等行业规范有序发展，现决定以"协和""华山""湘雅""华西""齐鲁""同济""天坛"等知名医院被冒牌问题为重点，对知名医院等机构被冒牌问题在全国范围内开展清理整治，包括：加强对知名医院等机构字号的保护，严厉打击医疗领域不正当竞争行为，坚决查处营利性医疗机构价格违法行为，严肃查处发布违法医疗广告行为等。

【案例00-2】

某医院以互联网文章侵犯其名誉权诉讼案②

原告为某医院，被告占某、薛某。两被告系恋人关系。被告薛某系原告药剂科工作人员。被告薛某与药剂科同事朱某在工作中时有矛盾发生。为报复朱某，两被告合谋，冒用朱某身份，于2011年12月底起，以zlyyzhubin（肿瘤医院拼音的首字母加朱某的拼音全拼）的户名，在天涯等网站发表了一篇标题为"揭肿瘤医院黑幕：克扣病人药品月捞40万"的网帖，在该篇文章中，两被告虚构了原告克扣病人药品的事实。该文在网上发布后，引起多方关注。原告就此在内部自查，朱某否认发表过上述文章，故原告向公安机关发函请求协助调查。公安机关接报后，查实该篇文章系两被告发布，对两被告作出罚款的行政处罚。两被告为此于2012年4月28日向原告提交了道歉信，并在网上确认原网帖内容与事实

---

① 参见《上千家"协和"要改名！国家出手整治李鬼医院》，腾讯网，2020年6月2日。
② 参见上海市徐汇区人民法院（2012）徐民一（民）初字第3215号民事判决书。

不符,就事实进行了澄清,向原告致歉。对此原告未予接受并提起诉讼。

法院审理认为,法人的名誉权受法律保护。两被告冒用他人名义在网上肆意发表内容不实的网帖,且其网帖标题醒目,表明意思明确,普通网民观阅后,以其认知水平,必然得出原告克扣病人药品,确实存在黑幕的读后感。同时,涉案网帖经网络传播,已扩大了传播面。本案诉讼至今,两被告对上述网帖内容不具有客观性和真实性,并无异议,故本案所涉损害事实确实存在,应得到确认。由于原告作为专科医院的特殊性,其在行业内具有知名度,涉案网帖内容的传播,使广大公众对原告乃至医疗行业的信赖度产生怀疑,导致原告社会评价的降低,使原告的信誉受到侵害。因此,两被告的涉案网帖内容,主观过错明显,构成名誉侵权,被告应当依法承担名誉侵权的民事责任。由于两被告已在网上发布澄清公告,原告主张两被告停止侵权的诉讼请求,本院不再处理。原告主张被告以书面形式向原告赔礼道歉的诉讼请求,符合法律规定,且两被告在庭审中也表示同意原告该项请求,故对原告该项请求本院予以准许。据此,依照《民法通则》第一百二十条之规定,判决被告占某、薛某于本判决生效后5日内,以书面形式向原告某医院赔礼道歉,道歉内容需由本院审定。

四、将民法思维运用到医疗机构管理工作中

法律规范是一种一般的、抽象的行为规则,是为人们规定的一种行为模式或行为方案。它针对具体人和具体事在相同的条件下可以反复适用。法典则是模范行为规则之集成,汇集了社会中方方面面的行为规范。学习《民法典》,首先是要求医疗机构的管理者熟悉和了解民法的基本理念、基本原则,在日常工作中有民法意识,运用民法思维开展决策,思考工作;其次,学习《民法典》就是要知悉和了解《民法典》中存在哪些与医疗机构的具体工作相关联的抽象的规范;最后,将这些规范与医疗机构的具体制度、具体工作联系起来,让医疗机构的规章制度符合《民法典》的规范要求,让医疗机构开展的具体诊疗工作符合《民法典》的规范要求。

(一)《民法典》的基本原则

诚信原则(principle of good faith)是民法重要的基本原则,是民事主体开展民事活动的重要的基本理念,要求人们在民事活动中应当诚实、守信用,正当

行使权利和履行义务。诚信原则，在法律上的诚信来源于日常生活中的诚信，是将最低限度的道德要求上升为法律要求，是一般诚信的法律化。诚信原则要求一切市场参加者在不损害他人利益和社会公益的前提下，追求自己的利益。一般认为，诚信原则的基本含义是，当事人在市场活动中应讲信用，恪守诺言，诚实不欺，在追求自己利益的同时不损害他人利益和社会利益，要求民事主体在民事活动中维持双方的利益以及当事人利益与社会利益的平衡。

民法的另一个重要的基本理念是意思自治原则（the principle of private autonomy）。意思自治又称私法自治，指民事主体依据自己的利益需要自主决定涉及其民事权利义务的民事事项。包括两方面含义：一方面，当事人自主决定民事事项，不仅可自主决定是否实施某一行为，是否参与某种法律关系，以自己的意思选择行为的相对人、行为的内容、行为的形式，设定权利义务，而且可以按自己的意思处分其权利，自主选择处理纠纷的程序和基准法。当事人之间关于民事事项的约定，只要不违反法律的强行性规定，就具有法律的效力。另一方面，当事人仅对于表达自己真实意思的行为负责，不是基于当事人真实意思的行为对当事人不发生法律效力。意思自治的基础在于意志自由，是以民事主体的地位平等为前提的。意思自治原则与平等原则为民法的最基本的原则，是"自由""平等"观念在民事法律上的表现。

意思自治原则确立于自由资本主义，以自由经济主义和人类自由理性为理论基础，强调个人权利与绝对自由，其核心是合同自由或契约自由。如《法国民法典》第一千一百三十四条规定，"依法成立的契约，在缔结契约的当事人之间有相当于法律的效力"。学界普遍认为，该规定确立了近代民法上的契约自由或意思自治原则。意思自治虽强调的是意志自由，但即使在自由资本主义时期，意思自治也不是无限制的自由，也要受到法律的限制。在现代民法中，意思自治仍然是民法特别是合同法的一项重要原则。我国《民法典》确定了意思自治原则，我们在开展民事活动中可以按照自己的意愿自由开展相关的民事活动，自主决定医疗机构的民事事项。当然，意思自治也受到一定的限制。

关于民法的基本原则，在《民法典》总则编中有如下3条规定：

第五条　民事主体从事民事活动，应当遵循自愿原则，按照自己的意思设立、变更、终止民事法律关系。

第六条　民事主体从事民事活动，应当遵循公平原则，合理确定各方的权利和义务。

第七条 民事主体从事民事活动,应当遵循诚信原则,秉持诚实,恪守承诺。

(二)《民法典》涵盖了医疗工作的各个方面

医疗机构的所有工作都可能会涉及《民法典》的规定,我们将其分成两个方面。一是作为普通民事主体应当遵守的规范。医疗机构是一个面向公众提供医疗保健服务的专业性实体,医疗机构的运转涉及很多环节,包括行政管理、后勤保障。与其他法人单位类似的是,医疗机构涉及大量的人事管理问题,医疗机构从业人员的专业类型和性质极为复杂,有正式编制的人员,有带编的聘用人员,有签订一般劳动合同的人员,等等;在专业上,有医师、护士、药师、医技等专业技术人员,也有非专业技术人员。医疗机构还会涉及各种物资采购问题,包括专业物资如药品、医疗器械、消毒用品等采购,也会涉及一般办公、生活、保障物品的采购。此外,医疗机构还会涉及与其他行政部门打交道的问题,如与环保、工商、税务、劳动等行政部门。从这个角度来看,《民法典》中的所有规范都与医疗机构的工作有关联,作为医疗机构的管理者应当充分重视《民法典》。但是,医疗机构管理人员毕竟不是法律专业人士,对《民法典》不可能面面俱到充分了解和掌握,即便熟悉了《民法典》的所有规定,也难以领会其精神实质。因此,医疗机构要将《民法典》的规定运用于医疗机构的管理中来,不是要求管理者充分熟悉和掌握《民法典》,而是要有《民法典》的意识,尤其在作出重大决策时,在处理医院中涉及平等主体之间的民事法律事务时,要有《民法典》意识,具体工作交由医院的法务部门或者聘请的专业律师来处理。二是作为医疗服务提供者应当遵守的规范。医疗机构的核心工作是为患者提供医疗服务。前已述及,医患关系是平等主体之间的民事法律关系,在《民法典》的调整范围之内。《民法典》中很多规定又与医疗工作密切相关,但是《民法典》中的规定都是概括性的、抽象性的,不了解医疗工作的内容和流程,难以将《民法典》中这些规定与医疗工作联系起来,即便联系起来了,也难以把握其实践的意义。这正是本书的重点。本书希望通过对《民法典》作全面系统梳理,将那些与医疗工作有着直接或者间接关系的民事规范找出来,从医疗机构的角度加以研究,联系医疗工作进行解析,尤其是针对这些规定进一步分析医疗工作面临的新问题、新挑战,医疗机构在管理层面如何调整管理思路,找出解决问题的办法。

绪论　让医院管理注入民法元素

【案例00-3】

关于意思表达的规定在医疗实践中的运用①

患者杨某，男，45岁，某日不慎摔倒，致使其左下肢胫腓骨骨折，在某县人民医院骨科就医。医师根据患者骨折的情况，提出了切开复位＋钢板内固定的治疗方案，在签署知情同意书后实施了手术，手术过程顺利。术后两周患者出院。出院时，医师叮嘱患者6个月后来院复查，并且在给患者的"出院小结"上也写上了"6个月后来院复查"。然而，患者出院后两年才来医院复查，被诊断为"骨不连"，后续治疗极为麻烦而漫长，由此医患双方发生了纠纷，患者向法院起诉要求医院承担侵权责任。

诉讼中，医方认为，医师要求患者出院后6个月来医院复查，但患者不来，而是过了两年才来的，错过了及时发现并调整治疗方案的最佳时机，患者的骨不连系患者不配合医疗机构符合诊疗规范的诊疗所导致的不良后果，依据《侵权责任法》第六十条（《民法典》第一千二百二十四条）规定，应当由患者自行承担责任，医方没有责任。但患者的律师认为，医师告知患者是"6个月后来院复查"，患者是两年后来的，显然符合医师"6个月后"的要求，遵守了医嘱，配合了医疗工作，是医师告知不清晰导致的。最后，法院判决医院承担了责任。

这是司法诉讼中当事人及其代理律师惯常采用的一个诉讼技巧——抠字眼。但是诉讼中到底应当如何确定当事人在民事活动中的真实意思表示呢？过去法律规定不是很明确，但是在《民法典》中对"相对人的意思表示的解释"有明确的规定：

第一百四十二条　有相对人的意思表示的解释，应当按照所使用的词句，结合相关条款、行为的性质和目的、习惯以及诚信原则，确定意思表示的含义。

无相对人的意思表示的解释，不能完全拘泥于所使用的词句，而应当结合相关条款、行为的性质和目的、习惯以及诚信原则，确定行为人的真实意思。

第四百六十六条　当事人对合同条款的理解有争议的，应当依据本法第一百四十二条第一款的规定，确定争议条款的含义。

合同文本采用两种以上文字订立并约定具有同等效力的，对各文本使用的词

---

① 参见刘鑫：《医疗理由纠纷——现状、案例与对策》，中国人民公安大学出版社2012年版，第124页。

句推定具有相同含义。各文本使用的词句不一致的，应当根据合同的相关条款、性质、目的以及诚信原则等予以解释。

（三）熟悉和掌握法律适用方面的规定

医疗工作具有极强的专业性，涉及患者的生命和健康，风险性很强，因此，对医疗工作的品质要求非常高。医疗机构在开展诊疗活动过程中，要自觉开展医疗质量、医疗安全管理，最大限度保障患者的安全，使得对患者的诊疗工作的效率最大化，将医疗风险、医疗不良事件的发生概率降至最低。为了实现这一目标，国家相关部门出台了一系列的医疗卫生管理法律、法规、规章，还制定了一系列的诊疗规范、技术指南、专家共识等技术性规范文件。技术标准、技术法规是医疗卫生法律的重要渊源。不过，我们需要注意的是，我国医疗行业的技术指南、专家共识比较混乱，缺乏制定技术指南、专家共识的规范，与国际上关于技术指南、专家共识制定的要求有明显出入，常常出现不同技术指南、专家共识内容不一样甚至矛盾的情况，因此，技术指南、专家共识不能拿来就用。①

虽然《民法典》有大量的规范，但仍不足以涵盖大千世界中的方方面面的事项，医疗机构的工作中，很多也找不到规定，不仅《民法典》里没有，其他法律、法规中也没有。

法律适用的基本原则是，有国家制定的成文法律依据法律，没有成文的法律文件可以依据法学理论，没有法学理论的可以依据相关的习惯。实际上，无论是我们国家，还是发达的西方国家，均没有也不可能有一部涵盖全部医疗工作的"诊疗规范大全"。在有的非医疗专业人士眼中，甚至以为在医疗行业中有一部类似《辞海》一样的"诊疗常规典"，遇到什么诊疗活动，在里面一查便知。制定一部成文的、涵盖所有诊疗活动每一个环节的"诊疗规范大全"，既不现实也不可能。一方面，医疗工作涉及面很广泛，诊疗活动种类繁多，加之医疗机构、医务人员所处地域的不同，诊疗设备、诊疗技术的差异，不可能用一套统一的规范来要求所有医务人员的操作。另一方面，随着现代科学技术的发展，医学理论、医疗技术和方法也在不断更新，这种制定的成文规范难以适应医学科学的发展。所以，在临床工作中便存在大量的业界认可的"惯常做法"。临床上存在的不成文的规矩、习惯并非每个医务人员都了解，是不是业界公认的习惯也并非每个医

---

① 参见刘鑫、陈伟主编：《医疗质量安全核心制度理论与实践》，中华医学电子音像出版社2018年版，第46—50页。

务人员都知悉。这也是为什么我们主张医疗事故技术鉴定、医疗损害鉴定要有多位从事该专业领域的同行专家集体鉴定的原因所在。

《民法典》总则编中有如下两条规定：

第十条　处理民事纠纷，应当依照法律；法律没有规定的，可以适用习惯，但是不得违背公序良俗。

第十一条　其他法律对民事关系有特别规定的，依照其规定。

（四）善于运用合同及约定的规定

合同是重要的民事法律工具，很多工作都可以通过合同来规范，通过合同约定来减少法律风险和纠纷的产生。《民法典》仅规范了19种典型合同。现实生活中的合同千千万万，《民法典》中的19种合同可谓九牛一毛，大量没有规定的合同都称为无名合同，或非典型合同。医疗服务合同即无名合同。《民法典》总共有一千二百六十条规定，直接涉及合同的规定有五百二十六条，但并不能涵盖现实生活中的各种情况。前已述及，当事人意思自治是民法的重要原则，所以有关合同纠纷的解决上，有一个基本理念就是尊重当事人的约定。

鉴于医疗服务活动的特殊性，医疗机构在开展民事活动时要遵守相关的法律规定，即当事人在决定民事事项时，在与有关民事主体进行约定时，不得违反法律的强制性规定，不得侵害国家利益、公共利益以及他人的合法权益。否则这种约定无效。因此，对于一些没有法律规定的情况，医疗实践活动中又确实遇到了麻烦，需要加以解决时，可以按照意识自治原则，对民事活动的相对方进行约定。

【案例00-4】

手术标本处置约定[①]

患者张先生因糖尿病左足坏死到某市人民医院骨科进行截肢手术，在履行了知情同意签字手续后，主导医师顺利地完成了手术，手术成功，患者安全回到病房。然而术后当日下午，意想不到的情况发生了。患者儿子到医院找主刀医师要其父亲手术切下来的左足。医院根据《医疗废物管理条例》的规定，拒绝将该手术切下之肢体返还患者。由此引发纠纷。

[①] 参见刘鑫：《医疗理由纠纷——现状、案例与对策》，中国人民公安大学出版社2012年版，第78页。

其实，废物是一个相对的概念，废物是指在一定范围内没有使用价值的东西，但换到另一场所，在另一项工作中可能具有使用价值，则不是废物。《医疗废物管理条例》第二条规定，医疗废物是指医疗卫生机构在医疗、预防、保健以及其他相关活动中产生的具有直接或者间接感染性、毒性以及其他危害性的废物。显然判断医疗废物是以"感染性、毒性以及危害性"三性为判断标准。如果患者没有感染性疾病，不会造成疾病传播，并且患者承诺将手术切下肢体贮存妥当，就不具有这三性，手术切下的标本就应当给患者。但现实中又不是所有患者都要手术切下来的肢体组织、器官。最为被动的情况是，我们无法判断哪个患者要自己的器官，哪个患者不要，而且作为生物组织一旦脱离人体，很快会滋生细菌、腐败，但如果医疗机构处理了该器官之后，患者又找医疗机构索要器官该怎么处理？

为此，我们建议医疗机构在制定手术切下病理标本处理制度时，可以规定医患双方在签署"手术同意书"时约定手术切下组织器官标本处理方式、方法的内容，医务人员在完成病理检验后遵照约定处理手术标本。

在民事法律活动中，基于平等、自愿的原则，法律没有规定的，当事人可以约定，只要当事人的约定没有违反法律的强制性规定，对双方当事人即产生约束力。关于强制性规定，在《最高人民法院关于适用〈中华人民共和国合同法〉若干问题的解释（二）》第十四条明确规定为"效力性强制规定"，因此我们在理解和适用相关法律时，应当区分效力强制性规定和管理强制性规定。现实中经常有人对此不加以区分，甚至将一些行政部门发布的管理规定简单地等同于法律规定，认定医疗行为存在过错，显然有违立法原意。《民法典》有如下关于约定的规定：

第一百三十五条　民事法律行为可以采用书面形式、口头形式或者其他形式；法律、行政法规规定或者当事人约定采用特定形式的，应当采用特定形式。

第一百三十六条　民事法律行为自成立时生效，但是法律另有规定或者当事人另有约定的除外。

行为人非依法律规定或者未经对方同意，不得擅自变更或者解除民事法律行为。

第一百四十三条　具备下列条件的民事法律行为有效：

（一）行为人具有相应的民事行为能力；

（二）意思表示真实；

（三）不违反法律、行政法规的强制性规定，不违背公序良俗。

第一百五十三条　违反法律、行政法规的强制性规定的民事法律行为无效。但是，该强制性规定不导致该民事法律行为无效的除外。

违背公序良俗的民事法律行为无效。

《民法典》已经开始实施，我国已经开启了民法典时代。未来社会生活中方方面面的工作，都会围绕《民法典》设计的民事法律规范展开。医疗机构按照《民法典》的要求开展工作，必然提高工作效力，受到法律保护；反之，不按照甚至违反《民法典》的规定开展工作，必然给医疗机构的工作增添负面因素，相关工作成果不被法律保护。《民法典》中类似的规定很多，希望本书对这些法律规范的解读，尤其是结合医疗工作的实际情况的分析，能给各位读者带来收获。

第一章 《民法典》与医疗活动概述

《民法典》是新中国成立以来第一部以"法典"命名的法律，是新时代我国社会主义法治建设的重大成果。《民法典》的制定和实施，为中国社会建立了一套良好的、有序的营商环境，这对于规范民事活动，推动民事活动顺利进行，保障民事交易安全，强化各社会主体知法、守法、用法的意识等，都具有重要意义。《民法典》为平等主体之间开展的民事活动提供了一整套行为规范。虽然有的规范过去已经存在，甚至存在了多年，但是本次《民法典》的编纂，既对这些规范进行了修改、补充，也制定了一些新的规范。长期以来，我国政府举办的医疗机构都是在政府相关部门的领导和管理下开展活动的，医疗机构管理人员习惯于执行"红头文件"，甚至将政策文件看得比国家的法律法规还重。必须清楚认识到，法治时代已经来临，社会各机关、事业单位、企业以及公民，都必须在法律规范下开展活动。遵守法律规定，依照法律规范开展活动，是各种民事主体的分内之事。长期以来医疗机构的计划经济色彩和行政管理理念浓厚。因此，作为长期在计划经济体制下成长的医疗机构，必须转变思想，尽快适应《民法典》构建的各种民事法律规范的要求，在《民法典》规范之下进行医院管理，开展医疗服务活动。

一、《民法典》的基本情况

（一）为什么叫"典"

《民法典》是新中国首部民法典，它的通过和实施标志着我国从民事单行法时代迈入民法典时代，是中国特色社会主义法治建设的重大进步。正如习近平总书记所言，民法典系统整合了新中国70多年来长期实践形成的民事法律规范，汲取了中华民族五千多年优秀法律文化，借鉴了人类法治文明建设有益成果，是一部体现我国社会主义性质、符合人民利益和愿望、顺应时代发展要求的民法典，是一部体现对生命健康、财产安全、交易便利、生活幸福、人格尊严等各方面权利平等保护的民法典,是一部具有鲜明中国特色、实践特色、时代特色的民法典。①民法规范社会生活中平等主体之间的人身关系和财产关系,而且,由于社会上每一个自然人、每一个法人和非法人组织都是民事主体,民法的内容涉及社会成员的全部,也涉及他们从事社会活动的每一个环节。所以,《民法典》在我国法律体系中的地位,仅次于《宪法》。在一个法治社会里,对于民事行为的规范,属于社会的常规性、普遍性、基础性、全局性活动,而民法就是开展这些活动的法律遵循和依据。从这个角度看,《民法典》在我国法律体系中的地位,称得上是"国家重典"。②按照谭启平教授的观点,能够被命名为法典的法律,都有3个显著的特征:一是该立法在国家法律体系中有着十分重要的地位;二是立法体系庞大,法律制度规模大,法律条文众多;三是立法者要突出该法的体系性,强调立法的逻辑和规律。这部民法典就符合这3个方面的特征,最后被定名为"法典"。《民法典》是集民事法律活动规范之大成,汇集了绝大多数的民事法律规范、规则,民法规范涉及社会生活中的方方面面,与社会发展、生产建设、老百姓的生活息息相关,因而是民事法律规范之典章。

(二)《民法典》编纂历程

编纂一部真正属于中国人民的民法典,是新中国几代人的夙愿。编纂《民法典》不仅具有非常重要的现实意义,更是具有深远的政治意义。新中国成立后,我国曾于1954年、1962年、1979年和2001年先后4次启动民法典制定工作。第一次和第二次,由于多种原因而未能取得实际成果。1979年第三次启动,由于刚刚进入改革开放新时期,制定一部完整民法典的条件尚不具备。因此,当时领导全国人大法制委员会立法工作的彭真、习仲勋等同志深入研究后,在80年代初决定按照"成熟一个通过一个"的工作思路,确定先制定民事单行法律。继承法、民法通则、担保法、合同法就是在这种工作思路下先后制定的。2001年,第九届全国人大常委会组织起草了《中华人民共和国民法(草案)》,并于2002年12月进行了一次审议。经讨论和研究,仍确定继续采取分别制定单行法的办法推进我国民事法律制度建设。2003年第十届全国人大以来,又陆续制定了物权法、侵权责任法、涉外民事关系法律适用法等。总的来看,经过多年的努力,

---

① 参见《充分认识颁布实施民法典重大意义 依法更好保障人民合法权益》,《人民日报》2020年5月30日。

② 参见孙宪忠:《民法典何以为"典"》,《光明日报》2020年5月30日。

我国民事立法富有成效，逐步形成了比较完备的民事法律规范体系，民事司法实践积累了丰富经验，民事法律服务取得显著进步，民法理论研究也达到较高水平，全社会民事法治观念普遍增强，为编纂民法典奠定了较好的制度基础、实践基础、理论基础和社会基础。随着我国社会主义现代化事业不断发展，全面依法治国深入推进，人民群众和社会各方面对编纂和出台民法典寄予厚望。党的十八大以来，以习近平同志为核心的党中央把全面依法治国摆在突出位置，推动党和国家事业发生历史性变革、取得历史性成就，中国特色社会主义已经进入新时代。在坚持和完善中国特色社会主义制度、推进国家治理体系和治理能力现代化的新征程中，编纂民法典具有重大而深远的意义。[①]

2014年10月20日，党的十八届四中全会在北京召开，首次以全会的形式专题研究部署全面推进依法治国，并审议通过了《中共中央关于全面推进依法治国若干重大问题的决定》。该决定明确指出要编纂民法典，这为我国民法典编纂再一次提供了宝贵契机。2015年3月，全国人大常委会法工委正式启动了《民法典》编纂工作。结合我国民事法律体系现状，一开始就明确了"两步走"的规划。即首先制定《民法总则》，确定了调整民事活动必须遵循的基本原则和一般性规则等重要内容，属于法律制度的重大创新。然后对其他现行民事法律进行整合修订，编纂成民法典各分编。民法典由总则编和各分编组成，其中分编包括物权编、合同编、侵权责任编、婚姻家庭编和继承编等。2016年6月、10月、12月，全国人大常委会先后3次审议了民法总则草案。2017年3月15日，第十二届全国人大第五次会议表决通过《民法总则》，民法典编纂顺利迈出第一步。2018年8月，民法典各分编草案亮相。此后的一年多时间里，全国人大常委会对民法典各分编草案多次进行拆分审议。[②] 其中，与医疗卫生工作密切相关的三编，人格权编分别于2018年8月27日一次审议，2019年4月20日二次审议，2019年8月22日三次审议；侵权责任编分别于2018年8月27日一次审议，2019年1月6日二次审议，2019年8月22日三次审议；合同编分别于2018年8月27日一次审议，2019年1月6日二次审议。2019年12月23日，由民法典各分编草案与民法总则"合体"而成的完整版《民法典（草案）》，提交第十三届全国人大常委会第十五次会议审议。至此，前期的征求意见、修改工作基本结束，

[①] 参见王晨：《关于〈中华人民共和国民法典（草案）〉的说明——2020年5月22日在第十三届全国人民代表大会第三次会议上》，《人民日报》2020年5月23日。

[②] 参见新华：《新时代的人民法典——〈中华人民共和国民法典〉诞生记》，《人大建设》2020年第6期。

第一章 《民法典》与医疗活动概述

《民法典》(草案)基本完成。

(三)《民法典》基本情况

《民法典》于2020年5月28日第十三届全国人大第三次会议通过,2021年1月1日开始实施。《民法典》包括7编+1个附则,8个分编,84章,共计1260条,超过了10万字。从内容上来看,涉及面极为广泛,相关规则、规定庞杂,而且各编、章、节之间有一定的交叉、重叠,法典内规范还有相互引用的情况。因此,对于《民法典》内容梳理非常必要。《民法典》各编标题、主要内容和条文数情况见表1-1。《民法典》与医疗卫生工作相关的内容主要集中在总则编、合同编、人格权编、侵权责任编中,其他编也有一些法条与医疗卫生工作有关联,但内容相对较少。比如在婚姻家庭编中有关夫妻共同债务的规定,与患者因住院产生的医疗欠费就有关联,患者因住院产生的医疗欠费属于夫妻共同债务。再比如,关于生育权的问题,医疗机构常常会遇到孕妇自己来医院做了人流、引产手术,术后其丈夫或者同居男朋友以未经男方同意,孕妇单方面终止妊娠侵犯男方生育权为由提起诉讼。

表1-1 《民法典》各编标题、主要内容和条文数

编序	编名	章节	条文数
1	总则	10章:基本规定、自然人、法人、非法人组织、民事权利、民事法律行为、代理、民事责任、诉讼时效、期间计算	204
2	物权	5分编20章:通则、所有权、用益物权、担保物权、占有(章名略)	258
3	合同	3分编29章:通则、典型合同、准合同(章名略)	526
4	人格权	6章:一般规定,生命权、身体权和健康权,姓名权和名称权,肖像权,名誉权和荣誉权,隐私权和个人信息保护	51
5	婚姻家庭	5章:一般规定、结婚、家庭关系、离婚、收养	79
6	继承	4章:一般规定、法定继承、遗嘱继承和遗赠、遗产的处理	45
7	侵权责任	10章:一般规定、损害赔偿、责任主体的特殊规定、产品责任、机动车交通事故责任、医疗损害责任、环境污染和生态破坏责任、高度危险责任、饲养动物损害责任、建筑物和物件损害责任	95
8	附则		2

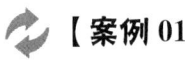【案例 01-1】

杨江某与解放军某医院未经其同意终止彭某妊娠的案例①

杨江某与彭某于 2014 年 1 月 22 日登记结婚。2014 年 9 月 21 日，彭某在其母亲的陪同下到解放军某医院住院要求终止妊娠，并在《中/晚期妊娠引产知情同意书》签名。同月 26 日，彭某引产一死男胎，后于同月 29 日出院。彭某分别于 2014 年 11 月及 2015 年 9 月起诉杨江某要求离婚，湖北省监利县人民法院均判决驳回彭某的诉讼请求。彭某于 2016 年 11 月再次起诉离婚，湖北省监利县人民法院于同年 12 月 15 日判决准许双方离婚。原告杨江某认为，解放军某医院于 2014 年 9 月 26 日为彭某实施终止妊娠手术，发生在上诉人杨江某与彭某婚姻关系存续期间，解放军某医院存在应当查清彭某的婚姻状况而没有查明等过错，向人民法院起诉，要求解放军某医院承担赔偿责任。

法院认为：第一，关于杨江某是否是本案适格主体。本案涉及生育权纠纷，杨江某作为生育权的利害关系人提起本案诉讼并无不当。第二，解放军某医院的行为是否侵犯了杨江某的生育权。根据《妇女权益保障法》第五十一条第 1 款"妇女有按照国家有关规定生育子女的权利，也有不生育的自由"的规定，彭某作为一名具有完全民事行为能力的成年人，在其母亲的陪伴下前往解放军某医院处做引产手术，解放军某医院为彭某施行终止妊娠术，既是对其意愿的尊重，更是解放军某医院为保障女性公民不生育自由而必须履行的义务，并没有侵犯杨江某的生育权，无须承担赔偿责任。综上，杨江某的请求依据不足，原审法院不予支持。依照《民事诉讼法》第六十四条第 1 款的规定，判决驳回杨江某的全部诉讼请求。

值得一提的是，2020 年 12 月 25 日最高人民法院审判委员会第 1825 次会议通过自 2021 年 1 月 1 日起施行《最高人民法院关于适用〈中华人民共和国民法典〉婚姻家庭编的解释（一）》第二十三条规定："夫以妻擅自中止妊娠侵犯其生育权为由请求损害赔偿的，人民法院不予支持；夫妻双方因是否生育发生纠纷，致使感情确已破裂，一方请求离婚的，人民法院经调解无效，应依照民法典第一千零七十九条第 3 款第 5 项的规定处理。"这条规定为医疗机构为孕妇单方面在

---

① 参见广东省广州市越秀区人民法院（2017）粤 0104 民初 8111 号民事判决书，广东省广州市中级人民法院（2017）粤 01 民终 16895 号民事判决书，广东省高级人民法院（2017）粤民申 9768 号民事裁定书。

医疗机构终止妊娠引发纠纷的处理提供了依据。不过，为了慎重起见，为了维系家庭关系，维护社会和谐秩序，医务人员应当告知孕妇慎重处理，最好征得其配偶或者男朋友的同意。

医疗机构管理人员在学习《民法典》的同时，也应当学习相关司法解释。司法解释对《民法典》内容有进一步解释性的细化规定，有利于医疗机构管理和医疗执业操作。

二、《民法典》总则编与医疗活动有关的规定

法律的总则部分的设立是一种实现立法简约的立法技术，目的在于避免法律条文的重复和冗余。总则编的设立，增强了民法典的形式合理性和体系的逻辑性，使法典更为简洁。各分编的编纂都要与总则编进行协调，并以其所确立的立法目的、原则、理念为基本的指导，从而形成一部价值融贯、规则统一、体系完备的民法典。尤其是在明确《民法典》的基本理念和所弘扬的法治精神方面，总则编可以发挥重要的作用。《民法典》总则编是关于民事法律关系中的基本问题、共性问题的一般性规定。《民法典》总则编覆盖民法各编，形成了总分结合、动静结合的法典结构。在静态上规定了自然人、法人、非法人组织3类主体，民事权利、民事责任等民事法律关系的内容；在动态上规定了民事法律行为、代理、诉讼时效等法律关系变动原因。[①]医疗机构管理人员学习民法典总则编，应当结合医疗机构的实际情况，结合医疗卫生工作的专业性和特殊性，尤其要结合医疗卫生管理相关的法律、法规。

（一）有关民事法律关系的基本问题

总则编对《民法典》制定的宗旨、基本原则、法律渊源等法律解释适用的基本内容作出了规定；确立了"绿色"原则，以适应我国生态文明建设任务；"公序良俗"正式进入民法，并成为兜底性强制性规定；确立了私法自治的消极界限；明确了习惯的法源地位，扬弃了以往将国家政策作为法源的做法。技术法规、临床实践指南等可以成为民法渊源，但是在医疗领域中，成文的技术规范是有限的，不成文的行业习惯、规矩则比较多。

《民法典》总则编还对民事主体、民事法律行为、代理、民事权利、民事责任、诉讼时效、期间计算等作出了规定。

---

① 参见张平华：《民法典"总则编"的意义和创新》，《检察日报》2020年6月17日。

在医疗侵权诉讼中，诉讼时效经常会遇到。但诉讼时效比较复杂，人民法院在案件审理中对待时效也比较灵活。因此，医疗机构在参加医疗侵权诉讼时应当正确、慎重对待时效问题。

【案例 01-2】

超过诉讼时效被法院驳回起诉的案例①

2008年11月16日，原告郭某艳因"足月妊娠，先兆流产，子宫肌瘤合并妊娠"入住被告医院妇产科，当日被告为原告行"硬膜外麻醉剖腹产＋子宫肌瘤剔除术"。术后3天原告诉腰背部疼痛，磁共振检查示"腰1、2椎水平椎管后方硬膜外脓肿形成，伴硬膜囊后壁受压损伤或感染改变，腰2～5椎间盘轻度突出"，行相应治疗，后双方发生纠纷。2009年1月15日，原告与被告达成协议约定：医患双方对协议中治疗过程描述无异议，被告给予原告一次性赔偿。同年1月16日，原告领取该款项。2014年9月4日，某司法鉴定中心对原告鉴定，认为医院存在过错，有因果关系，致九级伤残。2015年，原告以医疗损害责任纠纷向一审法院提起诉讼，后于2015年6月23日撤诉。2016年12月22日向陕西省卫计委信访。2018年7月25日原告再次向法院提起医疗损害赔偿诉讼。

一审法院认为，人身损害赔偿诉讼时效为1年，诉讼时效期间届满的，义务人可以提出不履行义务的抗辩。原告在2009年1月16日领取被告一次性赔偿金28000元，后于2014年鉴定为九级伤残，2015年提起诉讼要求被告承担损害责任，后于2015年6月23日因证据不足申请撤诉。被告于2015年6月24日领取民事裁定书，该撤诉书从2015年6月24日起生效。根据《民法总则》第一百九十五条规定，诉讼时效期间从该日重新起算至2016年6月24日届满。原告称2016年12月22日向省信访局上访，诉讼时效应重新起算，且2017年10月1日后《民法总则》诉讼时效应为3年，故本次起诉仍在诉讼时效期间内，并提供信访单欲证明。经调查，该信访单仅能证明原告向相关部门提出反映，无法证明向被告提出履行请求等信访内容，且没有其他证据证明被告知晓及回复此次信访，故本院对该证据不予认可，对原告诉称不予采信，涉案纠纷诉讼时效至2016年6

---

① 参见郭某艳与铜川市某医院医疗损害责任纠纷案。见陕西省铜川市王益区人民法院（2018）陕0202民初494号民事判决书，陕西省铜川市中级人民法院（2018）陕02民终483号民事判决书。

月24日届满。根据《最高人民法院关于适用〈中华人民共和国民法总则〉诉讼时效制度若干问题的解释》第三条规定，民法总则实施前，民法通则规定的2年或者1年诉讼时效期间已经届满，当事人主张适用民法总则关于3年诉讼时效期间规定的，人民法院不予支持。故根据被告提出的诉讼时效抗辩，依法驳回原告诉讼请求。综上，依照《中华人民共和国民法总则》第一百九十五条，《最高人民法院关于适用〈中华人民共和国民法总则〉诉讼时效制度若干问题的解释》第三条规定，判决驳回原告的诉讼请求。二审法院维持了一审判决。

（二）有关民事主体问题

《民法典》总则编对民事主体规定为自然人、法人、非法人组织，法人包括营利法人、非营利法人和特别法人。以取得利润并分配给股东等出资人为目的成立的法人，为营利法人，包括有限责任公司、股份有限公司和其他企业法人（第七十六条）。为公益目的或者其他非营利目的成立，不向出资人、设立人或者会员分配所取得利润的法人，为非营利法人，包括事业单位、社会团体、基金会、社会服务机构等（第八十七条）。机关法人、农村集体经济组织法人、城镇农村的合作经济组织法人、基层群众性自治组织法人，为特别法人（第九十六条）。

关于医疗机构的民事主体资格，我们需要结合《基本医疗卫生与健康促进法》第三十九条、第四十条、第四十一条的规定来学习和考察。《基本医疗卫生与健康促进法》从举办主体、资金来源上，将医疗机构划分为政府举办的医疗机构和社会力量举办的医疗机构；从医疗机构是否营利方面划分营利性医疗机构和非营利性医疗机构，并且进一步规定了"政府举办非营利性医疗卫生机构"，"以政府资金、捐赠资产举办或者参与举办的医疗卫生机构不得设立为营利性医疗卫生机构"，"非营利性医疗卫生机构不得向出资人、举办者分配或者变相分配收益"，"政府举办的医疗卫生机构不得与其他组织投资设立非独立法人资格的医疗卫生机构，不得与社会资本合作举办营利性医疗卫生机构"，其中在《民法典》总则编第四章中规定了"非法人组织"是不具有法人资格，但是能够依法以自己的名义从事民事活动的组织，包括个人独资企业、合伙企业、不具有法人资格的专业服务机构等（第一百零二条）。

作为到医疗机构就医的患者，系《民法典》上的自然人，可以作为独立的民事主体，具有法律上的诉讼主体资格。但是，有的时候患者不一定是医疗民事诉讼中的原告或者被告。比如，在孕期保健服务合同纠纷或孕期医疗损害赔偿诉讼中，原告是孩子的父母，而非有身体缺陷的孩子。孕期保健服务合同纠纷在美国侵权法上被称为不当出生之诉（wrongful conception，wrongful birth），错误生命之诉（wrongful life）。前者原告是父母，赔偿范围限于医疗费和孩子因缺陷增加人力照顾、社会设施改造及特殊教育的费用，不支持孩子后续的生活费用；①后者原告是有缺陷的孩子，但由于存在伦理风险，即便在美国，也仅有部分州支持该诉讼。在我国的司法实践中，这类诉讼无论是诉讼主体，还是赔偿范围，各地人民法院的做法不尽相同。

（三）代理制度与未成年人及其监护

未成年人②是法律中的一个重要群体，在我国法律制度中加以特别保护。长期以来，我国民法将不满18周岁的自然人规定为未成年人，但是在民事行为能力的划分上，对不同年龄段的未成年人加以区别对待。《民法通则》第十二条规定，不满10周岁的未成年人是无民事行为能力人，已满10周岁不满18周岁的未成年人为限制民事行为能力人。《民法典》对此有所调整，第十九条、第二十条规定，不满8周岁的未成年人是无民事行为能力人，由其法定代理人代理实施民事法律行为。已满8周岁不满18周岁的未成年人为限制民事行为能力人，实施民事法律行为由其法定代理人代理或者经其法定代理人同意、追认；但是，可以独立实施纯获利益的民事法律行为或者与其年龄、智力相适应的民事法律行为。

监护制度是与不具备完全民事行为能力的人相关的民事法律制度，涉及未成年人和精神障碍患者。监护人包括法定监护人、指定监护人、遗嘱监护人、委托监护人、意定监护人。在《民法典》中，未成年人法定监护人的确定与成年精神障碍患者监护人的确定顺序和范围稍有不同（第二十七条，第二十八条），与"亲属包括配偶、血亲和姻亲"（第一千零四十五条）的范围相关但有不同。对于监护人有违法情形，有关个人和组织可以向人民法院申请撤销其监护资格，安排必要的临时监护措施，并按照最有利于被监护人的原则依法指定监护人，这里的"有关组织"包括医疗机构（第三十六条）。

代理包括法定代理和委托代理，委托代理人按照被代理人的委托行使代理

---

① 参见王泽鉴：《侵权行为法》第一册，中国政法大学出版社2001年版，第139—146页。
② 关于未成年人刑事司法制度，见《刑法修正案（十一）》。

权，法定代理人依照法律的规定行使代理权（第三十四条，第一百六十三条）。未成年人住院期间一般需要其监护人陪护，在行使相关知情同意权、签署相关法律文书时，应当由其法定代理人行使，并履行监护义务；监护人不在场而由其他人陪护时应当得到其监护人的授权。

关于未成年人在医疗机构住院期间，如果没有陪护，其监护职责可以视为委托医疗机构代为行使。该未成年人造成他人损害时，由监护人承担侵权责任；受托人有过错的，承担相应的责任（第一千一百八十九条）。该规定为医疗机构内发生的未成年人侵权纠纷的妥善处理提供了依据。

【案例01-3】

一个规范性文件规定的错误

卫生部于2010年1月22日发布的《病历书写基本规范》中有如下规定：

第十条 对需取得患者书面同意方可进行的医疗活动，应当由患者本人签署知情同意书。患者不具备完全民事行为能力时，应当由其法定代理人签字；患者因病无法签字时，应当由其授权的人员签字；为抢救患者，在法定代理人或被授权人无法及时签字的情况下，可由医疗机构负责人或者授权的负责人签字。

因实施保护性医疗措施不宜向患者说明情况的，应当将有关情况告知患者近亲属，由患者近亲属签署知情同意书，并及时记录。患者无近亲属的或者患者近亲属无法签署同意书的，由患者的法定代理人或者关系人签署同意书。

该规定显然没有搞清楚监护与代理、法定代理人与委托代理人的关系。在该条第1款中提到的"患者因病无法签字时，应当由其授权的人员签字"，这里患者授权的人显然是委托代理人。患者因病无法签字，可以是肢体伤病无法签字，此时可以委托他人代为签字；但是患者因精神疾病无法签字，则只能由其法定代理人签字。在该条第2款"保护性医疗"的规定中，"患者无近亲属的或者患者近亲属无法签署同意书的，由患者的法定代理人或者关系人签署同意书"，无近亲属或者近亲属无法签字的患者，既可能是成年人，也可能是未成年人，成年人中既可能是完全民事行为能力人，也可能是不完全民事行为能力人。作为具有完成民事行为能力的患者，即使是出于"保护性医疗需要"，也并不存在法定代理人。

三、《民法典》合同编与医疗活动有关的规定

(一) 作为非典型合同的医疗服务合同

合同是非常重要的民事法律工具,很多民事法律行为都是通过合同、准合同、类合同的行为来完成的。据统计,全国法院系统审理的案件中50%~60%为合同纠纷。所以合同编自然也成了《民法典》的重点。《民法典》合同编有526条,约占整部法典条文的50%。包含3个分编和29章,规定了19种合同。在《民法典》合同编中规定的具体合同称为典型合同,或者有名合同,没有规定的则是非典型合同、无名合同。医疗服务合同属于非典型合同。现实生活中合同种类千千万万,非典型合同众多,如何确定这些合同的内容呢?另外,我国《民法典》中没有债法总论或者关于债的一般性规定,因此,在合同编第一分编"通则"的规定等同于债法通则的内容。《民法典》如下条文规定值得关注,该3项规定确定了非典型合同如何适用《民法典》。

第四百六十四条第2款 婚姻、收养、监护等有关身份关系的协议,适用有关该身份关系的法律规定;没有规定的,可以根据其性质参照适用本编规定。

第四百六十七条第1款 本法或者其他法律没有明文规定的合同,适用本编通则的规定,并可以参照适用本编或者其他法律最相类似合同的规定。

第四百六十八条 非因合同产生的债权债务关系,适用有关该债权债务关系的法律规定;没有规定的,适用本编通则的有关规定,但是根据其性质不能适用的除外。

医疗服务合同属于非典型合同,对此需要关注以下几个问题。

第一,医疗服务合同是一个大类合同,其下还包括很多具体的医疗服务合同,如院前急救医疗服务合同、门诊医疗服务合同、急诊医疗服务合同、义诊服务合同、整形美容医疗服务合同、体检服务合同等。

第二,医疗服务合同的一般内容,按照《民法典》合同编"通则"分编的规定来确定,可以根据医疗卫生管理法律、法规、规章等规范文件的规定以及医疗服务活动的性质、内容来确定合同内容和医患双方的权利和义务。

第三,医疗服务合同属于"服务合同",其标的是无形的"服务",而不是有形的物。因此,医疗服务合同是过程合同,而非结果合同,强调医疗机构及其医务人员按照诊疗规范的要求为患者提供医疗服务的过程。对医疗服务合同的内容,尤其是如何评价医疗机构是否尽到医疗服务合同的义务,是否存在医疗过

错，应当以医疗过程来评价，而不以医疗结果来评价。在对医疗过程的考察中，有必要将医疗过程阶段化、类型化，我们建议将医疗过程划分为问诊、检查、会诊、治疗、转诊等。①

（二）关注医疗服务合同中强制缔约义务

一般认为，甲乙双方签订合同，是在双方平等自愿的前提下进行的，但在一些特殊的法律关系中会存在强制缔约问题。强制缔约是指民事主体负有应相对人的请求与其订立合同的义务，或者是民事主体有义务向相对人发出要约以订立合同。前者为强制承诺，后者为强制要约。负有与相对人签订合同义务的民事主体，称为缔约义务人。缔约义务人负有的必须向另一方当事人发出要约的义务或者对另一方当事人提出的要约负有必须承诺的义务，即为强制缔约义务。②强制缔约义务是法定的，因履行强制缔约义务而订立的合同为强制合同。依据违反强制缔约义务的后果的不同，强制缔约可以分为直接的强制缔约与间接的强制缔约。前者一般包括越界建筑、法定地上权的成立、法定租赁权的成立、承揽人抵押权的成立、典权人的留买权、共有人以及承租人优先购买权、土地所有人对地上权人工作物的购买权等具体类型；后者包括公用事业的强制缔约义务、基于特定身份或职业而发生强制缔约义务。

医疗服务合同由于涉及人的生命健康，关系到基本民生，医疗机构及医务人员基于提供医疗服务的工作性质，决定了其身份的特殊性，因此，非因特殊情况，医方与患方签订医疗服务合同，医方没有选择的权利，即医方不得拒诊。如我国台湾地区"医师法"第二十一条规定，"医师对于危急之病症不得无故不应招请或无故迟延"；"药剂师法"第二十一条规定，"药剂师无论何时，不得无故拒绝药方之调剂"；此外，"助产士法"第十五条、"医疗法"第四十三条、"精神卫生法"第二十六条均规定了相应主体的强制缔约义务。再如日本《医师法》第十九条第1项规定，"从事诊疗之医师，在诊察治疗之请求存在的场合，若无正当事由，不得拒绝该请求"。

我国《执业医师法》第二十四条规定，对急危患者，医师应当采取紧急措施进行诊治；不得拒绝急救处置。《护士条例》第十七条规定，护士在执业活动中，发现患者病情危急，应当立即通知医师；在紧急情况下为抢救垂危患者生命，应

---

① 参见刘鑫：《医疗损害技术鉴定研究》，中国政法大学出版社2014年版，第205—207页。
② 参见柳经纬：《合同法》，中国民主法制出版社2014年版，第45页。

当先行实施必要的紧急救护。《基本医疗卫生与健康促进法》第二十七条第3款规定，急救中心（站）不得以未付费为由拒绝或者拖延为急危重症患者提供急救服务。由于医护人员承担着救死扶伤的社会职责，因此其所承担的强制缔约义务是医学伦理法律化的结果，或者说将伦理规范法律化以加强其强制性质。《民法典》第四百九十四条规定了强制缔约的义务。

第四百九十四条　国家根据抢险救灾、疫情防控或者其他需要下达国家订货任务、指令性任务的，有关民事主体之间应当依照有关法律、行政法规规定的权利和义务订立合同。

依照法律、行政法规的规定负有发出要约义务的当事人，应当及时发出合理的要约。

依照法律、行政法规的规定负有作出承诺义务的当事人，不得拒绝对方合理的订立合同要求。

（三）预约合同是医疗服务合同的特殊形式

预约合同在社会生活中大量存在，在之前的《合同法》中没有规定，首次对预约合同作出规定是在修改前的《最高人民法院关于审理买卖合同纠纷案件适用法律问题的解释》中，该司法解释第二条规定：当事人签订认购书、订购书、预订书、意向书、备忘录等预约合同，约定在将来一定期限内订立买卖合同，一方不履行订立买卖合同的义务，对方请求其承担预约合同违约责任或者要求解除预约合同并主张损害赔偿的，人民法院应予支持。2021年1月1日修订后的司法解释删除了该条文，是因为《民法典》第四百九十五条对预约合同的规定基本上采纳了司法解释的内容。与买卖合同司法解释的规定稍有区别的是，《民法典》更强调预约合同的实质要件，即有于将来一定期限内订立合同的意思表示，同时损害赔偿不再单列，而将之归入违约责任。①

为了缓解患者"看病难"，方便患者就医，提高医疗服务质量，减少患者就医等待时间，当前我国各级各类医疗机构都在大力推行门诊就诊预约挂号制度。②医院就诊挂号预约，是让患者事先到医疗机构指定的网站、电话服务平台等，根据医疗机构提供的出诊医师、出诊时间等信息，根据自己的就诊需要，预

---

① 参见睢晓鹏：《民法典预约合同的理解》，《人民法院报》2020年8月6日。
② 参见《卫生部关于在公立医院施行预约诊疗服务工作的意见》，《中华人民共和国卫生部公报》2009年第12期。

先确定接诊的医师、就诊的时间，并预付/不付挂号费。预约挂号的目的，是医疗机构与患者就将来某个时间到医疗机构接受诊疗服务的约定，因而属于预约合同。

预约挂号方便了患者，但是现实中爽约的现象比较严重。由于预约挂号往往是预约"专家号"，每名专家每次出诊可以接收患者挂号的人数是有限的，患者爽约意味着医疗资源的浪费，使得其他有同样就医需求的患者不能及时就医，因此，对于预约挂号而爽约的患者应当承担一定的违约责任。一是医疗机构可以对预约挂号爽约的患者作出"惩罚性"规定，比如限制再次挂号，不退挂号费等，但应当在预约挂号系统中在患者挂号时向患者明示。二是有的时候出诊医师可能因为特殊原因无法在患者预约挂号的时间出诊，有可能构成医疗机构爽约，因此，在预约挂号系统中患者挂号时应当进行提示和说明，并且医疗机构应当有预案，及时安排其他相同资格的专家提供诊疗服务，或者优先安排该患者在该专家后续出诊日就诊。《民法典》第四百九十五条规定了预约合同。

第四百九十五条　当事人约定在将来一定期限内订立合同的认购书、订购书、预订书等，构成预约合同。

当事人一方不履行预约合同约定的订立合同义务的，对方可以请求其承担预约合同的违约责任。

（四）格式条款问题

格式条款为合同双方当事人，尤其是拟定人一方节约了大量交易时间与成本，提高了生产经营效率。[①] 所以格式合同、格式条款有存在的必要，法律也没有禁止相关机构制作和使用格式合同，甚至有的行政主管部门还提供具有指导意义的格式合同，如住房和城乡建设部就出台了商品房买卖合同范本。但另一方面，格式条款的普遍使用又容易造成双方利益的严重失衡，尤其是在相关交易中对处于弱势的一方不利，有违公平原则。

合同格式条款大量存在，各国和地区对合同格式条款的规定并不完全一样。法国表述格式条款为"标准合同"与"附合合同"。日本将格式条款称为"普通条款"。而德国对应的是"一般条款"或者"一般交易条款"。我国台湾地区则称为"定型化契约"或"定式契约"。我国《合同法》第三十九条第2款规定："格式条款是当事人为了重复使用而预先拟定，并在订立合同时未与对方协商的条

---

① 参见崔建远：《论格式条款的解释》，《经贸法律评论》2019 年第 3 期。

款。"《民法典》第四百九十六条第 1 款对格式条款的定义沿用了这一规定，未作任何修改。这是我国法律关于格式条款的定义。

为了实现格式条款兴利抑弊的目标，保护相对人的合法权益，《合同法》及相关法律就对格式条款进行了一系列规制，尤其是对如何解释格式条款作出了规定。《合同法》第四十条后段规定"提供格式条款一方免除其责任、加重对方责任、排除对方主要权利的，该条款无效"，这也成为人们常说"格式合同无效"的法律依据。但是，对这种"无效"的理解，必须结合其他法律规定和客观现实情况来确定。如果该条规定文义涵盖过宽，若严格依照文义解释，将得出免责的格式条款在《合同法》上全部无效的结论，这显然是不符合客观实际的。依据立法目的，此类免责条款若系企业的合理化经营所必需，或免除的是一般过失责任，或是轻微违约场合的责任等，并且提供者又履行了提请注意的义务，那么此类条款就应当有效。《最高人民法院关于〈中华人民共和国合同法〉若干问题的解释（二）》第十条规定也肯定了这种目的性限缩的解释方法。《民法典》对格式条款的法律效力的认定采用了这种限缩性解释。第四百九十六条第 2 款、第四百九十七条、第四百九十八条规定了格式合同的法律效力如何认定。

第四百九十六条　格式条款是当事人为了重复使用而预先拟定，并在订立合同时未与对方协商的条款。

采用格式条款订立合同的，提供格式条款的一方应当遵循公平原则确定当事人之间的权利和义务，并采取合理的方式提示对方注意免除或者减轻其责任等与对方有重大利害关系的条款，按照对方的要求，对该条款予以说明。提供格式条款的一方未履行提示或者说明义务，致使对方没有注意或者理解与其有重大利害关系的条款的，对方可以主张该条款不成为合同的内容。

第四百九十七条　有下列情形之一的，该格式条款无效：

（一）具有本法第一编第六章第三节和本法第五百零六条规定的无效情形；

（二）提供格式条款一方不合理地免除或者减轻其责任、加重对方责任、限制对方主要权利；

（三）提供格式条款一方排除对方主要权利。

第四百九十八条　对格式条款的理解发生争议的，应当按照通常理解予以解释。对格式条款有两种以上解释的，应当作出不利于提供格式条款一方的解释。格式条款和非格式条款不一致的，应当采用非格式条款。

目前我国的医疗机构在开展医疗活动中都让患者及其近亲属签署包括知情同

意书在内的大量的法律文件,一旦发生医疗纠纷,患者及其代理律师往往主张医疗机构的这些文件属于"格式合同"或存在"格式条款",从而主张对自己不利的内容无效。如果说这些文件被解释为格式条款被认定为无效,那相关医疗卫生管理法律、法规还让医务人员签署这些文件干什么呢?这让医疗机构管理者困惑不已。

对于医疗机构制作的让患者签署的这些法律文件,根据《民法典》第四百九十六条第1款的规定,被解释为合同格式条款是没有问题的,但是不能被当然认定为无效。这些法律文件的法律效力的认定,应当结合其他相关法律规定和医疗服务的实际情况。根据《民法典》第四百九十六条第2款的规定,医疗机构在向患者提供相关法律文件时,已经采取合理的方式提示对方注意其中"免除或者减轻其责任等与对方有重大利害关系的条款",并"按照对方的要求,对该条款予以说明",这些条款内容就应当有效。所以,我们提醒医疗机构在执行《民法典》第一千二百一十九条规定的告知与说明义务时,向患者及其近亲属"具体说明"医疗风险、替代医疗方案等情况时,有必要对可能给患者带来不利影响的内容予以提醒注意、解释说明,甚至应当在知情同意书中对这些概念予以"圈画",以示提醒对方注意,同时也可以在将来发生纠纷时据此证明医方已经尽到提醒注意的义务。

(五)医疗机构内存在的其他非医疗服务合同

医疗机构是一个非常复杂的系统,不仅仅在于它给患者提供的是涉及生命健康的医疗服务,还在于患者及其近亲属会在医疗机构滞留生活相当长一段时间。这么一个庞大的有生命健康问题的人群住在一起,医疗机构除了要保障他们的疾病诊治,维系其生命健康安全,同时还要保障这些患者及陪护人员的吃喝拉撒睡等生活所需事项。所以,在医疗机构内,除了涉及医疗服务合同外,还会涉及大量的其他合同,包括:①与医疗服务相关联的其他合同,比如陪护服务合同、贵重财物存储合同、医疗器械及医疗辅助物品租赁合同、尸体存储合同、患者营养配餐服务合同等;②医疗机构为了正常开展医疗服务活动,发展、增强医疗机构的医疗服务能力,还会与有关单位签订建筑合同、医疗设备购销合同、融资租赁合同、医疗器械租借合同等;③还有一些纯粹生活需要的合同,比如,患者在医疗机构内的商店购买相关生活用品的买卖合同、餐饮服务合同等,或者在医疗机构内的药店购买非处方药的药品买卖合同等。

四、《民法典》人格权编与医疗活动有关的规定

(一) 设人格权专编凸显了"以人民为中心"的立法理念

《民法典》是人法,也是物法、行为法,但其核心是人法,相关的物和行为的规范都是围绕民事主体"人"——自然人和法人——展开的,它规定了民事主体"人"的权利和义务,以及由此而产生的法律责任。离开了人,《民法典》没有存在的必要;离开了人,民法规范便不再成立。本次《民法典》编纂,凸显了对人的法律地位、权利义务的重视。人格权独立成编被誉为我国民法典最大的亮点,其根植于我国40多年的人格权保护立法和司法实践,是独具中国特色的民事立法创举,不仅弥补了域外民法典在人格权保护方面的不足,彰显了现代私法人文主义立场,更推动了社会主义核心价值观全面融入中国特色社会主义法律体系,也是"用社会主义核心价值观塑造民法典的精神灵魂"的重要体现。为强化对民事主体人格利益的全面保护,切实落实党中央提出的"保护人民人身权、财产权、人格权"要求,坚持"以人民为中心"的发展思路,为实现人民群众美好幸福生活提供了坚实的制度保障。[①] 在《民法典》人格权编中,构建较为全面的人格权概念体系,构建相对完善的人格权保护体系,明确规定人格权许可使用规则。

第九百九十条 人格权是民事主体享有的生命权、身体权、健康权、姓名权、名称权、肖像权、名誉权、荣誉权、隐私权等权利。

除前款规定的人格权外,自然人享有基于人身自由、人格尊严产生的其他人格权益。

第一千零二条 自然人享有生命权。自然人的生命安全和生命尊严受法律保护。任何组织或者个人不得侵害他人的生命权。

第一千零三条 自然人享有身体权。自然人的身体完整和行动自由受法律保护。任何组织或者个人不得侵害他人的身体权。

第一千零四条 自然人享有健康权。自然人的身心健康受法律保护。任何组织或者个人不得侵害他人的健康权。

人格权是指为民事主体所固有而由法律直接赋予民事主体所享有的各种人身权利。人格权是一种非财产权,因而与财产权有区别;人格权是一种支配权,因

---

① 参见雷震文:《民法典人格权编对"人"的特别关怀》,《民主与法制时报》2020年8月14日。

而具有排他的效力;人格权是一种绝对权,因而任何他人都不得妨碍其行使;人格权还是一种专属权,即他人不得代位行使。根据人格权的属性,我们可以分析相关权利是否属于人格权。比如,关于知情同意权,常常有人将其界定为人格权或者人格利益。患者知情权不是绝对权,而属于相对权的范畴。所谓绝对权是指无须通过义务人实施一定的行为即可实现并能对抗不特定人的权利。所谓相对权,是指对某个特定人产生效力的权利,必须通过义务人实施一定的行为才能实现。因此,知情同意权不属于人格权,也不是人格利益,而是基于特定法律关系存在而产生的一种当事人享有的权利。无论是消费行为、医疗行为还是合同的签订,均是如此。因此,知情同意权是一种相对权,保障知情权实现的义务人也是特定的。显然知情同意权没有人格权的基本属性,不能被认定为人格权。本书认为,知情同意权应当是一种与合同相关的权利,是因为交易双方当事人基于特定交易目的的需要,一方当事人负有的告知与说明的先合同义务,在对方当事人知情的情况下签署双方合意一致的合同。从这个角度来看,无论是消费行为,还是医疗行为,都可以从消费合同、医疗合同的签订来解释知情同意权的性质和内容了。即使是司法知情权、行政知情权、社会知情权,也可以视为是人民委任管理者管理公众事务,管理者接受委任和实施管理行为后向公众汇报的一种义务,也可以归属广义的合同义务。

(二) 对生命权、身体权、健康权保护的两个维度

医疗机构的业务范围,是为公民提供预防、保健、治疗、护理、康复、安宁疗护等全方位全周期的医疗卫生服务,这些工作指向的对象就是自然人的生命权、身体权和健康权。在人格权体系中,生命、身体、健康是最重要的人格利益,具有至高无上性,在整个人格权体系甚至在整个民事权利体系中具有最高地位。有鉴于此,《民法典》人格权编的相关规定突出对这些人格权益的保护:其一,在体系设计中凸显了生命权、身体权、健康权在人格权体系中的优越地位;其二,人格权编将物质性人格权的内容进行了扩张;其三,物质性人格权不得克减;其四,明确个人对物质性人格利益的依法自主决定;其五,通过保护代际利益强化了对物质性人格权的保护。[①]

公民的生命权、身体权、健康权的保护存在两个不同的维度。第一个维度是生命权、身体权、健康权的保护的消极性。传统的健康权的消极性质十分明显,

---

① 参见王利明:《民法典人格权编的亮点与创新》,《中国法学》2020年第4期。

内容主要是排除他人侵害，通常要求一般人不得作出某种行为。健康权是公民享有的作为自然人存在于社会中天然拥有的身体健康、生理正常的状态，任何人不得侵犯、妨害。除了《民法典》第一千零二条、第一千零三条、第一千零四条规定了这种消极保护外，我国的《宪法》《刑法》《治安管理处罚法》等保护公民合法权益的法律之中也有涉及。对国家来说，这是一种排除妨碍的义务，是针对任何可能侵害他人合法权益的个体的排斥。对他人来说，这是一种消极不作为的义务。此处的健康权是公民依法享有的身体健康不受非法侵害的权利。身体健康是公民参加社会活动和从事民事活动的重要保证。保护公民的健康权，就是保障公民身体的机能和器官不受非法侵害。对于不法侵害公民健康权的行为，不仅要追究其民事责任，有时还要追究其刑事责任。第二个维度是生命权、身体权、健康权保护的积极性。当公民的健康出现了问题，身体上处于一种病理状态，或者身体遇到了创伤，又或者个体处于一种特殊的生理时期（比如怀孕），这种状态已经威胁或者影响到个体的健康权时，国家有保障公民健康权，维护公民处于一种正常健康状态的义务。除了《民法典》第一千零五条规定了这种积极保护外，我国的《基本医疗卫生与健康促进法》《执业医师法》《精神卫生法》等国家对医疗卫生活动管理的相关法律、法规之中也有涉及。这是一种积极作为的义务，但是不是针对特定的公民个体，而是针对全体国民。此处的健康权不是指身体健康的权利，而是指政府必须创造条件使人人能够尽可能健康。这些条件包括确保生病的公民获得适当的卫生服务，健康和安全的工作条件，适足的住房和有营养的食物。健康权载于诸多国际和区域人权条约以及世界各地的国家宪法。但是国家对公民健康权积极保障的义务并非强制每一个公民个体被动接受保障，而是针对全社会每一个公民个体提供的保障，这种健康权保障权利的实现，最终是通过自然人个体的选择和接受来实现的。

第一千零五条 自然人的生命权、身体权、健康权受到侵害或者处于其他危难情形的，负有法定救助义务的组织或者个人应当及时施救。

（三）关于公民个人信息和隐私的保护

《民法典》关于公民个人信息和隐私保护的条文在很多编里都有，在人格权编中还设立了专章。《民法典》人格权编第六章"隐私权和个人信息保护"第一千零三十二条到第一千零三十九条共计8条，对公民隐私权和个人信息的保护作了比较详尽的规定。此外，在总则编里还有第一百一十条、第一百一十一条；在人格权编里有第九百九十条、第九百九十四条、第九百九十九条、第一千零三十条；在侵权责任编里还有第一千二百二十六条。需要注意的是，在其他法律、法规里，也有公民个人信息和隐私权的保护，比如，在刑法层面，《刑法修正案（七）》《刑法修正案（九）》增设了"出售、非法提供公民个人信息罪"。全国人民代表大会常务委员会目前正在制定《个人信息保护法》，2020年10月21日，全国人大法工委已经就《个人信息保护法（草案）》公开征求意见。这既反映了当前公民个人信息和隐私权被侵犯的情况比较严重，也反映了国家相关部门对保护公民个人信息和隐私权的高度重视。在医疗机构层面，对患者个人信息和隐私权的保护也在日益加强。

（四）身份权保护准用人格权编的相关内容

身份权一般基于一定的亲属关系而产生，由自然人专属享有。如亲权基于父母子女关系产生，配偶权基于夫妻关系产生等。身份权主要包括亲权、配偶权、亲属权和荣誉权等。

身份权是自然人重要的民事权利，一般情况下只有在涉及监护、法定代理等事项上才与医疗工作有关系。但是，在医疗服务过程中，现在有一类特殊的纠纷可能与身份权的保护相关，就是产科、新生儿科错换婴儿的案件。近年来，在医疗机构产科、新生儿科错换婴儿的案件时有发生，而且一旦发现错换事件往往是在被错换者成年之后，由于错换者的生活环境、家庭条件、教育条件等发生变化，甚至改变了错换者的人生，此时引发诉讼，在权利保护上确实比较麻烦。在过去的有关抱错婴儿的民事诉讼案件中，诉讼案由五花八门，诉讼请求尤其索赔损失差别很大，在引用有关法律规定上更是多种多样，导致案件裁判千差万别。

依据《民法典》第一千零一条的规定，主要是解决因身份权引发纠纷的法律适用顺序问题，即自然人身份权的保护因婚姻家庭关系等产生的，适用《民法典》总则编、婚姻家庭编和其他法律的相关规定，没有规定的，参照适用人格权保护的规定处理。因此，在涉及错换新生婴儿的纠纷中，可以适用《民法典》人格权编的相关规定，有利于对错换者及其亲属的权利保护。

第一千零一条 对自然人因婚姻家庭关系等产生的身份权利的保护，适用本法第一编、第五编和其他法律的相关规定；没有规定的，可以根据其性质参照适用本编人格权保护的有关规定。

【案例01-4】

温州白先生夫妇、黄先生夫妇与温州某医院错换婴儿案①

2005年3月21日,温州市区白先生之妻与瑞安黄先生之妻,在温州某医院各喜得一子。孩子出生后第二天,医院工作人员为婴儿洗澡时,将白先生之子与黄先生之子抱错。出院后,白先生和黄先生各自的儿子,一直错换到对方家庭生活,直至2009年6月5日,白先生夫妇经亲子鉴定,才发现了这一错误。2010年1月,白先生和黄先生换回了自己的孩子。随后,白先生和黄先生先后对温州某医院提起诉讼。

法院审理后就白先生诉温州某医院侵权案判决被告医院给予白先生夫妇8万元精神损害抚慰金和鉴定费3000元、交通费与误工费7000元,合计9万元。

黄先生夫妇诉讼时,增加了诉讼请求,要求温州某医院赔礼道歉,并赔偿黄先生之子精神损害赔偿金20万元。法院审理后判决被告医院给付黄先生夫妇8万元精神损害抚慰金和鉴定费3000元、交通费与误工费7000元,合计9万元;温州某医院须在判决生效后5日内,向黄先生夫妇出具经法院审查确认的书面道歉声明,逾期须在《温州都市报》上登道歉声明。

两案上诉后,温州市中级人民法院均作出了驳回上诉、维持原判的判决。

五、《民法典》侵权责任编与医疗活动有关的规定

如果说合同是人们经常采用的用于民事交易的一种方法,那么侵权则是失范民事行为的常见形式。在责任承担方面,除了合同纠纷中的违约责任外,常见的就是侵权责任,而且在很多纠纷中,常常面临违约责任与侵权责任的竞合。侵权,即侵犯他人的合法权益,包括侵犯他人的人身权、财产权,还包括侵犯他人的知识产权。《民法典》侵权责任编由《侵权责任法》整理、修改而来,是在《侵权责任法》的基础上修改、加工而成。其中第六章"医疗损害责任"与《侵权责任法》第七章相比,条文数相同,都是11条,每一条对应的内容一致,其变化主要是字词等语文、语法上的变化,规范内容没有实质性改变。

---

① 参见浙江省温州市鹿城区人民法院(2010)温鹿民初字第346号民事判决书,温州市中级人民法院(2010)浙温民终字第821号民事判决书,浙江省温州市鹿城区人民法院(2010)温鹿民初字第774号民事判决书,温州市中级人民法院(2010)浙温民终字第1413号民事判决书。

第一章 《民法典》与医疗活动概述

(一) 侵权责任及构成要件

1. 侵权责任的构成

民事侵权行为是指行为人侵害他人财产和其他合法权益依法应承担民事责任的行为，民事侵权责任构成要同时具备如下 4 个要件。医疗损害责任是按照侵权责任来处理的，医疗侵权责任的构成，同样应当具备该 4 个要件，只不过它具有医疗活动的特殊性。

(1) 侵害行为。在医疗损害赔偿诉讼中的侵害行为，一般是指医疗行为。这是因为绝大多数医疗行为都可以造成患者损害。实务上，一般由原告举证证明患者与医疗机构之间存在医疗服务合同关系，医疗机构及医务人员对其实施了具体的医疗行为。

(2) 损害事实。损害事实，既包括对公共财产的损害，也包括对私人财产的损害，同时还包括对非财产性权利的损害。对财产的损害，包括直接损害与间接损害。直接损害又称积极的财产损失，是指受害人现有实际财产的减少；间接损害又称消极财产损失，是指受害人利益的减少。对人身的损害包括对生命、健康、名誉、荣誉等损害，而且对人身的损害往往也会产生一定的财产损失。在人身损害中，往往需要对患者的损害结果进行伤残鉴定，确定其伤残等级。

(3) 因果关系。侵权行为中的因果关系是指违法行为与损害结果之间的客观联系，即特定的损害事实是否由行为人的行为必然引起。只有二者间存在因果关系，行为人才应承担相应的民事责任。因果关系是复杂多变的，往往一个损害后果由多个原因引起，既可能有主要原因与次要原因，也可能有直接原因与间接原因。在医疗损害赔偿中，对因果关系往往要作定量表述。目前定量表述有 3 个概念：参与度、原因力、责任程度。责任程度只有在《医疗事故处理条例》中采用，《医疗损害解释》采用的是原因力。实践中不太主张鉴定意见作出精准的等级或者百分比的划分，具体赔偿指数由法官根据案件情况确定。

(4) 行为人主观上有过错。过错是侵权责任构成要件中的主观因素，反映行为人实施侵权行为的心理状态。过错根据其类型分为故意与过失。故意，是指行为人预见到自己的行为可能产生的损害结果，但仍希望其发生或放任其发生。过失，是指行为人对其行为结果应预见或能够预见而因疏忽未预见，或虽已预见，但因过于自信，以为其不会发生，以致造成损害后果。主观上的过错是很难认定的，实务上往往将过错的认定转化为客观上的违法认定。在医疗损害赔偿中，需要考察医疗机构或者医务人员是否存在违反法律、法规、规章、诊疗操作规范的情况。

2. 过错责任原则及其例外

权益受侵害而产生的损失是由受害人还是由加害人承担，各国法律多采相同原则，即一般情况下由受害人自己承担，仅因特殊理由时，才可以向加害人请求损害赔偿。①所谓的特殊理由，是指应当将损害归由加害人承担，使其负赔偿责任的事由，学说上称为损害归责事由或归责原则。归责原则（criterion of liability）在学理上的定义有些差别。王利明认为，它是确定侵权人承担侵权损害赔偿责任的一般准则，是在损害事实已经发生的情况下，为确定侵权人对自己的行为所造成的损害，以及对自己所管领下的人或物所造成的损害，是否应当承担赔偿责任的原则。

归责原则是确定行为人民事责任的理由、标准或根据。归责原则是由社会经济生活条件为基础的法律上用以确定行为人责任的指导思想的具体体现。在我国侵权法上，侵权责任的归责原则分为过错责任原则、无过错责任原则和公平责任原则三种，其中过错责任原则为一般归责原则，即在一般情况下我国的侵权诉讼遵循有过错才赔偿。在过错责任原则之下还存在过错推定。即在有特殊条件存在的情况下，承担举证责任的一方无须举证行为人存在过错，而由审理案件的法官直接推定行为人存在过错。一般认为，这种推定包括可推翻的推定和不可推翻的推定：前者负有举证责任的一方可以对推定的过错事实举证推翻，因而导致了"举证责任倒置"的结果；后者针对过错事实则不再发生争议。不过，现实中不可推翻的推定是以法律规定为依据的。我国医疗损害侵权责任采用过错责任原则，在《民法典》第一千二百二十二条规定的三种情形之一的条件成立时，可以推定医疗行为存在过错。不过第一千二百二十二条规定的三种过错推定的条件是否存在，由原告患者举证。因此，我们也称为"附条件的医疗过错举证责任倒置"。医疗行为与损害后果之间是否存在因果关系，还是由原告患者举证。归责原则中的无过错责任原则、公平责任原则属于例外原则，《民法典》第一千一百六十六条、第一千一百八十六条作出了规定。不过需要注意的是，在过错责任原则之外的三种特殊情况——过错推定、无过错责任原则、公平责任原则，都具有相同的适用条件——法律规定，没有法律规定，不得适用特殊归责方式。

第一千一百六十五条　行为人因过错侵害他人民事权益造成损害的，应当承

---

① 参见王泽鉴：《侵权行为法》第一册，中国政法大学出版社2002年版，第11页。

担侵权责任。

依照法律规定推定行为人有过错，其不能证明自己没有过错的，应当承担侵权责任。

第一千一百六十六条　行为人造成他人民事权益损害，不论行为人有无过错，法律规定应当承担侵权责任的，依照其规定。

第一千一百八十六条　受害人和行为人对损害的发生都没有过错的，依照法律的规定由双方分担损失。

第一千二百二十二条　患者在诊疗活动中受到损害，有下列情形之一的，推定医疗机构有过错：

（一）违反法律、行政法规、规章以及其他有关诊疗规范的规定；

（二）隐匿或者拒绝提供与纠纷有关的病历资料；

（三）遗失、伪造、篡改或者违法销毁病历资料。

（二）风险自担与自我救助制度

1. 风险自担

风险自担也称自甘风险，是指行为人已经知道实施某种行为是存在风险的，而自己仍然自愿去冒风险，那么，当风险出现的时候，就应当自己来承担责任和损害的后果。在大陆法系国家，自甘风险是侵权行为免责的事由之一。也有国家对"自甘风险"适用的领域作出明文规定，如《埃塞俄比亚民法典》规定："在进行体育比赛的过程中，对参加体育比赛的人或在场的观众造成伤害的人，如果不存在任何欺骗行为或者对运动规则的重大违反，不承担任何责任。"在英美法中，自甘风险，称为"assumption of risk"，也是美国许多州所确立的侵权行为违法性阻却的事由之一，尤其在体育比赛过程中，如比赛队员被对方不慎撞伤、球场观众被飞出的球击伤等，侵权人只要不是故意为之都不负责任。

风险自担的规定在现代社会很有意义，因为在社会发展过程中人们对相关行为活动存在的风险有一个认识的过程，而且有的行为活动本身就存在不可避免的风险。如果对这种风险发生的责任不能在原被告之间做好权衡，不事先作出规定，对这个行业或者行为缺乏必要的保护，不利于这个行业的发展。需要规定风险自担的行为活动不仅包括体育比赛、娱乐项目，还包括医疗活动。医疗活动与医疗风险相伴相随，医疗风险总有一定的发生概率。尤其对于一些重危患者，一般的医疗行为没有效果了，一些有风险的特殊医疗行为是可以冒险一试的，但是如果对这种风险缺乏合理的分担规定，医疗行为失败、损害后果发生，意味着医疗机构或者医务人员要承担侵权责任，出于避险的考虑，医疗机构或医务人员便不会去冒这个险，使得有一线希望的患者最终希望破灭。在医患纠纷频繁的今天，越来越多的医生采取防御性医疗措施，以求避免纠纷和诉讼。例如，让病人做多余的检查、对高危病人进行转诊、故意选择难度低的手术、放弃风险大但价值高的治疗等。① 《关于适用〈民法典〉时间效力的规定》第十六条、《民法典》第一千一百七十六条对此作出了规定。不过目前《民法典》关于风险自担的规定仅适用于文体活动，不包括医疗活动。

第一千一百七十六条　自愿参加具有一定风险的文体活动，因其他参加者的行为受到损害的，受害人不得请求其他参加者承担侵权责任；但是，其他参加者对损害的发生有故意或者重大过失的除外。

活动组织者的责任适用本法第一千一百九十八条至第一千二百零一条的规定。

2. 自我救助

民事自助行为是指行为人为实现其民事请求权，在情势紧迫、来不及请求公力机关救济的情形下，对义务人财产或自由予以扣押、拘束等行为，事后应及时请求公力救济。自我救助制度是这次《民法典》第一千一百七十七条新增加的规定，类似于民事诉讼法上的"财产保全"，但是财产保全制度的适用是以当事人起诉、提出保全申请并提供担保为条件，时间上比较滞后，不能充分保障当事人的合法权益。当然，自我救助的实施，由于系当事人自我操作，缺乏相关单位的协助，有可能被当事人滥用，从而侵犯对方当事人的合法权益。为避免当事人滥用"自我救助"条款，损害他人的合法权益，民法典对"自我救助"条款的适用设定了5个严格条件：必须有行为人合法权益受到侵害的前提条件；必须有时间上的紧迫性，情况紧迫，且行为人不能及时获得国家机关的保护；有实施的必要性，不立即采取措施将使其合法权益受到难以弥补的损害；行为人实施的行为必须在保护自身合法权益的必要范围内，且采取的措施合理；行为人实施行为后需立即请求有关国家机关处理。一旦行为人实施的"自助行为"不符合上述条件，则行为人可能需依法承担相应的民事责任；救助行为给对方造成损害的，行为人也要承担相应的责任。自我救助的规定可以适用到医疗机构内。比如，患者拖欠医院的医疗费，当患者有能力支付而故意不予支付，并且有逃跑的可能，医疗机

---

① 参见白剑峰：《给医生一个冒险的理由》，《人民日报》2016年4月22日。

第一章 《民法典》与医疗活动概述

构可以采取必要的措施扣留对方的财物,但不得扣留尸体;有医疗纠纷的病例,医院也不得拒绝患者查阅、复制病历资料。

第一千一百七十七条 合法权益受到侵害,情况紧迫且不能及时获得国家机关保护,不立即采取措施将使其合法权益受到难以弥补的损害的,受害人可以在保护自己合法权益的必要范围内采取扣留侵权人的财物等合理措施;但是,应当立即请求有关国家机关处理。

受害人采取的措施不当造成他人损害的,应当承担侵权责任。

【案例 01-5】

董某诉于某私扣车辆及货物纠纷案①

2018年,债主于某通过诉讼向董某索要货款2.6万余元获法院支持。案件随后进入执行程序,于某一直在寻找董某的财产线索。2019年的一天,于某发现董某有一台车辆及货物停放在句容市某处,后与委托律师赶到现场。在确认车辆及部分货物确实属于董某后,于某一面赶紧拨打法院执行电话联系;另一方面,因情况紧急,于某与其代理人扣留了车辆及部分货物。在于某扣留车辆及货物后,法院工作人员赶到现场进行了查看。因考虑这辆车的价值不高,车辆暂未得到处理。后来,董某按生效判决履行了义务,执行案件终结,于某也通知董某取回车辆及货物。去年年初,董某以于某私自扣留其营运车辆及货物,货物现已过保质期为由,诉至法院,要求于某赔偿其车辆营运损失、车辆贬值损失及货物损失共计十余万元。

法院经审理认为,依据《民法典》第一千一百七十七条规定,合法权益受到侵害,情况紧迫且不能及时得到国家机关的保护,不立即采取措施将使其合法权益受到难以弥补的损害的,受害人可以在保护自己合法权益的必要范围内采取扣留侵权人的财物等合理措施。该案中,董某未按法院生效判决履行义务,于某在发现董某财产后为保护自己合法权益,扣留了董某车辆及货物,并及时告知法院执行工作人员。依据民法典"自助行为"规则,法院最终判决驳回董某的诉讼请求。

---

① 张源源、张亮、柳慊俐:《我市首例民法典"自助行为"新规案宣判》,《南京日报》2021年1月21日。

(三)侵权损害之精神赔偿规定

侵权行为给受害人造成精神痛苦必须给予相应的补偿,否则难以平息甚至可能日益加重受害人的精神痛苦,加害人的侵权行为也没有成本和代价,导致类似侵权行为可能再次发生。精神损害赔偿是侵权责任承担的重要内容之一。罗马法早期的《十二铜表法》最早规定了类似人格权法的法律保护内容,规定对以文字诽谤他人或公然侮辱他人者予以严厉的刑罚制裁。民法上最先规定精神损害赔偿制度的立法见于1896年《德国民法典》。民法上确定精神损害赔偿制度虽然存在争议,但基本上已为现代国家的民法所确认。我国《民法通则》及相关司法解释即作出了精神损害赔偿的规定。《民法典》第一千一百八十三条延续了这一规定,并增加了新内容,即对有特殊纪念意义的物品造成损失、损坏的,当事人主张精神赔偿的,法院应予支持。精神损害赔偿的适用应遵循3个原则:自由酌量、区别对待、适当限制。很多省份的高级人民法院的司法指导文件都规定了精神损害赔偿的范围,比如福建规定:一般侵权行为的精神损害赔偿在1000~10000元之间酌情判定;严重侵权行为的精神损害赔偿在10000~50000元之间酌情判定;特别严重侵权行为的精神损害赔偿在50000~100000元之间酌情判定。①

第一千一百八十三条 侵害自然人人身权益造成严重精神损害的,被侵权人有权请求精神损害赔偿。

因故意或者重大过失侵害自然人具有人身意义的特定物造成严重精神损害的,被侵权人有权请求精神损害赔偿。

【案例01-6】

抢救时剪破患者衣物并丢弃被患者家属索赔②

2017年9月11日下午,在武昌一家网吧工作的34岁的李先生,工作时突然昏迷倒地不省人事,被120救护车送到武汉某三甲医院。下午4点25分,李先生被送进急救中心抢救。经过心脏造影、肺动脉CT等检查,确认李先生昏迷的原因是肺栓塞,这是一种非常凶险的疾病。由于在抢救过程中患者心脏不间断地

---

① 参见《福建省高级人民法院关于审理人身损害赔偿案件若干问题的意见》。
② 参见李晗、高翔:《医生急救时剪坏患者衣物,救完人遭家属索赔千元》,《楚天都市报》2017年9月22日。

停跳,所以在查明病因前,必须通过人工心肺仪维持生命体征,为诊断赢得时间。而插入人工心肺仪需通过大腿根部穿刺,要在腿部、腹部等部位消毒,所以必须剪掉身上的衣裤。因抢救及时,李先生当晚情况好转,转入 ICU 继续治疗。后终于脱离生命危险,转入普通病房。抢救结束后,医务人员直接将剪破的衣物当作垃圾处理掉了。17 日,李先生的父亲找到医院,称医生抢救时不但把儿子的衣裤剪坏,还把短裤里的 500 元现金、身份证、银行卡、数据线等财物弄丢,索要 1500 元的损失费。

在这起纠纷中,医务人员出于抢救患者生命的需要,对患者的衣物采取直接剪破的处理方式无可厚非,但该案例的问题在于,对剪破了的患者的衣物如何处理,只能由患者及其近亲属决定。本次纠纷提醒医疗机构及医务人员,患者的东西不能随便触碰,更不能随便处置,一旦丢失,即使衣物本身不值钱,医疗机构也可能面临赔偿风险。

(四)公共场所安全保障义务

利用公共场所开展经营活动的经营者,或者对公共场所负有管理义务的管理者,以及为了获取利益或者实现一定的社会目的,在公共场所组织群众性活动的组织者,当然应承担由此带来的风险。公众在进入由经营者控制的经营场所时,对自身的人身、财产安全抱有依赖感和合理的安全感。因此,经营者、管理者以及群众性活动的组织者,对于在公共场所的活动人员的安全有保障义务,除维护、管理好公共设施,保证自己提供的产品和服务符合安全要求外,还应承担保护义务,以保护进入其经营场所的公众的人身和财产安全。不过,这种安全保障义务以合理为限。即公共场所的经营者、管理者以及群众性活动的组织者如果尽到合理的安全保障义务,即使在公共场所内活动人员出现了不良后果,导致人身损伤、财产损害,经营者、管理者及组织者不承担责任。安全保障义务人应当在合理限度范围内履行安全保障义务,合理限度范围应当根据一般常识来确定。在安全保障义务人已经尽到安全保障义务的前提下,具有完全民事行为能力的人因为自身判断错误导致损害事实发生的,后果由行为人自己承担。《民法典》第一千一百九十八条对公共场所的经营者、管理者以及群众性活动的组织者的安全保障义务作出了规定。该条第 2 款针对公共场所内第三人造成损害,规定经营者、管理者、组织者未尽到合理的安全保障义务的,应当承担补充责任。

根据《基本医疗卫生与健康促进法》第四十六条"医疗卫生机构执业场所是

提供医疗卫生服务的公共场所"规定,医疗机构应当对其执业场所负有安全保障义务,适用《民法典》第一千一百九十八条规定。因此,只要是有正当理由出入医疗机构执业场所的人员,医疗机构都应当尽到合理安全保障义务;未尽到安全保障义务,使得患者、陪护人员、探视人员以及医疗机构的工作人员等遭受损害的,应当承担相应的侵权责任;已经尽到合理安全保障义务的,不承担责任。

第一千一百九十八条 宾馆、商场、银行、车站、机场、体育场馆、娱乐场所等经营场所、公共场所的经营者、管理者或者群众性活动的组织者,未尽到安全保障义务,造成他人损害的,应当承担侵权责任。

因第三人的行为造成他人损害的,由第三人承担侵权责任;经营者、管理者或者组织者未尽到安全保障义务的,承担相应的补充责任。经营者、管理者或者组织者承担补充责任后,可以向第三人追偿。

【案例01-7】

住院患者医院外自杀责任自己承担案 ①

2009年3月,41岁的患者贾某到医院就诊,被诊断为晚期肺癌,进行住院治疗。同年4月3日19时许,患者因不堪忍受癌症带来的痛苦,住院期间私自离院到附近的天桥自杀身亡,患者家属为此将医院告上法庭。

患者家属诉称,虽然患者死亡是其自身造成,但客观上医院作为具备三甲资质的专业医院,没有尽到其应尽的护理义务,疏于管理,任由病人自由出入医院。在发现病人失踪后,医院也没有采取任何有效措施寻找或及时告知病人家属,延误了阻止患者自杀的最佳时机。医院根本没有尽到作为专业医院的合理看护和日常注意义务。患者的死亡在客观上与医院的重大过失具有直接因果关系,由于医院的过错使得家属因此蒙受失去亲人的巨大精神痛苦。据此,要求医院赔偿丧葬费、死亡赔偿金、精神损害抚慰金等共计17.3万余元。

医院辩称,患者入院时,医院明确以书面形式告知患者及家属,住院病人不得随便外出。患者入院后,医院确定其护理等级为三级,其在治疗期间病情平稳,无任何异常表现。事发当天,患者在医院门口过街天桥跳桥自杀,其死亡系自杀,是行为人主观自由意志自主选择的结果,应由其自行承担责任。医院已经

---

① 参见韩芳、石磊:《北京二中院终审患者医院外自杀案》,《人民法院报》2010年3月24日。

尽到了诊疗义务范围内的注意义务和管理职责，患者选择自杀结束生命与医院诊疗合同义务没有事实和法律上的因果关系，不同意赔偿。

一审法院查明，案发当天，患者的嫂子对其进行护理。患者出医院大门时，身着深色长款大衣。医院门口有"住院病人，请勿外出"的警示标语。患者的丈夫在公安机关对其所作的询问笔录中称，当天19时45分，接到妻子内容为"实在忍受不了以后漫长的痛苦，以后不陪你了，对不起。女儿，记住妈妈永远爱你"的短信。

一审判决医院承担赔偿责任后，医院不服，上诉到北京二中院。北京二中院终审判决医院无责。

（五）舆情管控及法律责任

舆情是"舆论情况"的简称，是指在一定的社会空间内，围绕中介性社会事件的发生、发展和变化，作为主体的民众对作为客体的社会管理者、企业、个人及其他各类组织及其政治、社会、道德等方面的取向产生和持有的社会态度。它是较多群众关于社会中各种现象、问题所表达的信念、态度、意见和情绪等表现的总和。在互联网背景下，涌现了大量的新媒体、自媒体。在互联网上，人人是记者，个个是编辑，能够吸引眼球的事件可以在很短的时间内迅速传播，给相关机构和人员造成很大的被动。在以互联网为媒介的新媒体、自媒体，比如贴吧、微信、微博、抖音等上面发布相关信息，虽然平台管理者也作审查，但往往是系统自动审查，一些伪造、夸大、侵权的信息难以审查处理，这些不具有真实性的信息一旦发布，必然给相关机构和人员造成负面影响。所以，医疗机构及医务人员应当重视涉及本机构的舆情并加以监控，及时处置。

舆情管控的方式、方法很多，医疗机构应当多管齐下，有针对性地对各种不良舆情信息采取不同的、灵活的处理措施。《民法典》第一千一百九十四条到第一千一百九十七条规定的是民法的管控流程、方法及对发布侵权信息者、平台管理者的法律责任的规定。

第一千一百九十四条　网络用户、网络服务提供者利用网络侵害他人民事权益的，应当承担侵权责任。法律另有规定的，依照其规定。

第一千一百九十五条　网络用户利用网络服务实施侵权行为的，权利人有权通知网络服务提供者采取删除、屏蔽、断开链接等必要措施。通知应当包括构成侵权的初步证据及权利人的真实身份信息。

网络服务提供者接到通知后，应当及时将该通知转送相关网络用户，并根据构成侵权的初步证据和服务类型采取必要措施；未及时采取必要措施的，对损害的扩大部分与该网络用户承担连带责任。

权利人因错误通知造成网络用户或者网络服务提供者损害的，应当承担侵权责任。法律另有规定的，依照其规定。

第一千一百九十六条 网络用户接到转送的通知后，可以向网络服务提供者提交不存在侵权行为的声明。声明应当包括不存在侵权行为的初步证据及网络用户的真实身份信息。

网络服务提供者接到声明后，应当将该声明转送发出通知的权利人，并告知其可以向有关部门投诉或者向人民法院提起诉讼。网络服务提供者在转送声明到达权利人后的合理期限内，未收到权利人已经投诉或者提起诉讼通知的，应当及时终止所采取的措施。

第一千一百九十七条 网络服务提供者知道或者应当知道网络用户利用其网络服务侵害他人民事权益，未采取必要措施的，与该网络用户承担连带责任。

【案例01-8】

焉某与乳山市某医院名誉权纠纷①

2019年8月27日，焉某之妻在乳山市某医院住院剖腹生产一男婴，婴儿出生后出现呼吸困难症状，乳山市某医院在经过治疗后告知焉某转院治疗，焉某遂将婴儿转入乳山市人民医院治疗，婴儿最终抢救无效死亡。

2020年3月27日，焉某在其微信个人公众号发布一则"曝光黑心乳山市某医院，避免悲剧再次发生"的报道。报道称："截止到写下这篇文章的时候，已经距离我孩子出生过去了整整7个月，但是距离我孩子的死亡，也过去了整整7个月"，"我要揭发缺德医生和黑心医院的无耻行径，避免其他的家庭发生同样的悲剧"，"此刻，我只想借助媒体的力量，将乳山市某医院的无良行为进行曝光，也是为其他家庭做个警醒，避免悲剧的再次发生！当然，我将这一漫长痛苦的过程再度剖析，也希望能换来乳山市某医院一句诚恳的道歉"。该信息发布后，被大量阅览并转发。乳山市某医院遂以其名誉权被焉某侵犯，将焉某诉至法院。

一审法院认为，焉某已向法院提起医疗损害责任纠纷之诉，该案现正在审理

---

① 参见山东省乳山市人民法院（2020）鲁1083民初1201号民事判决书，山东省威海市中级人民法院（2020）鲁10民终3665号民事判决书。

过程中，禹某如果认为乳山市某医院的医疗行为存在过错，应当通过适当的方式陈述事实和表达自身的看法，其在个人微信公众号发表信息时，需保持应有的克制。禹某在其微信公众号发表的"曝光黑心乳山市某医院，避免悲剧再次发生"，已对乳山市某医院的名誉构成侵害，且禹某主观上存在过错，依法应当承担侵权责任。一审法院判决：禹某于判决生效后十日内撤销其发在微信个人公众号"曝光黑心乳山市某医院，避免悲剧再次发生"的相关信息；禹某于判决生效后十日内在其微信个人公众号平台登载书面赔礼道歉声明（该书面声明的内容须事先经一审法院审查），登载时间不少于五日，为乳山市某医院消除影响，恢复名誉。案件受理费由禹某负担。二审法院维持了该判决。

（六）单位向雇员追偿

长期以来，医疗机构在处理医疗事故赔偿方面，都有一个"显规则"——医院向患者作出医疗损害赔偿后，再向责任科室及责任医务人员追偿一定比例的费用。这一做法与《侵权责任法》不符，但很多医院都有如此操作内容的内部规定。医疗机构管理者对此解释是"强化科室及医务人员防范医疗纠纷的意识"。虽然没有法律依据，但基本上一直沿用。医疗纠纷发生的原因众多，医疗纠纷预防和化解涉及多主体、多环节，应当多管齐下采取多种方法和措施。可以说为了强化科室及医务人员防范医疗纠纷的责任意识、主体意识，对科室和责任医务人员按一定合理比例追偿，有其合理性，但毕竟于法无据。《民法典》第一千一百九十一条对此给出了答案，对于有故意或者重大过失的医务人员造成患者损害的，医疗机构依法作出赔偿后，可以向医院相关责任医务人员追偿。

第一千一百九十一条　用人单位的工作人员因执行工作任务造成他人损害的，由用人单位承担侵权责任。用人单位承担侵权责任后，可以向有故意或者重大过失的工作人员追偿。

（七）注意相关免责规定

免责事由，包含减责事由，是指可以免除或者减轻行为人责任的理由。免责事由，是抗辩事由从抗辩成立后的结果上来定义的。抗辩事由，是被告针对原告的损害赔偿请求，证明自己责任不成立或者可以减轻责任的理由，在大陆法系民法理论中也称为违法阻却的事由。[1]免责（减责）事由可以依据不同的标准作出

---

[1] 参见江平：《民法学》，中国政法大学出版社2007年版，第557页。

不同的分类：正当理由和外来原因，一般免责事由和特殊免责事由，等等。在免责事由中，还有一类比较特殊的抗辩事由，即以第三人或者受害人的过错抗辩免责（减责）的，应当引起重视，这在医疗损害责任的免责抗辩中比较多见。

《民法典》中有大量的免责规定，在《民法典》之外的其他法律中也有大量的免责规定。对此，《民法典》第一千一百七十八条明确规定了本法和其他法律对不承担责任或者减轻责任的情形都具有法律适用的效力。在《民法典》中与医疗服务活动有关的免责（减责）规定有第一百八十四条、第一千一百七十三条、第一千一百七十四条、第一千一百七十五条、第一千二百二十四条等条文。需要注意的是，法律条文总是抽象的，医疗机构管理者需要将该抽象规定与医疗机构的具体情况结合起来，与医疗服务活动的具体情形联系起来，才能正确适用免责（减责）规定。比如，第一千二百二十四条规定"患者或者其近亲属不配合医疗机构进行符合诊疗规范的诊疗"，关键在于"不配合"上。医疗机构在对患者实施医疗活动的过程中不配合的情形比较多，例如，患方不同意医方建议，拒绝留观；患方不同意医方建议，放弃治疗；患方不同意医方建议，拒绝必要检查；等等。这些都属于不配合的情况，只要医疗机构有证据证明患者或其近亲属不配合的行为使得符合诊疗规范的医疗活动无法实施，患者出现不良后果，医疗机构就没有责任。

第一千一百七十八条　本法和其他法律对不承担责任或者减轻责任的情形另有规定的，依照其规定。

第一千一百七十三条　被侵权人对同一损害的发生或者扩大有过错的，可以减轻侵权人的责任。

第一千一百七十四条　损害是因受害人故意造成的，行为人不承担责任。

第一千一百七十五条　损害是因第三人造成的，第三人应当承担侵权责任。

第一千二百二十四条　患者在诊疗活动中受到损害，有下列情形之一的，医疗机构不承担赔偿责任：

（一）患者或者其近亲属不配合医疗机构进行符合诊疗规范的诊疗；

（二）医务人员在抢救生命垂危的患者等紧急情况下已经尽到合理诊疗义务；

（三）限于当时的医疗水平难以诊疗。

前款第一项情形中，医疗机构或者其医务人员也有过错的，应当承担相应的赔偿责任。

第二章 全周期健康保障中的民法问题

我们党的执政理念是"以人民为中心",党中央历来十分关心民生问题。在我国,最大的民生就是老百姓的权益问题,只有切实保护公民的人身权和财产权,才能真正解决老百姓民生保障最为重要的问题。民生的核心要素是保护公民的人身权、健康权,如果公民的人身权得不到保障,财产权便无从谈起。习近平总书记在全国卫生与健康大会上指出,没有全民健康,就没有全面小康。要把人民健康放在优先发展的战略地位,努力全方位、全周期保障人民健康。《民法典》的一个鲜明特色是人格权独立成编,实质上就是为了全面保护人格权,使人民生活得更有尊严。在医疗活动中,怎样贯彻全周期健康保障,涉及《民法典》多方面的规定。本章从自然人的物质性人格保护、胎儿利益保护、死者人格利益保护三个维度进行讨论。

一、全周期健康保障概述

习近平总书记在党的十九大报告中指出,人民健康是民族昌盛和国家富强的重要标志,实施健康中国战略,为人民群众提供全方位、全周期健康服务。全方位、全周期健康保障是个大概念,包括普及健康生活、优化健康服务、完善健康保障、建设健康环境等多个层面。就全周期健康服务而言,它覆盖每个人从出生到死亡全生命周期的健康管理,涵盖预防、急病、慢病、康复、养老等公平可及、系统连续、有质量保障的健康服务。就医疗卫生机构而言,《基本医疗卫生与健康促进法》第三十六条规定,各级各类医疗卫生机构应当分工合作,为公民提供预防、保健、治疗、护理、康复、安宁疗护等全方位全周期的医疗卫生服务。为患者提供全周期健康服务,要以救死扶伤、治病救人、一切以病人为中心为己任,不辜负白衣天使的神圣使命,保障医疗服务绿色、优质、高效,充分尊重和保护患者的人格权益。

改革开放 40 多年来,我国已经成为世界第二大经济体,2020 年已全面实现小康社会，人民追求吃饱、穿暖的时代已经成为过去，人民在物质生活得到极大改善的同时，希望过上更有尊严、更体面、更健康的生活，对人格尊严等方面的需求更为强烈，特别是对健康的追求成为人们茶余饭后的热门话题。党的十九大报告中明确要保护公民的合法权益，特别强调了对人格权的保护。对此，《民法典》不仅在总则编规定了人格尊严保护，更是将人格权独立成编，全面确认和保护自然人的人格权。《民法典》秉持对人的全生命周期保护理念，确立或完善了胎儿利益保护、未成年人利益保护、老年人利益保护、死者利益保护等规则，形成了从摇篮到坟墓、从抽象人到具体人的全方位保护体系，肯定胎儿享有继承与接受赠与的权利，建立健全成年监护制度，适应老龄化社会的现实需要。《民法典》通过将人格权独立成编等方式，回应人民对美好生活的向往，加强对公民人身自由、人格尊严的保护，健全了从财产到人身、从物质到精神、从生前到身后的民事权利体系，构建了更加规范有效的权利保护机制，让每个人更有尊严。①在医疗卫生领域，患者的生命权、健康权、身体权、隐私权、肖像权、知情同意权、自主决定权以及其他人格权益的保护贯穿始终，医院需要更加重视患者安全、人文关怀和对患者的人格尊重。这就要求我们在贯彻全周期健康保障的诊疗活动中，要对《民法典》的相关规定准确理解，以指导和推进医疗服务工作的不断改进。

二、《民法典》人格权编相关法条解读

人格权编是我国《民法典》最大的创新和亮点。人格权主要包括物质性人格权和精神性人格权两方面。物质性人格权是为了维护自然人生理上的存在，精神性人格权则彰显自然人的精神生活需要。② 在诊疗活动中，更多涉及的是物质性人格权，包括生命权、身体权和健康权。

（一）自然人的物质性人格权保护

1. 有关生命权及其保护的法条解读

民事主体是民事关系的参与者、民事权利的享有者、民事义务的履行者、民事责任的承担者。生命是人具有民事权利的基础，人的生命一旦丧失，民事权利能力便无从谈起，生命权在人格权利范畴中具有至高无上的价值。生命权是以公

---

① 参见崔文华：《民法典：保护民事权利的宣言书》，《淄博日报》2020年9月27日。
② 参见王利明主编：《人格权立法的中国思考》，中国人民大学出版社2020年版，第39页。

民的生命安全利益为内容的权利。① 医护人员之所以被称为白衣天使就在于其肩负着保障生命安全的神圣使命。《基本医疗卫生与健康促进法》第五十一条规定，医疗卫生人员应当弘扬敬佑生命、救死扶伤、甘于奉献、大爱无疆的崇高职业精神。习近平总书记在部署抗击新冠肺炎疫情工作伊始就强调，抗疫就是要生命至上，不惜一切代价保障人民的生命、健康。这就生动体现了生命权优先的价值理念。《民法典》第一千零二条对生命权进行了规定。

第一千零二条　自然人享有生命权。自然人的生命安全和生命尊严受法律保护。任何组织或者个人不得侵害他人的生命权。

可见，生命权的基本内容是生命安全与生命尊严。所谓生命安全，就是指无论任何组织和个人不得非法侵害自然人的生命，也即自然人享有生命安全维护权。所谓生命尊严，一是维护生命存续的质量，从出生到幼年、成年、老年，每个阶段都要使人活得体面且有尊严；二是自然人不仅要有尊严地活着，而且还要有尊严地离世。本条将生命尊严引入生命权范畴，具有十分重要的意义。

（1）患者享有拒绝维生治疗的权利。随着医学技术快速发展，人类对疾病种类的认识水平和治疗能力不断提升。但是，现有医疗技术在难使生命垂危的病人起死回生、无力回天的情况下，怎样维护患者的生命尊严，是摆在社会、法律特别是医务人员面前的难题，而且又是不能不解决的问题。如病人患恶性肿瘤晚期、脑卒中并危及生命、衰老并伴多器官功能衰竭、严重心肺疾病失代偿期等疾病，患者难忍病痛折磨，现有医学技术无能为力，患者要求有尊严体面地结束生命，这直接涉及对生命尊严的尊重。患者或其亲属有对生命的临终决定权吗？域外许多国家法律出于减缓患者痛苦，从人文关怀、维护生命尊严角度考虑，承认患者有维生治疗拒绝权。维生治疗拒绝权，是指在疾病无法治愈时，患者享有拒绝医疗机构为延长其生命而实施的介入性治疗措施的权利。② 在我国临床实践中，对这种情况通常称为放弃治疗，指对病情已经恶化到不可逆转状态，但尚有某种医学治疗手段可以维系患者生命时，选择放弃使用该医学手段的行为（如靠呼吸机维系生命、气管切开等）。本书认为，使用患者"拒绝维生治疗"的概念更为贴切。

患者拒绝维生治疗，就是生命尊严的具体体现。试想，患者处于濒临死亡状

---

① 参见王利明主编：《人格权法新论》，吉林人民出版社1994年版，第299页。
② 参见王利明：《王利明学术文集（人格权编）》，北京大学出版社2020年版，第325页。

态，气管切开、身上插满管子，身体极度衰弱，床头的心、脑电监视仪器时刻报告着他的生理指标，鼻饲管供应着他赖以为生的营养，仅靠呼吸机提供维系生命的氧气，哪怕做一个微小的动作都不可能，肉体承受极度痛苦，精神承受非人煎熬，而且患者处于特殊医疗环境，周围没有亲人，亲人陪伴也只有短暂时间并需医务人员特许。这种状态下的临终患者实际上已失去了生命尊严。

(2) 患者拒绝维生治疗权利的实现。患者拒绝维生治疗，通过什么方式实现呢？国内外的基本共识是通过生前预嘱的方式进行。生前预嘱是指终末期病人在意识清楚且具有决策能力时，为自己在病情恶化出现前所预先设立的医疗选择和安排。患者设立生前预嘱应当具备的要件。

①主体要件：设立生前预嘱必须是生命处于医学上无法挽救、不可逆转，再继续治疗没有意义的患者；患者意思必须处于清醒状态，明知治疗无望，相关治疗徒增无法忍受的痛苦；自身有决策能力。

②形式要件：生前预嘱直接关系到患者的生死，人命关天，不可轻率。因此，生前预嘱必须采取书面形式，由两名以上具有完全民事行为能力的见证人（多为近亲属）见证并签字或盖章。患者本人有权随时以书面方式改变其意思表示。

③告知要件：医疗卫生机构及其医务人员应当将病情、医疗措施（包括治疗方案、程序、目的、风险及可能的后果等）如实、明确地告知患者，以便患者作出决定。

④特殊情况：患者在丧失行为能力之前，也可以授权他人预立生前预嘱，授权委托书应当表明"当我无法为自己疾病治疗作出决定时，为我作出决定"、"切实遵照我的决定"等内容。如果患者已经处于不具有行为能力时，医疗卫生机构及其医务人员，应当将相关情况告知患者近亲属。《民法典》第一千零四十五条规定，配偶、父母、子女、兄弟姐妹、祖父母、外祖父母、孙子女、外孙子女为近亲属，告知近亲属的顺序为：一是配偶；二是成年子女、孙子女；三是父母；四是兄弟姐妹；五是祖父母、外祖父母；六是其他近亲属。顺序在前的排斥顺序在后的，同一顺序的近亲属有同等的权利。

⑤资料保存：相关情况要完整、准确地记录在病历资料中，妥善存档保存。

(3) 安宁疗护实践需要立法细化。关于安宁疗护，《基本医疗卫生与健康促进法》第三十六条有明确规定。安宁疗护，也被称为舒缓医疗、姑息治疗、临终关怀，是指为疾病终末期患者在临终前不再对疾病实施特殊干预治疗，只是对疾病引起的症状进行适宜处置。如通过减轻疼痛、减少出血和感染、减轻咳嗽和气喘、改善睡眠、解除窒息、解除消化道梗阻等措施，改善其生存质量和生存时间。安宁疗护旨在提供人文关怀，帮助患者安详、体面有尊严地走完人生之路。

实施安宁疗护治疗措施应当签署书面协议，当患者有行为能力时，由患者本人签署，当患者意识不清或者不能表达意思时，其近亲属有权为其决定实施安宁疗护，签署书面协议，由两名以上见证人见证并签字或盖章。如对正在接受气管插管等抢救措施的临终患者，医务人员应当将治疗实施的相关措施会增加临终患者痛苦，且不能提高生命质量的相关情况及时告知其近亲属，建议选择安宁疗护措施以维护临终患者的尊严。

生前预嘱或安宁疗护，只是要求停止使用侵入性维生治疗或延命治疗手段，并不是说医疗机构无所作为。生前预嘱和安宁疗护终归是一种协议，医疗机构停止相关治疗手段后，患者自然死亡，则医疗机构不承担违约或侵权责任。但实践中，违反协议约定的情形，医患双方均有发生，例如，医疗机构继续实施没有意义的治疗手段，不仅造成治疗费资源的浪费，还会给患者增加无谓的痛苦。对此，医疗机构应当承担违约或侵权责任。

不过，关于安宁疗护、临终关怀等事项，目前缺乏进一步的法律规范，医疗机构实践中容易引发纠纷，尤其是普通临床科室，涉及对临终患者的"救"与"不救"的纠结，而且有的患者家属意见有分歧，事后反悔、追责的情况时有发生。因此，本书建议医疗机构在落实安宁疗护方面，除了签署相关知情同意书之外，还要设立专门的安宁疗护中心或者病区，严格按照原国家卫计委《安宁疗护中心基本标准（试行）》《安宁疗护中心管理规范（试行）》①来操作。

【案例 02-1】

患者家属自主决定放弃治疗并拔管的案件②

2015年10月31日19时许，被害人朱某步行至某交叉路口时发生交通事故受伤，被送至医院抢救。因被害人伤情严重，无法自主呼吸，只能用呼吸机维持

---

① 参见《国家卫生计生委关于印发安宁疗护中心基本标准和管理规范（试行）的通知》，2017年1月25日。
② 参见四川省眉山市东坡区人民法院（2016）川1402刑初316号刑事判决书。

生命，且不具备转院治疗和进行手术的条件；同时，被害方及肇事方均家庭困难，被害方家属自感无力承担医疗费用，产生了放弃治疗的想法。2015年11月2日，被害人的女儿、儿子、妹妹和姐姐经商量后决定自行拔管停止治疗。同日16时许，被害人的女儿、儿子和妹妹借探视之机进入重症监护室，趁医护人员不备，由被害人的女儿拔除被害人呼吸管、胃管。医护人员发现后欲进行抢救，但被害人女儿、儿子及妹妹阻止，后被害人经持续抢救35分钟后于当日死亡。

本案经司法鉴定所鉴定，死者符合道路交通事故致颅脑损伤引发呼吸循环衰竭死亡，此次交通事故所致外伤的参与度为90%~100%。被害人女儿、儿子、妹妹如实供述了自己的罪行，被害人之母对三人表示谅解。一审法院经审理认为：因被害人遭遇交通事故住院治疗，医生告知被害人只能靠呼吸机维持心跳，同时不具备转院治疗和进行手术的条件，已难以救活，肇事方和被害人近亲属均家庭经济困难，无力负担治疗费用的情况下，三被告人经与其他近亲属商量后实施了本案的犯罪行为；并且交通事故对被害人的死亡参与度为90%~100%，在被告人实施拔管行为后，被害人虽经抢救但在短时间内死亡，三被告人的犯罪行为对被害人死亡的作用力较小，三被告人犯罪行为的犯罪情节较之于其他故意杀人犯罪的情节轻、社会危害性小，可以认定为"情节较轻"，依法判处三年以上十年以下有期徒刑。被害人之母对三被告人表示谅解，可对三被告人酌情从轻处罚。三被告人当庭积极认罪、悔罪，可对三被告人酌情从轻处罚。最终判决被害人女儿犯故意杀人罪，判处有期徒刑三年，缓刑五年；被害人儿子有期徒刑三年，缓刑四年；被害人妹妹有期徒刑三年，缓刑三年。

权利人对自己的生命权有支配权，即权利人可以决定自己的生死，但是不能违反道德和公序良俗。同时，行为人在未经权利人同意的情况下不能侵害其身体权和健康权，更不能对受害人积极实施侵害其生命的行为，否则将构成故意杀人罪。本案例虽然行为人因为患者病情危重且家庭困难而无法承受高额的医疗费，将被害人的呼吸管拔除情有可原，但是并不能因此而否认故意杀人的犯罪性质。因此，法院根据刑法判决被害人的女儿、儿子和妹妹构成故意杀人罪并无不当。

【案例 02-2】

中国首例因安宁疗护纠纷案①

因"胃癌晚期、肿瘤全身转移",张某于 2015 年 5 月住院治疗,医院在治疗过程中使用了吗啡。5 月 14 日,张某死亡。患者儿子雷某认为,医院超剂量、多次注射吗啡,导致母亲呼吸衰竭而死亡,将医方诉至法院,要求医院赔偿 14 万余元,诉讼中变更调整为近 24 万元。

医院辩称,医院对张某抢救及时,且积极履行抢救和治疗义务;在吗啡使用上符合相关用法、用量。张女士死亡是自身疾病造成的,医院不应承担任何赔偿责任。

在案件审理过程中,经雷某申请,法院委托司法鉴定所就医院是否存在医疗过错等因素进行鉴定。鉴定所的意见为:2015 年 5 月 13—14 日,张某主要症状由心律失常及呼吸困难引起,无明显应用吗啡的用药指征。在医方连续应用吗啡的当天,在没有给张某辅助呼吸机支持的情况下,不适合使用吗啡。此外,根据药物说明,吗啡具有镇痛作用,适用于各种晚期癌变患者,但也能使呼吸减慢、停止甚至引发死亡,因此医方存在用药不慎重的问题。医院对张某诊疗过程中存在用药过错,这与张某死亡的损害后果有轻微因果关系。

因鉴定人出庭质证时,法官认为存在一些疑问,遂在被告医院之外组织北京多家三级甲等医院药剂科专家、肿瘤科专家、北京市司法鉴定机构法医组成专家小组,进行专家论证并得出结论:患者死亡与吗啡使用没有因果关系。

法院经审理认为,张女士出现意识丧失、心率下降、呼吸减慢直至死亡,已是距其最后一次使用吗啡 5 个多小时后出现的情况,因此可认定该情况与吗啡的使用并无因果关系。北京某司法鉴定所认定"医院在对张某的诊疗过程中存在用药过错"确有不妥。鉴定不能明确说明患者在使用吗啡时,须有辅助呼吸机支持的相关依据。医院抗辩称该鉴定意见依据、理由充分,本院予以采信;由于北京某司法鉴定所作出的法医临床学鉴定意见书,缺乏相关依据,故本院对该鉴定意见不予采信。法院于 2017 年 5 月 27 日对案件一审宣判,驳回雷某的诉讼请求。

---

① 参见雷某与中国人民解放军某医院医疗损害责任纠纷。见北京市东城区人民法院(2016)京 0101 民初字第 1404 号民事判决书。

2. 有关身体权及其保护的法条解读

在我国法律体系中，相当时期内没有关于身体权的规定。《民法通则》对身体权的规定也不明确，只有第九十八条笼统地规定了"公民享有生命健康权"，第一百一十九条规定了侵害公民身体造成伤害的，应当承担赔偿责任，直至2001年最高人民法院在《关于确定民事侵权精神损害赔偿责任若干问题的解释》中才规定了生命权、健康权、身体权。需要注意的是，《民法典》在物质性人格权的规定中，将身体权的地位移至健康权之前，充分体现了对身体权保护的重视程度。可以说身体权在《民法典》人格权编中的规定是最为充分的（第九百九十九条、第一千零三条、第一千零四条、第一千零六条、第一千零七条、第一千零九条、第一千零一十条、第一千零一十一条）。

第一千零六条　完全民事行为能力人有权依法自主决定无偿捐献其人体细胞、人体组织、人体器官、遗体。任何组织或者个人不得强迫、欺骗、利诱其捐献。

完全民事行为能力人依据前款规定同意捐献的，应当采用书面形式，也可以订立遗嘱。

自然人生前未表示不同意捐献的，该自然人死亡后，其配偶、成年子女、父母可以共同决定捐献，决定捐献应当采用书面形式。

第一千零七条　禁止以任何形式买卖人体细胞、人体组织、人体器官、遗体。

违反前款规定的买卖行为无效。

身体权是维护身体组成部分完整性的权利。《民法典》第一千零三条规定，自然人的身体完整和行动自由受法律保护，任何组织或者个人不得侵害他人的身体权。身体权具有完整性和支配性的特点，自己有权维护身体的完整，有权支配自己身体组成部分捐赠他人和社会（如捐献血液、器官、细胞等）。身体权的基本含义是身体完整不受侵害；禁止商业化利用人体及其组织（如有偿代孕等）。在侵害身体完整的情况下，一般都会同时侵害身体健康，如果未经他人同意侵夺他人的身体组成部分，并未造成身体组织和器官整体功能发挥的，侵害的就是身体权；如果造成组织、器官功能性障碍或残疾，侵害的就是健康权。

随着医学科学的发展，身体组成部分可以捐献给他人，挽救生命，造福社会，因而《民法典》将人体细胞、组织、器官、基因、胚胎、遗体、性骚扰均纳入身体权予以保护。明确规定，任何组织或者个人不得强迫、欺骗、利诱其捐献；不得以任何形式买卖人体细胞、人体组织、人体器官、遗体。特别是规定了捐献的规则，在临床实践中应当严格遵循。

(1) 自愿原则。《民法典》第一千零六条第 1 款规定,完全民事行为能力人有权依法自主决定无偿捐献其人体细胞、人体组织、人体器官、遗体。任何组织或者个人不得强迫、欺骗、利诱其捐献。如歌手姚贝娜决定在其死后捐献出眼角膜,就是自愿原则的体现。

在临床实务中,更多的是活体器官捐献,要严防自愿原则滥用。《人体器官移植条例》第十条规定,活体器官捐献人限于接受人的配偶、直系血亲或者三代以内旁系血亲,或者有证据证明与活体器官捐献人存在因帮扶等形成亲情关系的人员。如非婚同居者要为对方捐献其肾脏,就必须先办理结婚登记手续。

(2) 形式法定规则。《民法典》第一千零六条第 2 款规定,完全民事行为能力人依据前款规定同意捐献的,应当采用书面形式,也可以订立遗嘱。订立遗嘱必须符合民法典对于有效遗嘱形式的规定,可以是公证遗嘱、自书遗嘱、代书遗嘱、打印遗嘱、录音遗嘱、录像遗嘱,也可以是口头遗嘱。

(3) 遗体捐献规则。《民法典》第一千零六条第 3 款规定,自然人生前未表示不同意捐献的,该自然人死亡后,其配偶、成年子女、父母可以共同决定捐献,决定捐献应当采用书面形式。但没有规定捐献人撤销权,从捐献者的自愿原则出发,应该具有任意撤销权。《人体器官移植条例》第八条对此有相应的规定,应当遵循。

(4) 与人体基因和人体胚胎等有关的医学和科研活动的规范。《民法典》第一千零九条规定,从事与人体基因、人体胚胎等有关的医学和科研活动,应当遵守法律、行政法规和国家有关规定,不得危害人体健康,不得违背伦理道德,不得损害公共利益。人体胚胎是介于"人"与"物"之间的一种特殊存在,具有发展转化为人的潜质,不能以对待物的方式随意处置。关于人体基因、人体胚胎研究,《民法典》沿用了 2019 年颁布的《人类遗传资源管理条例》第二十条的规定,增加了"不得损害公共利益",是对"艾滋基因编辑婴儿事件"的立法回应。

【案例 02 - 3】

中国首例离体受精胚胎监管权处置权纠纷案①

2010 年 10 月 13 日,沈某与刘某登记结婚,因"原发性不孕症,并经反复促

---

① 参见沈新某、邵玉某与刘金某、胡杏某有关离体受精胚胎监管权处置权纠纷案。见宜兴市人民法院(2013)宜民初字第 2729 号民事判决书,江苏省无锡市中级人民法院(2014)锡民终字第 01235 号民事判决书。

排卵及人工授精失败",故在南京某医院(以下简称医院)施行体外受精—胚胎移植助孕手术。该院在治疗过程中,获卵15枚,受精13枚,分裂13枚;取卵后72小时为预防"卵巢过度刺激综合征",未对刘某移植新鲜胚胎,当天冷冻4枚受精胚胎。治疗期间,刘某曾于2012年3月5日与该院签订辅助生殖染色体诊断知情同意书,该同意书中注明内容:刘某对染色体检查及相关事项已经了解清楚,同意进行该检查;愿意承担因该检查可能带来的各种风险;所取样本如有剩余,同意由诊断中心按国家相关法律、法规的要求代为处理等。2012年9月3日,沈某、刘某与医院签订的配子、胚胎去向知情同意书上,载明两人在医院生殖医学中心实施了试管手术,获卵15枚,移植0枚,冷冻4枚,继续观察6枚胚胎;对于剩余配子(卵子、精子)、胚胎,两人选择同意丢弃;对于继续观察的胚胎,如果发展成囊胚,两人选择同意囊胚冷冻。同日,沈某、刘某与医院签订胚胎和囊胚冷冻、解冻及移植知情同意书,医院在该同意书中明确,胚胎不能无限期保存,目前该中心冷冻保存期限为一年,首次费用为三个月,如需继续冷冻,需补交费用,逾期不予保存;如果超过保存期,沈某、刘某选择同意将胚胎丢弃。2013年3月20日23时20分许,沈某驾车发生交通事故,造成刘某当日死亡、沈某于同年3月25日死亡的后果。

由于4枚受精胚胎仍存放在医院生殖中心冷冻保存,刘某、沈某死亡后,双方父母因4枚受精胚胎的监管权和处置权发生争议,诉之法院。

原审法院认为:公民的合法权益受法律保护。沈某与刘某因自身原因而无法自然生育,为实现生育目的,夫妻双方至医院施行体外受精—胚胎移植手术。现夫妻双方已死亡,双方父母均遭受了巨大的痛苦,沈某的父母主张沈某与刘某夫妻手术过程中留下的胚胎作为其生命延续的标志,应由其负责保管。但施行体外受精—胚胎移植手术过程中产生的受精胚胎为具有发展为生命的潜能,含有未来生命特征的特殊之物,不能像一般之物一样任意转让或继承,故其不能成为继承的标的。同时,夫妻双方对其权利的行使应受到限制,即必须符合我国人口和计划生育法律法规,不违背社会伦理和道德,并且必须以生育为目的,不能买卖胚胎等。沈某与刘某夫妻均已死亡,通过手术达到生育的目的已无法实现,故两人对手术过程中留下的胚胎所享有的受限制的权利不能被继承。原审法院判决驳回沈某父母的起诉。

本案上诉后,二审终审判决,撤销原审法院民事判决;夫妻双方留下的4枚冷冻胚胎由沈某、刘某双方父母配合监管和措置。

第二章 全周期健康保障中的民法问题

该案在社会上的影响很大,一度被炒得沸沸扬扬,法学界的争论更是仁者见仁,不一而足。随着法槌的落地,该案已尘埃落定,对于该案的判决结果我们不予置评,只是想通过该案说明一个道理,随着医学科学的快速发展,如试管婴儿、器官制造、细胞移植、机器人手术等技术日趋成熟,这些技术将对生命、身体、健康等人格权带来前所未有的、势不可当的挑战。这个案件的二审法官称,夫妻留下的胚胎,已经成为双方家族血脉的唯一载体,承载着哀思寄托、精神慰藉、情感抚慰等人格利益。那么冷冻胚胎是否应当受人格权法保护呢?当时我国法律并没有相关规定。《民法典》第一千零九条对此作出回应,将人体胚胎纳入身体权予以保护。可见,《民法典》对全周期健康保障服务的影响将产生全方位、深远的影响。

【案例02-4】

死胎的所有权争议①

孕妇焦某由于患感冒,服用北京某区一个无照经营诊所提供的药品后,感到胎动逐渐减少,到某医院诊疗时,发现已经没有胎动,诊断为死胎,如果行阴道分娩,可能会对焦某的生命造成威胁,因此,焦某转院到北京某大型医院行剖腹产手术,产下一8斤重的死胎。焦某夫妇向警方举报无照经营诊所非法行医,需要对死胎进行尸检以作为证据,但是,焦某再到该医院要求领回死胎的时候,医院告诉她,死胎已经作为医疗废物被处理掉了。其理由是,法律意义上的尸体是自然人死亡,而死胎在母体中就已经死亡,没有经历出生的过程,不是属于尸体,而是人体医疗废物,院方有权自行处置。如果患者需要保存,应事先声明并缴纳保存费用方可。焦某提起诉讼,请求医院赔偿精神损害4.5万元。法院以侵害知情权为由判决医院赔偿2000元,就其侵权行为以书面形式向焦某赔礼道歉。

该案中,死胎属不属于医疗废物,法院判决也没有予以明确,那么医院称死胎不属于尸体,而属于医疗废物是不是有道理呢?死胎不属于尸体或许还说得过去,但认为属于医疗废物显然是缺乏依据的。国家卫计委办公厅于2014年3月14日颁布的《医疗机构新生儿安全管理制度(试行)》明确规定,对于死胎和

---

① 参见邢丽华、杜莉红、李力:《死胎就能随便扔吗——中国首例死胎处置权归属案纪实》,《人民法院报》2006年8月7日。

死婴，医疗机构应当与产妇或其他监护人沟通确认，并加强管理；严禁按医疗废物处理死胎、死婴。对于有传染性疾病的死胎、死婴，应当按照《传染病防治法》《殡葬管理条例》等妥善处理，不得交由产妇或其他监护人等自行处理。

在临床实践中，诸如胎盘，血液，手术切除的器官、组织，取出的结石，拔除的牙齿等，都可能涉及患者的身体权问题。对此，医务人员要充分履行告知义务，尊重患者的处置意见。当然，对于那些具有危害性以及有违善良风俗的人体摘除物，告知其不得自行处置，必须按照国家法律的规定，由医疗机构处理。如对于携带病毒的胎盘、带有传染性的器官、组织等，需按照《传染病防治法》《医疗废物管理条例》的有关规定，进行消毒后处理，防止造成公共污染。

3. 有关健康权及其保护的法条解读

《民法典》第一千零四条 自然人享有健康权。自然人的身心健康受法律保护。任何组织或者个人不得侵害他人的健康权。

健康权是指维护身体组织和器官整体功能发挥的权利。关于健康权的保护，我国《宪法》第二十一条规定，国家发展医疗卫生事业，发展现代医药和我国传统医药，举办各种医疗卫生设施保护人民健康。《基本医疗卫生与健康促进法》第四条规定，国家和社会尊重、保护公民的健康权。国家实施健康中国战略，普及健康生活，优化健康服务，完善健康保障，建设健康环境，发展健康产业，提升公民全生命周期健康水平。本条所规定的健康权包括两方面内容，一是生理健康权，二是心理健康权。生理健康是指自然人的身体组织和器官功能能整体正常发挥的状态；心理健康是指能够善待自己、善待他人、适应环境、情绪正常、人格和谐的心理状态。从侵权法角度讲，行为人造成被害人身体组织和器官的功能无法正常发挥，轻者造成伤痛，重者造成残疾，都是对健康权的侵害。在诊疗活动中，过失医疗行为造成患者损害，所侵害的客体主要是患者的健康。对此《民法典》第一千一百七十九条、第一千二百一十八条规定了相应的侵权责任。如某人酗酒后大醉，对一小孩大吼大叫、又哭又笑，小孩受到惊吓，导致神经功能出现障碍，行为人侵害的就是心理健康权。

需要指出的是，医疗行为本身是把"双刃剑"，治病救人与侵袭损害始终并存，体现的是"两害相权择其轻，两利相权择其重"这个中国的古老法则。因此，医疗行为是当自然人健康权遇到了障碍，对其所提供的维护和保障健康的服务行为。在服务过程中手术有损伤，用药三分毒，但都不是侵害健康权，而是旨在以较小的健康权益损害为代价，追求最大生命健康利益的实现。从全周期健康保障角度讲，对医疗行为的实施者以及医疗行为的实施过程要加以严格的规范和管束，规范医疗行为，提高医疗质量，保障医疗安全。

鉴于医疗行为的特殊性，在维护患者健康权益的基础上，要充分尊重患者的知情权、同意权。对此，《民法典》第一千二百一十九条有详细规定。

第一千二百一十九条 医务人员在诊疗活动中应当向患者说明病情和医疗措施。需要实施手术、特殊检查、特殊治疗的，医务人员应当及时向患者具体说明医疗风险、替代医疗方案等情况，并取得其明确同意；不能或者不宜向患者说明的，应当向患者的近亲属说明，并取得其明确同意。

人类认识疾病和战胜疾病的能力还非常有限，在医学科学的发展过程中，人体临床试验是不能逾越的重要环节，而临床试验就可能侵害受试者的健康权。对此，《民法典》就临床试验的准入规则、伦理审查、知情同意、费用收取等作了严格规定。

第一千零八条 为研制新药、医疗器械或者发展新的预防和治疗方法，需要进行临床试验的，应当依法经相关主管部门批准并经伦理委员会审查同意，向受试者或者受试者的监护人告知试验目的、用途和可能产生的风险等详细情况，并经其书面同意。

进行临床试验的，不得向受试者收取试验费用。

【案例02-5】

车祸伤后漏诊精神异常的医疗纠纷案[①]

患者因交通事故伤及头部、右手部，先到A医院就诊，A医院给予头颅CT、X光检查后，未见异常，并予以头皮、右手皮肤伤口清创缝合治疗。患者车祸受伤4天后到B医院就诊，诊断为右额部皮肤裂伤、右手背皮肤裂伤、右手中指皮肤裂伤、头外伤后神经性反应，检查神志清、精神可，积极给予对症支持治疗，经过治疗患者头部伤口愈合并拆线，复查头颅CT及X光片提示无异常。但是，患者出现目光呆滞、反应迟钝、行走不协调等情况，B医院怀疑脑外伤后有小脑损伤，请神经外科医生会诊后考虑为"头外伤后精神抑郁综合征"，给予神经营养药等治疗，后患者出现幻视、幻听现象。B医院请精神病医院医生会

[①] 参见北京市第二中级人民法院（2013）二中民再终字第04088号民事判决书。

诊，并给予镇静药物治疗，但患者喜怒无常，少言少语，B医院考虑患者为精神抑郁。

医患双方因此发生争议，委托医学会进行医疗事故技术鉴定。鉴定认为：B医院对患者的诊断治疗原则基本合理，无明显过失和不当，患者目前状态为多种因素所致的精神障碍，与住院期间治疗无因果关系，不构成医疗事故。患方接到该鉴定书后不服并向上级医学会提出申请，上级医学会经鉴定也认为不构成医疗事故。对此，患方将B医院诉至法院，经一审法院审理后根据两份医学会的医疗事故技术鉴定书结论而判决驳回原告的诉讼请求。后一审法院经过审委会并决定再审。再审期间，该法院委托司法鉴定，该鉴定机构认为患者有癔症性精神障碍，属于轻性精神病，医方在医疗行为中存在注意义务不够，以及车祸伤产生的心理社会因素是患者所患癔症性精神障碍的诱因，系间接因果关系，患者癔症性精神障碍主要是由其他因素即自身心理素质造成的，医疗过失行为产生的心理社会因素起次要作用，评定医疗过失参与度为C级（20%~40%）。一审法院按照40%的责任判决医院承担赔偿责任。医患双方均不服提起上诉，二审法院维持原判。

《民法典》中的健康权包括身体健康和心理健康。一般情况下，心理健康很容易被忽视。而且综合性医院在接诊患者后，对其精神及身体疾病进行初步判断后，主要是针对患者的身体疾病进行诊断和治疗，而易忽视心理疾病的诊疗。现实生活中，患者在住院期间出现精神异常的情况也较少。该案例比较典型，患者因车祸伤后到医院就诊时，精神正常，但在住院期间出现了精神抑郁，对此医院没有及时发现和治疗，注意义务不够，并因此被鉴定机构认定有责任。因此，医院在对患者进行诊疗的过程中，不仅应注意躯体疾病的治疗，还应注重心理疾病的诊治。

【案例02-6】

医院对患者出院后定期复查告知不到位纠纷①

患者15年前体检发现子宫肌瘤大小约4cm，未定期监测，4年前体检复查肌瘤较前增大，具体大小不详，2个月前出现排尿困难、排尿不畅、时间延长，曾

---

① 参见北京市西城区人民法院（2018）京0102民初7391号民事判决书。

第二章 全周期健康保障中的民法问题

因出现一次尿潴留就诊于甲医院，予以导尿后好转。20天前体检超声提示子宫肌瘤，直径约10cm，建议手术治疗而入乙医院住院。入住乙医院后，诊断为宫颈肌瘤、子宫多发肌瘤、高血压病等，根据病情予以行开腹全子宫切除术＋双附件切除术＋粘连松解术，术后患者恢复良好，病理结果为子宫宫体肌壁间及浆膜下多发性平滑肌瘤，后患者出院。患者出院后2个月来乙医院门诊复诊，检查可见宫颈。

后患者一直腰疼难忍，并且因宫颈还在并没有切除，而将乙医院诉至法院。法院委托司法鉴定，鉴定机构认为：医方为患者实施的是全子宫切除术，但术中却改变术式实施了子宫次全切除术，而没有完全切除宫颈；医方在手术过程中变更手术方式，但在手术知情同意书中未作术中可能变更术式的告知，手术过程中决定变更术式时未与患者或患者亲属进行沟通和告知，术后也未向患者进行如实说明；术后形成的一系列医疗文件中记录的手术方式，也与实际实施的手术方式不同。医方存在医疗文件记录不规范，且未尽到必要的告知义务之过错。患者腰部疼痛有多种原因，目前尚不能说明患者术后腰疼与宫颈保留之间存在直接关系，医方诊疗过失与患者腰疼之间存在关联的依据不足。医方未尽告知义务，使患者丧失了是否保留宫颈的选择权利，且保留宫颈存在定期进行宫颈检查的实际要求，但考虑到患者宫颈肌瘤为自身性疾病，医方对患者入院时的病症积极治疗并明显改善，医方在诊疗过失与患者需要定期进行宫颈检查的损害后果中应承担轻微责任。患者损害后果未达到伤残等级鉴定条件。法院经审理后认为，患者在术后未出现宫颈及其他相关联的疾病，并认定与宫颈保留存在关联性的前提下，对原告主张的相关医疗费不支持；但是医院存在告知不足导致原告需要定期检查，故对原告后续检查的财产预期损失予以支持，并按照20%的责任比例判决。

权利人对其生命权、健康权有利益支配权。医院必须按照权利人的意愿对其进行相应的治疗，否则就侵害了权利人的健康权支配权。一般而言，医院在没有征得患者同意的情况下而对相应病变部位进行切除的情况比较多见，对患者已经同意而没有切除病变部位的情况很少见，但上述两种情况均侵害了患者的健康权。该案例就属于后者，医方经向患者告知病情及手术方案情况后，患者自愿选择行子宫全切术，但是医方在手术过程中改变了术式，实施了子宫次全切术，保留了宫颈。虽然该医疗过错没有侵犯患者的身体完整权，但是侵犯了身体的支配权，导致患者需要定期对宫颈进行检查，医方也因此承担了相应的民事赔偿责任。所以，医院在进行医疗执业时，不仅要尊重患者生命、身体和健康的维护及安全、完整等权利，同时还应当尊重患者合理的支配权，按照患者的意愿进行相应的诊疗行为；如因病情需要改变治疗方案，应当征得患者同意，以避免医疗纠纷的发生。

（二）有关胎儿利益及其保护的法条解读

胎儿属于准生命个体，在母体子宫内孕育期间，有一定的"生命"，但不是独立的生命，不能独立维持其存在与持续，须依赖于母亲的生命。随着孕育的进行，后面可能有两个结局：一是顺利出生而成为独立的生命；二是妊娠停止，或者分娩过程中出现意外，没有娩出"生命"即终结。过去《民法通则》将胎儿的权益限制得很窄，仅在继承中留有其必要的份额。但是《民法典》对胎儿权利的保护却有新的变化。虽然胎儿没有任何行为能力，不能承担民事义务和责任，但是胎儿在涉及继承遗产、接受赠与等利益保护的时候，《民法典》确定视为它具有民事权利能力，确认了要把胎儿视作人来看待，保护其利益的法律规则。《民法典》第十六条带来的直接变化是，一方面，在没有遗嘱的情况下，法定继承人的范围将扩大到未出生的胎儿，继承过程中应当为胎儿留有一定份额；另一方面，在遗嘱继承的情形下，胎儿可以作为继承人继承遗产，被继承人立遗嘱时，可以指定胎儿作为遗产继承人，他人不得以胎儿"不是人"为由侵吞它的份额。所以有人建议，以后分家产时，有条件的话，有关人员可以提前准备有关胎儿的彩超图片、诊断证明，为胎儿准备出生"大礼包"。因此，在《民法典》实施之后，医疗机构真有可能遇到孕妇来要求医院出具这方面的证明。

第十三条　自然人从出生时起到死亡时止，具有民事权利能力，依法享有民事权利。

第十六条　涉及遗产继承、接受赠与等胎儿利益保护的，胎儿视为具有民事权利能力。但是胎儿娩出时为死体的，其民事权利能力自始不存在。

第一千一百五十五条　遗产分割时，应当保留胎儿的继承份额。胎儿娩出时是死体的，保留的份额按照法定继承办理。

涉及胎儿权利的立法精神是，自然人自出生时才具有民事权利，即胎儿娩出时为死体的，并不是民法中的"自然人"，但出于保护胎儿利益的目的，胎儿接受继承、赠与和其他纯获利等行为时，将胎儿看待成享有民事权利的主体。娩出时为死体，也就终结了其成为真正的民事主体的可能，自始不应当享有民事权利。需要注意的是，第十六条使用的"娩出"与医学中的分娩并不是同一概念，应当理解为，只要胎儿与母体分离时，胎儿是死体的，胎儿就不应当具有民事权利；如果娩出时是有生命的，才可称为出生，即使经抢救后婴儿死亡，婴儿也是有民事权利能力的。法律中并未用死亡，而用的是死体，旨在将胎儿与自然人的民事权利进行区别。

对《民法典》第十六条、第一千一百五十五条规定的理解，应当正确区别民事权利能力与民事权利两个不同的概念。民事权利能力是享有权利、承担义务的资格，是由法律直接赋予的，对自然人而言，其民事权利能力从出生时即具有。民事权利则是只有具有民事权利能力的自然人介入具体的民事法律关系才能取得。权利可以放弃，但法定义务必须履行。《民法典》没有赋予未出生的胎儿具有民事权利能力，但出于对胎儿保护的考量，附条件地赋予了胎儿民事权利能力，这个条件就是出生，并且对其民事权利能力范围也作了规定，不仅明确了胎儿可以继续遗产，而且可以接受赠与，体现了《民法典》对胎儿的特殊保护。

作为 21 世纪民法典的代表，我国《民法典》具有时代性、前瞻性、开放性。我们注意到，在《民法典》第十六条中还用了"等"字，表明胎儿除可以继承遗产、接受赠与之外，还享有其他权益。胎儿在未出生之前，健康利益需要受到法律保护，也应当视为其具有民事权利能力范围。[1] 杨立新教授对胎儿利益保护有深入研究，他认为，当胎儿成功孕育于母体之中时起，即存在先期健康利益，法律确认这种先期健康为法益，依法予以保护。[2]

党的十九大报告指出，人民健康是民族昌盛和国家富强的重要标志。一个国家的健康保障水平，是衡量社会文明进步的基础和前提。实施健康中国战略，国家为公民提供全方位全周期的医疗卫生服务，其中保护胎儿利益则是全民健康的基石。国家十分重视母婴保健工作，《母婴保健法》明确规定，医疗保健机构应当为胎儿生长发育进行监护，提供咨询和医学指导。国务院、卫生行政部门先后出台了一系列有关法规、规章，极大地保障了妇女儿童健康水平的不断提高，2018 年全国孕产妇死亡率下降到 18.3/10 万，婴儿死亡率下降到 6.1‰。[3]

我们必须清醒地认识到，我国的老龄人口越来越多，而出生人口却呈不断下降的趋势，"全面二孩"政策实施以来，出生人口每年未超过 1800 万人，大大低于原国家卫计委当初的最低预计。人口专家指出，低生育率危机将是未来几十年我国面临的最大挑战，如果这种趋势不能逆转，中国的发展将被釜底抽薪。这提示我们，全方位全周期为公民提供健康保障，保障对象绝不仅仅是自然人，关注

---

[1] 参见王利明：《王利明学术论集·民法总则编》，北京大学出版社 2020 年版，第 422 页。
[2] 参见杨立新：《人格权法》，人民法院出版社 2006 年版，第 188—192 页。
[3] 参见国家卫健委妇幼司：《中国妇幼健康事业发展报告（2019）》，国家卫健委网，2019 年 5 月 27 日。

胎儿生命健康利益是何等重要。

【案例 02 - 7】

遗腹子继承纠纷案①

蒋某和杨某结婚后，夫妻感情很好。杨某怀孕后，其弟杨某某将自己一辆宝马轿车赠与腹中的外甥（女），并书面签订了赠与协议。杨某怀孕 4 个多月时，蒋某与杨某某在一次车祸中不幸身亡。二人死亡后，家庭发生财产争议。杨某某儿子称：父亲已经去世，该赠与协议也就不存在了。蒋某的弟弟称：哥哥既然已经死亡，自己作为蒋家唯一的后人，所有财产应归他所有，嫂子没有继承的权利。杨某不同意，并将蒋某弟弟、杨某某的儿子告上法庭。

蒋某遗产的范围是与妻子共同财产中的一半。这部分依据的是《民法典》第一千一百二十七条和第十六条的规定，应由杨某和其腹中的胎儿作为第一顺序人依法予以继承。蒋某的弟弟属第二顺序继承人，在本案中没有继承权。

杨某某的儿子的主张没有法律依据。《民法典》第一千一百二十一条规定，继承从被继承人死亡时开始，他可以依法继承其父的遗产。但是，蒋某生前对宝马轿车已经赠与了尚未出生的外甥（女），所谓赠与就是赠与人将自己的财产无偿给予受赠人，杨某对自己这部分财产已经作了处分，与他死亡后的遗产并无关系。因此，根据《民法典》第十六条规定，该宝马轿车依法属于杨某尚未出生胎儿的财产。如果胎儿娩出时为死体的，该宝马轿车则属于杨某某的遗产，杨某作为第二顺序继承人无权继承。

法院支持了上述观点。

【案例 02 - 8】

死产与活产的区别②

杨某、郑丽某系夫妻关系。郑丽某于 2013 年 6 月 27 日至苏州某医院建卡行

---

① 参见《对遗腹子继承权的看法——一起特殊的非婚遗腹子索赔案》，蒲公英文摘，2020 年 2 月 29 日。
② 参见杨某、郑丽某因与苏州某医院医疗损害责任纠纷案。见苏州市姑苏区人民法院（2014）姑苏民一初字第 00681 号民事判决书，江苏省苏州市中级人民法院（2016）苏 05 民终 48 号民事判决书，江苏省高级人民法院（2016）苏民申 6376 号民事裁定书。

围产期保健检查。末次月经2013年4月1日,自述无病毒感染、服药、放射化学物质接触。后郑丽某于2013年8月21日产检,要求回外地行彩超筛查。其后,郑丽某又于2013年11月4日、11月19日、11月29日、12月10日数次至医方产检。11月19日B超提示:考虑胎儿脐带绕颈一周可能,羊水过多。11月29日B超提示:考虑胎儿脐带绕颈一周可能,随访侧脑室,随访羊水量。2013年12月23日郑丽某主诉见红就诊,遂至苏州某医院处住院待产。2013年12月24日12:45郑丽某平产分娩出一女婴,娩出时女婴脐带绕颈2周,较紧。郑丽某之女出生后Apgar评分1分钟0分,5分钟0分,后羊水三度污染。婴儿娩出后医方立即予以气管插管、吸氧、吸痰、心外按摩等抢救治疗。13:45患儿仍无呼吸及心跳,医方向产妇及家属交代病情后,杨某、郑丽某同意放弃抢救。为明确胎儿死亡原因,杨某同意新生儿尸体解剖。2014年1月3日,苏州某医院出具病理检查报告单,显示左肺沉水实验阴性,右肺沉水实验阳性,确认婴儿死因为"胎儿宫内窘迫"。杨某、郑丽某遂将医院诉至法院。诉讼中曾委托两家鉴定机构鉴定,但均未有鉴定结论,故现并无反证推翻上述病程记录和病理检查报告单,现无证据证明上诉人之女系活产,因被上诉人的诊疗过错行为导致死亡。最终法院作出驳回原告诉讼请求的判决。二审法院维持了该判决。

在诊疗活动中,死胎纠纷时有发生,原因非常复杂。不能以胎死腹中不存在分娩时为死体为由,而认为胎儿有民事权利(生命权)。胎儿在出生前受到侵害时,出生后可以自己名义请求损害赔偿;如果其娩出时为死体的,胎儿母亲因行为人的行为遭受损害的,有权请求行为人承担侵权责任。这就提示我们书写病历时,胎儿与母体分离时是活体还是死体是非常关键的节点。该案的核心问题是胎儿是否出生,自然人是指胎儿与母体分离并且处于存活状态。没有出生就不属于法律意义上的自然人,就没有法律赋予的公民相应的民事权利能力。胎儿有生命有健康,但由于尚未出生就不存在生命权、健康权。在民法上救济生命权的方式是行为人承担死亡赔偿金。该案胎儿出生时为死胎,当然就不存在死亡赔偿金项目。如果医疗机构有过错,则按照医疗损害责任承担其他项目赔偿责任。

但在司法实践中,如果医疗行为有过错,生产中胎儿死了,简单按照"公平原则"判断由医疗机构承担死亡赔偿金责任的案件时有发生。这可能受大众观念影响,认为交通肇事撞死不能白撞,胎儿死亡医院不能不赔,而医院自知自己也有过错,也就放弃了上诉的权利。同理,缺陷出生纠纷中要求残疾赔偿金也是不符合法律规定的。

（三）关于死者人格利益保护

《民法典》第一百八十五条对英雄烈士人格利益的保护作出专门规定。第九百九十四条是对死者人格利益保护的规定。

第一百八十五条　侵害英雄烈士等的姓名、肖像、名誉、荣誉，损害社会公共利益的，应当承担民事责任。

第九百九十四条　死者的姓名、肖像、名誉、荣誉、隐私、遗体等受到侵害的，其配偶、子女、父母有权依法请求行为人承担民事责任；死者没有配偶、子女且父母已经死亡的，其他近亲属有权依法请求行为人承担民事责任。

身体存在，有生命有健康；生命没有了，健康也就没有了，身体也就变成了遗体，人格也就不存在了。不过自然人死亡后，他的很多人格利益仍然存在，仍然需要继续保护。① 保护死者姓名、肖像、名誉、荣誉、隐私、遗体等人格利益，其实质体现的是维护人格尊严的理念。保护死者人格利益不仅可以弘扬良好的社会风尚为社会提供正能量，而且有助于对死者亲属的安慰，更重要的是对国家有重大贡献和影响的伟人、科学家，他们肖像已经成为社会公共利益。对第九百九十四条的理解应把握3点：①本条所列死者的姓名、肖像、隐私等受到侵害，是死者人格利益受到侵害，而不是死者的姓名权、肖像权、隐私权等受到侵害；②请求行为人承担民事责任的主体，仅限于死者的近亲属，《民法典》第一百零四十五条对近亲属作了明确界定，这也是本条没规定保护期限的原因；③民事责任的承担方式，依照最高人民法院2001年3月10日施行的《关于确定民事侵权精神损害赔偿责任若干问题的解释》相关规定处理。

讨论死者人格利益保护似乎与全方位全周期健康服务没有关系，但其实不然。患者在医院死亡的事可以说司空见惯，引发的纠纷也时有发生，如死者身份、死亡时间、死亡证明、尸体检验等。这些问题对日后遗体处置、财产继承、纠纷处理均具有重大影响。

【案例02-9】

医院尸体遗失案②

死者金某是一位高级工程师，逝世后，众多亲属、生前友好等待向遗体默哀

---

① 参见王利明主编：《人格权立法的中国思考》，中国人民大学出版社2020年版，第234页。
② 参见湛纪赟：《殡仪馆里遗体失踪竟是误当"无名尸体"火化？》，《南方日报》2001年9月1日。

告别，但仪式迟迟不能开始，原来是金某的遗体找不到了，只好决定向金某的遗像举行告别仪式。经追查，该市殡仪馆决定火化一批无主尸体（16具），其中一位无名女子的尸体装在小冰柜37号，金某的遗体存放在大冰柜37号。火化工人未经仔细核对，错将大37号冰柜当作小37号冰柜，将金某遗体作为无名女尸予以火化。

金某遗体被当作16具"无名尸体"之一被火化后，骨灰无法辨认，亲属要求殡仪馆出示骨灰，馆方从办公室楼梯间里拿出一袋没有姓名的骨灰，说这就是金某的骨灰。金的亲属无法接受。有关部门在调查报告中解释，殡仪馆处理无主无名骨灰，一般保留骨灰3个月，主要存放在骨灰楼的楼梯底间和靠近骨灰整理室的楼梯底间。2月5日下午焚化第37号冰柜的尸体，当骨灰出炉已近19时，下班时间已过，骨灰保管员登记后，就近将骨灰放在骨灰整理室旁的临时存放点。家属的疑问是，骨灰房只有15具无名尸的骨灰，处理的却有16具尸体，事发后馆方从办公室楼梯间拿出一袋骨灰，说是金某的骨灰，怎能如此儿戏？金某的亲属要求用法律手段和科学手段鉴证金某的骨灰。但有关部门解释，目前科学技术尚无法进行"骨灰认定"。对此，亲属只有痛苦和遗憾终身。无奈之下，死者家属将殡仪馆告上法院，索赔精神损失费18万元。

在医院太平间存放无主尸体是常有的事，在处置时要仔细核对，严防张冠李戴。此外还要防止死亡证明填错的问题，如写错身份证号码、姓名、性别、户籍所在地等。根据《民法典》第十五条规定，自然人的死亡时间，以死亡证明记载的时间为准；没有死亡证明的，以户籍登记或者其他有效身份登记记载的时间为准。因此，医师填写死亡证明书要特别慎重，这是认定自然人死亡时间的首要依据，也是处理这类纠纷的重要证据。在诊疗活动中，为了查明死因常常还涉及尸体解剖问题。对此，《医疗纠纷预防和处理条例》第二十三条规定，患者死亡发生纠纷的，医方应当告知死者近亲属尸检的规定。第二十六条规定，患者死亡，医患双方对死因有异议的，应当在患者死亡后48小时内进行尸检；具备尸体冻存条件的，可以延长至7日。尸检应当经死者近亲属同意并签字，拒绝签字的，视为死者近亲属不同意进行尸检。不同意或者拖延尸检，超过规定时间，影响对死因判定的，由不同意或者拖延的一方承担责任。尸检应当由按照国家有关规定取得相应资格的机构和专业技术人员进行。医患双方可以委派代表观察尸检过程。

【案例 02 - 10】

北京某医院医生擅自摘取死者角膜的案件①

眼科医生高博士手中有两位患者急需接受角膜移植手术。但是，医院苦于没有可供使用的供体，患者痛苦不堪，医生急得团团转。医生终于忍耐不了病人痛苦的煎熬，出于为患者解除病痛的动机，在一具尸体刚刚送到太平间的时候，趁人不备实施手术，摘取了这位死者的两个角膜。1998 年 10 月 13 日晚上 8 点多，高博士来到医院的太平间，从一具女尸上，用随身携带的剪刀和镊子取出了眼球。第二天手术，他用采集到的角膜镶入了病人的眼帘。几天后，另一只角膜使北京的一位女患者恢复了视觉。死者家属发现遗体角膜被盗而报案，高博士被抓获。后经做工作，医患双方和解。

【案例 02 - 11】

非法摘取死者器官构成刑事犯罪②

据媒体报道，2017 年至 2018 年，江苏和安徽两地的 4 名医生在安徽怀远县非法摘取 11 位死者的器官。法院认定行为人违反《人体器官移植条例》等规定，在人体器官捐献过程中没有红十字会人员在场监督、见证；未经批准进行跨地区人体器官捐献，且在没有配偶、成年子女、父母共同签字确认的情况下，违背死者生前意愿或其近亲属意愿，在怀远县共实施摘取尸体器官手术 11 例。法院以故意毁坏尸体罪，分别判处 10 个月至 2 年 4 个月不等的有期徒刑。

以上两个案例均涉及非法利用遗体器官的法律责任问题。根据《关于确定民事侵权精神损害赔偿责任若干问题的解释》第三条第（三）项规定，自然人死亡后，其近亲属因非法利用、损害遗体、遗骨，或者以违反社会公共利益、社会公德的其他方式侵害遗体、遗骨的侵权行为遭受精神痛苦，可向人民法院起诉请求赔偿精神损失。据此，我们认为，案例 02 - 10 应当对死者近亲属予以精神损害

---

① 参见杜振汉、李义松：《尸体的性质浅议——从"高伟峰私摘死者眼球案"谈起》，《中国卫生法制》1999 年第 5 期。

② 参见张万军：《非法摘取 11 名死者器官，皖苏两地 4 名医生获刑，受害者家属这么说》，楚天都市网，2020 年 12 月 1 日。

赔偿是合理的,不以刑事处罚为宜。案例 02-11 之所以追究被告人刑事责任,法院认为被告人对人体器官捐献的规定是明知的,但未履行国家规定的诸多必备程序,擅自非法摘取多名死者器官,破坏了尸体的原本形态,其行为具有社会危害性,已构成故意毁坏尸体罪。根据《刑法》第三百零二条规定,盗窃、侮辱、故意毁坏尸体、尸骨、骨灰的,处 3 年以下有期徒刑、拘役或者管制。

三、关于死产与活产的认定及其法律意义

(一) 死亡赔偿金计算的困境

《民法典》第十三条规定,人从出生时起到死亡时止,具有民事权利能力,依法享有民事权利,承担民事义务。在医疗损害赔偿诉讼中,孕体从母体娩出,是否具有生命特别重要。侵权法上有关赔偿项目的计算标准中,因个体死亡而给予其近亲属造成损失的赔偿,一般包括经济损失和精神损失两方面。精神损失一般都比较固定,但经济损失差别就比较大。我国《民法典》第一千一百七十九条对侵权致人死亡的诉讼同样有死亡赔偿金的规定(既包括一般意义上的死亡赔偿金,还包括死者生前抚养人/扶养人养人的抚养费/扶养费)。① 在美国侵权法上,所谓经济损失就是指受害者因逝去而丧失了其未来预期收入,这其中也包括家属们本应得到的一部分,比如抚养费等。目前美国的死亡赔偿一般将受害者从遇害时至退休的预期收入视为家属的抚养费损失,有时还会减去一些未来的消费支出。但这样计算出的赔偿金往往与事实并不相符。②

由此比较可以发现,我国《民法典》对死者近亲属的赔偿规定了基本原则,在相关司法解释中虽然规定了具体计算方法,但没有作太多的具体情况的区分。所以孕体脱离母体出来后,是活产婴儿还是死产死体,就显得格外重要。孕体从母体娩出,只要具有短暂的生命迹象,即为活体,即为法律上的人,就应当按照《民法典》规定基于死亡赔偿金。而美国侵权法上对因侵权导致的他人死亡对死者近亲属的赔偿,一般是计算抚养费/扶养费。侵权法上的抚养丧失说在遇到受

---

① 《民法典》第一千一百七十九条规定的赔偿项目中,没有死者对被抚养人抚养费(对被扶养人的扶养费),但是在《最高人民法院关于审理人身损害赔偿案件适用法律若干问题的解释》第十六条中,规定了"被扶养人生活费计入残疾赔偿金或者死亡赔偿金",不再有"被抚养人生活费"的规定。这与《最高人民法院关于适用〈中华人民共和国侵权责任法〉若干问题的通知》明显不同,后者是规定"被抚养人生活费计入残疾赔偿金或者死亡赔偿金"。

② 参见王拯:《通过政府管制确定死亡赔偿标准:美国法的理论及其借鉴》,厦门大学法学院硕士学位论文,2009 年。

害者为儿童时就陷入了尴尬的境地。因为儿童没有被抚养者,也没有自己的经济收入。没有人会因为儿童的死亡而遭受经济上的损失。因此儿童的死亡赔偿金相对来说偏低,甚至在美国某些州侵权行为者无须为儿童支付死亡赔偿金。[①]我国《民法典》及相关司法解释在赔偿问题上不作细化规定,让我国的医疗侵权诉讼陷入尴尬。

(二)死产与活产的区别

由于在国外对死亡赔偿金的计算比较细化,所以孕体脱离母体是死是活仅有医疗质量管理和人口、卫生统计上的意义,在侵权赔偿上并没有太大价值。因此,在国外关于孕体娩出母体的死活判断,仅有原则性规定,当然,各国、各地区在具体规定有一定差异。

世界卫生组织关于死产的定义考虑两个指标:①出生时无生命迹象;②出生体重≥1000g或胎龄≥28周。

美国疾控中心(Centers for Disease Control and Prevention,CDC)规定,死产是指婴儿在分娩前或分娩过程中死亡。流产和死产都描述了妊娠损失,但根据损失发生的时间不同而有所不同。在美国,流产通常被定义为怀孕20周前失去婴儿,死产是怀孕20周时或之后失去婴儿。死产进一步分为早产、晚期死产或足月死产:①早产发生在妊娠20~27周;②晚期死产发生在妊娠28~36周;③足月死产发生在妊娠37周或以上。

美国妇科与产科学会(The American College of Obstetrician and Gynecologists)发布的《临床实践专家共识——死产管理》(ACOG Practice Bulletin No. 102: management of stillbirth)中,将死产描述为分娩时没有生命迹象的胎儿,例如,没有生命迹象,呼吸、心跳、脐带搏动均无,无自主性肌肉的运动。要求胎儿在孕20周或以上(如果已知胎龄),或体重(如果胎龄未知)大于或等于350克。

在高收入国家中,对于死产定义的区别,除了"没有生命迹象"的要求之外,主要区别在死体的质量上。美国、新西兰、澳大利亚要求大于或等于20孕周;英国要求大于或等于24孕周。

在产科领域,还有一个重要的概念Apgarp(阿氏)评分。Apgarp评分项目

[①] 参见Eric A. Posner and Cass R. Sunstein. Dollars and Death,72 University of Chicago Law Review (2005),574-575。

包括：肌张力（activity）、脉搏（pulse）、皱眉动作即对刺激的反应（grimace）、外貌（肤色）（appearance）、呼吸（respiration），是孩子出生后立即检查他身体状况的标准评估方法。其实 Apgarp 评分是对新生儿娩出母体时生命迹象的一个评价方法。所以也有学者将 Apgarp 评分纳入到死产、活产的判断中来：妊娠 20 周以后娩出的孕体，在娩出后 1 分钟和 5 分钟时的 Apgarp 评分为 0，没有生命迹象，可以确定死产。①

综上，如果孕体娩出脱离了母体，娩出的孕体只要具有生命体征，Apgarp 评分 1 分及以上，都应当认为系活产，娩出孕体为新生儿。这是助产士和产科医师要注意的问题，需做好分娩病历记录，记录分娩后孕体的生命体征及 Apgarp 评分情况，正确作出死胎、死产、活产的诊断。

四、医疗机构面临的问题与对策

2021 年 1 月 1 日起，我国已经正式进入民法典时代。习近平总书记指出，民法典是一部体现对生命健康、人格尊严等各方面权利平等保护的法典。要让民法典走到群众身边、走进群众心里。② 医疗卫生机构要尽快适应新的法治环境，要将生命健康、人格尊严的法治精神融入全周期健康保障的全过程。对此，目前还存在不少短板，如法治教育不占位，行政管理与法制规制有错位，全周期健康保障不到位，人文关怀不"够味"等，需要尽快补齐。

（一）法治教育要占位

加强医疗卫生事业单位法治建设，是践行全面依法治国的内在要求，是实施健康中国战略的坚实支撑，是医疗卫生事业健康发展的重要保障。因此，医疗机构要重视其法治建设，切实将法治建设纳入医院建设的议事日程，首要的是加强法治教育。医院的宗旨是救死扶伤、治病救人，人命关天，来不得半点虚假和盲从，要充分尊重患者的生命权、身体权、健康权等人格权，自觉维护患者的人格尊严。要加强《民法典》的学习和教育。《民法典》是民事权利和保障的宣言书，其全部内容始终围绕权利展开，所有规则始终围绕保障权利而设置，特别是关于

---

① 参见 Bukowski R, Hansen NI, Pinar H, et al. Eunice Kennedy Shriver National Institute of Child Health and Human Development (NICHD) Stillbirth Collaborative Research Network (SCRN). Altered fetal growth, placental abnormalities, and stillbirth. 12 PLoS One, e0182874 (2017)。

② 参见习近平：《充分认识颁布实施民法典重大意义 依法更好保障人民合法权益》，《求是》2020 年第 12 期。

人格的规定，与诊疗行为联系最为密切。要结合工作实际，提高教育的针对性，使《民法典》的相关规范真正走到医护人员的身边，走进医护人员心里。在这里，医院领导要做好示范引领，不断营造办事依法、遇事找法、解决问题用法、化解矛盾靠法的法治环境。

（二）行政、法治不错位

在管理层面上，习惯于行政命令替代法治管理几乎是医院管理者的通病。因为行政命令来得方便，用得快捷，有些傲气十足的领导还能体现官威，而依法管理则不然，必须按部就班，照章行事。在医疗活动中，提高医疗质量、规范医疗行为、保障医疗的抓手，归根到底要靠制度。《医疗质量管理办法》作为顶层设计，规定了18项核心制度，实质上就体现了法制化管理。古人语：明者因时而变，知者随事而制。随着依法治国的全面推进，要以学习贯彻《民法典》为契机，不断矫正行政、法治错位的管理模式，养成法治思维和法治方式的习惯，提高依法决策、依法管理、依法运行的能力和水平。

（三）全周期保障不缺位

为公民提供预防、保健、治疗、护理、康复、安宁疗护等全方位全周期的医疗卫生服务，是国家实施健康中国的大战略，在现实生活中还存在很多短板和不到位的地方。如全方位全周期的医疗卫生服务往往分配给不同的医疗机构、医疗部门和医务人员执行，系统流程不完善，相互衔接不通畅等。就医疗卫生机构及其医务人员而言，要树立"大健康"的理念，在诊疗活动中，不仅要注重当前疾病的治疗，也不能忽视患者疾病的前期预防、后期康复以及安宁疗护，满足患者对其生命、身体、健康权利的需求。医疗机构要结合本单位实际情况，加强软、硬件建设，要特别注重对医护人员的培养和教育，夯实全周期健康保障的基础，为健康中国作出贡献。

（四）人文关怀要"够味"

所谓人文关怀，是指对人自由和尊严的充分保障以及对社会弱势群体的特殊关爱。①《民法典》说到底是关于"人"的法律，《民法典》充分体现了人文关怀的价值理念，如第四条规定，民事主体在民事活动中的法律地位平等。第一百二十八条进一步对弱势群体作了特别规定：法律对未成年人、老年人、残疾人、妇

---

① 参见王利明：《王利明学术文集·民法总则编》，北京大学出版社2020年版，第24页。

女、消费者等的民事权利保护有特别规定的,依照其规定。该条中的"等"字,患者当然属于弱势群体范畴。在医疗活动中,对患者的人文关怀除充分尊重患者人格权,提供优质医疗服务外,很大程度上体现在医患沟通方面。

医学是一门技术,沟通是一门艺术;技术是有标准的,而艺术是没有标准的。善于沟通的医生,能把复杂问题简单化,而不善于沟通的医生,往往能把简单问题复杂化,自古以来,名医都是医患沟通的高手,是人文关怀的能工巧匠。人文关怀不一定体现在疑难手术上,更应该体现在细微之处。医生不应只是"人体修复师",更应该是一位"心灵按摩师"。古语道:"越过尸山成名医。"每一位医生都是在病人的鲜血和痛苦中成长起来的,病人才是医生最好的老师。医生要做到位尊不骄,平等待人,不高傲自大,不盛气凌人。

医学是最人文的科学,也是最科学的人文。医生有温度,医学才有温暖。我们相信,随着《民法典》的实施,在全周期健康保障服务的伟大实践中,人文关怀将不断深入人心,更有光彩,更有味道。

第三章　医疗机构的法律地位

一、医疗机构的法律地位概述

我国《民法典》中规定的民事主体为自然人、法人和非法人组织，这3类民事主体构建了丰富多彩社会生活。法人是具有民事权利能力和民事行为能力，依法独立享有民事权利和承担民事义务的组织，法人制度是规范社会生活和社会秩序最为重要的法律制度之一。

《民法典》施行前，我国《民法通则》将法人分为"企业法人和非企业法人（机关、事业单位法人和社会团体）"，但是此种分类已经不能完全涵盖当今多种形式的法人类型，一些由公民个人利用非国有资产举办的，从事非营利性社会服务活动的社会组织，即民办非企业单位逐渐产生，例如，民办非营利性学校、民办非营利性医疗机构等。而《民法通则》对法人的分类无法涵盖"民办非企业单位"这种法人组织，民法学界也逐渐抛弃这一法人分类方法。

（一）法人和非法人组织

《民法典》总则编第三章对法人作出规定。对法人采用营利法人、非营利法人的二元分类，辅以"特别法人"的分类方法，其中将"民办非企业单位"的法律形式确立为"社会服务机构"，并归属于"非营利法人"项下的"捐助法人"，能够较为科学和规范地将法人进行分类，以便更好地发展市场经济。营利性法人主要包括有限责任公司、股份有限公司和其他企业法人，具有两大特征：一是成立的目的是营利，二是取得利润后向出资人进行分配。非营利法人是为公益目的或者其他非营利的目的，不向出资人、设立人或者会员分配所取得利润的法人，包括事业单位、社会团体、基金会、社会服务机构等。对此，我国《基本医疗卫生与健康促进法》确立了医疗机构的分类方式为营利性医疗机构、非营利性医疗机构。

关于法人的分类，大陆法系国家一般将其分为社团法人、财团法人。但是英美法系的国家大多也没有采用社团法人、财团法人的分类。《民法典》采用的是营利法人、非营利法人的分类。关于社团法人和财团法人的区别，见表3-1。

表3-1 社团法人和财团法人的区别

比较项目	社团法人	财团法人
基本要素	人	财产
目的	营利（营利社团法人） 公益（公益社团法人）	只能为公益（公益法人）
设立人的地位	取得社员资格	成立人与该财团法人脱离关系
典型形态	公司	基金会

法人是一种享有民事主体资格的组织，它和自然人一样，同属于民事主体的范围，而且是民事主体中的重要组成部分。

法人具有以下基本特征：

（1）法人是一种社会组织。法人是一种客观存在，但它和自然人不同的是，它不是作为有血有肉的生物存在，而是作为组织体存在。

（2）法人须依法成立。《民法典》第五十八条第1款规定，法人应当依法成立。这是一定的社会组织能够成为民事主体的基本前提。

（3）法人具有民事权利能力和民事行为能力。《民法典》第五十八条对法人的民事权利能力和民事行为能力进行规定。法律对法人的承认，其目的在于使其能够作为民事主体参与民事法律关系，因此，法人具有民事权利能力和民事行为能力。

（4）法人具有法律人格的独立性。独立承担民事责任是否应当为法人的特征，各国法律有不同的规定。《民法典》第六十条明确规定，法人以其全部财产独立承担民事责任。法人的独立责任是指法人在违反义务而对外承担责任时，其责任范围应当以其所拥有或经营管理的财产为限，法人的成员和其他人不对此承担责任。

非法人组织是不具有法人资质，但是能够依法依自己的名义从事民事活动的组织，一般而言包括个人独资企业、合伙企业等。如个体诊所属于个人独资企业，系非法人组织。

（二）我国医疗机构的发展及分类

中国历史上在不同时期都出现过很多医院以及类似于医院功能的组织和机

构,但均缺乏统一的准入体系及管理。20世纪60—70年代,为了解决农村基层地区卫生保健需求,"赤脚医生"应运而生。但是,随着我国对医疗卫生事业的规范管理,"赤脚医生"逐渐退出历史舞台,取而代之的是更加科学的资格考试、分级管理和劳动人事制度以及医疗卫生管理制度。计划经济时期,公立医院开始组建,成为当时保障人民生命健康的重要源泉。近几年,我国公民对医疗服务呈现多样化、差异化、个性化的需求,我国医疗机构的种类从原来的公立医院,逐渐出现以政府资金或捐赠资产举办的非营利性医疗卫生机构、社会力量举办的营利性及非营利性医疗卫生机构、政府举办的医疗卫生机构与社会力量合作举办非营利性医疗卫生机构等,构成了我国现今多种形式的医疗机构类型。

2009年3月17日发布的《中共中央、国务院关于深化医药卫生体制改革的意见》中明确提出"落实公立医院独立法人地位","完善医院法人治理结构",拉开了新"医改"的序幕。"医改"除了强调要减轻居民就医费用负担,切实缓解"看病难、看病贵"的问题,还有一个方面就是要促进公立医院法人治理的规范化。多年来,因医疗机构的公益性不可避免地受到政府的管理,同时医疗机构追求其自身存在和发展的目标,存在冲突,所以如何平衡二者关系,成为了"医改"的重点。国务院办公厅2017年7月25日发布的《关于建立现代医院管理制度的指导意见》要求,坚持公立医院的公益性。落实党委和政府对公立医院的领导责任、保障责任、管理责任、监督责任,把社会效益放在首位,注重健康公平,增强普惠性。坚持政府主导与发挥市场机制作用相结合,满足多样化、差异化、个性化健康需求。

《基本医疗卫生与健康促进法》第三十九条规定:"国家对医疗卫生机构实行分类管理",从举办医疗机构的资金来源上划分为政府举办的医疗机构和社会力量举办的医疗机构,不再按照公立医疗机构、民营或者私立医疗机构的划分方式;按照医疗机构的经营性质,将医疗机构分为营利性医疗卫生机构和非营利性医疗卫生机构。这也是我国法律首次从法律属性上对医疗卫生机构进行分类,是基于不同医疗卫生机构的法律性质、资产来源、服务任务、社会功能定位不同进行的分类。

《民法典》关于法人的管理规定和要求,对于明确政府举办医疗机构与社会力量举办医疗机构、非营利性医疗机构,以及非营利性医疗机构的法律定位和经营管理,作出了非常好的诠释。

二、《民法典》法人制度相关规定的解读

法人制度起源于罗马法，后随着资本主义的发展，英国逐渐确认特许公司的股东仅以持有股票的面额为限承担责任。我国法人制度确立较晚，1987年施行的《民法通则》首次对法人作了专章规定，明确了法人的民事行为能力等基本权利义务，具有里程碑式的意义。经过30余年的努力，《民法典》逐步对法人制度进行完善，形成了如今较为规范和科学的法人制度。

（一）关于营利法人制度的解读

1. 营利法人的概念和特征

《民法典》总则编第三章第二节规定了营利法人的相关内容。第七十六条规定，以取得利润并分配给股东等出资人为目的成立的法人，为营利法人。营利法人包括有限责任公司、股份有限公司和其他企业法人等。可见营利法人具有两大特征，即设立是以营利为目的，以及可以将取得的利润分配给出资人。有限责任公司的股东以其认缴的出资额为限对公司承担责任；股份有限公司的股东以其认购的股份为限对公司承担责任。我国将医疗机构分为两类进行管理，即营利性医疗机构和非营利性医疗机构。营利性医疗机构兼具营利法人的两大特征。

2. 营利法人的组织机构

为了实现营利法人设立的目的，保证其依照法律规定开展民事活动，保护出资人及与其开展民商事活动的其他主体的合法权益以及其他利益，营利法人内部应当有健全的管理机构，行使管理职能，包括权力机构、执行机构和监督机构。

（1）营利法人权力机构设置的目的，在于确保出资人的利益，确保出资人投资回报得以实现。《民法典》第八十条规定，营利法人应当设权力机构。权力机构行使修改法人章程，选举或者更换执行机构、监督机构成员，以及法人章程规定的其他职权。公司章程是营利法人的必备文件，目前政府举办的医疗机构已经开始要求制定医院章程，社会力量举办的医疗机构应当根据《民法典》《公司法》《医疗机构管理条例》等法律法规规定，制定医疗机构章程。[①]

（2）营利法人的执行机构是具体开展法人业务活动的机构，行使召集权力机构会议，决定法人的经营计划和投资方案，决定法人内部管理机构的设置，以及

---

① 参见国家卫生健康委员会办公厅、国家中医药管理局办公室：《关于开展制定医院章程试点工作的指导意见》，2018年5月14日。

法人章程规定的其他职权。执行机构为董事会或者执行董事的，董事长、执行董事或者经理按照法人章程的规定担任法定代表人；未设董事会或者执行董事的，法人章程规定的主要负责人为其执行机构和法定代表人（见《民法典》第八十一条）。

（3）由于营利法人的权力机构组成人员分散，可能不具备经营事务和财务方面的专业能力，为了防止执行机构的成员和高级管理人员等执行职务违反法律和章程，营利法人须设立监事会或者监事等监督机构，依法行使检查法人财务，监督执行机构成员、高级管理人员执行法人职务的行为，以及法人章程规定的其他职权（见《民法典》第八十二条）。

3. 营利法人及出资人的责任

（1）营利法人从事经营活动，应当遵守商业道德，维护交易安全，接受政府和社会的监督，承担社会责任（见《民法典》第八十六条）。《民法典》第八十六条是针对营利法人经营活动中的原则性规定，对此营利性医疗机构在经营过程中也应当遵循上述四项经营原则，即遵守商业道德、维护交易安全、接受政府和社会的监督、承担社会责任。尤其是医疗机构承担着保护人民生命健康的重要责任，在从事相关活动时，更应当具有社会责任。

（2）营利法人的出资人不得滥用出资人权利，损害法人或者其他出资人的利益。滥用出资人权利给法人或者其他出资人造成损失的，应当依法承担民事责任（见《民法典》第八十三条第1款）。出资人滥用权利造成他人损害的行为，在某种意义上就是侵权行为，往往也会侵害法人或者其他出资人的利益，因而应当承担相应的民事责任。但是出资人权利滥用的行为，应当是在其合法享有的权利基础上进行的行为，如果不是基于出资人的权利，也不构成出资人权利滥用的行为。出资人承担的民事责任属于一般的过错责任。

（3）营利法人的出资人不得滥用法人独立地位和出资人有限责任损害法人的债权人利益。滥用法人独立地位和出资人有限责任，逃避债务，严重损害法人的债权人利益的，应当对法人债务承担连带责任（见《民法典》第八十三条第2款）。为了实现实质正义，依据法定的条件和范围，要求该出资人直接向营利法人债权人履行民事义务和承担民事责任。这是营利法人的人格否认制度，以营利法人具有独立人格为前提，其设立目的是更好地保护债权人和营利法人的利益。法人股东滥用法人独立地位和出资人有限责任，应当对法人债务承担连带责任。该条被称为"揭开法人面纱"或者"法人人格否认制度"，是在英美法系国家实践中出现的制度，实践中典型的例子为：公司之间的财产混同、人员混同、财务混同，导致真正债务人沦为空壳，没有任何财产，而债务人的全部财产已经转移至其他公司，此种情况下，恶意损害公司独立人格的出资人应当对该公司债务承担连带责任。

（二）关于非营利法人制度的解读

1. 非营利法人的概念和范围

《民法典》第八十七条规定："为公益目的或者其他非营利目的成立，不向出资人、设立人或者会员分配所取得利润的法人，为非营利法人。非营利法人包括事业单位、社会团体、基金会、社会服务机构等。"非营利法人成立的目的是公益或者其他非营利目的，主要包括社会救助、科学、教育、文化、卫生、体育等有关社会公共事业，不向出资人进行利润分配，而将利润用于非营利法人的继续发展。非营利法人单位的成立目的均是为社会提供公共服务，有助于社会生活更好地发展。

2. 事业单位

事业单位是国家为了适应经济社会发展需要，提供公益服务而设立的法人组织，由国家机关举办或者其他组织利用国有资产举办，从事教育、科研、文化、卫生、体育、新闻出版、广播电视、社会福利、救助减灾等活动。目前，政府举办的医疗机构基本上都是事业单位，有的社会力量举办的医疗机构也是事业单位，还有些社会力量举办的医疗机构虽然不是事业单位，属于企业，但仍然是非营利性医疗机构，其设立和开展医疗活动，都按照《民法典》有关非营利法人规定执行。

《民法典》第八十八条规定："具备法人条件，为适应经济社会发展需要，提供公益服务设立的事业单位，经依法登记成立，取得事业单位法人资格；依法不需要办理法人登记的，从成立之日起，具有事业单位法人资格。"事业单位的成立条件有两种，一种是依法登记成立，另一种是不需要办理法人登记，从成立之日起具有法人资格。对此，《事业单位登记管理暂行条例》第十一条规定："法律规定具备法人条件、自批准设立之日起即取得法人资格的事业单位，或者法律、其他行政法规规定具备法人条件、经有关主管部门依法审核或者登记，已经取得相应的执业许可证书的事业单位，不再办理事业单位法人登记，由有关主管部门按照分级登记管理的规定向登记管理机关备案。县级以上各级人民政府设立的直属事业单位直接向登记管理机关备案。"

事业单位由于其公益性，一直没有摆脱政府对事业单位的管理，导致事业单位缺乏自主性，但又具有比较高的科学技术水平要求，无法脱离市场化的要求。因此，要充分发挥事业单位的经营权，完善事业单位的内部决策和负责机制，激发事业单位经营管理的活力，首先应当完善事业单位法人治理结构。《民法典》第八十九条规定："事业单位法人设理事会的，除法律另有规定外，理事会为其决策机构。事业单位法人的法定代表人依照法律、行政法规或者法人章程的规定产生。"《关于建立和完善事业单位法人治理结构的意见》中有更为详细的规定。

3. 社会团体

社会团体是我国社会生活中的重要角色，目前的社会团体都带有准官方性质，为行业发展带来了不可或缺的动力。在我国，社会团体既包括为公益目的设立的，比如中国红十字会等，也包括为会员共同利益设立的，例如中华律师协会、中华医学会等。《民法典》第九十条规定："具备法人条件，基于会员共同意愿，为公益目的或者会员共同利益等非营利目的设立的社会团体，经依法登记成立，取得社会团体法人资格；依法不需要办理法人登记的，从成立之日起，具有社会团体法人资格。"

《民法典》第九十一条规定："设立社会团体法人应当依法制定法人章程。社会团体法人应当设会员大会或者会员代表大会等权力机构。社会团体法人应当设理事会等执行机构。理事长或者会长等负责人按照法人章程的规定担任法定代表人。"本条是关于社会团体法人章程及治理结构的规定，法人章程是规范法人决策、管理、经营的重要依据。

4. 捐助法人

捐助法人，是指以捐助财产设立的法人组织，包括基金会、社会服务机构、宗教活动场所等。社会资本力量设立的非营利性医疗机构一般属于捐助法人中的社会服务机构法人。《民法典》施行前，对于捐助法人的规范通常适用《基金会管理条例》《民办非企业单位登记管理暂行条例》《宗教事务条例》等规定。《民法典》第九十二条规定："具备法人条件，为公益目的以捐助财产设立的基金会、社会服务机构等，经依法登记成立，取得捐助法人资格。依法设立的宗教活动场所，具备法人条件的，可以申请法人登记，取得捐助法人资格。法律、行政法规对宗教活动场所有规定的，依照其规定。"与其他非营利法人成立类似，捐助法人的设立也应登记设立。

捐助法人同样要求有完善的治理结构。捐助法人按照《民法典》《慈善法》

《公益事业捐赠法》等相关法律规定开展活动。捐助法人的财产全部来自于捐助人,为了确保资金能够充分利用于捐助法人的主营业务,故《慈善法》赋予捐助人有权依法对捐助资金进行查询并对经营情况进行监督。

5. 非营利法人剩余财产的处理

对于剩余财产的处理,是营利法人制度和非营利法人制度的显著特点之一。《民法典》第九十五条规定:"为公益目的成立的非营利法人终止时,不得向出资人、设立人或者会员分配剩余财产。剩余财产应当按照法人章程的规定或者权力机构的决议用于公益目的;无法按照法人章程的规定或者权力机构的决议处理的,由主管机关主持转给宗旨相同或者相近的法人,并向社会公告。"非营利法人的财产来源于国有资产或者捐助财产,故对于非营利法人的剩余财产不向投资人分配,只能按照法人章程的规定或者权力机构的决议用于公益目的,不能进行营利活动,或者按照"近似原则",用于与之类似的公益目的。对此,《基金会管理条例》《慈善法》等早已确立了这一剩余财产处理规则。

(三)关于非法人组织制度的解读

1. 非法人组织的概念

《民法典》第一百零二条规定:"非法人组织是不具有法人资格,但是能够依法以自己的名义从事民事活动的组织。非法人组织包括个人独资企业、合伙企业、不具有法人资格的专业服务机构等。"《民法典》将非法人组织作为民事主体单章规定,可以看出"非法人组织"完全不同于法人,非法人组织不具有独立的法人资格,相关民事法律责任并不由其自己承担。典型的非法人组织有个人独资企业、合伙企业、专业服务机构,例如律师事务所、会计师事务所、资产评估机构、企事业单位职工医院、个体诊所等。

《基本医疗卫生与健康促进法》第四十条第3款规定,政府举办的医疗卫生机构不得与其他组织投资设立非独立法人资格的医疗卫生机构。这里的"非独立法人资格的医疗卫生机构"即《民法典》中的"非法人组织"。

2. 非法人组织的成立

《民法典》第一百零三条规定:"非法人组织应当依照法律的规定登记。设立非法人组织,法律、行政法规规定须经有关机关批准的,依照其规定。"个体诊所属于《民法典》中的个人独资企业。根据《个人独资企业登记管理办法》第七条规定:"设立个人独资企业,应当由投资人或者其委托的代理人向个人独资企业所在地登记机关申请设立登记。"第九条第2款规定:"从事法律、行政法规规定须报经有关部门审批的业务的,应当提交有关部门的批准文件。"因此,个人诊所的成立应当依照法律的规定登记,同时由于个人诊所从事诊疗行为,还应根据《医疗机构管理条例》的规定取得"医疗机构执业许可证"或者"中医诊所备案证书"。

3. 非法人组织的责任承担

《民法典》第一百零四条规定:"非法人组织的财产不足以清偿债务的,其出资人或者设立人承担无限责任。法律另有规定的,依照其规定。"法人与非法人组织最大的区别就在于此,非法人组织虽然有自己的财产,但不能独立承担赔偿责任,而是由出资人、设立人承担。《合伙企业法》第二条规定,普通合伙企业由普通合伙人组成,合伙人对合伙企业债务承担无限连带责任。有限合伙企业由普通合伙人和有限合伙人组成,普通合伙人对合伙企业债务承担无限连带责任,有限合伙人以其认缴的出资额为限对合伙企业债务承担责任。

《民法典》第一百零八条规定:"非法人组织除适用本章规定外,参照适用本编第三章第一节的有关规定。"非法人组织与营利性法人的主要区别在于设立、民事责任承担、解散、清算等存在不同,故《民法典》对此作了特别规定,但是对于其他方面,非法人组织与法人组织规定没有较大差别,故《民法典》规定除针对非法人组织的规定外,其他参照适用第三章第一节"法人的一般规定"处理。

三、医院面临的问题与对策

(一)政府举办医疗机构及管理、经营的问题

政府举办医疗机构,是政府出资,并承担监督、管理、运行责任的医疗卫生机构,是作为政府保障广大人民群众健康权的重要制度安排。[①]《基本医疗卫生与健康促进法》第四十条规定:"政府举办的医疗卫生机构应当坚持公益性质,所有收支均纳入预算管理,按照医疗卫生服务体系规划合理设置并控制规模。国家鼓励政府举办的医疗卫生机构与社会力量合作举办非营利性医疗卫生机构。政府举办的医疗卫生机构不得与其他组织投资设立非独立法人资格的医疗卫生机构,不得与社会资本合作举办营利性医疗卫生机构。"

---

① 参见袁杰、丁巍、赵宁:《基本医疗卫生与健康促进法释义》,中国民主法制出版社2020年版,第109页。

政府举办的医疗卫生机构应当坚持公益性质,即把社会效益放在首位,注重健康公平,增强普惠性,以满足人民群众健康需求为出发点和落脚点,实现社会效益和服务效能最大化。同时,为了进一步加强公立医院的精细化管理,提高公立医院的运行效率,必须加强公立医院的预算管理,推行全面预算管理,规范公立医院收支运行,强化预算约束,提高公共资源利用效益。加强成本核算和控制,强化绩效考核,合理控制医院运行成本。另外,由于公立医院的规模及数量不断加大,对经济运行压力逐渐加大。《关于巩固破除以药补医成果持续深化公立医院综合改革的通知》也明确指出:"各地要严格按照医疗服务体系规划和资源配置标准,合理布局公立医院的数量和规模,增强规划的刚性约束,建立优质高效、上下贯通的整合型医疗服务体系,推动分级诊疗制度建设。"

基于政府举办医疗卫生机构的公益性和不可营利的原则,政府机构不但不得营利,也不得"变相营利"。《基本医疗卫生与健康促进法》也明确规定,政府举办非营利性医疗卫生机构,在基本医疗卫生事业中发挥主导作用,保障基本医疗卫生服务公平可及。以政府资金、捐赠资产举办或者参与举办的医疗卫生机构不得设立为营利性医疗卫生机构。

《基本医疗卫生与健康促进法》实施前,政府举办的非营利性医疗机构举办的营利性医疗机构、非独立法人医疗机构如何处理呢?对此,目前法律没有规定,国家相关部门也没有出台相应的政策文件。本书认为,鉴于法律不溯及既往的原则,在《基本医疗卫生与健康促进法》实施前,政府举办的非营利性医疗机构举办的营利性医疗机构、非独立法人医疗机构,宜按照"老人老办法"区别对待,国家不会也不可能"一棍子打死"。但是,作为政府举办的医疗机构应当逐渐回归,与这些医疗机构脱离,真正实现政府举办医疗机构的公益性、主导性。

(二)社会力量举办医疗机构及管理、经营的问题

国家鼓励社会力量举办医疗机构,社会力量举办医疗机构是我国医疗资源的重要补充。在现实中,我国社会力量举办的医疗机构在"医学、教育、研究"三大板块上均无法享受与政府举办医疗机构同等的待遇,导致社会力量举办的医疗机构无法吸引和留住优秀医学人才、技术水平不高、科研力量薄弱等,又付出高额的税收,经营压力较大,导致社会力量举办的医疗机构在我国缺乏认同感,很多患者挤破头也要到公立医院就诊。

对此,《基本医疗卫生与健康促进法》明确要求,社会力量举办医疗机构在基本医疗保险定点、重点专科建设、科研教学、等级评审、特定医疗技术准入、

医疗卫生人员职称评定等方面享有与政府举办的医疗卫生机构同等的权利。同时，如果社会力量举办非营利性医疗卫生机构，与政府举办的医疗卫生机构享受同等的税收、财政补助、用地、用水、用电、用气、用热等政策。另外，《基本医疗卫生与健康促进法》还规定，国家支持和规范社会力量举办的医疗卫生机构与政府举办的医疗卫生机构开展多种类型的医疗业务、学科建设、人才培养等合作。因此，社会力量举办的医疗机构可以在《民法典》等法律、法规规范下，本着平等、自愿、诚信、互惠的市场原则，签订合作协议，开展医疗业务、学科建设、人才培养等合作。

（三）非营利性医疗机构转化为营利性医疗机构中的问题

政府举办的医疗机构一般没有这个问题，主要是社会力量举办的医疗机构会面临。有的人一开始想借非营利性医疗机构的优惠政策，举办非营利性医疗机构，办到一定规模之后又想从中分红、挣钱，于是就想规避政策和法律，转变为营利性医疗机构。这是否可以呢？过去确实存在这样的案例，比如，西安高新医院（原为民办非企业单位）于2011年变更为营利性医院，并被开元投资收购；建华医院（原为民办非企业单位）于2015年变更为营利性医院，并被千足珍珠收购；此外还有复星医药收购的江苏省宿迁市的钟吾医院，金陵药业收购的仪征医院、宿迁医院等。但现在显然行不通了。

《国务院办公厅转发发展改革委卫生部等部门关于进一步鼓励和引导社会资本举办医疗机构意见的通知》第十六条规定："完善非公立医疗机构变更经营性质的相关政策。社会资本举办的非营利性医疗机构原则上不得转变为营利性医疗机构，确需转变的，需经原审批部门批准并依法办理相关手续；社会资本举办的营利性医疗机构转换为非营利性医疗机构，可提出申请并依法办理变更手续。变更后，按规定分别执行国家有关价格和税收政策。"由此可见，为了保障医疗资源的社会公益性，国家并不支持非营利性医疗机构转化为营利性医疗机构。但特殊情况下确需转变的，须履行特殊程序——首先应当经原审批部门批准。关于非营利性医疗机构转化为营利性医疗机构中涉及资产归属问题等并没有特别明确的规定。对此，可以参照《北京市人民政府办公厅印发关于进一步鼓励和引导社会资本举办医疗机构若干政策的通知》中的规定："社会办非营利性医疗机构发生变更主体时，增值部分应当留在原非营利性医疗机构中……社会办非营利性医疗机构在机构注销时，其清算资产不得私分，土地由政府收回。"

但是，《民法典》对非营利性医疗机构转营利性医疗机构有很明确的规定。

对于社会力量举办的医疗机构,由于非营利性医疗机构属于非营利法人中的社会服务机构,具有捐助法人资格,因此一旦出资人把钱投到非营利性医疗机构里,出资人只是举办人、出资人,不是股东,所以这笔资产和原来的所有人已经没有任何关系,它已经变成捐助法人的独立资产,这在法理上是很清晰的。反过来讲,完成出资行为后,出资人对非营利性医疗机构资产就没有所有权,也就没有收益权、处分权。①

四、典型案例及分析

【案例03-1】

福建省尤溪县开展公立医院薪酬制度改革②

为建立健全公立医院运行新机制,破解医院内部收入分配中的逐利倾向,形成科学、公平、透明的收入分配格局,福建省三明市尤溪县在县医院积极探索建立符合行业特点的薪酬制度,调动医务人员积极性。

此次薪酬制度改革的主要做法包括:(一)合理设置医院工资总额。(二)划分不同职业团队工资总额。按一定比例划分不同职业团队(医技、护理和药剂、行政后勤)的工资额度,每年对各团队工资额度分配比例根据人员职称、人数变化等情况进行适当调整。(三)科学计算工分。一是绩效工分,以不同职业团队的工作量和工作质量来计算分值,分团队考核。二是奖惩工分,根据科室成本核算、患者满意度、无节假日医院、医疗纠纷、新技术新项目开展、帮扶基层、救援任务完成等予以工分奖惩。(四)加强质量考核。医生、技师团队按照医疗质量、药占比、医德医风等9大类41项指标进行考核。护理、药剂、行政后勤团队按照行为规范、服务质量、安全生产、科室管理等指标分别考核。(五)年薪分配办法。一是实行按月预发,年终总结算。二是实行多次分配。医生团队实行三次分配,其他团队实行两次分配。三是医院对医生团队的二次、三次分配和其他团队的二次分配提供指导意见。

薪酬制度改革的成效主要体现在如下方面:(一)遏制公立医院"创收"冲动。

---

① 参见崔笑天:《"非营利"转"营利"道路被堵 民办非营利医院还会受到资本青睐吗?》,《华夏时报》2020年9月3日。
② 参见国务院深化医药卫生体制改革领导小组:《关于印发深化医药卫生体制改革典型案例的通知》,2016年12月8日。

工分制考核避开了原有薪酬分配与医院经济收入挂钩的绩效考核分配模式，保障公立医院公益性质。（二）有利于实现同工同酬。打破了原有的档案工资制度，突破了人事编制与聘用的界限，有利于实现同工同酬，调动职工工作积极性。（三）医院内部分配机制得以优化。设定不同职业团队工资总额分配比例以及医生、护士和行政后勤人员的最高年薪，有效保障了医院内部各系列人员的薪酬平衡，同时有利于调动各岗位积极性，承担更多工作任务，缩减人员开支，节约运行成本。（四）定性工分与定量工分相结合体现了公平、效率的有机统一。30%的定性工分综合考虑职称、工龄、职务等因素，达到了"保基本"的目的。70%的定量工分设置有利于避免实行全员目标年薪制后吃"大锅饭"的现象，充分体现了"多劳多得、优劳优酬、效率优先"的分配原则。（五）专业方法的运用提高了方案的科学性。薪酬改革方案采用DRGs加RBRVS相结合的方法，测算病种难易程度，避开直接与经济效益相挂钩，既能衡量医生的工作价值，又避免了过度医疗。

尤溪县的医院薪酬制度改革体现了医院精细化管理，能够针对不同的职位，结合职位的特点制定具有针对性和创新性的薪酬计算方式，贯彻落实"多劳多得"的原则，促进医护人员之间良性竞争，调动了各部门员工的积极性。同时，不再依附收费项目价格来计算医护人员的薪酬，而是按照工分核算薪酬，从根本上转变了"以药养医"的模式，让医务人员以提高自身诊疗水平、为患者提供优质医疗服务的方式取得更高的薪酬，真正达到了"以患者为中心"的目标。另外，薪酬改革方案采用DRGs加RBRVS相结合的方法，计算方式更加先进和科学，能够最大限度体现医护人员的劳动价值。各地也应当制定细致和科学的薪酬方案，以薪酬刺激医务人员提高医疗水平和工作积极性，减少不必要的诊疗及检查，坚持医疗机构的公益性原则，更好地为患者提供诊疗服务。

第四章 医疗服务合同的签订、履行与违约

医患纠纷问题日趋严重，世界各国的法学界和医学界都广泛关注，并试图根据各国的具体实际寻求最为有效的解决方案。其中，一些国家通过侵权责任和违约责任竞合的方式解决医患纠纷，还有一些国家则使用合同责任作为解决医患纠纷的一种方式，这两种方式都受到法律界和医学界的高度重视。[①] 荷兰是以合同责任对医患关系进行规制的典型国家，其将"医疗服务合同"纳入本国民法典中，成为医疗合同典型化的代表性国家。与之不同的是德国和日本的医疗合同立法采取特别法的模式，伴随着民法典的修订，德国和日本的法律界也开始主张医疗合同典型化。在英美法系国家中，随着现代合同法的发展，法律界也开始认为，医生的服务应遵循有效的合同，并根据合同的条款承担相应的责任。

在我国，随着法治中国和健康中国建设的全面推进，我国医药卫生体制改革已经进入深水区。[②] 调整医疗法律关系的法律规定涉及方方面面，但大部分都是行政管理性规定，如《基本医疗卫生与健康促进法》《执业医师法》《药品管理法》《传染病防治法》《母婴保健法》《献血法》《医疗纠纷预防和处理条例》等，在医疗民事关系的调整上尚有欠缺。虽然公民的法律意识日渐觉醒，但仍有许多人不清楚医疗关系的实质，不清楚在整个医疗活动中患者享有什么权利、医师承担何种义务。医疗关系作为社会生活关系的重要组成部分，需要有条理清晰、内容明确的约定加以调整。厘清医患双方之间的法律关系，划清双方权利义务范围，有助于医患双方在医疗过程中明白自己该做什么、可以做什么，还能使纠纷在发生的初期有确定的规则梳理责任归属，最终起到纠纷预防的效果。

一、医疗服务合同概述

医疗服务法律关系是属于行政关系还是民事关系一直以来都饱受争议，本书

---

① 参见龙丹：《论医疗服务合同与人身损害》，《法制与社会》2017年第2期。
② 参见刘炫麟：《民法典编纂与医疗合同典型化》，《法治研究》2019年第3期。

认为其应当是民事法律关系。虽然医院不以营利为目的,且医院内部存在隶属关系,然而单从法律上而言,医患双方地位必然是平等的。至于其医学知识水平的不平等、医疗技术上的不平等,这些本就是医疗机构的行业特性所决定,不妨碍双方法律地位的平等性。

关于患者就医,患者与医疗机构的民事法律关系是否是合同关系,是否应当受合同法调整,在医疗界饱受争议。有的医疗机构管理者及医务人员提出质疑,医患关系如果是合同关系,那么合同文本在哪里,合同标的是什么,医院没有治好患者的病是否就算违约,等等。其实这是对医疗服务合同没有正确的认识。医疗服务合同的关键着眼点在"服务"上,即医疗行为是一种服务行为,服务行为是强调"过程"不强调"结果"的行为。因此,对于医疗过错的认定,对于违约的认定,是从医疗机构及医务人员给患者提供医疗服务的过程中是否尽到与当时的医疗水平相应的诊疗义务来考察,而不看医疗结果,不以医疗结果作为认定医疗过错、医疗违约的依据。至于合同文本,医疗服务合同是非典型合同,我们是以医疗合同来考察和规范医患关系,不一定要有看得见的合同文本。不过,在一些特殊的医疗活动中,还确实存在医疗服务合同文本,比如临终关怀医疗服务、整形美容医疗服务、体检医疗服务等。

在医疗法律关系中医疗合同关系是最常见、最基本的医疗法律关系,它是指双方当事人约定的由医方提供医疗服务,患方接受医疗服务并支付医疗费的合同。尽管世界各国都有学者认为医疗合同应当典型化,但大部分国家并未将其付诸行动,我国亦是如此,根据《民法典》第四百六十七条第1款的规定,医疗服务合同属于无名合同,在法律适用上首先适用《民法典》合同编"通则分编"的规定,其次才是参照合同编或者其他法律中最相类似的合同的规定。在法律适用上,注意《民法典》合同编如下规定。

第四百六十四条第2款 婚姻、收养、监护等有关身份关系的协议,适用有关该身份关系的法律规定;没有规定的,可以根据其性质参照适用本编规定。

第四百六十七条第1款 本法或者其他法律没有明文规定的合同,适用本编通则的规定,并可以参照适用本编或者其他法律最相类似合同的规定。

第四百六十八条 非因合同产生的债权债务关系,适用有关该债权债务关系的法律规定;没有规定的,适用本编通则的有关规定,但是根据其性质不能适用的除外。

在医疗服务合同中医疗机构为患者提供医疗服务,患者支付医疗费,这点完

第四章 医疗服务合同的签订、履行与违约

全符合劳务合同的规定，但根据有无报酬、劳务给付目的等的不同，其究竟属于劳务合同中的委托合同还是雇佣合同、承揽合同，也一直存在争议。委托合同说为我国台湾地区的通说，其源于台湾地区的一个特殊规定：对委托事务不作事实行为与法律行为的区分，两者均可成立委托合同。而医疗合同中医方提供医疗服务的医疗行为是一种事实行为，不是法律行为，这就使得将委托合同仅限于法律行为的日本学界将其解释为准委托合同。在我国大陆，委托人或受托人可以随时解除合同，而在医疗合同中，医疗机构不得主动解除合同。雇佣合同说源于德国，德国民法规定委托合同是无偿的，而医疗合同通常为有偿，因此德国认为医疗合同是医方以医疗行为为患者提供服务，患者支付报酬的雇佣合同，英美法也认同该说法。但是在雇佣合同中，受雇人就劳务的给付方法，一般是服从雇用人的指示，处于被动状态，而在医疗合同中则相反，患者处于被动服从状态。根据承揽合同的定义，承揽人按照定作人的要求完成某特定工作，完成后承揽人交付工作成果，验完工作成果后定作人支付报酬的合同。医疗服务合同中的某些环节确实符合承揽合同的特征，但大多数的医疗合同属于过程合同，并无具体工作成果可交付。因此以上几种合同类型均不适合医疗合同，医疗合同的复杂性使得我国《民法典》合同编中规定的任何一种有名合同均无法全面地符合医疗合同的特点。其本身具有区别于其他类型合同的独特性，因此，医疗合同本身就可以作为一种有名合同存在。

根据诊疗目的和内容的不同，可以将医疗服务合同分为"一般医疗服务合同、健康检查服务合同、试验性医疗服务合同、特殊医疗服务合同"。[1][2] 这种分类方式有一定可取性和合理性，但对于试验性医疗活动和强制性医疗活动是否可纳入医疗服务合同的调整领域，值得进一步讨论。试验性医疗活动的主体并非医方与患者，而是研究者与受试者，其活动目的也并非向受试者提供医疗服务而是确认药品疗效，因此不成立医疗服务合同关系；而传染病防治、计划免疫、强制戒毒、强制精神病治疗等强制医疗是为了避免公共健康危机，国家基于医疗活动的特殊性，强制对某些疾病患者进行诊疗行为，并对医方相应地课以强制提供医疗服务的义务，因其缺乏自愿性而形成一种强制性的医疗法律关系。此时医方的强制医疗行为已具备行政行为的强制性和单方意志性，是法律授权下的行政权力

---

[1] 参见黄丁全：《医事法》，中国政法大学出版社2003年版，第171页。
[2] 参见周维德：《医患法律关系研究》，江西高校出版社2007年版，第70页。

的行使，而不再建立在平等互利的民事法律关系基础上，双方当事人的权利义务呈现明显的不对等性。因此在强制性医疗活动中，患者与医疗机构之间的关系应受法律的强制性规定调整，而非医疗服务合同关系。

二、医疗服务合同的特点及分类

（一）医疗服务合同的特点

医疗服务合同具有其他合同法律关系的一般特点，是诺成的、不要式的、双务的有偿合同，同时它又发生在医患双方之间，以医疗服务为标的，带有一定的人身性质，在内容上保有一定的特殊性。

1. 医疗服务合同的强制缔约性

意思自治是契约法则的基本原则，即合同主体双方平等地享有何时何地与谁缔结契约的自由。但由于医疗服务合同客体的特殊性、主体双方地位不平等性以及信息不对等性等问题的存在，医方的意思自治受到一定的限制。[①] 也就是说，当患方提出要求治疗的请求时，除非限于设备或者技术条件不能诊治，医方不能拒绝收治病人。该项制度将救死扶伤的人道精神纳入了法律规定的范畴，着力于保护公共利益，保护了患者一方的合法权益，有效地杜绝了医方见死不救的不良风气。[②] 不过在我国现行法律规范中，仅就危重病人就医、急诊的情形规定了医方负有强制缔约的义务，尚无强制缔约义务的一般条款。[③] 面对紧张的医患关系，尤其有一些"医闹"者来医院进行捣乱，在医疗界就有人提出来，能不能设立"医闹黑名单"，对于这些闹事的人、欠费的人，纳入黑名单，不提供医疗服务。因为医疗机构不得拒绝提供医疗服务，所以医疗机构当然不得以设立黑名单的方式拒绝提供诊疗服务。不过，关于患者"黑名单"是可以开展讨论的。[④] 在我国的行政管理层面，其实并不存在什么"黑名单"制度，这只不过是老百姓的通俗说法而已。"黑名单"制度实际上是对失信人员在一定范围内对其行为予以限制、约束、区别对待的制度。[⑤] 我们对"黑名单"不应当作这种狭隘的理解。

---

① 参见艾尔肯：《论医疗服务合同关系》，《河北法学》2006年第12期。
② 参见虞浩、李辰亮：《医疗合同法律问题研究》，《广西社会科学》2003年第2期。
③ 参见崔建远：《强制缔约及其中国化》，《社会科学战线》2006年第5期。
④ 参见岳远雷、刘涵：《患者黑名单制度法治化建构研究》，《医学与社会》2020年第3期。
⑤ 参见范伟：《行政黑名单制度的法律属性及其控制——基于行政过程论视角的分析》，《政治与法律》2018年第9期。

比如北京市第十五届人大常委会第二十二次会议于 2020 年 6 月 5 日通过、自 2020 年 7 月 1 日起施行的《北京市医院安全秩序管理规定》第十一条规定的"共享共用医疗纠纷信息、高风险就诊人员信息、涉医 110 警情和涉医案件违法犯罪行为人数据等信息",其实就是一种特殊名单。再比如 2020 年 12 月 28 日上海市人民政府第 40 号令发布的《上海市医疗卫生人员权益保障办法》第三十八条、第三十九条、第四十条关于失信惩戒的规定。这些地方性规定都具有治理医闹的很好的效果。

【案例 04 - 1】

等待住院床位未能入院是否属于违反医疗合同①

2017 年 6 月 24 日,原告邹长某因右上腹不适 1 个月到青岛市某医院就诊。医生的诊断为:病人要求住院,目前无床,等待入院;同时医嘱,若有心前区不适,含服速效救心丸。接诊医生告诉邹长某住院最少需要一周左右才有空床,让其等电话通知。原告等待入院期间,曾经主动和被告医务科以及医患沟通办进行电话沟通,请求入院治疗,但始终没有等到被告通知入院。后原告以被告在诊疗活动中违反医疗服务合同,拒不履行医疗机构以及医师的法定义务为由向法院提起诉讼。

青岛市市南区人民法院认为在特殊情况下,即使双方未建立医疗服务合同关系,如果患者属于危重病人,医院在不具备救治条件时,应将患者转院到符合救治条件的医院治疗,而不能以双方未建立医疗服务合同关系为由不予处理。而本案中,通过门诊挂号后就诊与青岛市某医院形成了门诊医疗服务合同关系,而非住院医疗服务合同,随着门诊诊疗活动结束,双方的门诊医疗服务合同关系即终止。双方的住院医疗服务合同关系应以患者办理完住院手续为生效的条件,而本案中邹长某并未办理住院手续,故双方并未形成住院医疗服务合同关系。同时,邹长某在到青岛市某医院就诊时不属于必须住院治疗的危重病人,青岛市某医院在当时不收住院并不违反相关法律规定。最终驳回患者起诉。

大部分国家基于医方的职业道德和救死扶伤的社会义务,对医方的缔约自由

---

① 参见邹长某与青岛市某医院医疗服务合同纠纷案。青岛市市南区人民法院(2019)鲁 0202 民初 3146 号民事判决书,山东省青岛市中级人民法院(2019)鲁 02 民终 8570 号民事判决书。

给予一定的限制。我国《执业医师法》第二十四条、《基本医疗卫生与健康促进法》第二十七条、《医疗机构管理条例》第三十一条、《护士条例》第十七条等均规定了医疗机构及医务人员的强制缔约义务。《民法典》第四百九十四条亦有类似的规定。

第四百九十四条　国家根据抢险救灾、疫情防控或者其他需要下达国家订货任务、指令性任务的，有关民事主体之间应当依照有关法律、行政法规规定的权利和义务订立合同。

依照法律、行政法规的规定负有发出要约义务的当事人，应当及时发出合理的要约。

依照法律、行政法规的规定负有作出承诺义务的当事人，不得拒绝对方合理的订立合同要求。

2. 医疗服务合同的过程性

医疗服务合同的标的是无形的"服务"而不是有形的物，从整个诊疗、护理行为的全过程来看，判断医方是否如约履行债务的标准是医方是否合理地运用医学技术知识对患者的疾病施以适当的治疗行为，而不是疾病是否可以完全治愈。并且医疗服务合同的具体内容是随着诊疗阶段的进行而逐步确定的，甚至会根据病情变化作出相应的更改。因此，医疗服务合同是过程合同，而非结果合同。对医疗服务合同的内容，尤其是如何评价医疗机构是否尽到医疗服务合同的义务，是否存在医疗过错，应当以医疗过程来评价，而不是以医疗结果来评价。

3. 医疗服务合同的不确定性

医疗服务合同的不确定性，既包括医疗服务内容、医疗服务结果的不确定，也包括医疗服务合同本身内容的不确定。对于前者，由于人体组织机能的复杂性和差异性，谁也无法预见病程发展的程度、治疗是否达到预期的效果、治疗的确切时间等事项，因而医疗服务合同的内容具有高度的不确定性。因此，医患双方具体的权利义务关系需要在诊疗过程中，随着病情的发展逐步进行明确。例如医方并不能在每个患者挂号时就确定其相应的治疗方案，而是通过诊疗活动，与患者共同商议和调整其应检查的项目和具体的治疗措施等确定最终的治疗方案。对于后者，由于没有医疗服务合同文本，合同内容、医患双方的权利和义务，往往根据具体医疗需要，通过医疗卫生法律法规、诊疗规范及行业习惯等予以确定。

4. 医疗服务合同强调保障患方的知情同意权

医疗服务合同具有极强的专业性和技术性，在合同履行过程中，大量占有医学知识和医疗设备的医方多处于权威地位,具有高度自由的裁量权,而患者则长期处于被动服从的地位。随着科技的发展和社会文化的进步,普通群众有了更多接触、了解医疗活动和医学知识的渠道,越来越多基本的医学常识也得以在患方群体中宣传和普及。在当代医患关系的基本模式中,患方开始要求在医疗服务活动中掌握更大的主动权,要求享有医方进行具体医疗行为的知情权和决定权。医方有义务协助患者了解自身疾病的病因、诊断结果、治疗方案和可能造成的后果等,医患双方应就具体医疗服务活动中的医疗行为进行沟通和协商,医方应尊重患方的自主决定权。《民法典》第一千二百一十九条有相关规定。

第一千二百一十九条 医务人员在诊疗活动中应当向患者说明病情和医疗措施。需要实施手术、特殊检查、特殊治疗的,医务人员应当及时向患者具体说明医疗风险、替代医疗方案等情况,并取得其明确同意;不能或者不宜向患者说明的,应当向患者的近亲属说明,并取得其明确同意。

医务人员未尽到前款义务,造成患者损害的,医疗机构应当承担赔偿责任。

5. 医疗服务合同双方更强调协作性

任何合同目的的实现,都需要双方在适当履行自身义务的同时,与对方相互协作、相互配合。对于医疗服务合同来说,只有患者全力配合,才能使医疗活动有序、适当地进行,因此,在医疗服务合同中协助履行原则更为重要。如在就诊时,患者应作出详细且真实的回答;在诊疗过程中,患者应谨遵医嘱,积极配合医护人员的治疗行为等。在医疗服务合同的履行过程中,如果医患双方无法达成一致的协作关系,那么即使医方具有再高的医疗水平也无法保证医疗服务合同的适当履行。因此,在医疗服务合同关系中,医患双方主体的协作配合关系相较于其他合同关系更为紧密。对此,《民法典》第五百零九条有明确规定。

第五百零九条 当事人应当按照约定全面履行自己的义务。

当事人应当遵循诚信原则,根据合同的性质、目的和交易习惯履行通知、协助、保密等义务。

当事人在履行合同过程中,应当避免浪费资源、污染环境和破坏生态。

6. 医疗服务合同的高风险性

医方的医疗服务合同债务指的是医方为患者提供的诊疗、护理等医疗行为,其基本特征是医方通过较轻微的侵袭行为来消除较大的损害后果以达到医疗服务合同的目的,如抽血、输液、手术等措施都会给患方造成一定的生理不适甚至损害。此外,医学活动本身具有探索性和复杂性,其高风险性和不确定性是无法克服的难题。

现代医学技术、诊疗手段设备不断精确化、尖端化,医疗卫生事业不断发展,但是运用医疗设备也不可避免地会混淆某些疾病的症状,出现人们所不期望看到的后果,因此医方运用的医疗技术其本身就具有高风险性。[①]这种高风险不是医务人员尽到注意义务就可以避免的,而是往往与医疗服务活动相伴相随,尤其是在新型的诊疗技术中更是难以避免。患者选择这样的高风险诊疗活动,就意味着愿意承担这样的风险,只要医疗机构及医务人员尽到其能力范围内应当尽到的注意义务,如果风险仍然发生,医疗机构及医务人员不应当就损害结果的发生承担赔偿责任。这类似于《民法典》第一千一百七十六条规定的自甘风险规则,只不过自甘风险规则目前仅适用于文化娱乐、体育竞赛活动。

第一千一百七十六条 自愿参加具有一定风险的文体活动,因其他参加者的行为受到损害的,受害人不得请求其他参加者承担侵权责任;但是,其他参加者对损害的发生有故意或者重大过失的除外。

活动组织者的责任适用本法第一千一百九十八条至第一千二百零一条的规定。

(二)医疗服务合同的分类

随着医疗技术的发展,医疗领域的覆盖面不断扩大,医疗服务的形式更加多样化,医疗服务已经不再局限于以诊断治疗患者的疾病为目的,还包括体检时成立的健康检查服务合同,牙齿修补、整容整形等特殊医疗服务合同。此外,根据过程的不同可以将医疗服务合同分为门诊医疗服务合同和住院医疗服务合同。

1. 一般医疗服务合同

一般医疗服务合同,是指患者以诊疗疾病为目的而委托医方治疗疾病或伤害而成立的契约。其主要内容就是医方为患者提供医疗服务,患者给付医疗费用。除此之外,因为在我国医院中医药未分业经营,医方开具处方治疗疾病并提供药品的行为不宜将其另行看作新的药品买卖合同,而应包括在医疗服务合同之中。此外,医方进行手术、特殊检查也应当包括在一般医疗服务合同之中,不宜另立新的合同。

2. 健康检查服务合同

随着社会的发展,人们生活水平的改善,对待健康态度的变化,健康体检变

---

① 参见宁德斌:《从医学的社会性探讨医患关系的内涵》,《医学与社会》2004年第4期。

得越来越重要了。健康体检是以健康为中心,对尚未被诊断患病的人的身体采用医学方法和技术进行检查,了解受检者健康状况,早期发现疾病线索和健康隐患的诊疗行为。目前,在考试、入学、入职、参军、结婚等情形下,都会被要求进行体检。这种以发现疾病和预防疾病为目的,对患者的身体状况进行诊断、检查而成立的医疗服务合同就是健康检查合同。

健康体检属于医疗活动,但有别于以疾病诊治为目的的医疗活动。二者在对患者的健康信息分析、诊断上,思维逻辑都是不同的。以疾病诊疗为目的的医疗活动,医务人员是以患者身体不适的主诉为线索,对患者身体进行检查,根据所获得的健康信息,对患者身体状况作出判断,最终确定治疗方案。而健康体检则没有被检者的不适主诉,医务人员是采取"普遍撒网"的方式对患者身体进行全面的或者局部的"扫描",从中发现有价值的健康信息并结合医学理论进行综合分析,最终提出被检者的健康意见和建议。这难免会漏掉或者忽视一些信息,因而健康体检漏诊、误诊的可能性比较大。另外,健康体检中的告知问题也特别重要。比如婚前检查,一旦查出婚前体检一方患有不宜结婚的疾病,尤其是一些敏感的传染性疾病,要不要告知另一方?这里既有知情权保障问题(未患疾病一方),也有隐私权保护问题(患有疾病一方)。

我们建议,健康体检活动应当由提供体检活动的一方拟定"健康体检协议"(或称"健康体检告知书"),针对体检内容、体检流程、体检注意事项、敏感体检结果的选择、体检结果的记载、体检报告书的内容与发放、体检结果的解释等进行说明,允许被检者对一些敏感事项进行约定、放弃。这里所讲的"健康体检协议"有别于体检医疗机构与被检者所在单位签订的体检委托协议。前者是体检机构与被检者所签,后者则是医疗机构与用人单位所签。

3. 特殊医疗服务合同

随着经济的发展和人们需求的多元化,人们对医疗服务的需求也日益丰富,如整容手术、终止妊娠、人工授精、变性手术、临终关怀等。这些在没有疾病或者身体创伤的情况下,因特殊原因与医方订立的医疗服务合同就是特殊医疗服务合同。

在一般医疗服务合同与健康检查服务合同中,合同双方的权利义务多以法定的强制性条款为主,辅以当事人必要的合意,比如药物选用、治疗人员、治疗时间等。而对于特殊医疗服务合同,由于其更具开放性,法定的强制性条款较少,在缔约时合同双方有更大的意定空间,此时医疗机构不仅须负担一般医疗服务合同中的合理谨慎义务,更主要的是须根据双方当事人约定实现某一特定的合同目的。当然,以上三类医疗服务合同也存在着需要尊重患者的人格尊严、保护患者隐私权、保障患者的自决权和知情同意权等强制性条款加以规制的共同基础。

三、医疗服务合同的订立及效力

（一）医疗服务合同的订立

合同双方当事人通过一方发出要约,一方予以承诺的方式,最终对合同的基本内容达成一致的意思表示而成立合同。在现代社会中,医疗服务提供方一般会通过一定渠道向潜在的患者群体宣传自身等级、服务项目、医疗设备、收费标准等情况,以达到有相关医疗需求的患者向其发出订立医疗服务合同的要约,该行为往往被视为要约邀请。患方在收到要约邀请后,会结合自身具体情况对医方的要约邀请进行对比和选择,最终确定向某一医疗机构寻求医疗服务,向其作出愿意与其订立医疗服务合同的意思表示,要约内容为概括性地请求医方为其提供相应医疗服务；医方收到患方的要约后接诊或直接提供医疗服务即为承诺,医疗服务合同即成立于此。因此,在医疗服务合同的订立过程中,患方为要约方,医方为承诺方。[1] 值得一提的是,在现代医疗服务活动中,患方除前往医疗机构实地缴费挂号之外,还会选择网络、电话均等方式进行挂号,不过无论方式如何演变,只要得到医方的接受和认可,其本质均是向医方发出订立医疗服务合同的要约,医方均可针对其要约作出承诺,医疗服务合同得以正常成立。在未经挂号的特殊或紧急情况下,只要患者前往医方寻求医疗服务,而医方开始实施具体的医疗行为,即可视为默示的承诺,同样成立医疗服务合同。

【案例 04 - 2】

接到急救电话不出诊引发的医疗损害赔偿纠纷案[2]

1998 年 12 月 14 日,患者吕某突发心脏病,患者家属即拨打县人民医院急救中心的"4712110"急救电话,告知对方值班人员患者的病因、病情及住址。对

---

[1] 参见陈姿含:《医疗服务合同研究》,西南政法大学硕士学位论文,2019 年。

[2] 参见胡国平:《未履行社会承诺应否承担民事赔偿责任?》,《人民司法》1999 年第 6 期；具体案情参见《人民法院报》1999 年 8 月 13 日。

方答应马上到。7 分钟后,患者家属第二次拨打急救中心电话,对方答复就来了。又过了 8 分钟,患者家属第三次拨打急救中心电话,对方称车子已经去了。几分钟后,患者家属考虑到三次拨打急救电话且患者住处与人民医院仅相距 400 余米,均未见救护车到来,遂改拨县中医院的"120"急救电话。中医院医务人员及时赶赴求救地点,并及时对病人进行了抢救,终因患者心脏病猝发时间长,病情严重,延误了抢救时机,抢救无效而死亡。

当晚,救护车未如约赶赴求救现场的原因,系人民医院唯一出路被一辆运煤卡车堵塞。堵塞时间从 1998 年 12 月 13 日晚 8 时左右一直延续到第二天早晨 6 时。急救中心医护人员见出路已被堵塞,救护车无法开出,一时间又不能排除障碍,便没有采取其他补救措施前往求救现场。

该县人民医院急救中心成立于 1998 年 9 月,当时曾连续两个月在县电视台播放急救中心开通 24 小时急救呼叫电话的公告,并公开向社会承诺:"如遇急、重病人,请及时拨打'4712110',本急救中心将迅速出动,及时救护。"

事后,患者家属多次找医方领导协商处理有关事宜未果,遂以医方工作人员严重失职是导致患者死亡的直接原因为由诉至法院,请求判令医方赔偿患者家属的各种经济损失。法院认为医院违反其公开承诺,因此判决赔偿患者各种损失 12 万元。

(二) 医疗服务合同的主体

1. 医方

合同的主体即合同双方当事人,在医疗服务合同中具体表现为医方和患方。医方可分为医疗机构和个体医生两类,如果医方是个体诊所,则医方当事人为个体医生。如果医方是医院,则患方与医疗机构订立医疗服务合同,医务人员的诊疗活动属于职务行为,因此医方当事人是法人主体即医疗机构而不是某个具体的医务人员。

根据我国《民法典》第五十七条规定,只有具有完全的民事权利能力和民事行为能力,并能够独立承担民事义务的医疗机构,才能享有医疗服务合同的主体资格。因此一些企事业单位内部设立的医务科或医务室,虽然也提供日常的医疗服务,但因其仅是某单位的内设部门,不具有相应民事行为能力,不能独立承担民事义务,所以不具有医疗服务合同的主体资格。

2. 患方

医疗合同的要约人一般应为具有行为能力的患者,据实践中具体情形的不同，患者本人或其监护人、配偶、父母、子女及近亲属等均可能成为其医疗服务合同的主体。①

在病患无民事行为能力的场合，应当如何认定医疗契约的当事人医方，在理论和实务上存在不同看法。在日本学界，在处理无行为能力人能否成立医疗契约的问题上，存在以下两种观点：第一，法定代理说。当病患不具有缔结契约的能力或同意的能力时，可以认定由亲权人或夫妻一方行使法定代理权而缔结医疗契约。实务判决中，未成年人因为交通意外需要进行头部手术，法院认为医师对其法定代理人也负有说明的义务，即采用此观点。②第二，第三人利益契约说。该学说认为，病患不具有为自己缔结契约的能力时，该医疗契约视为其亲权人或其配偶与医院订立的第三人利益契约，病患处于其中的受益人地位。此外，还有不真正第三人契约说、基于无因管理而产生的医疗契约说、法定代理说与第三人利益契约的双重构成说、法定代理说与通常契约的双重构成说以及第三人利益合同说与通常契约的双重构成说等。③

所以在医疗服务合同签订上，一般患者本人为合同当事人。由于无民事行为能力人实施的法律行为无效，当患者为无民事行为能力人或者陷入意思不能表达的境地时，送医的患者近亲属可以是患者代理人代为签订医疗服务合同，患者近亲属也可以直接以合同当事人的身份签订第三人利益医疗服务合同，对于没有代理关系的第三人送医，该第三人与病患之间成立无因管理关系，签订第三人利益医疗服务合同。④关于医疗服务合同中医疗机构相对方的当事人的问题，值得医疗机构研究，这有利于部分解决医疗欠费纠纷案例。患者近亲属送患者就医、患者所在单位送工伤事故受害人就医，医疗机构有理由相信送医者与医方签订第三人利益医疗服务合同。

(三) 医疗服务合同的内容

1. 医方的权利和义务

在医疗服务合同中，医务人员虽然不具有合同当事人的主体资格，但其作为医疗机构的工作人员，是合同内容的直接执行者。因此，医方的权利由医方主体直接享有的权利和医务人员在医疗活动中应获得保障的权利两部分组成。具体来

---

① 参见王明旭：《医患关系学》，科学出版社2008年版，第2页。
② 参见家永登，醫療と子どもの自己決定，法律時報，第75卷9號。
③ 参见野田宽："医疗契约"，法律時報，第59卷3號。
④ 参见黄定全：《医事法新论》，法律出版社2013年版，第68—69页。

说，医疗服务合同中医方主体的权利主要包括：诊疗权、医疗费用请求权以及人身安全和人格尊严受到保障的权利。

医生专业活动就是利用自己的专业技能和知识为患者恢复或维持健康提供治疗行为，这是医师最基本的职业权利，更是医疗服务合同目的得以实现的根本保障。法律规定医方有权根据患者具体病情的发展，在注册的执业范围内主导医疗服务活动，例如进行疾病诊察、医学处置、出具医学证明文件等。医疗服务合同作为一种有偿合同，医方主体所享有的最直接的权利即医疗费用请求权。在按照合同约定适当履行债务后，医方有权获取相应的医疗费用及报酬，这是医方主体正常运营和医务人员正常生活的基本保障。医方的人格尊严也应得到患方及全社会的尊重和认可，其在医疗活动中人身安全理应受到应有的保护，享有人身安全和人格尊严不受侵犯的权利。

《执业医师法》第二十一条第5款　在执业活动中，人格尊严、人身安全不受侵犯。

《护士管理办法》第四条　护士的执业权利受法律保护。护士的劳动受全社会尊重。

医方享有一定权利的同时，必定需要承担相应的义务。而医方在医疗活动中的专业地位决定了其在医疗服务合同关系中应承担更多且更高要求的义务，这些义务可具体分为主给付义务、从给付义务和附随义务。医方的主给付义务为提供诊疗服务义务，即根据患方的疾病治疗需求，合理运用自身所占有的专业知识和医疗设备，对患方的疾病作出正确的诊断，并提供适当的治疗、护理服务的义务。① 大体上来说，医方的从给付义务体现为说明告知义务，制作、提供、保存病历的义务和转诊义务等。《民法典》第一千二百一十九条、第一千二百二十五条有明确规定。

第一千二百一十九条　医务人员在诊疗活动中应当向患者说明病情和医疗措施。需要实施手术、特殊检查、特殊治疗的，医务人员应当及时向患者具体说明医疗风险、替代医疗方案等情况，并取得其明确同意；不能或者不宜向患者说明的，应当向患者的近亲属说明，并取得其明确同意。

医务人员未尽到前款义务，造成患者损害的，医疗机构应当承担赔偿责任。

第一千二百二十五条　医疗机构及其医务人员应当按照规定填写并妥善保管

---

① 参见王岳主编：《医事法》，对外经济贸易大学出版社2010年版，第68页。

住院志、医嘱单、检验报告、手术及麻醉记录、病理资料、护理记录等病历资料。

患者要求查阅、复制前款规定的病历资料的,医疗机构应当及时提供。

除经济利益外,医疗合同还特别关系到患者隐私和个人信息利益,医方在履行合同债务的过程中,为促进合同目的的实现,要承担高度注意义务和保密义务等附随义务。在医疗服务活动过程中,医方应尽到与其医疗水平和专业技术相一致的高度注意义务,避免造成患方人身或财产上的损害。保密义务是指医方基于对患者隐私权的保护所负有的,未经允许不得公开、透露患者病情及相关信息的义务。医院侵犯患者隐私权的事件多发生于临床实习中,临床实习是医学院教学的基本内容,实习过程中带教老师会带着自己的学生观摩检查及手术过程,这会给患者的心理上带来不适。诚然,医学生观摩手术是必要的,但这种教学方法必须事先征得患者的同意,尤其是对女性隐私部位进行检查时更应注意患者的利益和隐私,否则无异于将患者等同于教学仪器,严重侵犯患者的人格尊严。①《民法典》第一千二百二十六条有明确规定。

第一千二百二十六条 医疗机构及其医务人员应当对患者的隐私和个人信息保密。泄露患者的隐私和个人信息,或者未经患者同意公开其病历资料的,应当承担侵权责任。

【案例 04-3】

医院组织实习生观摩手术侵犯患者隐私权案例②

患者王某到某医院就诊,被诊断为早孕,在朋友的陪同下到该院做无痛人工流产手术。手术过程中王某一直处于睡眠状况,醒来后从朋友口中得知,自己做人流的整个过程被医学院的学生观摩。王某觉得受到了羞辱,于是向法院起诉,要求某医院向自己赔礼道歉,并赔偿医疗费、交通费和精神损害抚慰金等3万元。法院审理认为,被告未经原告同意擅自组织实习学生观摩原告人工流产的行为,侵犯了原告的隐私权,判决被告赔偿原告精神损失抚慰金人民币2万元,驳回原告的其他诉讼请求。

---

① 参见朱丽娟、华庄:《对患者隐私权法律保护的思考》,《南京人口管理干部学院学报》2001年第4期。
② 参见陈伟、陈特:《擅自组织实习生观摩 医院侵犯患者隐私权遭赔偿》,《中国社区医师》2011年第3期。

2. 患方的权利和义务

患方的权利主要包括：一是获得适当医疗服务的权利，即在患者身体机能出现问题或需要进行健康检查、疾病预防时，有权根据医疗服务合同的约定，要求医方在规定的时限内适当地履行其合同义务。二是知情同意权，该权利是指临床上具备独立判断能力的患者，或在其丧失独立判断能力时由其法定代理人、近亲属等代为行使的，对自己疾病的病因、诊断方法、治疗原则以及风险向主治医师要求"知情的权利"以及对医疗人员制订的诊疗计划进行决定取舍的权利。三是隐私受保护权，该权利是指患方在医疗服务活动中让医方知悉的属于个人隐私的信息应受法律保护，非特殊情况，医方不得向其他无关第三人透露或公布。四是合理自主选择的权利，如选择是否到医疗机构进行诊治，有权更换主治医生、转换治疗科室和更换医疗机构，以及对自身的遗体和器官享有决定的支配权。

患方在医疗服务合同中所承担的义务包括以下三项：一是配合诊疗的义务，医疗服务合同的履行要依靠医方和患方的共同协作和努力才能取得较好的治疗效果。因此患方应如实向医方提供病情真实情况，应当遵守医嘱，根据医方的指导进行各项医学检查、服用药物、及时复查等。二是遵守医方规章制度的义务。医方无论是医疗机构还是个体诊所，都属于具有一定公共性质的服务场所，患方在接受医疗服务的过程中，应当自觉维护医方的正常运营秩序，遵守医方制定的与患方有关的规章制度。三是给付医疗服务报酬的义务。该义务是患方在医疗服务合同中的主给付义务，其作为合同的订立者和医疗服务的接受者，有义务按照约定向医方支付其提供医疗服务所需的费用。由于患方支付医疗费用的义务属于医疗服务合同履行中典型的给付义务，患方如不履行，医方有权拒绝诊疗或中止诊疗；但在抢救急危患者情形时，医方为履行公法义务，当然不得主张同时履行抗辩。[1] 所以，对于非急危重症患者的抢救和传染病疫情防控，患者及相关医疗服务合同当事人不给付医疗费用时，医疗机构可以暂停相关的医疗服务活动，或者仅提供维持性的医疗措施。

（四）医疗服务合同的变更

医疗服务合同的过程性决定了医疗活动是一个不断探索的过程，为了达到某种医疗目的，医方采取的医疗手段可能会随时需要根据病情的变化和诊疗过程的推进而进行调整，此时，就需要医患双方共同协商对医疗服务合同作出相应变

---

[1] 参见唐超：《医疗合同写入民法典的意义、路径及框架设计》，《天津法学》2020年第2期。

更。医疗服务合同订立之时，患方概括性地请求医方为其诊断、治疗，医方接诊后也仅是通过问诊和基本体征检查作出初步判断，此时医患双方对医方诊疗义务所达成的意思表示是抽象的，即要求医方进行适当的诊疗。医疗服务合同的具体内容应随着患者病情的变化，依照初步诊断结果进行详细检查，逐步确诊和完善治疗方案。若最终确诊的治疗方案与初步诊断内容产生较大变化时，应当视为对医疗服务合同内容的变更。这种变更可能从诊疗手段、方式、结果上对诊疗内容进行了明显改变，但医方应当对患方履行的适当的诊疗义务不变。除此之外，若在医疗活动中发现患方有自述以外的其他疾病，医方应向患方说明，患方要求增加、减少、改变医疗服务的内容并与医方协商一致之时，也应视为医疗服务合同的变更。医疗服务合同成立之后，医患双方应按约履行，任何一方均不享有单方面变更合同的权利。如果随着医疗活动进程的推进发现确有变更医疗服务合同的需要，须经双方当事人共同协商一致实现医疗服务合同的变更。

（五）医疗服务合同的终止

医患双方订立医疗合同的目的在于恢复患者的健康或减少患者的痛苦，因此医疗合同应当赋予医方和患方不同程度的解除权。对于医方而言，由于其负有强制缔约义务，除法定事由（如随着疾病的恶化，现有的技术设备条件不再满足诊疗条件）以及双方协商一致外，其一般不能单方解除。而对于患方而言，其可以随时解除合同而不必附具理由，包括终止治疗、出院和转院等。不过，由于医疗行为的专业性和复杂性，患方要作出符合自身利益的决定时，需要医方尽到较好的说明和告知义务。[①] 除因解除导致医疗合同终止之外，基于医患双方的合意、患方死亡、医疗机构被解散或被吊销、履行行为完成等原因，亦可构成医疗合同的终止。

1. 医疗服务合同履行完毕而自动终止

医疗服务合同双方当事人在合同关系建立后，按照合同约定各自履行其义务，享受相应权利，医疗服务合同目的得以实现，合同因履行完毕而自然终止，医患双方权利义务归于消灭。需要强调的是，此时应将医方是否按照约定提供了适当的医疗服务而非疾病是否完全治愈作为衡量医疗服务合同是否履行完毕的标准。

2. 医疗服务合同解除

医疗服务合同的解除包括医患双方协议解除和单方解除。双方协议解除合同是合同自由理论的体现，即基于医患双方当事人合意，在不违背国家利益和社会

---

① 参见周光涛：《医疗合同的订立、效力及终止》，《医院管理论坛》2007年第3期。

公共利益的前提下，达成解除医疗服务合同的一致意见后合同归于终止。单方解除则从维护患者的身体机能和生命健康出发，使得医方和患方在解除权的享有上具有一定程度上的差别。对于患方，因其充分享有支配自己健康的权益，原则上医疗服务合同可随时因患方的单方解除行为而终止，这是对患方自我决定权的尊重。患方可随时选择放弃治疗、要求转院等结束与当前医方订立的医疗服务合同。患方在行使合同解除权时，医方应客观详尽地告知其终止治疗、出院和转院的后果，以协助患者科学行使单方解除权。

对于医方，由于职业道德的约束和强制缔约义务的延伸，在无法定事由的情况下，应当严格限制医方单方解除合同的权利。法定事由包括：患者因患有传染病需进传染病医院治疗，而医方并非传染病医院；在患者有能力支付而拒绝支付医疗费用时，医方有权解除合同等。

3. 当事人主体资格消灭

在医疗活动中，若患者死亡，无论其是否为该医疗服务合同的订立主体，合同即告终止。医疗机构中患者的主治医师死亡，患方与医疗机构的合同关系依然存在，合同债务可由医方另行指派其他医师继续履行。若医疗机构被依法撤销、解散或因其他原因而欠缺主体资格时，医疗服务合同终止。

四、医疗服务合同的违约责任

违约责任是指当事人一方不履行合同义务或者履行义务不符合合同约定而依法应当承担的民事责任。患方与医疗机构双方达成合意成立的医疗服务合同有效且受法律保护，医患双方应当按照合同约定履行各自的义务，任何一方当事人违反医疗服务合同约定的，均可产生相应的违约责任。违约可以分为不履行和瑕疵履行两种形态，对于医方来说主要体现为没有正当理由拒诊和医疗手段存在瑕疵，对于患方来说主要体现为拒交医疗费用。

（一）医方违约

医方的违约行为包括医方未向患者提供医疗服务，医方在医疗服务活动中未尽到高度注意义务而对患者的权益造成损害，泄露在诊疗过程中知悉的患方的信息，医方出于非正当事由而耽误进行医疗行为的最佳时机等。

在医方出现违约时，患方要求医方承担违约责任的法律适用较为复杂，根据我国《民法典》的相关规定，违约责任的承担主要包括继续履行、采取补救措施、赔偿损失、支付违约金等形式。首先，由于大部分医疗服务都具有极强的时效性和针对性,导致"继续履行"这一违约责任承担形式的适用较为有限。对于一些医方无正当理由拒绝提供医疗服务的情况,可以根据合同要求其承担继续履行的违约责任,但若遇医方因不适当履行或延迟履行而违约,此时对患者造成的损害很有可能是不可逆的,在这种情况下,就很难再要求医方承担继续履行的违约责任。其次,对于采取补救措施,因其形式主要包括修理、更换、重作、退货、减少价款或报酬等,所以适用空间依然较小,范围多限于药物买卖、医疗辅助器具置换等可以更换或补救的医疗服务。最后,由于医疗服务合同之债属于具有高风险性的手段债务,其违约情况和可能造成的损失均很难预计,因此违约金在医疗服务合同中的适用也存在一定困境。通过对以上违约责任承担方式的比较分析,可见,赔偿损失是医疗违约责任最主要和最普遍的一种承担方式。

对于违约损害赔偿,合同法采取完全赔偿原则,即具体包括所受损失的赔偿和所失利益的赔偿。具体到医疗服务合同中,所受损失可包括财产损失和非财产损失,前者赔偿范围主要包括现有财产的减损和费用的支出,如医疗费、护理费、交通费、丧葬费等,后者主要指精神损害赔偿;所失利益是指由于医疗服务合同的违约行为造成人身损害,从而间接导致其可得利益的损失,主要包括误工费、残疾赔偿金、死亡赔偿金等。对于医疗违约损害的具体赔偿标准如何确定,还需在往后的立法中予以细化。

(二)患方违约

医疗服务合同中的患方的违约行为主要是拒绝支付医疗费用,基于合同的相对性,医疗机构原则上只能向合同主体追偿费用。在特殊情况下追偿主体可能还牵涉到患者的配偶、子女、父母等其他近亲属,此时就打破了合同相对性规则。

1. 患者是医疗服务合同的主体,也是医疗费的承担者

一般情况下,接受医疗服务的患者即合同的主体,也是医疗费的承担者。在医疗欠费纠纷中,大多数医院也会以患者本人为被告追索医疗欠费,即使有医院将患者及患者的赡养义务人作为共同被告,法院也未能予以支持。

【案例04-4】

患者子女未尽陪护义务的医疗服务合同纠纷①

2015年5月19日,胡新某因突发腹痛4天伴肛门停止排气排便,就诊于歙

---

① 参见黄山市某医院与胡新某、胡有某医疗服务合同纠纷案。见黄山市屯溪区人民法院(2015)屯民一初字第01237号民事判决书。

县某村中心卫生院，因病情加重，于当日转入黄山市某医院治疗。胡新某病情经诊断为弥漫性腹膜炎、十二指肠球部溃疡穿孔、感染性休克、急性肾功能衰竭——无尿，遂行十二指肠溃疡穿孔修补术加胃造瘘术及腹腔引流术。胡新某于2015年5月19日至6月17日共住院治疗29天，产生医疗费47498.34元，其住院时已预交费用5000元。胡新某住院期间，黄山市某医院为其购买生活用品支出59元，聘请护工进行护理支出3060元。原告认为，胡有某作为胡新某的儿子，对胡新某负有赡养义务，在胡新某患病时有义务承担相应的医疗费用。法院认为胡新某住院治疗期间，因其病情较重且无人陪护，黄山市某医院为其购买生活用品并聘请了护工进行护理，该行为旨在保障胡新某住院期间的休养、生活，为此支出的费用属于合理费用，该费用应由胡新某承担并在出院时支付。胡新某未及时支付上述费用，已构成违约。黄山市某医院主张胡有某也应承担付款义务，但胡有某与黄山市某医院之间并无医疗服务合同关系，该主张本院不予支持。

2. 患者的监护人承担医疗费的情况

当患者无支付医疗费的能力时，其扶养义务人因对患者具有扶养义务而需为此支付医疗费。

【案例04-5】

患者监护人对医疗欠费承担连带责任案[①]

2010年7月19日7时，魏文某在武邑县与他人发生交通事故受伤后被送入武邑县中医院救治，并随即转院至衡水市某医院住院治疗。截至2015年4月27日，被告魏文某在该医院共发生住院医疗费用409190.11元，被告方已支付住院费89200元，至今欠衡水市某医院医疗费319990.11元。衡水市某医院认为被告魏文某为未成年人，被告魏君某系被告魏文某之父，系魏文某的法定监护人，负有对魏文某抚养教育的义务，二被告对其拖欠原告的医疗费应予偿还并互负连带清偿责任。诉讼期间医院提出冻结被告银行账户存款280000元或等额财产的财产保全申请。最后法院判决被告魏文某已经治疗终结，魏文某系未成年人，其父魏君某作为法定监护人有责任支付医疗费、护理费等相关费用。

---

① 参见河北衡水市某医院与魏文某、魏君某医疗服务合同纠纷案。见衡水市桃城区人民法院（2014）衡桃协民二初字第32号民事判决书、民事裁定书。

3. 患者与扶养义务人共同承担医疗欠费

在一些情况中，比如夫妻之间，司法实践中认为患者因医疗服务合同产生的医疗费发生于夫妻关系存续期间，该费用应属于夫妻共同债务，应当两人共同偿还。

4. 患者死亡情况下继承人有限清偿

实际中有患者虽经抢救但仍抢救无效死亡的情况，此时法律认为医疗欠费作为患者债务而由其遗产继承人在遗产继承价值范围内承担有限清偿义务。

【案例04-6】

医疗欠费属于夫妻共同债务及继承财产范围清偿案①

患者陈某某的配偶为雷某1，陈某某与雷某1共生育了三个子女，分别为雷某2、雷某3、雷某4，陈某某的父母已先于陈某某死亡。2004年6月22日，陈某某因"绝经5年多，阴道不规则流血3月多，发现盆腔肿块1天"在广州某医院住院治疗。2004年6月29日，院方在全麻+硬麻下行腹腔镜下左附件切除术，陈某某术后返回病房时突发呼吸、心跳骤停，于同日转ICU抢救，经抢救后恢复自主呼吸、心跳，但自主意识一直未恢复。2004年8月31日，广州某医院将陈某某转入神经内科进一步康复治疗。陈某某在广州某医院处住院直至2015年2月23日死亡。因陈某某治疗期间未清缴医疗费用，院方遂提起本案诉讼。一审法院认为陈某某在广州某医院处因治疗所欠的医疗费是基于维持夫妻共同生活所必需的支出，依法依理应属于夫妻共同债务。陈某某的配偶雷某1应当对陈某某所欠的医疗费承担直接清偿责任。雷某2、雷某3、雷某4是陈某某第一顺序继承人，依法应当在继承陈某某遗产范围内承担清偿责任。

5. 患者近亲属作为赔偿主体

当患者因为各种原因陷入意思不能表达的境地时，若患者近亲属（配偶除外）将其护送就医，送诊的近亲属可作为医疗服务合同的患方主体，此时的医疗服务合同为第三人利益合同。此时患者近亲属作为合同主体，医方当然有权向其追偿医疗费用。

---

① 参见广州市某医院与雷某1等医疗服务合同纠纷案。见广州市越秀区人民法院（2016）粤0104民初4885号民事判决书，广州市中级人民法院（2019）粤01民终11409号民事判决书。

五、医疗欠费及医疗机构的应对措施

(一) 医疗欠费形式与类型

在医疗服务合同的履行中,医疗卫生机构为患者提供医疗服务天经地义,患者接受诊疗服务支付医疗费用理所当然。然而,医疗欠费现象在全国各医疗卫生机构普遍存在。随着社会的快速发展,不仅人的平均寿命在增高,人口老龄化程度加快,而且人们在日常生活中的风险也越来越高(如交通事故、生产事故等),特殊患者、特殊疾病随之增多,致使医疗欠费不断攀升。2009年2月27日,央视《新闻1+1》栏目报道,据不完全统计,医疗欠费在医院挂账的达100多亿元,一般的大医院都有几百万元甚至上千万元的医疗欠费。2014年9月26日,《人民日报》报道,据不完全统计,全国医院一年仅"三无"病人欠费达30亿~40亿元。北京某三甲医院每年大约救治"三无"病例100多人次。民政部门每年拨给医院的专项费用杯水车薪,大部分得由医院负担。深圳市11家市属公立医院累积医疗欠费8157万元,欠费人数达8000多人。近年来,全国每年究竟有多少医疗欠费虽然没有官方统计数字,但这个数额无疑是惊人的。医疗欠费严重影响了医院的资金流转,制约了医院的健康发展。

医疗欠费的原因是多方面的,从不同的角度可以分为多种类型。我们认为,医疗欠费大致可以归纳为三种类型。

1. 突发性医疗欠款

因交通事故、治安案件、刑事案件、自然灾害(火灾、水灾、地震、疫情、矿难等)等原因而就医的患者,往往病情危重、情况紧急,医院必须按照"先救治、后付费"的规定,为患者提供医疗服务。对于这类患者的救治活动,往往受到社会的多方关注,医务人员不能有丝毫懈怠,而费用支付者多数不是同一主体,支付医疗费用义务人短时间内不易确定,甚至根本就无法确定,导致医疗欠费频繁发生。

2. 贫困性医疗欠款

医疗费用超过了患者的经济承受能力,多数为贫困地区和贫困阶层且需要住院治疗的大病患者。这类欠款的回收期间长,或者由于患方脱贫无望、丧失劳动能力或死亡造成医疗费用无法收回。"三无"人员(无身份证件、无责任机构或人员、无支付能力的病人)是造成医疗欠费的主要群体。

3. 故意拖欠,恶意逃费

因受医疗技术的限制,达不到患者的期望值,或抱着投机取巧占国家便宜的心理，以种种借口不愿意付医疗费用。逃款的方式主要是以假地址、假姓名办理入院手续或以某种方式骗取同情借口赖账，或者逃避监护责任，遗弃病婴、残疾老人和精神病患者。

（二）建立医疗欠费预防与追缴机制

除国家政策原因而产生的医疗欠费外，医疗卫生机构针对医疗欠费，必须在积极预防和科学管理方面下功夫。要完善预防工作机制，建立健全规章制度，严格落实责任追究，做到事前有预警、事中有催查、事后有追缴、奖惩要到位。

1. 建立三级预防机制

医院要建立院、部（医政管理问题）、科室三级医疗欠费管理组织。明确职责：医政管理部门是医院医疗欠费管理的主责部门，科室是第一责任单位，患者所在病区主诊组负责人为第一责任人。

2. 事先预防欠费

医患关系是民事法律关系，医疗纠纷的违约系民事纠纷，属于《民法典》调整的范畴，因此《民法典》及其他相关法律的规定，对于处理医患关系相关事项及医疗纠纷非常有帮助。在医疗欠费的问题上，医疗机构管理人员应当在制度设计上，从合法性的角度考虑如何充分利用《民法典》的规定，最大限度减少医疗欠费的发生，即使发生医疗欠费，医疗机构也可以依据《民法典》予以追讨。比如医疗服务合同当事人，有的时候可以让患者近亲属作为合同当事人签订第三人利益契约，或者在必要时让患者近亲属、工伤患者所在单位为患者医疗费用做担保等。

3. 信息共享，联防联控

定期组织相关部门（医疗管理、卫生经济、病案管理、财务结算、保卫部门和临床科室等）通报医疗欠费情况，保障监控的全程性，不断线。对重点问题指定专人及时处置，及时报告。

（1）临床科室对患者应当采用适宜药物、适宜技术、适宜设备，精准施治。对于已经欠费的患者情况，适时与挂号收费部门沟通。

（2）挂号收费部门每月10日前对上月医疗欠费情况进行汇总，列出明细，报医疗管理部门。医疗管理部门负责建立台账，督导落实。

（3）临床科室要准确在病历中记录患者的基本信息情况。急诊科对"无姓名、无单位、无联系方式"患者的陪同人员或送诊人员的信息，要及时、准确登记留存，以备日后欠费处置。

(4) 科室应建立医疗费用监控制度，定期向医务部门提出专科住院押金标准调整意见，保证在大型项目检查前、术前（非急诊）、转科前、出院结算前等关键环节预缴押金充足。对有欠逃费风险的重点患者实行预警干预，及时向医疗管理部门报备。

(5) 临床科室主管医师要利用查房、病情交代等时机及时准确告知患者预缴押金的使用情况。对于医保患者选择自费项目前，要签署费用担保书。

(6) 信息技术保障部门负责维护完善信息系统，根据医疗机构医疗欠费管理需求，提供信息技术支撑。

(7) 医疗机构应当为患者提供方便、快捷的医院收费价目公示和医疗费用实时查询平台，设立固定电话、邮箱和服务人员，接受患者费用投诉，能当时处理的要及时处置，不得推托、搪塞。

（三）医疗欠费的处理

对于医疗欠费的处理无外乎两个方面，一是医院自行查处，二是通过法律途径追缴。

1. 医院自行查处

(1) 医政管理部门要建立通畅的报备流程，指派专人负责实施全程监管，督导科室开展催缴工作。原则上未履行报备手续的，相关科室不得擅自开展欠费治疗。欠费金额审批权限严格按照财务标准进行。

(2) 临床科室对住院期间已经欠费的患者，要采取多种沟通方式督促其交费，保留每次催交费用的证据，并视情况调整治疗方案。

(3) 对达到出院指征未办理出院的欠费患者，经科室催缴仍无实际补缴行为的，临床科室要及时上报，由医政管理部门调处。

(4) 对于已形成的医疗欠费，医疗卫生机构要通报相关卫生行政、民政、财政、医保等部门，寻求其帮助开展催缴工作。对经济困难的患者，应协助其申请社会救助。

(5) 患者暂无能力偿还医疗欠费，但有还款诚意的，医疗卫生机构可以就履行债务的期限、方式、数额等同患者进行磋商，敦促患者履行债务或签订还款协议。

对于患者要求自费使用医用材料、药品的，医疗卫生机构应当与其签订"自费保证书"，以便为日后催缴欠费提供依据。如果保证书是由第三人签订的，可请求保证人代偿欠费债务。

医疗卫生机构也可与欠费患者就还款事宜向所在地的人民调解委员会提出书面调解申请，通过调解达成还款协议。对于签订协议后患者又反悔或部分反悔的，医疗卫生机构可向法院起诉，请求判令患者履行调解协议。

（6）对预防和追缴医疗欠费成绩突出的单位和个人，予以通报表彰，酌情予以适当经济鼓励；对于管理混乱、违反报备流程或存在医疗欠费潜在隐患的单位，除通报批评外，责令其限期改正；对于玩忽职守造成较大医疗欠费或重大医疗欠费不能追回的个人，作为年度评优评先、晋职晋级、资格评任等重要考察内容，视情予以行政处分和经济处罚。

2. 诉讼途径追缴

对一些较为复杂、患者赖账态度坚决，通过其他途径很难解决的医疗欠费纠纷，只能通过诉讼程序来解决。《民法典》第五百一十四条规定，以支付金钱为内容的债，除法律另有规定或者当事人另有约定外，债权人可以请求债务人以实际履行地的法定货币履行。而实践中，除个别患者外，医疗欠费的患者多数是经济贫困的家庭，即使法院作出还款判决，也存在执行不能的问题，医疗卫生机构实现债权概率很低，多数医疗欠费成为永久的"坏账""死账"。

医患纠纷频发的原因是多方面的，而规范医患关系的法律制度不完善是一个重要的原因。医疗合同典型化之后，可以有助于细致梳理、平衡医患双方的权利义务，有效杜绝其自身性质和法律适用的争议，进一步丰富和完善了医疗纠纷私法救济的途径，对于促进医疗纠纷的协商解决具有积极而重要的作用。当前，我国学者大多支持将医疗服务合同典型化，也都对其提出了构想，因此我们面临最大的问题不是医疗合同是否应当典型化的问题，而是如何进行典型化的问题，特别是对医疗服务合同的违约责任需要作出明确的规定，这亦是未来需要集体努力的方向。

第五章　特殊医疗服务合同

患者在医疗机构接受的诊疗服务活动，是医患双方订立了医疗服务合同之下的民事活动。根据诊疗目的和内容的不同，医疗服务合同大致可分为一般医疗服务合同，如常规门诊合同、住院合同、手术治疗合同等；健康体检服务合同，主要以早期发现疾病或了解健康状况为目的，约定开展某些检查服务的合同；等等。除此之外，还有一些围绕医疗行为产生的特殊医疗服务合同，如门诊预约挂号产生的门诊预约合同、院前急救服务合同、临床试验合同、强制缔约情形以及医疗费用担保合同等，其中权利义务关系的特殊之处应引起我们的重视。本章将结合《民法典》《基本医疗卫生与健康促进法》《传染病防治法》等多项法律、法规就特殊医疗服务合同中的权利义务承担主体及法律责任展开讨论。

一、门诊预约合同

（一）预约挂号产生的背景及必要性

早在 2009 年，为有针对性地解决群众反映的看病难问题，提高医疗服务水平，方便群众就医，提前安排就医计划、减少候诊时间，原卫生部发文要求在公立医院率先实施预约诊疗服务，要求以病人为中心，积极推进预约诊疗服务，提高工作效率、医疗质量和医院管理能力。以北京市为例，近 10 年来预约挂号方式不断成熟，截至目前患者已经可以在北京"114"预约挂号平台预约全市 66 家医疗机构号源，同时可在北京市医院管理局推行的"北京通·京医通"预约挂号平台上挂取北京市 27 家三级医院的 34 个院区的号源。在 2020 年初新冠肺炎疫情防控的大背景下，为阻断疫情传播，避免人员聚集，推进医疗工作有序诊疗，优化就医流程，提高就医感受，北京新型冠状病毒肺炎疫情防控工作领导小组医疗保障组于 2020 年 2 月 15 日印发《关于我市二级以上医院实行非急诊全面预约的通知》，要求全市三级医院原则上要在 2 月 20 日前、二级医院在 2 月 25 日前推行非急诊全面预约挂号。可见，在后疫情时代，预约挂号将会成为老百姓就医的常态化渠道。

（二）门诊预约挂号的法律属性

1. 医疗行为中门诊预约合同的内涵

门诊预约合同的形式是医疗机构将号源放出后，患者可通过电话或网络平台自主选择可预约的医疗机构、就诊时段、科室、医生前来就诊。具体而言，是指发生在医疗服务合同之前，患者通过门诊预约挂号平台，提前自主选择就诊医院、就诊时间、就诊科室、获取医生职称、技术专长等信息的情况下，在约定时间到医院取号，并支付医事服务费形成的预约合同关系。医疗机构公示号源、明确告知就诊详情的行为可视为医疗机构预约合同中的要约，患者确认号源内容缴纳医事服务费的行为可视为预约合同中的承诺，双方自此达成合意，合同成立。

2. 预约合同与本约合同应进行区分

司法实践中在需要梳理是侵权之诉还是违约之诉时，往往需要明确基础法律关系，是门诊预约挂号这一行为产生的纠纷抑或发生在医疗服务本约合同过程中，两者概念的区别便显得尤为重要。本约合同的本质为践行预约合同，即确定医患双方具体的实体权利义务关系；而预约合同是为了按约定订立本约，锁定自身需要的号源，如若在预约成功那一刻起尚未到医院就诊，不应被认为发生医疗服务合同，可见二者在合同订立的目的和效力两方面均有不同。同时，门诊预约挂号的本质是合同的订立，并非为订立合同而磋商，若违反预约挂号约定，则应承担违约责任。[①]《民法典》第四百九十五条规定了预约合同。

第四百九十五条　当事人约定在将来一定期限内订立合同的认购书、订购书、预订书等，构成预约合同。

当事人一方不履行预约合同约定的订立合同义务的，对方可以请求其承担预约合同的违约责任。

（三）门诊预约合同的违约责任

医疗机构往往是医疗、教学、科研三位一体工作机制，医务人员不仅需要安排好出诊时间，同时需要平衡科研及教学任务。患者一方往往可以提前较长一段时间预约，因此双方都存在可能无法按照约定时间出诊、就诊的情况，实践中由此引发的矛盾和纠纷并不少见。

---

① 参见白家琪、张红宇等：《预约挂号的法律效力及违约责任分析》，《中国医院管理》2020年第11期。

1. 医疗机构预约合同义务及违约责任

医疗机构在门诊预约合同中应承担明确告知义务，否则应承担违约责任。即医方有义务在患者预约挂号时明示患者需要在某个时间段取号就诊，同时也需要明确告知患者如果未按约前来就诊的处理方案，如患者确实存在无法按约就诊的情形，应在提示界面提前对取号、退号流程加以告知强调，为原告办理退号、退费手续留有充足的时间。《民法典》第五百七十七条对预约合同义务作出了规定。

第五百七十七条　当事人一方不履行合同义务或者履行合同义务不符合约定的，应当承担继续履行、采取补救措施或者赔偿损失等违约责任。

根据医疗行为的特殊人身依附性，患者就诊时往往会按自身病情需要及院方介绍选取拟就诊的医师。医生因故停诊，无法按约履行医疗服务合同的，医疗机构有义务提前告知患方，通过补救、退号、合理补偿等方式承担责任。如在疫情期间根据防控需要，医生被紧急派往一线救治工作，患者无法按约接受诊疗，医疗机构临时调整科室出诊安排等情形，可提前将可能无法按约履行的补救方案告知患者并进行约定。当然如果出诊医生频繁停诊或多次停诊给患者造成困扰，则一定程度上违背诚实信用原则，对医疗机构的信誉也必将造成影响。关于补救措施，医疗机构与患者可进行协商，选派同专业、同级别职称的专家接诊，或帮助患者协调转约该专家其他时间的号源，尽量减少因本次就诊给患者带来的时间、经济损失及不利影响。如患者确实因医疗机构违反预约行为产生经济损失的，医疗机构应向患者承担相应的赔偿责任，退还患者在订立预约合同时缴纳的医事服务费，及为订立本约合同产生的合理必要支出的交通费、住宿费、误工费等，以患者实际发生的财产上的损失为限。司法实践中，对患者提出的因医疗机构对预约合同违约造成的精神损害赔偿不予支持。

【案例 05-1】

医疗机构门诊预约告知示例

"京医通"预约挂号平台在挂号须知栏目中对于线上挂号流程明确告知：

……

1. 请确认就诊人信息是否准确，若填写错误将无法就诊，损失由本人承担。

2. 【取号】就诊当天需在 11：30 前取号，未取号视为爽约，不退不换。

3. 【退号】未到就诊当天可在线退号，就诊当天未取号可在 08：50 前在自助机办理；已取号凭挂号单在11:30前到窗口办理退号退费，逾期将不可办理退号退费。

4. 同一患者在平台爽约3次之后，该患者在3个月内（91天）禁止线上预约挂号。

……

2. 患者预约合同义务及违约责任

作为患者，在门诊预约合同中的主要义务是支付医疗服务对价以及按时就诊。实践中，患者在门诊预约合同订立后爽约，即未按照约定时间前往医院取号就诊或退号，由此引发的纠纷时有发生。如果因为患者单方面原因无法前来取号、就诊，也未在合理时间办理退号退费手续，应属于患方的单方违约行为。之所以开展预约挂号服务，很大的因素是医疗资源有限，患者的就医需求远远大于可提供的医疗服务，因此为缓解"僧多粥少"的局面，避免医疗资源的浪费，规范就医流程，尽量保证绝大多数患者获取就医机会，各医疗机构可根据自身号源情况，在不违反国家法律、法规强制性、禁止性规定的前提下，就患者的爽约行为进行惩罚性约定。

【案例05-2】

患者爽约要求退医事服务费、赔偿误工费案①

2016年10月12日，原告通过北京通·京医通官方微信服务平台，预约被告医院××科普通门诊号成功，预约就诊时间为2016年10月13日08:50—09:40，并支付42元挂号费。该服务号于当日13:45向原告登记的手机发送"挂号成功"的通知，通知详情：您好，挂号成功，建议您在2016-10-13 8:50前到达××医院××院区，使用尾号为400×的社保卡在自助机取号。就诊人：×××，科室：××科，门诊类型：××医师。当日15:20，该服务号发送"就诊提醒"的通知。10月13日07:50，该服务号再次发送"就诊提醒"。原告称因堵车，于当日11时前后到达医院，已经不能在取号机上取号，后在窗口挂了下午门诊号就诊。当时，被告医院工作人员告知已支付的挂号费不能退还。当

---

① 参见马某与北京某医院医疗服务合同纠纷案。见北京市西城区人民法院（2016）京0102民初27970号民事判决书。

日 12:00 该服务号发送"爽约通知":记录爽约 1 次,该号不退不换。累计爽约 3 次,在此后的 91 天内只能挂当天号,不能预约挂号。患者将该医院诉至北京市西城区人民法院,请求判令被告退还原告不合理收费 42 元,为原告更改不合理发票,赔偿原告误工费 400 元,诉讼费由被告负担。

法院经审理认为,原告通过微信平台预约挂号,原、被告医疗服务合同关系成立。原告在预约挂号后,京医通平台通过支付前提醒、短信推送等多种方式对患者可能出现不能按时就医"爽约"如何退款及违约风险进行提示,已经尽到合同相对方的提示义务。原告因自身原因未能按时就诊,已构成爽约。同时,本院对比京医通其他医疗机构挂号须知,基本采用相同或类似须知提示。北京市各大三甲以及专科医院医疗资源紧张,患者多,为改善就诊环境、提高效率、避免黄牛党倒卖号源,北京市医院管理局开通微信平台预约挂号,分流部分号源,有利于提高医疗服务质量。如若医院无条件退还挂号费,导致患者任意违约,不但浪费医疗资源,更不利于规范诊疗秩序。北京某医院依据合同约定,不退还医疗费并无不妥。原告所支付的 42 元,本质上就是挂号费,即医事服务费,被告为其补打收据,并非收取其他费用,亦未更改费用性质。故原告要求返还不合理收费及更改发票的诉讼请求,本院不予支持。被告并无违约行为存在,原告要求赔偿就医以及处理纠纷导致误工费损失,于法无据,本院亦不予支持。驳回原告的诉讼请求。

二、院前医疗急救服务合同

(一)院前医疗急救合同概述

为了保障患者的生命安全,减少患者从发病到医院救治的时间,使得突发疾病的患者能得到及时救治,并能在送医过程中就得到专业救护,国家建立了院前医疗急救制度,设立了院前医疗急救网络,并指定"120"作为唯一的院前医疗急救号码。院前医疗急救服务合同,是指由急救中心(站)和承担院前医疗急救任务的网络医院,按照统一指挥调度,在患者送达医疗机构救治前,在医疗机构外开展的以现场抢救、转运途中紧急救治以及监护等发生的权利义务关系。目前,我国已基本形成了以急救中心(站)为主体,急救网络医院共同参与实施的院前医疗急救体系。[1]

---

[1] 参见虞凯、田侃:《院前医疗急救各方当事人诉讼地位的实例分析》,《南京医科大学学报》(社会科学版)2015 年第 3 期。

《基本医疗卫生与健康促进法》第二十七条　国家建立健全院前急救体系，为急危重症患者提供及时、规范、有效的急救服务。

卫生健康主管部门、红十字会等有关部门、组织应当积极开展急救培训，普及急救知识，鼓励医疗卫生人员、经过急救培训的人员积极参与公共场所急救服务。公共场所应当按照规定配备必要的急救设备、设施。

急救中心（站）不得以未付费为由拒绝或者拖延为急危重症患者提供急救服务。

为有效抢救急、危、重症患者，保证突发性、灾害性伤病员的现场救护及转运，各级卫生行政部门已制定了急救制度，患者或者家属向急救中心（站）拨打急救电话，发出要约，急救中心（站）便承担起法定的救护职责和义务，不得无故拒绝，同时应及时将患者送往急救网络医院进行救治。与一般的医疗服务关系不同，救治过程发生在急救中心（站）、患者之间，属于特殊医疗服务合同，但往往与后续急救网络医院的诊疗行为发生关联并混同。

（二）院前急救服务合同的特殊属性

1. 紧急性

院前急救服务合同是以减少人员伤亡为目的开展的紧急处置救治行为。往往是患者病情严重、生命体征不稳定或意识模糊，情况十分危急，需要于短时间内紧急送医，急救中心（站）接到电话后应立即派车进行救援。可见紧急性是院前急救合同最为特殊的一点。

2. 机动性

患者何时会发出紧急救助的需要难以预料，加上救治争分夺秒的紧迫性，急救中心（站）需要随时做好机动出车的准备，急救人员、急救设备和急救药品的配置都应符合急救要求，以备随时使用。

3. 复杂性

与一般情形下患者按照预约时间就医不同，院前急救往往发生在院外紧急情况下，甚至患者及家属难以描述清楚发病原因和发病过程，病情复杂多变，如腹痛、中毒、呼吸困难、意识障碍、心前区疼痛、肢体突发不利等情形，涉及多病种知识，对急救医生的综合急救能力和医学知识要求更高，在救治的过程中往往需要作出基本判断，以做好就地抢救准备，如心肺复苏、通气、止血、包扎等，以及与急救网络医院的交接工作。

4. 强制缔约性

《执业医师法》第二十四条规定："对急危患者，医师应当采取紧急措施进行诊治；不得拒绝急救处置。"《院前医疗急救管理办法》第二十二条规定："急救中心（站）应当在接到'120'院前医疗急救呼叫后，根据院前医疗急救需要迅速派出或者从急救网络医院派出救护车和院前医疗急救专业人员。不得因指挥调度原因拒绝、推诿或者延误院前医疗急救服务。"《医疗机构管理条例》第三十一条规定："医疗机构对危重病人应当立即抢救。对限于设备或者技术条件不能诊治的病人，应当及时转诊。"以上法律、法规明确了急救中心（站）在紧急情况下的强制缔约义务，即在患者、亲属或第三人帮忙拨打急救电话发出要约后，急救中心（站）作为受要约人，无不可抗力、设备故障等特殊情况无权拒绝承诺，这是保障群众生命权、健康权的基本体现。

（三）院前急救服务合同当事人的诉讼地位

对于患者本身而言，一次完整的抢救工作涉及院前抢救、转运至入院诊疗。发生纠纷时司法判例中经常出现患者与急救中心（站）的院前急救合同纠纷、患者与急救网络医院医疗服务合同纠纷的混同。基于此，根据服务目的及职能的区别梳理为两个阶段，从而更有利于明确各方当事人权利义务与责任划分。第一阶段院前急救法律关系，应被明确为患者与急救中心（站）之间缔结的院前急救服务合同关系。第二阶段是指患者被送往急救网络医院后与医疗机构发生的一般医疗服务合同关系。根据民事诉讼法及相关司法解释的规定，对民事诉讼案件适格主体的认定是明确基本法律关系的关键。

1. 患者的诉讼地位

此处的患者作广义理解，既涵盖患者本人，也包括患者亲属，但不包括邻居、路人等。以第三人送诊时，仅仅成立第三人与患者的无因管理关系和患者与医院的无因管理关系。[1] 作为院前急救服务合同一方当事人，患者往往以原告身份，以急救中心（站）违约或侵权为由提起诉讼，由于医疗服务合同为无名合同，目前实践中常见以医疗服务合同、医疗损害责任纠纷为案由，尚未有明确为院前急救服务合同纠纷案由的案例。

2. 急救中心（站）的诉讼地位

从上述法律、法规来看，急救中心（站）是院前急救工作的主体，也是民事诉讼中的适格主体。呼叫人拨打"120"发出救助要约，急救中心（站）接到要

---

[1] 参见刘然：《院前急救法律关系探究——患者拨打120后的法律关系分析》，《黑龙江省政法管理干部学院学报》2010年第2期。

约后统一调派救护人员，此时的救护人员的救助行为代表急救中心（站），性质上属于履行院前急救职务行为。因此，如果患者认为在院前急救阶段医方存在违约或侵权，应当以急救中心（站）作为被告主张相应权利。此外，随着我国急救体系的完善，为保证及时有效救助，设区的市的市级急救中心根据市区规模和居民人口数量，可依托区（县）级医院设立急救中心分中心（站）开展急救工作，急救人员、设备和药品仍然由设区的市级急救中心统一指挥调度并提供业务指导。区（县）级医院作为急救中心分中心（站）属于分支机构，不是独立的医疗机构，同时也不是急救网络医院的分支机构，没有独立的民事主体人格，不能作为适格被告，诉讼中仍然应当由市一级急救中心作为适格被告，由其承担相应民事责任。

3. 急救网络医院的诉讼地位

民事诉讼法中的第三人，指的是有独立请求权，或虽无独立请求权，但案件的处理结果与其有法律上的利害关系而参与到诉讼中的人。急救网络医院并不参与院前急救及转运工作，不是院前急救服务合同的适格主体，与患者之间的法律关系属于一般医疗服务合同关系，因此急救网络医院不能以第三人身份参与院前急救服务合同诉讼。延伸来看，急救中心（站）在承担民事责任后，如认为急救网络医院存在违约行为，可依据二者之间的约定或协议向后者主张承担违约责任。综上，患者可依据诉求向急救中心（站）提起院前急救服务合同违约或侵权纠纷之诉，或向急救网络医院提起一般医疗服务合同或医疗损害责任纠纷之诉。

（四）院前医疗急救合同的违约责任

医院医疗急救力量属于稀缺的、专业的资源，国家投入经费打造，加强管理，最大限度发挥其作用。作为呼叫院前医疗急救号码，要求院前医疗急救服务机构提供院前医疗服务，呼叫人与院前医疗急救机构之间建立了院前医疗急救合同关系，在合同履行过程中如果因为其中一方或者双方违约，导致合同无法履行，或者造成对方损伤的，违约方应当承担违约责任。

作为院前医疗急救的呼叫方，即院前医疗急救需求人、要约人，因为自身的原因导致院前医疗急救无法进行，或者无须院前医疗急救，或者在急救机构派出了救护车后取消急救服务等，都属于违约行为，应当承担由此产生的急救服务的相关费用。

作为提供院前医疗急救服务的急救机构，在评估急救服务呼叫信息后，认为符合院前医疗急救的情形，同意派出救护车前往患者所在地点，双方建立了院前医疗急救服务合同，如果急救机构因为自身原因，比如救护车出现故障，救护车司机路况不熟走错路，由此耽误了急救的时间，造成患者病情延误或者加重，急救机构应当承担相应的赔偿责任。但如果是非急救机构的原因导致延误，比如出现了交通拥堵，急救机构无须承担赔偿责任。另外，还有一个比较特殊的情况需要讨论：急救车在前往急救呼叫点的路途中，遇到了其他患者紧急拦停救护车，此时救护车及救护人员是现场急救，还是应当拒绝现场救护，告知拦停人另行呼叫急救呢？关于这个问题没有明确规定。本书认为，救护车在抢救别人的途中遇到另一个受伤的人员，该下来抢救还是不救，这种情况不能一概而论。如果现场情况危急，确实属于院前医疗急救情形，救护车应当予以现场救护，运送急危重症患者到相应医疗机构就医，同时通知急救机构并尽快派出救护车前往之前的院前急救服务呼叫地点。这属于意外情况，不属于违约。如果经过评估，患者的病情可以坚持一段时间，则可以告知患者或其近亲属另行呼叫救护，做好解释工作。院前医疗急救合同属于特殊合同，而且也是一种紧急情况下签订的合同，具有强制缔约性。面对拦停救护车的急危重症患者，急救机构同样具有强制缔约义务，对重危患者有救治的义务。

【案例05-3】

前往急诊呼叫点途中被其他患者拦停救护车①

2006年6月3日下午2点40分，接到闵行区建设村朱家塘一居民家的呼救后，"120"急救中心派出了华漕救护站的一辆救护车赶去急救。救护车经过附近的诸翟卫生院门口遭到拦截。原来，诸翟卫生院中一病人急诊时与他人发生殴斗导致骨折，卫生院在为其急救后，建议其转院至长宁区中心医院继续医治，拦截救护车的就是该病人的亲属和同伴。"我们和拦车者解释，我们已被预订去接一名重危病人，不能私自改变行程。同时建议对方拨打'120'。""120"急救中心方面表示，"但对方心急如焚，坚持要先用车"。

解释没有生效，宝贵的半个小时已经过去了。僵持中，心急的个别拦车者还爬上了急救车，搬动氧气瓶等医疗器材下车。此时，朱家塘的病人家属也在焦急等待着救护车的到来。"我们只得向其解释遇到了不可预知的阻碍。"急救医生无

---

① 参见陈筠：《救护车救人途中遭拦截 因另一病患家属要求先用车》，《青年报》2006年6月4日。

奈只得拨打了"110"。警察出动后，拦车者终于被劝服，最后打车去了长宁区中心医院。但此时该急救车已经被耽搁了共45分钟。所幸的是，朱家塘的重危病人没有因急救车的意外被"拦截"耽误病情。

本例拦停急救车的患者的病情属于可以暂缓救治的情况，救护车医护人员告知其另行呼叫救护车、不予运送患者的决定是正确的。在遇到患方干扰的情况下打"110"报警电话的处理也是正确的。本例所幸没有造成呼叫患者出现不良后果，如果因此次拦截耽误了呼叫患者的救治，拦停干扰救护车的相关人员还应当承担相应的法律责任。

【案例05-4】

陈某等与上海市某医疗急救中心医疗损害责任纠纷①

2017年1月16日4时44分，患者陈某因呕吐、腹泻2天至新华医院崇明分院内科急诊，急诊诊断急性胃肠炎予收入消化内科病房。8时40分患者家属要求转瑞金医院进一步就诊，出院诊断：急性肠胃炎；Ⅰ型糖尿病，糖尿病酮症酸中毒。9时32分陈某乘被告处的"120"急救车离开新华医院崇明分院。陈某上车时血压90/50mmHg，心率80次/分，呼吸20次/分，神（志）清（楚），呼吸平稳，精神软，对答切题，心肺无异常，腹部无异常。在转院过程中，救护车因车辆故障，3次停车约10余分钟。第三次停车后，随车医生决定将患者陈某送至长征医院。11时18分，陈某在急救车上出现呼吸、心跳停止，心电图示心室停搏，血糖测不出，立即予心肺复苏及肾上腺素静脉推注。11时23分急救车到达长征医院。11时26分，陈某至长征医院急诊抢救室。1月18日陈某死亡，主要死亡原因为酮症酸中毒。陈某家属将急救中心诉至法院。

法院审理认为，当事人对自己提出的诉讼请求所依据的事实或者反驳对方诉讼请求所依据的事实有责任提供证据加以证明。没有证据或者证据不足以证明当事人的事实主张的，由负有举证责任的当事人承担不利后果。原告认为被告在提供医疗救助有偿服务合同中，存在违法性，与陈某的死亡结果具有因果关系，故应承担违约责任和赔偿责任。根据医学会的鉴定结论，被告的行为与陈某的死亡

---

① 参见陈建某、薛惠某等与上海市某医疗急救中心医疗损害责任纠纷案。见上海市崇明区人民法院（2017）沪0151民初5600号民事判决书。

结果不具有因果关系，现原告既不能推翻医学会的鉴定结论，也不能提供充分依据证明鉴定结论中涉及的被告瑕疵行为是导致陈某死亡后果的原因，故原告要求被告承担全部赔偿，缺乏事实和法律依据，本院不予支持。但被告作为急救机构，理应配备合乎要求的救护车，对患者采取必要的急救医疗行为的同时，安全快速地将患者及时送至医院。本案的救护车未尽到良好的保养义务，三次因故障停驶，客观上延迟了将患者送至医院进行抢救的时间，上述行为存在一定的不足。虽然该瑕疵行为与陈某的死亡后果之间无因果关系，但该行为会导致陈某家属的合理怀疑，以致引发医患纠纷，故就此产生的鉴定费由被告承担，并由被告对陈某的家属进行适当补偿。根据本案实际情况，酌定由被告支付30000元并承担鉴定费，驳回原告其他诉讼请求。

三、诊疗行为中的强制缔约义务

合同的立法要义在于双方当事人意思表示真实，达成合意，不违反国家法律、法规强制性规定即可订立并受法律保护。而为实现对人们生命权、健康权的切实保护，防止契约的过度自由，将医学伦理道德规范化，我国法律、法规围绕医疗服务法律关系设立了一些特殊的强制缔约情形，如对危重症患者的紧急救治、传染病确诊患者及疑似患者的强制诊疗等。此次在《民法典》第四百九十四条亦进行了明确规定。

第四百九十四条　国家根据抢险救灾、疫情防控或者其他需要下达国家订货任务、指令性任务的，有关民事主体之间应当依照有关法律、行政法规规定的权利和义务订立合同。

依照法律、行政法规的规定负有发出要约义务的当事人，应当及时发出合理的要约。

依照法律、行政法规的规定负有作出承诺义务的当事人，不得拒绝对方合理的订立合同要求。

（一）医疗服务合同中强制缔约的情形

1. 关于危重症患者的强制缔约医疗服务合同的规定

生命权和健康权是公民的基本权利，在公民生命权、健康权出现危急而需要寻求救助的情形下，医疗机构负有及时提供医疗救助的强制缔约义务。据此，《民法典》第一千二百二十条规定："因抢救生命垂危的患者等紧急情况，不能取得患者或者其近亲属意见的，经医疗机构负责人或者授权的负责人批准，可以立即实施相应的医疗措施。本条是关于抢救生命垂危患者紧急情况下知情同意的特殊规定。"《执业医师法》第二十四条规定："对急危患者，医师应当采取紧急措施进行诊治；不得拒绝急救处置。"《医疗机构管理条例》第三十一条亦规定："医疗机构对危重病人应当立即抢救。对限于设备或者技术条件不能诊治的病人，应当及时转诊。"

2. 关于传染病防治的强制缔约医疗服务合同的规定

2020年初新冠肺炎疫情严重，甚至有专家称疫情或处于席卷全球的边缘，对传染病的防治引起了社会的共鸣。我国相关法律、法规在疫情防控的背景下发挥了重大作用。《传染病防治法》第三十九条明确规定："医疗机构发现甲类传染病时，应当及时采取下列措施：（一）对病人、病原携带者，予以隔离治疗，隔离期限根据医学检查结果确定；（二）对疑似病人，确诊前在指定场所单独隔离治疗；（三）对医疗机构内的病人、病原携带者、疑似病人的密切接触者，在指定场所进行医学观察和采取其他必要的预防措施。拒绝隔离治疗或者隔离期未满擅自脱离隔离治疗的，可以由公安机关协助医疗机构采取强制隔离治疗措施。"《基本医疗卫生与健康促进法》第二十条亦明确规定："国家建立传染病防控制度，制定传染病防治规划并组织实施，加强传染病监测预警，坚持预防为主、防治结合，联防联控、群防群控、源头防控、综合治理，阻断传播途径，保护易感人群，降低传染病的危害。任何组织和个人应当接受、配合医疗卫生机构为预防、控制、消除传染病危害依法采取的调查、检验、采集样本、隔离治疗、医学观察等措施。"正是基于我国法律强有力的约束，疫情传播在第一时间得到了控制。

（二）医患双方的强制缔约义务

对于危重症患者的救治，对医疗机构的强制缔约义务是严格的。即医疗机构不得无故拒诊、拖延，不得以家属拒绝签字等排除救治义务，这不仅是对医疗机构职业道德要求，更是对弱势群体生命健康权的保护。为避免孕妇因丈夫拒绝签字而死亡的悲剧再次上演，为保证"三无人员"在急危重症情况下被平等对待，医疗机构应严格遵守法律法规的相关规定，及时接诊并实施必要救治。

在传染病防治过程中，医疗机构一旦发现有疑似患者，不得推诿病人，扩大传染病传播的不利影响。以新冠肺炎防治为例，医疗机构不得以无救治能力为由，拒绝发热患者就诊，应按照疫情救治规定及时为患者进行传染病筛查。对于发热、咽痛、腹泻，合并影像学、检验学报告呈阳性的高度疑似患者，应按照传染病防治规定转运上级医院，不得允许患者私自流动、扩大传播风险。与此同时，医疗机构不得以疫情防控为借口，拒绝履行对如肿瘤患者、血液病等高危慢病患者的救治工作。

作为患者而言，在疫情防控时期亦承担相应强制缔约义务。《传染病防治法》第十二条规定："一切单位和个人，必须接受疾病预防控制机构、医疗机构有关传染病的调查、检验、采集样本、隔离治疗等预防、控制措施，如实提供有关情况。如密切接触过确诊患者、前往疫情高风险地区，应及时上报；出现发热、咳嗽、咽痛、腹泻等症状应及时就诊，不得瞒报、虚报或在已明知患有强传染性疾病的情况下故意接触他人，造成疫情的传播。"

(三) 违反强制缔约义务应承担相应法律责任

《民法典》第六百四十八条明确规定了供电企业负有强制缔约的法定义务：供用电合同是供电人向用电人供电，用电人支付电费的合同。向社会公众供电的供电人，不得拒绝用电人合理的订立合同要求。原因是供用电合同属于连续性供应合同，具有公益性及垄断性特征。由于医疗行为同样具有公益性质，以及医疗机构对医疗技术、医疗资源掌握的优势，关于医疗机构的强制缔约义务可参考供用电合同的强制缔约义务相关规定。

1. 医疗机构违反强制缔约义务应承担的法律责任

根据民事诉讼法及相关司法解释的规定，当医疗机构违反强制缔约义务延误患者治疗时机、漏诊漏治造成患者伤残、死亡，或其他人身、财产损害的，视具体情节承担违约责任或侵权损害赔偿责任。对于违反急危重症标准及诊疗规范的医疗机构，卫生行政部门将依法追究医疗机构及其主要负责人的行政责任。医务人员在诊疗护理工作中有严重不负责任行为，导致病人严重身体损害或死亡的，根据《刑法》第三百三十五条规定将被认定为医疗事故罪，由相关责任人员承担相应刑事责任。

《传染病防治法》第七十七条规定："单位和个人违反本法规定，导致传染病传播、流行，给他人人身、财产造成损害的，应当依法承担民事责任。"《传染病防治法》第六十九条规定："医疗机构违反本法规定，有下列情形之一的，由县级以上人民政府卫生行政部门责令改正，通报批评，给予警告；造成传染病传播、流行或者其他严重后果的，对负有责任的主管人员和其他直接责任人员，依法给予降级、撤职、开除的处分，并可以依法吊销有关责任人员的执业证书；构成犯罪的，依法追究刑事责任。"既往司法案例中，亦有有关人员因在履行传染病防治职责过程中，严重不负责任，瞒报虚报疫情，使上级有关部门没有及时掌握疫情动态，致使疫情错过最佳防控时机，导致传染病传播和流行，造成百余人感染和医治无效死亡的严重后果，情节严重，被认定为传染病防治失职罪的案例。[1]

2. 患者违反强制缔约义务应承担的法律责任

根据《民法典》第四百九十四条的规定，疫情防控过程中，患者作为负有作出承诺义务的当事人，不得拒绝对方合理的订立合同要求。《传染病防治法》第七十七条规定："单位和个人违反本法规定，导致传染病传播、流行，给他人人身、财产造成损害的，应当依法承担民事责任。"如发生患者及其家属干扰医疗秩序，妨害医务人员工作及生活的，除依法承担相应刑事责任外，还需赔偿由此导致的医疗费、护理费、交通费、误工费、残疾生活辅助具费、残疾赔偿金、丧葬费、死亡赔偿金、财产损失等。

为防止疫情传播，严厉打击违法犯罪行为，2020年司法机关处理了多起因个人拒不执行疫情防控规定，故意隐瞒自己的活动轨迹，引起新型冠状病毒传播的严重危险行为构成妨害传染病防治罪的典型案例。如河南省郭某鹏妨害传染病防治案[2]，郭某某出国旅游返回后故意隐瞒出入境情况，不执行隔离规定，多次出入公共场所，造成43名密切接触者被集中隔离，单位所在办公大楼被封闭7天，社会危害严重，影响恶劣，被依法判处有期徒刑一年六个月。

四、医疗费用担保合同的应用

近些年社会各界一直在呼吁保护患者等弱势群体，但实践中也不断涌现拖欠医疗费的现象。甚至医疗机构在无过错的情况下，仍因为各种复杂的原因被动承担医疗欠费，不仅为此耗费大量人力、物力，同时增加了医疗机构的诉累。为避免恶意欠费造成的负面影响及社会不公，必须想办法解决棘手却又不容忽视的欠费追偿问题，以实现维护医疗机构的合法权益的目的。

---

[1] 例如黎某某传染病防治失职案。见广西壮族自治区巴马瑶族自治县人民法院（2014）巴刑初字第57号刑事判决书。

[2] 河南省郭某鹏妨害传染病防治案。参见最高人民检察院《全国检察机关依法办理涉新冠肺炎疫情典型案例（第八批）》。

（一）医疗机构内的保证合同概述

《民法典》第六百八十一条规定了保证合同的定义。

第六百八十一条　保证合同是为保障债权的实现，保证人和债权人约定，当债务人不履行到期债务或者发生当事人约定的情形时，保证人履行债务或者承担责任的合同。

《民法典》第六百八十三条规定了不得担任保证人的主体范围、保证合同内容、保证合同形式以及保证方式。

第六百八十三条　机关法人不得为保证人，但是经国务院批准为使用外国政府或者国际经济组织贷款进行转贷的除外。

以公益为目的的非营利法人、非法人组织不得为保证人。

（二）医疗费用担保合同在医疗欠费管理中的应用

根据2011年2月18日《最高人民法院关于修改〈民事案件案由规定〉的决定》的规定，医疗机构追偿患者欠费往往以医疗服务合同纠纷为案由。以患者为适格被告，如患者死亡或成为限制行为能力人，医疗机构作为适格原告，可申请追加抚养人、未放弃继承权的继承人、第三方肇事者为共同被告。尽管如此，追缴欠费并非易事，为保证医疗机构的合法权益不受损害，此处建议引入医疗费用担保合同机制。

医疗费用担保合同，性质上应属于保证合同法律关系，具体是指发生在医疗服务过程中，因为费用承担发生在医疗机构与除患者本人外第三方（如患者抚养人、继承人、肇事方、保险公司）之间的担保合同关系。医疗费用担保合同从属于医疗机构与患者之间的主债权债务关系。《民法典》第十三章保证合同第六百八十一条规定："保证合同是为保障债权的实现，保证人和债权人约定，当债务人不履行到期债务或者发生当事人约定的情形时，保证人履行债务或者承担责任的合同。"即债务人（患者）拒绝向债权人（医疗机构）缴纳住院费用时，医疗机构有权依据担保合同向适格第三人追偿。

医疗机构在患者入院时即可视情节要求患者提供第三人作为保证人，约定保证期间、保证合同的形式及保证责任。保证期间多为住院期间，保证合同可以是单独订立的书面合同，也可以是主债权债务合同中的保证条款，但必须由保证人本人签字确认意思表示真实。保证方式双方可约定为一般保证或连带责任保证。值得注意的是，此次《民法典》第六百八十六条对于以往的保证责任进行了修改，即规定在没有约定或者约定不明确的情形下，保证人按照一般保证承担保证责任，如医疗机构未与第三人明确约定保证责任为连带保证，将仍存在追偿不能的风险。如患者入院时处于意识障碍状态，医疗机构可直接要求抚养人、继承人或肇事方承担连带保证责任。

第六百八十四条　保证合同的内容一般包括被保证的主债权的种类、数额，债务人履行债务的期限，保证的方式、范围和期间等条款。

第六百八十六条　保证的方式包括一般保证和连带责任保证。

当事人在保证合同中对保证方式没有约定或者约定不明确的，按照一般保证承担保证责任。

患者拖欠医疗费用后，是否可以中止履行医疗救治义务一直是困扰医疗机构的难题。医疗费用担保合同的引入将在一定程度上对此起到遏制作用。当患者作为医疗服务合同中的债务人，出现《民法典》第五百二十七条规定的"（一）经营状况严重恶化；（二）转移财产、抽逃资金，以逃避债务；（三）丧失商业信誉；（四）有丧失或者可能丧失履行债务能力的其他情形"时，医疗机构作为债权人，有权行使不安抗辩权，根据《民法典》第五百二十八条规定及时通知患者，要求其提供适当担保或保证人；在合理期限内未及时交纳医疗欠费且未提供适当担保的，医疗机构可视情节中止履行并解除合同，同时请求患者承担违约责任。

此外，在实践案例中，为恶意拖欠高额医疗费用，不乏存在交通肇事受害人与肇事方私下和解，或继承人、抚养人之间互相推诿拒不交纳欠费，使医疗机构陷于被动境地的情形。《民法典》第五百二十三条沿袭了《合同法》第六十五条的规定，同时增加了第五百二十四条，完善了第三人代为清偿的规范设计，即"债务人不履行债务，第三人对履行该债务具有合法利益的，第三人有权向债权人代为履行；但是，根据债务性质、按照当事人约定或者依照法律规定只能由债务人履行的除外。债权人接受第三人履行后，其对债务人的债权转让给第三人，但是债务人和第三人另有约定的除外"。

最后，当作为债务人的患者恶意拒交医疗费用，怠于行使债权权利，放弃到期债权，放弃债权担保，恶意延长到期债权的履行期限，或无偿转让、处分财产时，医疗机构作为债权人有权依据《民法典》第五百三十五条、第五百二十八条，行使债代位权或撤销权。但在司法实践中，举证存在极大困难和阻力，因此建议医疗机构做好预警工作，一旦发现有欠费风险时应及时启动医疗费用担保合同机制。

第五章　特殊医疗服务合同

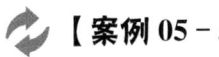
【案例 05 - 5】

医疗欠费及担保合同纠纷案①

2016 年 5 月 11 日 6 时 55 分，被告冷伟某乘坐案外人曹均某驾驶的二轮摩托车发生机动车交通事故受伤后，于当日进入原告医院住院治疗至 2017 年 5 月 10 日出院，其间共产生医疗费 450523 元。出院时，被告冷伟某欠有医疗费 425389 元未支付给原告。2018 年 4 月 20 日，深圳市龙岗区人民法院作出（2017）粤 0307 民初 20181 号民事判决，认为："为避免讼累，本院确定原告（指冷伟某）欠付的医疗费 425389 元应由事故各方按照责任比例迳付给第三人（指惠阳某医院），即被告曹均某应承担 70% 即 297772.3 元，被告某花木场应承担 30% 即 127616.7 元。被告某花木场系个人独资企业，依法不承担独立责任，而是由其投资人即被告张建某以其财产对企业债务承担无限责任，故二者应共同承担赔偿责任。"

另查明，原告与被告广东某律师事务所于 2016 年 6 月 23 日签订一份《担保协议书》，约定被告广东某律师事务所自愿为冷伟某住院期间所产生拖欠的医疗费进行担保，保证方式为连带责任保证；担保范围包括主债权、实现债权的费用；保证期限为主债务履行期届满之日起 6 个月；欠款偿还方式为冷伟某于审理本次交通事故案件的一审法院或二审法院判决书生效以后 3 个月内一次性以现金方式偿还原告医疗费欠款。

一审法院审理后认为，被告冷伟某拖欠原告的医疗费 425389 元，原告已在深圳市龙岗区人民法院（2017）粤 0307 民初 20181 号案件中提出主张，且深圳市龙岗区人民法院业已生效的（2017）粤 0307 民初 20181 号民事判决书已经确认了欠费的支付方式。故原告又要求被告支付拖欠的医疗费，本院不予支持，予以驳回。

二审法院审理认为，其一，惠阳某医院与冷伟某之间形成合同之债，冷伟某与曹均某、某花木场之间形成侵权之债，以本案医疗服务关系为基础来分析，某医院为债权人，冷伟某为债务人，曹均某、某花木场为次债务人，深圳市龙岗区

---

① 参见惠阳某医院与冷伟某、广东某律师事务所医疗服务合同纠纷案。见广东省惠州市惠阳区人民法院（2019）粤 1303 民初 3885 号民事判决，广东省惠州市中级人民法院（2020）粤 13 民终 3222 号民事判决书。

人民法院判令次债务人径行向债权人给付，但在次债务人实际清偿之前，债权人对债务人的债权并不消灭，次债务人仅在其债务范围内，加入对债权人之清偿。深圳市龙岗区法院判令曹均某、某花木场向惠阳某医院支付费用，并不免除冷伟某作为患者直接支付医疗费的义务。一审认定惠阳某医院不能再向冷伟某主张支付医药费不当，本院予以纠正。其二，被上诉人广东某律师事务所与上诉人签订《担保协议书》，约定广东某律师事务所为冷伟某欠付医疗费承担连带偿还责任，约定保证期限为主债务履行期届满之日起6个月，但对于主债务的履行期限，惠阳某医院与冷伟某并未进行约定，依据《中华人民共和国合同法》第六十二条第一款第（四）项的规定："履行期限不明确的，债务人可以随时履行，债权人也可以随时要求履行，但应当给对方必要的准备时间。"故惠阳某医院可以随时要求冷伟某支付医疗费，惠阳某医院在本案起诉时同时将广东某律师事务所列为共同被告，要求其承担连带担保责任，并未超过担保期限。故广东某律师事务所应承担连带责任。二审法院判决：撤销原判；冷伟某应向惠阳某医院支付医疗费297772.3元，广东某律师事务所对该医疗费承担连带责任。

第六章 医疗机构涉及的非医疗服务合同

医疗机构除了给患者提供涉及生命健康的医疗服务外,还需要保障这些患者及其家属、陪护人员的生活所需。除了医疗服务合同之外,医疗机构涉及的其他非医疗服务合同,主要是指医疗机构在运行中需要涉及的合同,以及在医疗活动之外给患者提供的服务项目涉及的合同,包括保管合同(患者财物存储合同、尸体存储合同)、陪护服务合同、买卖合同(医疗设备购销合同、非处方药买卖合同)、租赁合同、融资租赁合同、医患双方和解协议以及保证合同等。

一、医疗机构内的保管合同

(一) 医疗机构内的保管合同概述

保管合同又称寄托合同、寄存合同,是指保管人保管寄存人交付的保管物,并返还该物的合同。保管合同是保管人有偿或无偿地为寄存人保管物品,并在约定期限内或应寄存人的请求,返还保管物品的合同。寄存人只转移保管物的占有给保管人,而不转移使用和收益权,即保管人只有权占有保管物,而不能使用保管物。《民法典》第八百八十八条规定了保管合同的定义。

第八百八十八条 保管合同是保管人保管寄存人交付的保管物,并返还该物的合同。

寄存人到保管人处从事购物、就餐、住宿等活动,将物品存放在指定场所的,视为保管,但是当事人另有约定或者另有交易习惯的除外。

该条第2款规定的是法定保管。法定保管的适用条件主要包括:其一,寄存人需是在保管人处从事购物、就餐、住宿等活动;其二,寄存人将物品存在指定场所。患者在医院就诊时,将物品存放在指定场所,也可能会与医院形成保管合同。

医院可能缔结的保管合同主要有:①保管患者财物,患者入院时贵重财物保管,例如检查、手术时,患者财物临时保管;②尸体存储;③其他物保管,例如手术取出、医疗器械切除组织器官的保管。《民法典》第八百八十九条、第八百九十二条、第八百九十三条明确规定了保管费、保管人妥善保管义务、寄存人的告知义务等内容：

第八百八十九条　寄存人应当按照约定向保管人支付保管费。

当事人对保管费没有约定或者约定不明确，依据本法第五百一十条的规定仍不能确定的，视为无偿保管。

第八百九十二条　保管人应当妥善保管保管物。

当事人可以约定保管场所或者方法。除紧急情况或者为维护寄存人利益外，不得擅自改变保管场所或者方法。

第八百九十三条　寄存人交付的保管物有瑕疵或者根据保管物的性质需要采取特殊保管措施的，寄存人应当将有关情况告知保管人。寄存人未告知，致使保管物受损失的，保管人不承担赔偿责任；保管人因此受损失的，除保管人知道或者应当知道且未采取补救措施外，寄存人应当承担赔偿责任。

（二）患者财物存储合同

患者入院时贵重财物保管，例如检查、手术时，医院对患者财物的临时保管，应当属于自助寄存类保管。对于这种自助寄存类保管，医院的义务是保证所提供的存物条件具备通常的保险功能，并对存物处的外部环境尽到应尽的注意义务。比如提供的锁具不易被其他钥匙开启；有专人监管、查看取物号牌；或者在储物柜旁张贴告示，告知"请勿将贵重物品存储到储物柜中""请保管好自身物品"等。否则，如果其外部环境的监管措施不符合保障患者存放物品的安全要求的，将被认定为未尽到注意义务。

【案例 06-1】

患者在医院内储物柜存放物品丢失后与医院产生纠纷①

2017 年某日，王某因预约至无锡某医院进行核磁共振检查，将背包放在核磁共振室门口的柜子里。检查完毕后，王某在取包时发现包内一部手机（iPhone 6S，价值 6998 元）被盗。后王某诉讼至法院要求无锡某医院赔偿手机、误工费、

---

① 参见王某与无锡市某人民医院财产损害责任纠纷案。见江苏省无锡市梁溪区人民法院（2017）苏 0213 民初 7620 号民事判决书。

精神损失费等费用合计9999元。

法院认为,首先,王某在储物柜中存放物品的行为与其进行医学检查、治疗无直接关系,即与医生的诊疗活动并无直接关系,其财产损失不是医生诊疗行为所产生,不属于医疗损害责任纠纷,无须适用《侵权责任法》第五十四条(《民法典》第一千二百一十八条)的规定。其次,无锡某医院提供了存放随身物品的储物柜供王某等不特定的患者免费使用,任何人使用时无须经过院方同意,无锡某医院并无为使用人保管物品的意思表示,双方之间没有无偿保管合同的合意,未形成无偿保管合同关系。最后,根据《侵权责任法》第三十七条(《民法典》第一千一百九十八条)规定,储物柜所在房间主要功能为更衣室,系为方便患者在进行核磁共振检查前更换医院提供检查用的衣服,在储物柜旁的墙上也张贴有"温馨提示请妥善保管好个人财物,谨防丢失"的告示,足以证明医院已尽到基本的安全防范和安全提醒义务。王某所称的手机丢失之原因,是由于他人实施盗窃所致,不属于医院安全保障范围内。因此,该损失不应由无锡三院承担,故法院驳回王某的诉讼请求。

严格地说,该案不属于保管合同纠纷,而是医疗机构出借存储柜合同纠纷。在该案例中,法院认定无锡某医院不承担赔偿责任,主要原因系无锡某医院提供了存放随身物品的储物柜供王某等不特定的患者免费使用,且储物柜上有锁、钥匙等,患者使用储物柜时上锁后钥匙由其本人保管,任何人使用时无须经过医院同意,也无医院工作人员进行登记管理。因此,即使患者或他人使用了储物柜,无锡某医院对于储物柜中存放何物、何人何时存放均无从知晓,其并无为使用人保管物品的意思表示,医院对储物柜中保存之物没有事实上的控制权,双方之间没有无偿保管合同的合意,未形成无偿保管合同关系。同时,无锡某医院在储物柜旁的墙上也张贴了告示,已尽到基本的安全防范和安全提醒义务。

(三)尸体存储合同

实践中,存在着尸体长期滞留医院的问题。尸体长期滞留医院的原因主要有:①死者登记手续不严;②遗弃;③医疗纠纷;④多部门协助欠缺;等等。

1. 非医疗纠纷尸体滞留医院的处理

非医疗纠纷患者的尸体包括无主尸体、交通事故尸体、刑事案件尸体等。国家对这类遗体的存储和处理有比较严格的规定:①无主尸体,一般规定先由公安机关拍照,确定死亡原因,然后发表寻尸启事,如果规定时间(一般60天)内无人认领,交由民政部门进行火化或者土葬;②刑事案件尸体,医院需要加强与公安机关及有关部门沟通;③交通事故尸体,参照《道路交通事故处理程序规定》《道路交通事故处理工作规范》的规定处理。

《道路交通事故处理程序规定》第五十三条第1款 检验尸体结束后,应当书面通知死者家属在十日内办理丧葬事宜。无正当理由逾期不办理的应记录在案,并经县级以上公安机关负责人批准,由公安机关处理尸体,逾期存放的费用由死者家属承担。

《道路交通事故处理工作规范》第四十九条 尸体检验、鉴定结论确定后,应当制作《尸体处理通知书》,通知死者家属在十日内办理丧葬事宜。无正当理由逾期不办理的,经县级以上公安机关负责人批准,由公安机关处理尸体,逾期存放尸体的费用由死者家属承担。

根据上述规定,公安机关可以依法处理尸体,逾期存放尸体的费用由死者家属承担。

2. 尸体长期滞留医院的问题

需要医疗机构注意的是,一旦出现因医疗纠纷患者尸体滞留医院太平间,医疗机构处理起来会很被动。只有权力机关享有强制处理尸体的权利。对此本书提出如下建议:①医院应当设立太平间或暂存尸体场所。这主要是基于法律的要求,出于人文关怀以及现实需要,如果医院没有暂存场所,强制移送殡仪馆则会出现谁签协议、谁缴费等一系列问题。②最好不要配备存尸冰柜,否则会存在"尸进难出"的问题。③在有暂存尸体而没有存尸冰柜的情况下,医务人员在患者死亡后动员家属将尸体移出病区即可,后续事项处理相对简单。

3. 尸体移除与停放要求

《医疗纠纷预防和处理条例》《医疗事故处理条例》对此有明确规定。

《医疗纠纷预防和处理条例》第二十七条 患者在医疗机构内死亡的,尸体应当立即移放太平间或者指定的场所,死者尸体存放时间一般不得超过14日。逾期不处理的尸体,由医疗机构在向所在地县级人民政府卫生主管部门和公安机关报告后,按照规定处理。

《医疗事故处理条例》第十九条 患者在医疗机构内死亡的,尸体应当立即移放太平间。死者尸体存放时间一般不得超过2周。逾期不处理的尸体,经医疗机构所在地卫生行政部门批准,并报经同级公安部门备案后,由医疗机构按照规定进行处理。

第六章 医疗机构涉及的非医疗服务合同

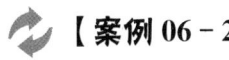
【案例06-2】

薛某等与荥阳市某医院等保管合同纠纷案①

张某、王某系张金某父母。2012年张金某在某卫生室被诊断为胃炎并冠心病，转往荥阳市某医院急诊抢救后死亡。死者张金某遗属将荥阳市某医院、某卫生室诉至法院。一审法院委托司法鉴定，司法鉴定意见为：荥阳市某医院存在医疗欠缺，与张金某死亡的参与度为0～5%。一审判决后当事人上诉，二审判决荥阳市某医院承担5%的赔偿责任。

张金某死亡当天，荥阳市某医院将张金某遗体移入该院太平间存放，并通知张金某家属到场，口头告知遗体存放相关事项。此后至遗体取走期间，荥阳市某医院工作人员数次电话通知张金某家属，要求其取走遗体无果。2013年3月18日，张某等三人与荥阳市某医院达成协议。协议的主要内容是：张金某于2012年3月27日在荥阳市某医院突发心脏病经抢救无效死亡。甲方（荥阳市某医院）多次通知乙方把遗体运走，乙方因解决医疗纠纷问题需要，遗体存放于荥阳市某医院至今352天。现张金某家属提出将其遗体取走，进行火化。经甲乙双方协商达成以下协议：（1）遗体存放于荥阳市某医院至今共352天的存放费共计45760元，现乙方先付1000元费用，将遗体取走火化；（2）此1000元费用乙方支付后，其余费用甲方对乙方提起诉讼，再由法院依法确认此费用是否由乙方承担或者是医疗纠纷责任各方承担；（3）本协议双方签字盖章后，甲方同意，乙方应于5天以内把遗体运走。张某等三人支付荥阳市某医院1000元，并将张金某遗体取走火化。

后荥阳市某医院与张某等三人就遗体存放费用诉至一审法院。一审法院认为，根据《医疗事故处理条例》第十九条规定，死者张金某在荥阳市中医院内死亡后，院方按照上述规定将张金某遗体移放入本院太平间内，属于依法履行职责的行为。张某等三人在张金某死亡后提起医疗损害赔偿诉讼，其对张金某遗体在荥阳市某医院内存放是明知的。因遗体的特殊性，遗体的处分权应由死者家属行使。在死者家属未明确要求对遗体予以处理前，荥阳市某医院除采取保管尸体措施外，无权自行予以处理，故其与荥阳市某医院之间形成事实上的

---

① 参见河南省郑州市中级人民法院（2015）郑民四终字第1089号民事判决书，河南省荥阳市人民法院（2013）荥民二初字第504号民事判决书。

保管关系。

关于收费标准问题,根据郑价费(2012)10号《郑州市物价局、郑州市民政局关于落实免费政策减轻群众殡葬负担的通知》中关于尸体停放费的收费标准,现尸体停放费收费标准为7天内每昼夜60元,超过7天的,每昼夜120元。双方在协议中约定的费用超过该规定,对超出部分法院不予认可。法院依法确定尸体停放的收费天数为338日(352日-14日),尸体停放费用为40140元(60元/日×7日+120元/日×331日)。

关于遗体保管费分担,因生效判决已确定某卫生室对张金某死亡承担60%的赔偿责任,由某村委及薛某进行赔偿,荥阳市某医院承担5%的赔偿责任,遗体保管费用系因医疗损害纠纷直接导致,故亦应参照上述比例予以分担。荥阳市某医院自负2007元,某村委及薛某连带负担24588元。张某等三人应负担12294元,扣除其已支付的1000元,其还应支付荥阳市某医院11294元。

二审法院认为,因张金某的死亡已由生效判决认定某卫生室承担60%的赔偿责任,荥阳市某医院承担5%的赔偿责任。张金某的遗体的保管是基于医疗事故损害赔偿纠纷而产生的,由医疗事故的责任主体承担遗体保管费用,体现了责任相当的原则。虽然遗体的保管主体是荥阳市某医院,但该保管责任不仅仅是基于双方事实上合同关系而产生,更主要的是基于医疗事故发生后荥阳市某医院作为一种医疗机构的社会责任,同时还基于荥阳市某医院的资源优势,因此,本案不仅仅是基于保管合同而产生的纠纷,更主要的是基于医疗事故产生的附随义务的责任承担主体的纠纷。因此,薛某、某村委承担相应的责任,并不是对合同相对性的突破,而是基于医疗事故而产生的附随义务的责任承担。二审法院对一审判决予以维持。

【案例06-3】

尸体发生干化现象之医院保管不善担责①

2006年3月17日,原告姜某某之子姜某雷因他人伤害死亡,家属将尸体放置于满洲里市某医院停尸间冷冻保管,保管费每天100元,姜某某分3次向医院支付了1.2万元。此间尸体经公安机关两次尸检。2006年6月27日,姜某某在

---

① 参见《医院对死者遗体保管不善被判赔偿精神抚慰金》,搜狐网,2008年7月24日。

第六章　医疗机构涉及的非医疗服务合同

查看尸体后以尸体保管不善变质为由,将满洲里市某医院诉至法院。

一审法院以原告未提供翔实证据予以证明为由,驳回其诉讼请求。

呼伦贝尔市中级法院经审理认为,医院与姜某某虽没有签订书面保管合同,但实施了保管行为并收取保管费,双方已形成事实上的保管合同。医院没有长期冷冻尸体的条件而接受保管尸体,致使尸体长时间存放于冷藏环境中发生干燥现象,因而对尸体发生容貌改变和干化现象负有过错责任。依民间风俗,尸体火化前要接受亲友吊唁和祭奠。因姜某雷尸体发生干化导致容貌改变现象,给其亲人的精神造成了损害,判决退还家属保管费1万元并给付5000元精神抚慰金。

(四) 其他物保管合同

对于特殊物品的保管,比如胚胎、手术切除的组织器官等物品的保管,也应当遵守保管合同相关规定。

【案例06-4】

寄存人可随时领取保管物,法院判决医院返还胚胎①

原告樊某与李丽某系夫妻关系。二人于2016年11月1日至深圳某医院处接受体外受精—胚胎移植治疗(即试管婴儿),已移植胚胎2枚,尚存胚胎10枚冷冻保存于医院处,二人已交纳冷冻胚胎保存费用至2021年1月27日。后两人到医院处要求取回保存的10枚冷冻胚胎,但遭到该医院的拒绝。

二原告认为,医院的行为已经侵犯了两人的权利,为此向深圳市罗湖区人民法院提起诉讼,要求医院返还冷冻保存的10枚胚胎。

法院认为,二原告将治疗过程中形成的胚胎保管于被告处,并交纳保管费用,双方就保管物的取回及返还应参照适用我国合同法关于保管合同的相应规定,即寄存人可随时领取保管物,医院应当将保管物归还夫妻二人。但是,本案中二原告要求返还的是受精胚胎,胚胎具有潜在的生命特征,含有二原告的DNA等遗传物质,与二原告具有生命伦理上的密切关联性。由于胚胎的上述特性,二原告应当遵守《人类辅助生殖技术管理办法》及《人胚胎干细胞研究伦理

---

① 参见樊某、李丽某等与深圳某医院医疗服务合同纠纷案。见广东省深圳市罗湖区人民法院(2020)粤0303民初39714号民事判决书。

指导原则》等部门规章中对胚胎的买卖、赠与、代孕等作出的禁止性或限制性规定，在案涉胚胎的后续监管及处置时，也应以遵守法律法规、不违背公序良俗且不损害他人利益为前提。为此，法院作出判决，深圳某医院向樊某、李某某返还10枚胚胎。

《民法典》第八百九十九条沿用《合同法》第三百七十六条的规定，是关于保管期限的规定。不论保管合同是否约定了保管期限，有偿还是无偿，以及是当事人约定的保管还是依据《民法典》第八百八十八条确定的法定保管，寄存人都可以随时领取保管物。寄存人享有随时领取保管物的权利，相应地，保管人负有应寄存人请求随时返还保管物的义务。

第八百九十九条　寄存人可以随时领取保管物。

当事人对保管期限没有约定或者约定不明确的，保管人可以随时请求寄存人领取保管物；约定保管期限的，保管人无特别事由，不得请求寄存人提前领取保管物。

（五）车辆停放于医院

医院是为救死扶伤提供服务的医疗服务机构，其责任在于诊治相关疾病，保证人的生命健康，并对其医疗行为有否过错承担相应的责任。常有患者及其家属将车辆停放于医院后丢失，向医院索赔的纠纷。医院对病人就诊时所驾乘车辆或所携带财物是否有保管义务，法律尚未明确规定，实践中法院的判决结果并不一致。为了在类似纠纷中减少医院损失，医院可以在显眼位置张贴或悬挂明确标示，指引车辆的停放，告知患者及其家属应当注意保管车辆财物。同时，可加强停车场安保措施。

【案例06-5】

医院未收取车辆管理费，无须赔偿①

2008年2月1日，原告马瑞某、李振某同其家人共同驾乘三轮车到汝州市某医院为马瑞某看病，将车辆停放在该医院内即到病房楼做检查，检查完毕发现所驾乘的车辆丢失，即向钟楼派出所报案，现丢失车辆至今未找回。原告诉至法

---

① 参见马瑞某、李振某与汝州市某医院保管合同纠纷案。见河南省平顶山市中级人民法院（2009）平民三终字第435号民事判决书。

第六章 医疗机构涉及的非医疗服务合同

院。汝州市某医院分南北两院,南院车辆停放处仅供本单位职工停放车辆,南院内外来车辆禁止出入,南院门上悬挂一标志"外来车辆请停北院";北院为住院部,内有一无人看管停车点,北院门上悬挂一标示"凡进院的一切车辆丢失,损坏概不负责"。

一审法院认为,原告到被告处就医,所驾乘的车辆丢失,已有公安部门出具的证明相印证,属客观事实。但医院是为救死扶伤提供服务的医疗服务机构,其责任在于诊治相关疾病,保证人的生命健康,并对其医疗行为有否过错承担相应的责任。而对病人就诊时所驾乘车辆或所携带财物是否有保管义务,法律尚未明确规定。原告未能向本院提供相应的依据证实原被告双方已明确约定了相应的保管义务,至于原告提供照片认为是按照医院的指令,即被告南院门口悬挂的内容为"外来车辆请停北院"的标示,以此认为与被告之间已形成保管合同关系,法院认为该理由不能成立,该标示应为内部规范管理模式,是对病人及其他相关人员驾乘车辆停放行为的一种规范,不能以此认为被告具有保管义务,双方已形成保管合同关系。一审法院驳回原告诉讼请求。上诉后,二审法院认为上诉人马瑞某、李振某到汝州市某医院就医时,将摩托车停放在该医院北院后丢失,是其自身行为所致。汝州市某医院没有收取看管费,没有保管该车辆的义务。对一审判决予以维持。

【案例06-6】

患者家属探病将车停放在医院指定场所后被盗,医院被判赔[①]

2008年2月,原告的母亲因病住进被告医院进行治疗,同月某日原告去看望并给母亲治病,将自己所骑电动车存放于被告住院楼后指定的存车处(棚)内,约20分钟后原告发现电动车丢失,后与医院领导交涉并报警,双方协商无果,为此成讼。

一审法院认为,原告母亲因重病住进被告单位,平时由原告为母亲看病在被告支付医疗费,因此原告及母亲是在被告接受服务并消费,原告的车是放在被告所指定的存车处丢失的,医院有保卫进行巡视,存车处既无警示标志又无专人看

---

① 参见正阳县某医院保管合同纠纷案。见河南省驻马店市中级人民法院(2009)驻民一终字第8号民事判决书。

管，被告存在重大过错，对原告的丢车应承担主要责任。结合本案实际，一审法院判决被告应酌情赔偿原告1400元为宜。医院上诉后，二审法院予以维持。

二、陪护服务合同

（一）陪护服务合同概述

陪护工是指受雇于医疗机构或陪护服务机构，经过培训合格在驻点医疗机构为患者提供非医疗性的辅助护理等服务的人员。陪护工不属于医疗机构卫生专业技术人员。他们虽不是医院在编人员，但由于工作地点在医院，与患者及其家属产生纠纷亦可能影响医院声誉。医院作为给陪护工提供工作场所的主体单位，应当对陪护工承担相应的监管责任。①当前医院陪护工的来源主要有两类：一类是专业的陪护服务公司，以承包形式与医院合作，向医院选派陪护工；另一类是患者家属请的私人陪护工。②对于第一类，一般需要医院与陪护服务公司签订陪护服务合同。

（二）订立陪护服务合同时医院面临的问题及对策

医院可以与陪护服务公司签订陪护服务合同，通过合同约定的方式来明确合作风险、责任主体和责任分担方式，各方主体共同履行合同义务，使各项工作合规进行，在此基础上，医院陪护服务存在的风险便是可控制的。医院做好签订及履行陪护服务合同风险防范，主要需注意以下两个方面。

1. 合作前进行合作方陪护服务公司经营资质和风险审查

①需了解医院护工管理政策要求，明确医疗机构陪护人员管理边界，慎重确定入院开展陪护服务主体的准入资质；②需审查拟合作单位的营业执照、注册资本和经营资质，如经营范围中包括病人陪护服务或职业中介服务等内容；③调查拟合作单位行政许可和行政处罚信息，特别是合作项目上的违约风险，以降低合作风险。

2. 规范拟定陪护服务合同

①明确约定合同涉及的相关主体间的法律关系。合同明确约定陪护人员与医院之间不存在任何劳动用工关系和雇佣关系，陪护人员的工资及福利待遇由陪护

---

① 参见乡泉：《医院陪护工，谁来保障他们的合法权益》，《老同志之友》2018年第12期。
② 参见徐炯权：《医院陪护工，监管"真空"谁来管？》，《民主与法制》2019年第3期。

服务公司负责，并受陪护服务公司统一管理，且陪护服务公司与陪护人员以及患者之间的争议及纠纷与医院无关，医院仅就医疗服务和政策管理要求提供协助和指导。②陪护管理约定为间接管理。即医院对岗位数量、日常管理（工作任务与时间安排、考勤、工资审核、工作纪律处分）、穿戴同样标识的工作服、工作牌、招聘面试等进行间接管理，而决定权和执行权在陪护服务公司。③不得使用医院名义，禁止虚假宣传。陪护服务公司在使用印章、标识标牌、各类宣传资料等方面不得使用医院名义，不得向患者或其家属声称其与医院存在直属、代理关系，以免误导患者及其家属。同时，陪护人员着装配饰需与医院工作人员显著区分，以免使患者或家属产生混淆。④陪护人员需遵循医院管理制度。陪护人员可以从事日常生活护理，但不得开展护理性技术操作。陪护中需接受病区护理员专业指导，配合病区管理工作，遵守感染控制规则。陪护人员不得直接向患者或其家属直接收取服务费用，不得向患者或其家属推荐或兜售任何产品或服务（如保健品、丧葬服务等）。医院可根据陪护服务合同约定，就上述不符合规定的情形，要求陪护服务公司承担违约责任。⑤对陪护服务实施备案管理。加强对陪护服务公司规章、组织架构、工作和管理制度、营业执照、法人代表身份信息、授权文书等事项进行备案管理。同时，加强对陪护人员的资质、身份信息、健康合格证明、培训情况、劳动合同及工资发放凭证和社保缴纳凭证盖章版复印件进行备案审查。①

【案例06-7】

天津某人力资源服务有限公司与天津市某医院服务合同纠纷案②

天津市某医院与天津某人力资源服务公司于2009年11月27日签订《住院病区陪护及家属等候区服务协议书》约定，由于住院病区患者和家属的需要，将患者的陪护工作及住院病区四楼患者家属等候区的服务委托给天津某人力资源公司负责；因陪护人员或服务人员的过失、过错给医院或被服务人员的人身财产造成损害的，由该公司负责赔偿。

2015年2月27日，患者张志某因突发左侧肢体无力伴呕吐入院，诊断为吸

---

① 参见邓明攀：《医院陪护服务外包的法律风险》，健康界网，2019年7月24日。
② 参见天津市第二中级人民法院（2016）津02民终3930号民事判决书。

入性肺炎,后经抢救无效死亡。医院的死亡讨论记录中最后总结为患者脑出血后突发猝死,目前病因仍不完全明确。2015年3月25日,在天津市医调委的主持调解下,医患双方共同认为:护工操作不当与患者死亡有直接因果关系,但医方护理工作不到位,故医方应承担一定责任。经医调委调解,医方承担80%医疗损害侵权责任,一次性赔偿患方716987元。

2015年11月17日,天津市某医院向天津市某人力资源服务公司发出撤场通知函,通知《住院病区陪护及家属等候区服务协议书》解除。该公司不同意解除协议,该医院遂诉至法院。

一审法院认为,某医院提出某公司护工行为不当导致患者死亡的证据主要是天津市医疗纠纷人民调解委员会做的调解笔录、调解协议书以及死亡讨论记录等。但在死亡讨论记录中最后的总结是患者脑出血后突发猝死,目前病因仍不完全明确,并无护工操作不当的认定内容。而在天津市医疗纠纷人民调解委员会做的调解笔录、调解协议书中虽然有护工操作不当与患者死亡有直接因果关系,但医方护理工作不到位,故医方应承担一定责任的内容,系医患双方均同意的内容,并未得到护工所在公司也即某公司的认可。对于患者的死亡原因在尚无确切证据证明系某公司护工不当行为导致的情况下,应当启动鉴定程序就患者死亡原因进行鉴定才能正确判定出患者死亡的直接原因,而非单凭某医院与患者双方认可即能直接认定出患者死亡的直接原因。本案未启动鉴定程序,到本案诉讼过程中,经过法院多次释明,依然未启动相应的鉴定程序以确定患者死亡的直接原因。由此,某医院主张某公司护工不当操作构成违约的主张,亦不能成立。故,对于某医院主张某公司行为构成违约并要求某公司赔付违约金和经济损失的诉讼请求,法院不予支持。

一审判决原告与被告签订的《住院病区陪护及家属等候区服务协议书》于2016年4月30日解除;驳回原告的其他诉讼请求。二审法院对一审判决予以维持。

三、医疗机构内的买卖合同

(一) 医疗机构内的买卖合同概述

买卖合同属于《民法典》合同编中规定的一种典型合同。

第五百九十五条 买卖合同是出卖人转移标的物的所有权于买受人,买受人

第六章 医疗机构涉及的非医疗服务合同

支付价款的合同。

医疗机构在给患者提供医疗服务过程中,基于医疗服务合同,医方向患者提供医疗服务过程中产生的权利义务关系,不涉及买卖,包括提供检查、治疗、护理、康复、药物等。但医疗活动外提供的服务项目,可能涉及买卖,比如,患者及近亲属就餐,涉及患者营养配餐服务合同、餐饮服务合同;在自费药店购买非处方药品及其他医疗物品。此外,医院购买大型设备也涉及签订买卖合同(医疗设备买卖合同)。

(二) 医疗设备买卖合同

医院在签订医疗设备买卖合同时,应当遵守《民法典》及相关司法解释关于买卖合同的一般规定。签订合同前进行必要的风险管控研究,比如主体资格审查和履约能力审查。签订合同时明确供应商的名称、法人代表和双方信息,明确采购货物的信息和规格,制定合理性的采购数量,并提出交货时间,对于不合格产品的处理方式,等等。应当遵循诚实信用原则,按照合同约定履行合同义务。如果医院不按照约定履行合同义务,不仅可能导致解除合同,还需要赔偿损失。

【案例 06 - 8】

医院不履行买卖合同,被法院判决解除合同并赔偿损失①

上海某投资公司与某某新城医院签订《买卖合同》及其附件,《买卖合同》约定新城医院向投资公司采购品牌为某某、型号为"MX4000Dual"的计算机断层扫描系统一台,价格约定计算机断层扫描系统为1750000元、利息175000元,合计总价1925000元,后因新城医院未履行《买卖合同》的付款义务,投资公司遂诉至法院。

法院认为,投资公司与新城医院之间签订的《买卖合同》依法成立且生效。从《买卖合同》的内容来看,本案中设备的价款应为175万元,且根据投资公司的计算方法得出的可得利益损失中包含了医院须支出的税收等经营成本在内,故根据实际情况,结合新城医院的违约程度,从公平原则出发,酌情认定该损失为25万元。法院判决解除买卖合同及相关附件,新城医院赔偿投资公司可得利益

---

① 参见上海某投资股份有限公司与某某新城医院买卖合同纠纷案。见上海市普陀区人民法院(2013)普2民初727号民事判决书。

损失 25 万元。

做好医疗设备买卖合同的执行和风险控制,重点需要注意以下几个方面内容。

(1) 所需产品的数量、型号、名称及种类,填报采购项目分项报价、配置清单、消耗件、选购件、零配件等清单,名称必须与医疗器械注册证一致。

(2) 合同中应明示保险费和运费的承担方;在国内力争"到货价",以用户单位为到货点,不要按照"出厂价"签署合同。

(3) 明确付款方式。

(4) 明确约定采购后期服务。如到货安装要求、维修维保条款等,合同中应强调因设备保修不及时或出现产品质量问题而造成的医疗事故所产生的效益损失,由厂商承担并负责损失的赔偿。

(5) 合同中要明示违约责任,促使相对方诚信履约。[1]

(6) 医院可以制定完善且切实可行的合同管理制度,[2] 明确医疗设备买卖合同工作的具体流程,以实现医疗设备买卖合同的进一步规范化管理。[3]

(三) 非处方药买卖合同

患者在医疗机构内的药店购买非处方药即与医院缔结了买卖合同。医疗机构销售应当保证药品质量并对其进行监管,需要符合《药品管理法》《产品质量法》对于药品和产品销售的相关规定。

《药品管理法》第五十九条第 1 款　药品经营企业应当制定和执行药品保管制度,采取必要的冷藏、防冻、防潮、防虫、防鼠等措施,保证药品质量。

第七十一条　医疗机构应当有与所使用药品相适应的场所、设备、仓储设施和卫生环境,制定和执行药品保管制度,采取必要的冷藏、防冻、防潮、防虫、防鼠等措施,保证药品质量。

第九十八条　禁止生产(包括配制,下同)、销售、使用假药、劣药。

有下列情形之一的,为假药:

(一) 药品所含成分与国家药品标准规定的成分不符;

(二) 以非药品冒充药品或者以他种药品冒充此种药品;

---

[1] 参见彭丽娟、刘维佳:《采购合同执行风险控制》,《中国卫生产业》2020 年第 20 期。
[2] 参见杨会东:《加强医院经济合同审计管理的关键点分析》,《中国总会计师》2019 年第 4 期。
[3] 参见俞凡:《医疗设备经济合同规范管理》,《经济师》2020 年第 9 期。

第六章　医疗机构涉及的非医疗服务合同

（三）变质的药品；

（四）药品所标明的适应症或者功能主治超出规定范围。

有下列情形之一的，为劣药：

（一）药品成分的含量不符合国家药品标准；

（二）被污染的药品；

（三）未标明或者更改有效期的药品；

（四）未注明或者更改产品批号的药品；

（五）超过有效期的药品；

（六）擅自添加防腐剂、辅料的药品；

（七）其他不符合药品标准的药品。

禁止未取得药品批准证明文件生产、进口药品；禁止使用未按照规定审评、审批的原料药、包装材料和容器生产药品。

《产品质量法》第二十七条第1款　产品或者其包装上的标识必须真实，并符合下列要求：

（一）有产品质量检验合格证明；

（二）有中文标明的产品名称、生产厂厂名和厂址；

（三）根据产品的特点和使用要求，需要标明产品规格、等级、所含主要成份的名称和含量的，用中文相应予以标明；需要事先让消费者知晓的，应当在外包装上标明，或者预先向消费者提供有关资料；

（四）限期使用的产品，应当在显著位置清晰地标明生产日期和安全使用期或者失效日期；

（五）使用不当，容易造成产品本身损坏或者可能危及人身、财产安全的产品，应当有警示标志或者中文警示说明。

第四十二条　由于销售者的过错使产品存在缺陷，造成人身、他人财产损害的，销售者应当承担赔偿责任。

销售者不能指明缺陷产品的生产者也不能指明缺陷产品的供货者的，销售者应当承担赔偿责任。

四、医疗机构内的租赁合同

（一）医疗机构内的租赁合同概述

租赁合同是《民法典》合同编中规定的一种典型合同。《民法典》第七百零三条明确规定了租赁合同的定义。租赁合同中，将租赁物租出的一方称出租人，使用租赁物并支付租金的一方称承租人。承租人订立租赁合同以其使用、收益租赁物为直接目的，但承租人所取得的、出租人所转移的仅仅是对租赁物的使用权和部分收益权，而不是租赁物的所有权。

第七百零三条　租赁合同是出租人将租赁物交付承租人使用、收益，承租人支付租金的合同。

《民法典》第七百零七条至第七百一十二条规定了租赁合同的形式、出租人交付租赁物义务和适租义务、承租人按约定使用租赁物的义务、承租人按约定使用租赁物的免责义务、租赁人未按约定使用租赁物的责任、出租人维修义务。

第七百零七条　租赁期限六个月以上的，应当采用书面形式。当事人未采用书面形式，无法确定租赁期限的，视为不定期租赁。

第七百零八条　出租人应当按照约定将租赁物交付承租人，并在租赁期限内保持租赁物符合约定的用途。

第七百零九条　承租人应当按照约定的方法使用租赁物。对租赁物的使用方法没有约定或者约定不明确，依据本法第五百一十条的规定仍不能确定的，应当根据租赁物的性质使用。

第七百一十条　承租人按照约定的方法或者根据租赁物的性质使用租赁物，致使租赁物受到损耗的，不承担赔偿责任。

第七百一十一条　承租人未按照约定的方法或者未根据租赁物的性质使用租赁物，致使租赁物受到损失的，出租人可以解除合同并请求赔偿损失。

第七百一十二条　出租人应当履行租赁物的维修义务，但是当事人另有约定的除外。

医院里存在的租赁情况主要有：①医院租用他人场地开展医疗活动；②患者租借生活用品，例如陪床用具、轮椅、拐杖等；③患者租借医院的储物柜。

（二）医疗机构签订租赁合同可能面临的问题及对策

医院提供租赁服务应当注意以下几个方面。

（1）经过专业人员审查的租赁合同文本。针对每一种类型的租赁合同，医院可以沿用格式合同，但格式合同应当经过法律专业人员审查，避免一些格式条款被认定无效等。

（2）注意区分有偿租赁、无偿租赁。

（3）注意告知说明租赁物使用方法、注意事项。

(4) 注意租赁物的安全性，出租方有安全保障义务。

(5) 约定维修责任、损坏赔偿责任。在合同中应当明确约定租赁物的维修责任、损坏赔偿责任，减少医院不必要的损失。

【案例 06-9】

患者家属租用医院看护椅受伤，医院被判决赔偿①

郑某的母亲因生病至安徽医科大学某医院（以下简称医院）住院治疗，郑某租用了医院的陪护椅在医院看护其母亲，其不慎被租用的医院陪护椅夹伤。治疗花去医药费用 15237.3 元，经鉴定郑某损伤的后遗症符合《道路交通事故伤残等级评定标准》十级伤残。郑某出院后就赔偿事宜与医院多次协商无果，诉至法院，请求判令医院赔偿包括误工费、护理费、鉴定费、残疾赔偿金及精神损害抚慰金等各项损失合计 77553 元。

法院认为，根据《侵权责任法》第三十七条（《民法典》第一千一百九十八条）第 1 款规定，医院向住院病人的看护人员收取费用后提供看护椅，应当保证其提供的看护椅为安全、合格产品，定期检查维护，并向使用看护椅的人员告知看护椅的使用方法及注意事项，以确保安全。本案中，医院无法说明该看护椅是否安全、合格，有无进行定期检查维护，亦未证明其已经就看护椅的使用方法、使用过程中的注意事项、可能存在的不安全因素向郑某进行了警示、告知，并采取了相应的保护措施，已经尽到了完全的安全保障义务，故医院在郑某受伤的过程中存在过错，应当承担相应的赔偿责任。因郑某在使用看护椅过程中未尽到对自身的注意义务，确认由医院承担 40% 的赔偿责任，由郑某自行负担 60% 的责任。判决医院赔偿郑某因本次受伤造成的各项损失合计 18718.82 元。

五、医疗机构涉及的融资租赁合同

（一）医疗机构涉及的融资租赁合同概述

1. 融资租赁合同的定义

20 世纪 50 年代，自世界上第一家融资租赁公司在美国诞生后，融资租赁已

---

① 参见郑某与安徽医科大学某医院公共场所管理人责任纠纷案。见安徽省合肥市高新技术产业开发区人民法院（2015）合１民初００３０６ 号民事判决书。

经成为西方国家第二大融资方式，仅次于银行信贷。国内融资租赁虽然起步较晚，直至20世纪80年代才创立了第一家融资租赁公司，但在20世纪90年代中期开始渗透到医疗卫生行业，为大部分的医疗机构认可和接受。

融资租赁合同是《民法典》合同编中规定的一种典型合同。《民法典》第七百三十五条明确规定了融资租赁合同的定义。

第七百三十五条　融资租赁合同是出租人根据承租人对出卖人、租赁物的选择，向出卖人购买租赁物，提供给承租人使用，承租人支付租金的合同。

《民法典》规定了融资租赁合同的内容和形式，以及租赁物经营许可对合同效力的影响。

第七百三十六条　融资租赁合同的内容一般包括租赁物的名称、数量、规格、技术性能、检验方法，租赁期限，租金构成及其支付期限和方式、币种，租赁期限届满租赁物的归属等条款。

融资租赁合同应当采用书面形式。

第七百三十七条　当事人以虚构租赁物方式订立的融资租赁合同无效。

第七百三十八条　依照法律、行政法规的规定，对于租赁物的经营使用应当取得行政许可的，出租人未取得行政许可不影响融资租赁合同的效力。

2. 医疗机构涉及的融资租赁合同

医疗行业的融资租赁中的三个主体分别是医院（承租人）、厂商（生产厂商）、租赁公司（出租人）。目前我国融资租赁业发展迅速，国家政策鼓励医疗机构通过融资租赁采购医疗设备。① 从交易的角度界定，租赁公司对医院所选定的租赁物件，以融资为目的进行购买，并以不同形式收取租金，将租赁物件长期地出租给医院使用。② 医疗设备融资租赁的含义可以理解为是出租方将医疗设备租赁给医院，医院分期支付租赁费，取得医疗设备使用权的方式。③ 由于医疗机构运营经费紧张，医疗机构提升医疗能力、增添医疗设备、发展医疗业务，必然要寻求其他资本予以支持。目前国内医院设备引进的筹资方式大致分为以下几种：自有资金、银行贷款、外国政府贷款、财政拨款、企业投资和融资租赁等。国务院办公厅《关于促进医药产业健康发展的指导意见》明确提出：探索医疗器械生

---

① 《关于加快融资租赁业发展的指导意见》中明确"根据融资租赁特点，便利融资租赁公司申请医疗器械经营许可或办理备案"。
② 参见刘馨钰：《公立医院融资租赁的风险识别与控制研究》，河南工业大学硕士学位论文，2017年。
③ 参见罗爱民：《医疗设备产业的未来发展趋势分析》，《经济研究导刊》2018年第6期。

产企业与金融租赁公司、融资租赁公司合作,为各类所有制医疗机构提供分期付款采购大型设备的服务。可见,我国政府部门是鼓励医疗机构采取融资租赁进行自我发展,相关法律没有禁止性规定。

防范医疗设备融资租赁过程中的风险,主要注意以下几个方面:①对项目作出评估分析和调研,选择融资方式、购买设备方式;① ②对医院资产作出评估,采购符合自身特点及还款能力的设备;③选择融资租赁时要审核融资租赁公司是否具备相应的经营资质。②

(二) 医疗机构签订融资租赁合同可能面临的问题及对策

医疗设备融资租赁的模式主要有:①直接租赁模式,指的是承租人想要购买这些设备,他们就会自由地去选择供应商,租赁公司再将这些设备购买后出租给承租人,在签订相关合同之后,承租人拥有设备的所有权。②售后回租模式,具体指的是一种租赁交易,在进行交易的过程中,出租人从设备所有者那里买来部分财产,这样设备所有者就能够得到便利性的融资,设备所有者再支付租金将其已经卖出去的财产通过租赁的方法租回。

医疗机构在签订融资租赁合同时应当严格谨慎,需要借鉴和逐步积累融资租赁相关的宝贵经验和教训,细化租赁合同签订的标准,并形成一套成熟的租赁合同签订的制度程序。医疗机构有必要高度重视以下几个方面的问题:①租赁设备的起止时间及支付租金的方法,有关利率的具体要求,首付及保证金的比例等;②计划设备投入使用的时长;③设备进行维修所需费用以及保险费;④设备租赁后,其间所涉及的抵押问题。③

【案例 06-10】

医院自有物的所有权转让回租式融资租赁法律关系④

2017 年 12 月 27 日,某平安租赁公司、平安租赁(天津)公司共同与山海关

---

① 参见岳靓、郑雪倩:《浅谈医院管理中被追债风险的避免和相关立法建议——从医疗设备融资租赁案例谈起》,《中国卫生法制》2019 年第 5 期。
② 参见陈耀荣:《医疗设备融资租赁模式研究》,《企业改革与管理》2016 年第 24 期。
③ 参见唐智慧、夏培勇、陈童等:《关于医疗设备融资租赁的一些思考》,《财税金融》2020 年第 10 期。
④ 参见山海关某医院与某平安租赁公司、平安租赁(天津)公司融资租赁合同纠纷案。见上海市高级人民法院(2020)沪民终 36 号民事判决书。

某医院（简称医院）签订了《售后回租赁合同》及相关附件，两租赁公司为联合出租人，医院为承租人。两租赁公司根据医院的要求向医院购买租赁合同记载的租赁物，并回租给医院使用，医院向两租赁公司承租该租赁物并向两租赁公司支付租金（不等额租金）。后因医院欠付租金，两租赁公司将医院诉至法院。

一审法院认为，医院将其自有物的所有权转让给租赁公司，再从租赁公司处租回该租赁物使用，并按期向租赁公司支付租金的交易方式构成售后回租式融资租赁法律关系。租赁公司已按照合同约定向医院发放了融资租赁款项，医院未能按约给付租金，已构成违约，应依约承担相应民事责任。故判决医院支付两租赁公司违约金。

医院上诉认为双方签订的所谓融资租赁合同，实为借款关系。二审法院认为，虽然融资租赁，特别是售后回租型融资租赁与借款均具有融资性质，且表面看均只有资金融出和融入双方当事人，但两者有本质的区别。借款仅有资金流通而没有客观租赁物，融资租赁除了资金流通外还包括租赁物的融通。本案各方签订的《售后回租赁合同》等文件，约定了医院将其自有物的所有权转让给两租赁公司，租赁公司支付对价，医院再从租赁公司处租回该租赁物使用，并按期向租赁公司支付租金的交易方式，具有融资与融物的双重属性，符合《最高人民法院关于审理融资租赁合同纠纷案件适用法律问题的解释》的相关规定，构成售后回租式融资租赁法律关系。故判决驳回医院的上诉请求。

该案涉及医院将其自有物的所有权转让给租赁公司，再从租赁公司处租回该租赁物使用，并按期向租赁公司支付租金的交易方式构成售后回租式融资租赁法律关系。该案件中相关的《最高人民法院关于审理融资租赁合同纠纷案件适用法律问题的解释》的规定，指的是以下规定。

第一条　人民法院应当根据民法典第七百三十五条的规定，结合标的物的性质、价值、租金的构成以及当事人的合同权利和义务，对是否构成融资租赁法律关系作出认定。

对名为融资租赁合同，但实际不构成融资租赁法律关系的，人民法院应按照其实际构成的法律关系处理。

第二条　承租人将其自有物出卖给出租人，再通过融资租赁合同将租赁物从出租人处租回的，人民法院不应仅以承租人和出卖人系同一人为由认定不构成融资租赁法律关系。

六、医患双方和解协议

(一) 医患双方和解协议概述

患者在医院就诊,不可避免要产生这样或那样的摩擦,甚至引起医患纠纷。《医疗纠纷预防和处理条例》第二十二条规定:"发生医疗纠纷,医患双方可以通过下列途径解决:(一) 双方自愿协商……"根据该规定,在纠纷发生后,不管纠纷处于何种阶段,医患双方当事人均可以就事故赔偿等民事责任争议进行协商。

1. 医患双方和解协议的定义

和解是指在没有第三方主持的情况下,纠纷当事人就争执的问题进行协商并达成协议的纠纷解决方式。医患双方和解协议是指医疗机构因医疗行为与患者发生纠纷后,无论纠纷的性质和内容如何,也无论是否构成医疗事故,双方在充分协商或告知的基础上,就民事赔偿或补偿的内容,自愿合法地达成协议。[①]《医疗事故处理条例》《医疗纠纷预防和处理条例》均规定了医患双方协商解决医疗争议应当签署协议书,并对协议书的内容作出明确要求。因此,医患双方签署和解协议解决医疗纠纷必须按照法律规定的要求采用法律文书,即医患双方通过充分协商达成和解意向,并以书面形式将和解内容、要求形成协议书并签署双方意见。和解协议书是医患双方依据法律规定而形成的民事法律行为的书面形式,和解协议自生效之日起即具有法律约束力。[②]

《医疗事故处理条例》第四十三条 医疗事故争议由双方当事人自行协商解决的,医疗机构应当自协商解决之日起 7 日内向所在地卫生行政部门作出书面报告,并附具协议书。

第四十七条 双方当事人协商解决医疗事故的赔偿等民事责任争议的,应当制作协议书。协议书应当载明双方当事人的基本情况和医疗事故的原因、双方当事人共同认定的医疗事故等级以及协商确定的赔偿数额等,并由双方当事人在协议书上签名。

《医疗纠纷预防和处理条例》第三十条 医患双方选择协商解决医疗纠纷的,

[①] 参见卢顺珍:《论医疗纠纷协商和解的法律规制》,《重庆三峡学院学报》2010 年第 2 期。
[②] 参见李永昌、汪春晖、干振华等:《医疗纠纷和解协议中的法律问题探讨》,《医学与社会》2012 年第 2 期。

应当在专门场所协商,不得影响正常医疗秩序。医患双方人数较多的,应当推举代表进行协商,每方代表人数不超过5人。

协商解决医疗纠纷应当坚持自愿、合法、平等的原则,尊重当事人的权利,尊重客观事实。医患双方应当文明、理性表达意见和要求,不得有违法行为。

协商确定赔付金额应当以事实为依据,防止畸高或者畸低。对分歧较大或者索赔数额较高的医疗纠纷,鼓励医患双方通过人民调解的途径解决。

医患双方经协商达成一致的,应当签署书面和解协议书。

医患双方和解协议是一种合同,故也存在合同无效、可撤销的情形。如果医患双方达成的和解协议存在违反法律强制性规定的,应当视为无效;如果存在显失公平、重大误解或者欺诈的情形,应当视为可撤销合同。因此,即使医患双方达成了和解协议,如果存在法定可撤销和无效等情形,患方仍然可能提起民事诉讼。《民法典》具体规定了重大误解、欺诈以及显失公平的民事法律行为的效力。

第一百四十七条 基于重大误解实施的民事法律行为,行为人有权请求人民法院或者仲裁机构予以撤销。

第一百四十八条 一方以欺诈手段,使对方在违背真实意思的情况下实施的民事法律行为,受欺诈方有权请求人民法院或者仲裁机构予以撤销。

第一百五十一条 一方利用对方处于危困状态、缺乏判断能力等情形,致使民事法律行为成立时显失公平的,受损害方有权请求人民法院或者仲裁机构予以撤销。

第一百五十三条 违反法律、行政法规的强制性规定的民事法律行为无效。但是,该强制性规定不导致该民事法律行为无效的除外。

违背公序良俗的民事法律行为无效。

2. 医患双方和解协议的特点

医患双方自行和解的特点是,在没有进行鉴定的基础上和解,没有进行责任的划分就达成了一个赔偿结果。由于尚未鉴定,未经权威部门分清责任,和解协议中往往不涉及侵权、赔偿、补偿、事故、过错等,并存在如下风险:①以"和解协议"系赠与,以侵权为由患方再次起诉;②以"和解协议"系赠与,法院判决项目为侵权赔偿。

3. 医患双方和解协议可认为是附义务的赠与合同

实践中,经常存在和解协议生效后,患方拿到医方的"补偿"后,再次向法院提起诉讼,要求医疗机构承担赔偿责任。在诉讼中,患方常常主张,医方此前

第六章 医疗机构涉及的非医疗服务合同

给予的"经济补偿",与纠纷事项无关,和解协议属于医疗机构自愿赠与,不能计算在法院的判决额内。对此,和解协议中应有排除诉讼的约定,即使法院认定双方当事人的和解协议是医疗机构的自愿赠与,也应属于附义务的赠与。但需要注意,协议中类似于"任何一方不得就此以任何理由起诉"的条款,实际上违反了法律强制性的规定,当事人的起诉权是法律赋予每一个公民的基本权利,任何人都不得剥夺,类似这样的条款可能因违反法律规定而直接导致协议的无效。但是,如果在协议中当事人明确表示放弃其享有的权利,则应视为有效。因此,在协议中可明确约定"医患双方自愿放弃除向对方主张履行本协议义务以外的其他民事权利",则可对医患双方后续的申请鉴定、提起诉讼等其他主张产生有效约束。

根据《民法典》关于附义务赠与的规定,如果接受赠与的一方不能满足赠与方提出的条件和要求,赠与行为可以撤销。通过这样的方式,可以为医疗机构减少不必要的损失。①

《民法典》第六百五十七条规定了赠与合同的定义。

第六百五十七条 赠与合同是赠与人将自己的财产无偿给予受赠人,受赠人表示接受赠与的合同。

《民法典》第六百五十八条、第六百六十一条和第六百六十三条规定了赠与合同的效力。

第六百五十八条 赠与人在赠与财产的权利转移之前可以撤销赠与。

经过公证的赠与合同或者依法不得撤销的具有救灾、扶贫、助残等公益、道德义务性质的赠与合同,不适用前款规定。

第六百六十一条 赠与可以附义务。赠与附义务的,受赠人应当按照约定履行义务。

第六百六十三条 受赠人有下列情形之一的,赠与人可以撤销赠与:

(一)严重侵害赠与人或者赠与人近亲属的合法权益;

(二)对赠与人有扶养义务而不履行;

(三)不履行赠与合同约定的义务。

赠与人的撤销权,自知道或者应当知道撤销事由之日起一年内行使。

---

① 参见郭继伟、石丽萍、杨波:《医疗纠纷和解协议法律效力审查》,《中国卫生法制》2006年第5期。

(二) 医疗机构签订和解协议注意事项

医疗机构在拟定医患双方和解协议书时应当注意以下内容。

(1) 协议的甲方、乙方。代表患方的乙方，注意签署事项。

(2) 赔偿款项须逐项罗列，包括医疗费、误工费、伤残赔偿金、未成年人抚养费、教育费等。

(3) 患方收到赔偿款须出具收据、收到说明。

(4) 独立收据须写明是因为什么纠纷案件的赔偿款。

(5) 禁止再主张权利约定。在协议中约定当医患双方自愿放弃除向对方主张履行本协议义务以外的其他民事权利，任何一方不得以任何理由和任何方式再主张权利。

(6) 在协议中写明违约责任用以制约反悔行为。

(7) 保密约定。任何一方不得将本协议及本协议的内容、部分内容向任何其他人、单位泄露。

(8) 关注文书范本，可以参考《医疗纠纷调解协议书》。

【案例 06 - 11】

医患双方签订和解协议后已履行，患者再主张权利被法院驳回[①]

2012年12月，史某到辽宁省某医院（以下简称医院）在全麻下行全子宫及双附件切除术，5个月后再次在局麻下行腹壁切口清创缝合术。2013年10月，史某与医院签订一份《医疗纠纷和解协议书》载明，（治疗过程和病人病情的描述……）乙方自愿放弃本纠纷中其所享有的上述权利，双方经过友好协商自愿达成如下协议：(1) 赔偿数额和给付方式：甲方就本次医疗纠纷向乙方一次性赔偿人民币伍仟元整；(2) 本协议为一次性最终解决方案，乙方自甲方给付赔偿款后，自动放弃追究甲方责任的权利，不再以任何理由就本次纠纷向甲方或第三方提出任何要求，或要求第三方追究甲方责任；(3) 本协议虽未经公证，但具有法律效力；(4) 违约责任：甲乙双方如一方违反本协议，则需向对方支付违约金额：伍仟元整；(5) 本协议一式两份，双方各执一份，自签字、盖章后生效。双

[①] 参见史某与辽宁省某医院医疗服务合同纠纷案。见辽宁省沈阳市中级人民法院（2015）沈中民一终字第01772号民事判决书，辽宁省沈阳市沈河区人民法院（2015）沈河民一初字第451号民事判决书。

方均签字。后史某以还需第三次手术为由,要求医院赔偿前两次手术费及误工费、护理费等,并诉讼至法院。

法院认为,医院在《医疗纠纷和解协议书》中对治疗过程和病人病情进行了客观的描述,并无隐瞒的主观故意,同时医院也明确告知了史某享有的各项权利和救济途径,而史某自愿放弃其享有的权利和其他救济途径,而自愿选择与医院进行和解,故该协议书不存在重大误解的情形。史某第三次住院治疗共支出5000余元,而医院协议约定给付史某赔偿金5000元,两者相比数额大体相当,该协议也不存在显失公平的情形。史某就两次住院的问题,已与医院达成和解协议,且已履行,再要求医院赔偿没有依据。关于后续治疗费,因尚未发生,法院不予受理。最终法院驳回了史某的诉讼请求。

【案例 06 - 12】

医院和解协议因欺诈被撤销[①]

2015年2月10日,王建某等人亲属宋平某因病入住沭阳县某医院,后经抢救无效死亡。2015年2月15日,沭阳县某医院与王建某委托人宋普某签订和解协议,该协议部分内容为记载了患者宋平某(已死亡)治疗基本情况及死亡情况,现双方在明确责任、分清是非的基础上达成如下协议:(1)乙方(王建某等)所欠甲方医疗费用11413.24元由甲方承担,甲方一次性补赔乙方死亡赔偿金、丧葬费、被扶养人生活费等一切费用共计25000元整;(2)从本协议签订之日起,乙方表示自愿放弃追究甲方任何其他责任的一切权利,甲方对此事不再承担任何法律责任和经济责任;(3)本协议自履行后,甲、乙双方不得就此事对外以任何形式进行宣扬,如一方违反本约定,双方自愿认定5万元作为违约赔偿款向未违约方进行赔偿;(4)以上协议条款为双方真实意思表示,经甲、乙双方签字或盖章后即生效,任何一方均不得反悔。甲方:沭阳县某医院,乙方:宋普某。协议签订后,沭阳县某医院即支付了赔偿款25000元。

后王建某等在向沭阳县某医院索要和解协议书的过程中,了解到系沭阳县某医院在明知患者有青霉素过敏史的情况下,擅自使用青霉素类药物导致患者青霉

---

① 参见王建某、宋普某等与沭阳县某医院医疗损害责任纠纷案。见江苏省宿迁市中级人民法院(2016)苏13民终3245号民事判决书,江苏省沭阳县人民法院(2015)沭开民初字第01017号民事判决书。

素过敏而病情恶化，后经抢救无效死亡。在签订协议时，沭阳县某法医院并未如实告知这一事实，故王建某等诉至一审法院，以所签订的协议无效且显失公平为由，请求撤销，并要求按诉讼请求予以赔偿。

一审法院委托宿迁市医学会对沭阳县某医院的诊疗行为及所使用药物对死者死亡是否存在因果关系进行鉴定，专家意见为：患者诊疗过程中存在过错，该过错与患者死亡之间存在一定因果关系，医方医疗过错原因力大小为次要因素。

一审法院认为，宋平某因长期患病在沭阳县某医院诊疗，沭阳县某医院在诊疗处理过程中，患者病情已好转稳定后，其医务人员在明知患者有青霉素过敏史的情况下，又为其使用青霉素类药物，致患者病情加重，经抢救无效死亡。沭阳县某医院在诊疗处理过程中存在过错，该过错与王平某死亡存在一定因果关系，故沭阳县某医院应根据鉴定结果承担相应的赔偿责任。事故发生后，王建某等与沭阳县某医院虽就本起事故的赔偿问题达成了和解协议，但由于沭阳县某医院处于优势地位，而王建某等对医疗过失行为认知有限，和解协议书亦未按照医疗事故处理条例规定载明医疗事故的具体原因，且协议赔偿数额明显低于实际应承担的赔偿数额。根据相关法律规定，在订立合同时显失公平的，受损方有权请求人民法院或者仲裁机构变更或者撤销。根据鉴定书的鉴定意见，可以认定双方在订立协议的过程中，沭阳县某医院并未告知为患者使用青霉素药物而产生病情加重后经抢救无效死亡的事实且补偿的数额明显低于王建某等实际应得到的赔偿标准数倍，符合法定无效或可撤销的情形。一审法院判决撤销王建某等与沭阳县某医院签订的和解协议；沭阳县某医院向王建某等给付因亲属宋平某死亡产生的死亡赔偿金、丧葬金、精神抚慰金共计91812.2元。医院不服，上诉后，二审法院对一审判决予以维持。

第七章　监护、委托与代理

黑格尔曾经说过"每个人都是一个世界",在承认所有人都具备完全平等的法律人格的近代私法体系下,每个人都应该有决定自己行为的权利。在医疗活动中,大多数的患者一般具有识别、判断和决定具体医疗行为的能力,但也有可能因为年纪尚小、突发疾病、身心障碍等问题,让某些患者不具备决定自我医疗行为的能力。《民法典》总则编第二章第二节、第七章,《民法典》合同编第二十三章,规定了监护制度、代理制度、委托合同的相关内容。监护人、委托人与代理人在患者的就医过程中扮演了很重要的角色,他们在一定情况下帮助患者在诊断、治疗、用药事项等作决定,照顾患者的起居,帮助患者康复治疗,并在患者与医疗机构发生纠纷时帮助患者维护自身的合法权益。

一、监护、委托与代理概述

(一) 监护制度

从古罗马时期,监护制度就已经开始以成文法的形式予以规定。我国20世纪80年代出台的《民法通则》正式以成文法的形式规定了监护制度。随着社会的发展,法律制度的完善,我国监护制度体系已经形成。所谓监护,是指对非于亲权照护之下的未成年人以及丧失或部分丧失民事行为能力人的成年人,为其人身、财产权而设置的民事法律制度。[1] 在《民法典》总则编之前,我国的监护制度主要由《民法通则》第十六条至第十九条、《未成年人保护法》第十条至第十六条、《老年人权益保障法》第二十六条等进行规定。《民法典》对我国的成年监护制度进行了全面的改革,一是将原有的只限于精神病人的监护,扩充为凡无法辨认或无法完全辨认自己行为的成年自然人,均需设置监护人进行保护;二是规定了成年监护的意定监护制度,建立成年监护的核心制度。《民法典》总则编规

---

[1] 参见杨立新:《〈民法总则〉制定与我国监护制度之完善》,《法学家》2016年第1期。

定的监护制度明确"尊重被监护人意愿""最有利于监护人"的原则,增加了"遗嘱指定监护""意定监护"等新的规定,较《民法通则》有较大的进步和突破。

根据《民法典》的规定,我国现行监护制度的种类体系可分为法定监护、意定监护和指定监护。同时,实务界认为还应当有委托监护,他们认为当未成年人父母不能履行监护职责时或死亡前,可为子女设立委托监护人。本书持不存在委托监护一说,因为监护资格具有人身专属性,不得随意转移。在相关规范性文件中所出现的"委托监护"实际上仅对委托职责作全部或者部分委托转移。[①]

1. 法定监护

法定监护是由法律直接规定监护人范围和顺序的监护。在医疗活动中,基于保护被监护人人身权利的职责,由监护人行使知情同意权。根据《民法典》总则编的规定,法定监护人可以由一人或多人担任。未成年人的父母是未成年人的监护人。父母对子女享有亲权,是当然的第一顺位监护人。未成年人的父母死亡,依次有祖父母和外祖父母、兄、姐、关系密切的亲属或朋友、父母单位和未成年人住所地的居委会或村委会、民政部门担任监护人。成年精神病人的法定监护人的范围顺序是:配偶、父母、成年子女、其他近亲属、关系密切的亲属或朋友、精神病人所在单位或住所地的居委会、村委会、民政部门。法定监护人有顺序在前者优先于在后者担任监护人的效力。但法定顺序可以依监护人的协议而改变,前一顺序监护人无监护能力或对监护人明显不利的,人民法院有权从后一顺序中择优确定监护人。

2. 指定监护

《民法典》第二十九条规定:"被监护人的父母担任监护人的,可以通过遗嘱指定监护人。"根据该条规定,可以看出指定监护简单地说就是立遗嘱人(监护人)通过遗嘱的形式指定某人或某个机构在其去世后成为其未成年子女和无民事行为能力或限制民事行为能力的成年子女的监护人。

3. 意定监护

根据《民法典》第三十三条的规定,意定监护是指成年人在意思能力健全时,按照自己的意愿与其近亲属或者其他愿意担任监护人的个人或者组织签订

[①] 参见最高人民法院《关于贯彻执行〈中华人民共和国民法通则〉若干问题的意见(试行)》第二十二条、《民法典》第一千一百八十九条和《未成年人保护法》第二十二条规定。

意定监护协议，以书面的形式协商监护事宜，并由公权力机关对其介入监督的制度。① 在医疗活动中则表现为代替监护人行使知情同意权。意定监护人不仅包括了近亲属，还包括了除近亲属之外的他人和组织。

（二）代理制度

代理制度是指代理人在代理权限内，以被代理人的名义实施的民事法律行为，对被代理人发生效力。代理的功能主要体现在：一是辅助功能。这主要体现在法定代理和指定代理中，也就是说，通过代理被代理人进行意思表示，以保护限制行为能力人或无行为能力人的利益。二是延伸功能。本人由于时间、精力、专业技能等方面的不足，许多事情不可能亲自进行，但又必须实现自己的利益，此时可以通过代理人的行为而实现，从而使被代理人的能力得以延伸。②《民法通则》第六十四条第1款将代理分为委托代理、法定代理和指定代理。这是考虑到监护制度中有指定监护人的情形而作出的规定。《民法典》第一百六十三条规定，代理分为委托代理和法定代理，未再提及"指定代理"。从本质上看这是取消了指定代理，是合理的扬弃，因为"指定代理"从本质上讲也是一种法定，仅仅因为在监护制度中存在指定监护人而区分出一类代理制度，没有现实意义。

1. 委托代理

委托代理是根据被代理人的委托授权而产生的代理关系。委托授权与代理权是有所区别的，委托授权是代理产生的前提，代理权是委托授权的结果。委托代理是单方法律行为，根据被代理人授权的意思表示而产生的。③ 委托授权可以书面也可以口头，但对于重要的授权而言，必须采取书面的授权方式。体现在医疗活动中即住院患者的授权委托书必须采取书面形式，否则医疗机构不能分辨授权真伪，容易引起纠纷。

2. 法定代理

法定代理主要是根据法律的直接规定而产生的代理关系。法定代理人就是根据法律的规定直接享有代理权的代理人。法定代理主要为无民事行为能力人和限制民事行为能力人设置的。这是因为他们没有民事行为能力，不能为自己委托代理人，法律必须对他们的代理人作出规定。④ 根据《民法典》第二十三条的规

---

① 参见李霞：《意定监护制度论纲》，《法学》2011年第4期。
② 参见王利明：《民法总论》（第二版），中国人民大学出版社2015年版，第272页。
③ 参见鞠齐：《经济法》，四川大学出版社2017年版，第32页。
④ 参见王利明：《民法总论》（第二版），中国人民大学出版社2015年版，第272页。

定，无民事行为能力人、限制民事行为能力人的监护人是其法定代理人。这是基于代理人与被代理人基于一定的亲属关系而规定的。法定代理还可以根据行政隶属关系确定。例如《民法典》第三十二条规定，没有依法具有监护资格的人的，监护人由民政部门担任，也可以由具备履行监护职责条件的被监护人住所地的居民委员会、村民委员会担任。

（三）监护、委托、代理之间的关系

1. 监护与法定代理之间的关系

根据《民法典》的规定，无民事行为能力和限制民事行为能力人的监护人是其法定代理人。监护人的一项重要职责就是代表被监护人行使某种法律行为，实现和保护被监护人的合法权益。因此，两者之间存在一定的重合。

但法定代理与监护制度是两个完全不同的制度。一是充当法定代理人，是监护人履行监护职责的一项内容，即只有当被监护人实施某种法律行为或进行诉讼时，由监护人履行监护职责。也就是只有在产生法律效果的事件中，才需要法定代理人身份为监护职责。[①] 二是法定代理人的范围宽于监护人，法定代理在其他情况下可以产生，监护人严格上说只是法定代理人的一种，比如，夫妻之间互为法定代理人，但夫妻之间如无特殊情况则没有监护关系。

2. 监护与委托代理之间的关系

根据《民法典》第三十三条规定，完全民事行为能力人可以选择其他近亲属或组织担任自己丧失民事行为能力之后的监护人。这条规定确立了成年意定监护制度，扩宽了监护人的范围。

3. 委托与代理之间的关系

委托是指委托人委托另一方当事人（受托人）处理委托事务的合同，是《民法典》合同编规定的一种有名合同，是诺成性、不要式的劳务给付合同。在代理授权行为理论产生之前，委托与代理其实并无二致。代理权作为法学概念提出之后，人们才将委托与代理区分开来，视委托仅为代理产生的基础法律关系。虽然一般情况下委托合同是授权行为的基础，但委托合同并不能完全等同于代理关系，这也导致授权行为与委托合同存在不同，主要区别在于法律性质、受托人与被代理人从事行为的名义及范围等方面。[②]

[①] 参见高富平：《民法学》，法律出版社2005年版，第88页。
[②] 参见王利明：《论民法典代理制度中的授权行为》，《甘肃政法大学学报》2020年第5期。

首先从法律性质上看，委托属于双方法律关系，是委托人与受托人之间的内部合同关系，而代理权的产生是一种单方行为，如被代理人单方给代理人授权书，被代理人就拥有了代理权。其次从受托人与被代理人从事行为的名义委托可以自己的名义上看，委托人可以自己的名义与第三人进行民事活动，而代理人只能以被代理人的名义进行民事活动，不得以自己名义进行民事活动。最后，从受托人与被代理人从事行为的范围上看，被代理人只能代理民事法律行为和准民事法律行为，委托关系则可以是事实行为。

二、《民法典》监护、委托与代理相关规定解读

《民法典》中涉及监护、委托与代理的条文比较多。例如《民法典》第七章为"代理"，从第一百六十一条到第一百七十五条共计15条；合同编第二十三章"委托合同"中第九百一十九条到第九百三十六条共计18条；侵权责任编第一千一百八十八条、第一千一百八十九条；等等。

（一）条文的亮点

1. 增加了意定监护制度

从世界范围来看，1968年开始，法国便开启了成年监护制度的研究与改革。在我国，1987年1月1日正式生效的《民法通则》确立了监护制度，其规定的监护对象仅限于未成年人和精神病人，并未提及因疾病或其他原因缺乏判断力、处理事务能力需要监护的成年人监护问题。2012年12月28日，《老年人权益保障法》修订后的第二十六条，首次提及了意定监护，但其适用对象仅限于老年人，不能视为真正意义上的成年人的意定监护，但实现了立法层面上对我国成年监护制度的第一次改革，意义重大。在《老年人权益保障法》规定老年人的意定监护的基础之上，《民法典》总则编推而广之，将老年人的意定监护制度规定为覆盖全部成年人监护的成年意定监护制度。[①]成年意定监护制度的确立，给成年监护提供了新的模式。成年意定监护制度的确立也给医疗机构带来了新的挑战。

第三十三条　具有完全民事行为能力的成年人，可以与其近亲属、其他愿意担任监护人的个人或者组织事先协商，以书面形式确定自己的监护人，在自己丧失或者部分丧失民事行为能力时，由该监护人履行监护职责。

[①] 参见杨立新：《我国〈民法总则〉成年监护制度改革之得失》，《贵州省党校学报》2017年第3期。

2. 增加了委托监护责任

《民法典》第一千一百八十九条规定了将监护职责委托给他人时，被监护人造成他人损害的，由被监护人承担，受托人有过错的承担相应的责任。这为医疗机构在无民事行为能力人或者限制民事行为能力人在住院过程中给他人造成了损害时如何承担责任作出了明确的规定。《民法典》出台之前，无民事行为能力人或者限制民事行为能力人造成他人损害的责任承担参照《侵权责任法》和《民通意见》的规定，与《民法典》第一千一百八十八条、第一千一百八十九条规定不一样的地方在于，《民通意见》规定被委托人确有过错的承担连带责任，《民法典》规定被委托人如果存在过错，承担的是过错责任。在实践中，如果监护人因事外出将被监护人临时委托给医疗机构，很多无民事行为能力人或者限制民事行为能力人造成他人损害后，医疗机构存在一定的过错，按照以往法律规定，由被监护人和医疗机构承担连带责任。所谓连带责任，所有的责任人之间没有先后顺序之分，都在全部范围内承担责任，责任人承担全部赔偿责任后，可以过错程度划分的责任比例向其他责任人追偿。《民法典》则规定，被委托人只在自己的过错内承担相应的责任。这解决了医疗机构往往因为被监护人造成他人损害后监护人没有承担赔偿责任的经济能力，由医疗机构承担全部责任后向被监护人追偿不能的情形，减少了医疗机构的资金支出。

第一千一百八十九条　无民事行为能力人、限制民事行为能力人造成他人损害，监护人将监护职责委托给他人的，由监护人承担侵权责任；受托人有过错的，承担相应的责任。

理解"受托人有过错的，承担相应的责任"这一规定，应从两个层面来理解：第一种是正常情况下，无民事行为能力人和限制民事行为能力人造成他人损害的，由监护人承担责任；第二种是当医疗机构有过错时承担过错责任。而医疗机构有过错也应当从两种不同的情况来分析。第一种情况是医疗机构的医务人员代替医疗机构行使医疗活动时有过错，这种情况下由医疗机构在过错范围内承担责任。比如，某医疗机构有一住院患者为未成年人，某天其监护人外出，将该未成年人委托给该机构照顾。该医疗机构的护士在扎针后忘记带走针头，导致该未成年人拿走针头后扎伤他人，这种情况就应当由医疗机构承担责任。因为医疗机构及其医务人员在诊疗活动中有注意义务，即结果注意义务和结果避免义务。护士扎针后应拿走针头而未拿走针头违反了注意义务，存在过错，且护士扎针属于职务行为，因此由医疗机构承担责任。第二种情况则不属于医疗机构的诊疗行为，只是医师或护士在非医疗活动中，私下答应帮助被监护人做一些事情，导致他人损害的，就应当由医师或者护士本人承担责任。比如，前一个例子里的医疗机构的医师或者护士顺手答应帮未成年人带午饭，未成年人将饭送给他人吃，但由于过敏或者卫生不达标问题，造成他人损害，这时，如果医师或者护士在这个过程中存在过错，则由个人承担责任，医疗机构不承担责任。

（二）条文存在的问题

1. 未明确规定意定监护的具体内容

意定监护成立的前提是双方当事人通过协商签订的意定监护协议。但《民法典》并未对意定监护协议的内容和范围作出明确特殊的规定，只能参照其第三十四条法定监护人的职责范围。按此理解意定监护协议的内容包括生活照顾、疗养看护和财产管理，委托人可以自主选择将上述事项的部分或全部代理权授予监护人，即监护协议的内容应当是托付监护事务的处理、赋予监护人代理权以及约定监护协议生效的条件。对此，分两种情况讨论：第一种情况，如果委托人采取的是概括性授权方式，则可以参照《民法典》第三十四条的规定确定职责范围比较合理；第二种情况，如果委托人对意定监护的具体事项采取明确的授权范围，比如仅就人身照顾、财产管理或者医疗决定的某一方面进行授权，即属于单一授权型的意定监护协议时，则应当增加协议内容的指引性规定。单一授权型的意定监护协议在生效后，意定监护人按照协议约定的授权范围履行监护职责。假如没有明确的指引，出现双方当事人约定不明的情况时，就可能出现监护空白的地带，这不利于保障已经丧失行为能力的被监护人的权益。[①]

2. 缺乏对意定监护的监督机制

《民法典》总则编规定的意定监护制度缺乏监督机制。意定监护协议的性质属于附条件的民事法律行为，当协议所附条件成就时，也意味着被监护人丧失或部分丧失了民事行为能力。这是关乎被监护人权益保障的重大事项，若无有效的监督措施，除了没有人监督意定监护人执行监护职责之外，还会发生诸如利益相反行为无法确认其法律效力的问题，不仅不利于意定监护的广泛使用，甚至会成为损害被监护人利益的工具。因此，为了保障委托人的合法权益，意定监护应当设定监督制度。

---

① 参见张侨：《我国意定监护协议研究》，上海师范大学学位论文，2020年。

【案例 07 - 1】

国内首个意定监护案例[①]

截至 2017 年 7 月底,全国各地的公证机构共办理约 100 件意定监护案例,其中近 50 件发生在上海。不久前,第一个生效案例在上海出现,一名 85 岁的老人用意定监护制度保护了自己精神失常后的合法权利。尽管这一制度还有诸多有待完善之处,但它对老年人权利保护无疑意义重大,并且将逐步显现效果。

周杏某由于精神出现不正常的状况到医疗机构就诊,经诊断为"血管性痴呆"。在知道自己精神恢复的可能性很低后,周杏某在其意识清醒时与大儿子的女儿签订了意定监护协议。由于周杏某之前与小儿子曾经发生过纠纷,双方关系极不和谐,因此,她希望将来意识丧失时,由自己信任的大儿子的女儿来照顾自己的生活,决定医疗事宜、财产管理以及丧葬等事项。在办理公证的过程中,公证员与周杏某进行了谈话沟通,并签字录音。周杏某昏迷后,大儿子的女儿申请公证员核实情况,并确定是否符合意定监护的生效条件,由公证员将监护人资格证书发给意定监护人。后来,小儿子对监护人产生异议,申请指定监护。大儿子的女儿出具意定监护公证书,居委会认为不再适用指定监护。

三、医疗机构面临的问题及对策

(一) 医疗机构授权委托书问题

1. "一刀切"式签署授权委托书

实践中很多医疗机构在患者办理住院时,均要求患者家属或者其他陪护人签署授权委托书。这种做法存在一定的问题。首先,对于未成年人和无民事行为能力人或者某些情况下的限制民事行为能力人(如不能辨认或不能完全辨认自己行为的精神病人),则无法签署也不需要签署授权委托书。对于这一类患者,只需要取得其监护人的知情同意即可。其次,签署授权委托书的意义在于患者在住院期间,有关病情的告知以及诊断治疗过程中需要签署知情同意书的,被委托人作为委托人的代理人,代为行使知情同意权益,并履行相应的签字手续。《民法典》

[①] 参见钱蓓:《国内首个意定监护生效案例在上海出现,精神失常前她为自己"留了一手"》,《文汇报》2017 年 12 月 8 日。

第一千二百一十九条规定，对需要实施手术、特殊检查、特殊治疗的，医务人员应当及时向患者具体说明医疗风险、替代医疗方案等情况，并取得其明确同意；不能或者不宜向患者说明的，应当向患者的近亲属说明，并取得其明确同意。因此，对于没有手术或者是特殊检查的患者，在入院之前则无须签署授权委托书。

2. 授权委托书签署不规范

很多医疗机构的授权委托书设置存在一定的问题，有的只有委托人（患者）单方签字，有的只有被授权人单方签字，有的委托事项不明确。以上几种情况在后续出现纠纷时均会对医疗机构带来不利影响。授权委托书属于委托合同，委托合同生效的时间是合同成立之时。根据《民法典》第四百九十条的规定，采用书面形式订立合同的，自当事人均签名、盖章或者按指印时成立。针对此问题，医疗机构在设计入院患者的授权委托书模板时一定要患者与被授权人均签字确认，且授权事项应当明确。严格地说，患者签署授权委托书，应当就授权事项写清楚，授权事项不清楚的授权委托书，视为一般授权，涉及具体权利作出决定时，还得患者同意。对此，可以参照《民事诉讼法》及相关司法解释的规定。[①] 因此，建议医疗机构在制作"患者授权委托书"范本时，应当将授权事项写清楚，以免引起不必要的争议。《民法典》第一百六十五条也有相关规定。

第一百六十五条　委托代理授权采用书面形式的，授权委托书应当载明代理人的姓名或者名称、代理事项、权限和期限，并由被代理人签名或者盖章。

3. 被授权人不在时，如何提供医疗服务的问题

患者在办理住院时委托了被授权人，但由于各种原因，被授权人不再出现，在这种情况下医疗机构应当如何提供医疗服务？

对此种情形，有不同的处理方式。其一，如果患者意识清晰，拥有完全民事行为能力，可以建议让患者撤销之前的授权行为，并与近亲属或其他人签署授权委托书。其二，如果患者此时为无民事行为能力人或者为限制民事行为能力人，需要对患者进行下一步的治疗，则需要通过远程联系被授权人同意后续的治疗，或者建议被授权人转委托与近亲属或其他第三人，赋予近亲属或其他第三人选择治疗方案和签署知情同意书的权利。其三，如果患者处于垂危状态时，这时又分为两种情形：一种是紧急情况下，患者处于昏迷状态，且没有时间联系患者的被

---

① 《中华人民共和国民事诉讼法》第五十九条第1款：委托他人代为诉讼，必须向人民法院提交由委托人签名或者盖章的授权委托书。授权委托书必须记明委托事项和权限。诉讼代理人代为承认、放弃、变更诉讼请求，进行和解，提起反诉或者上诉，必须有委托人的特别授权。

授权人，或者联系了但被授权人不表态；另一种情况是患者生命垂危，不及时救治，患者就会有生命危险，可能会损害患者的生命权。这时医疗机构可以根据《民法典》第一百八十四条对紧急情况下自愿实施的紧急救治予以免责的规定，放心大胆地对危急状态下的患者实施救治，让生命处于危急状态的患者能够获得生的希望。

4. 多个被授权人问题

在实践中，很多医疗机构为了防止在后续的治疗过程中被授权人因为各种理由不能出现的情况，往往会让患者授权多人。在这种情况下，只要其中一名授权人签字同意即为患者进行后续的治疗。如果患者治疗效果良好，顺利出院则不会出现较重的后果。实践中出现纠纷较多的是患者的治疗效果不好，患者的其他被授权人可能会以患者的治疗方案未获得所有被授权人的同意，主张医疗机构告知义务履行得不充分，侵犯患者的知情同意权为由向法院起诉，导致医疗机构遭受损失。因此医疗机构在设置授权委托书的模板时，当被委托人为多人时，应加上"每个被授权人均能单独行使以上被授予的权利"字样，可以规避此类风险。《民法典》第一百六十六条对多个授权人的问题作出了规定。

第一百六十六条 数人为同一代理事项的代理人的，应当共同行使代理权，但是当事人另有约定的除外。

5. 委托代理转委托问题

转委托是受托人把本应由自己亲自处理的委托事务交给他人处理的行为。根据《民法典》第一百六十九条、第九百二十三条的规定，受托人应当亲自处理委托事务。经委托人同意，受托人可以转委托。转委托经同意的，委托人可以就委托事务直接指示转委托的第三人，受托人仅就第三人的选任及其对第三人的指示承担责任。转委托未经同意的，受托人应当对转委托的第三人的行为承担责任，但在紧急情况下受托人为保护委托人的利益需要转委托的除外。转委托在医疗管理上存在两种情况：一是对患者实施手术、特殊检查、特殊治疗等医疗活动，之前患者委托他人代为行使知情同意权，但由于代理人因故不在现场，而委托他人代为行使；二是在涉及病历复制等事项上，患者之前签署授权委托书，同意授权某人复制其病历资料，但被授权人又委托他人代为复制病历，这在保险公司、律师事务所复制病历比较多见。根据《民法典》的规定，需要得到患者的授权。还有一个需要讨论看似转委托的问题：法定代理人需要他人代为其代理行为，不属于转委托，而应当视为委托，在医疗活动中主要涉及未成年人住院手术，其监护人不能到现场,通过电话等方式委托现场其他人代为行使监护职责。

第一百六十九条 代理人需要转委托第三人代理的,应当取得被代理人的同意或者追认。

转委托代理经被代理人同意或者追认的,被代理人可以就代理事务直接指示转委托的第三人,代理人仅就第三人的选任以及对第三人的指示承担责任。

转委托代理未经被代理人同意或者追认的,代理人应当对转委托的第三人的行为承担责任;但是,在紧急情况下代理人为了维护被代理人的利益需要转委托第三人代理的除外。

第九百二十三条 受托人应当亲自处理委托事务。经委托人同意,受托人可以转委托。转委托经同意或者追认的,委托人可以就委托事务直接指示转委托的第三人,受托人仅就第三人的选任及其对第三人的指示承担责任。转委托未经同意或者追认的,受托人应当对转委托的第三人的行为承担责任;但是,在紧急情况下受托人为了维护委托人的利益需要转委托第三人的除外。

(二) 被授权人代为行使知情同意权

1. 患者本人与代理人顺位问题

我国对患者本人与委托代理人、法定代理人的意见发生分歧,以谁的意见为准,法律和规范性文件中的规定既不完善又存在较大的差异。比如根据《医疗机构管理条例》,手术必须征得家属的同意,而《民法典》侵权责任编则规定只需要取得患者本人的同意即可以开展手术。在理论界也有许多探讨,有学者认为代理同意优于患者本人的意见,苏力教授认为,亲属签字也有一些积极的社会功能,不仅有利于患者,也有利于社会诚信和家庭关系。第一,有许多疾病,至少在包括中国在内的一些亚洲国家,人们普遍认为不宜让患者完全知情,许多患者也不愿完全知情。第二,必须考虑伴随手术治疗的费用支付问题。第三,当把家庭这个社会基本单位纳入考量时,从总体上看,亲属签字制度还有避免制造或加剧家庭矛盾的功能。① 有学者认为,患者本人的意愿优于委托代理人和法定代理人的意见,对手术等重大医疗行为的同意是属人性很强的一种意思表示,因此代为同意之人是应有顺位的。第一顺位人是患者,对于医疗行为,首先应征得患者的同意,患者的同意具有优先性和排他性,这体现了对患者人格自主权的尊

---

① 参见苏力:《医疗的知情同意与个人自由和责任——从肖志军拒签事件切入》,《中国法学》2008年第2期。

重。只有患者本人不能作出同意的意思表示时，才例外地由他人代为同意。①

本书赞成第二种观点，即患者本人意愿优于委托代理人、法定代理人的意见。虽然委托代理人和法定代理人在帮助患者作决定时有一定的益处，但是个人人格的独立是社会进步、文明发展的本质，是作为一个自然人享有的自然权利。在医疗领域，尊重患者本人的意愿，体现出的是尊重个人的自主决定权，对于抉择带来的风险也是患者作为独立个人必须承受的部分。

2. 法定代理、委托代理、意定监护三者之间的顺位问题

关于法定代理、委托代理、意定监护三者之间的顺位，我国法律和规范性文件并未作出规定。不过理论界早已关注这个问题。有的学者认为，第一顺位人为患者；第二顺位人为配偶，配偶的相对优先性是由其与患者的特殊关系所致；第三顺位人为其他亲属或关系人。②该观点只讨论了法定代理的情况，未将委托代理和意定监护的情形考虑在内。

本书认为，患者入院签署授权委托书的被授权人应该优于意定监护人，意定监护人的意见应当优于法定代理人。因为委托代理和意定监护都是依据患者的意思表示而设立，患者入院前的委托授权相较于意定监护人而言，更加具有特异性，在为患者就医时作决定这件事上，委托授权书的被授权人的行为与委托人的一致是最为契合的，因此委托代理的效力应当高于意定监护人。法定代理是基于法律规定的代理，主要是对于无行为能力或限制行为能力的人（在医疗行为中主要是指无自主决定能力的人）所为的行为，其行为未必是被代理人真实意志的体现，而只是法律拟制上的契合。③于是，在医疗行为中，委托代理的效力应高于意定监护，意定监护的效力应高于法定代理。

3. 患者在签署授权委托书的情况下是否可以签字的问题

患者已经签署授权同意书后，患者本人可以签字，因为授权委托书从本质上讲是患者将自己的权利授权给他人行使。代理之所以存在，是因患者本人时间、精力、专业技能等方面的不足，在作医疗相关的决定不能亲自进行，又必须实现自己的医疗目的时，所以产生了被授权人。在患者本人意识清楚且能够作决定的情况下，当然可以由患者本人签署知情同意书。医疗机构在这个过程中应当注意的是无论是与患者本人还是与其代理人签署知情同意书，均应做到充分告知，避

---

① 参见赵西巨：《医事法研究》，法律出版社2008年版，第87—88页。
② 参见杨立新：《我国〈民法总则〉成年监护制度改革之得失》，《贵州省党校学报》2017年第3期。
③ 参见骆群：《论医疗行为中患者的代理同意》，《法治社会》2019年第5期。

免医疗机构应当告知与患者或其代理人实际得到的信息不一致的情形。

(三) 医疗服务活动与监护的关系

1. 对未成年人的诊疗及监护权的行使

未成年人在办理住院接受治疗时,一般是由他们的监护人进行陪护。实际情况中,很多医疗机构的医师在为未成年人进行涉及人身的医疗操作时,未取得其监护人的同意,这种做法存在一定的问题。根据《民法典》第三十四条的规定,监护人的职责是代理被监护人实施民事法律行为,保护被监护人的人身权利、财产权利以及其他合法权益等。即未成年人的监护人不仅要保护被监护人的财产权利,还要保护被监护人的人身权利及其他合法权益。对未成年人进行身体检查或者是抽血等涉及人身的医疗行为可能会涉及侵犯未成年人的人身权利,并造成医疗纠纷。对此种纠纷,未成年人的监护人可能会以医师未征得监护人同意即进行操作为由,主张医师存在过错,并要求承担赔偿责任。因此,医疗机构的医师在为未成年人做涉及人身权利的检查时应获得被监护人的同意。

对未成年人住院问题还有一个问题需要讨论,即未成年人住院,其陪护人不是监护人,这时候如果需要对未成年人进行医疗操作时,是否可以只征得陪护人的同意?答案是否定的,必须征得监护人的同意。实际情况中可能监护人会因为自身原因不能时刻参与到未成年人的医疗行为中,这时可以让监护人与陪护人鉴定授权委托书进行授权。医疗机构应当将授权委托书附在病历里面,成为病历不可或缺的一部分。

2. 监护权转移与监护职责转移

监护权转移与监护职责转移涉及精神病人封闭住院问题,如果发生精神病人自残、自缢以及伤害他人的事故,应当以监护人失责还是以医疗机构安全保障义务来判定医疗机构的过错?这就要看封闭住院是否存在监护权转移。监护权转移指的是监护权人未按照法律规定行使和保护被监护人的合法权益,将监护人对于被监护人的部分监护权或者全部监护权转交或委托给他人行使,由他人来继续行使和履行对未成年人的监护权益的一种民事法律行为。[①] 我国《民通意见》对此作出了规定,未成年监护人可以将自己所履行或行使的部分或者全部监护权益转移给他人,进而在法律层面上肯定和认可未成年人监护权转移。但《民法典》总则编未将该规定吸收,从法律法规层面扬弃了这条规定。本书认为,监护权具有

---

① 参见赵林娣:《论未成年人的监护权转移问题》,《知识文库》2020年第1期。

法定性,《民法典》总则编既明文规定"监护职责",同时又规定"监护人依法履行监护职责,受法律保护"。由此可以看出监护是权利与义务的结合体,并且具有不可分离性,意味着监护权发生转移不仅为义务的转移,还包括权利的转移。除此之外,监护职责的变更和监护人的变更密切相关,必须严格遵守法定程序,而不是仅凭双方签订的合同行为就可设立。所以,不发生监护权转移,对医疗机构是否承担责任,主要在于其对自己的行为可能发生的结果是否尽到注意义务,即应当预见而没有预见,或虽然预见到了却轻信能够避免。

3. 意定监护与预先医疗指示

预先医疗指示(advance directive),又称医疗预立指示,系个人为防范其未来可能失去医疗决定能力的情况发生,预先在自己仍具清楚意识及自主决定能力时表达个人的期望与意愿,完成口头或书面的陈述;或将自己的医疗命运委托给信任之人,由其代理自己作出医疗决定的医疗照护规划制度。① 我国现行法律及规范性法律文件并未规定预先医疗指示。

意定监护是《民法典》总则编新增的一项内容,为预先医疗指示提供了可能。在医疗实践中,对处于疾病终末期的临终患者而言,如果他不愿意继续忍受疾病和医疗干预的痛苦,认为放弃治疗是符合自身最佳利益的选择,那么他的选择也应该得到尊重。意定监护制度让一个成年人可以在自己的亲属范围内或者亲属范围外自己认可的人中指定监护人,由监护人处理其日后丧失民事行为能力时的相关事务,这当然也包括代替其作出医疗决定或者帮助其落实自己预定的医疗意愿。

虽然意定监护为预先医疗指示提供了可能性,但是在实践中推行也存在一定的困难。由于受中国传统文化的影响,中国人不愿意安排逝世或者丧失行为能力之后的事情,体现在不愿意立遗嘱,不愿意签署意定监护协议。对医疗机构而言,应当在临床中加大意定监护制度的宣传,阐明意定监护的益处,鼓励有风险的患者与自己信任的人签署意定监护协议,根据自身意愿安排自己的医疗事务。

【案例 07-2】

某精神病院因病人在病房自杀被诉医疗损害案②

2005年6月28日,患者田某(女)因精神分裂症复发,自服"奋乃静""硝

---

① 参见杨嘉诗、陈庆余、胡文郁:《医疗预立指示》,《安宁疗护杂志》2008年第1期。
② 参见陈健全:《精神病人在医院自杀身亡医院是否担责》,中国法院网,2006年8月7日。

西泮"各一瓶后,乘家人熟睡后砍伤家人,经制服后送某院洗胃抢救。次日16时,患者被转至被告精神病院治疗。入院诊断:抗精神病药物过量、偏执型精神分裂症。入院时,原告顾某(患者之子)与医疗机构鉴定了精神科住院协议书,约定医疗机构之履行医疗机构的设置而产生的工作职责。入院后护理措施为一级护理、密切看护、严防自杀。7月2日,医生将一级护理改为二级护理。7月8日,公安局作出鉴定结论:患者罹患精神分裂症(目前处于发病期),无责任能力,建议系统治疗、加强监护。7月9日,患者家属到医疗机构探视,当时患者情绪激动,经医护人员的心理疏导,情绪有所平稳。7月10日4时15分,护士在巡视病房时,发现患者用枕头垫边的布条自缢,经抢救无效于当日5时死亡。原被告因此发生纠纷,诉至法院。

一审法院认为精神病患者住院治疗期间,医疗机构对其实行封闭式管理,不允许家人陪护,其法定监护人在该期间实际上已经失去对被监护人的控制,无法履行监护职责,医疗机构基于与精神病患者的法定监护人之间的医疗合同而负有对精神病患者的临时监护任务,精神病患者在住院期间,医疗机构除给予恰当的治疗外,还应当严格履行监护职责,因此判定医疗机构承担全责。二审法院经审理认为对于住院的精神病患者,精神病院并不是其监护人,其监护权并未因住院而转移,因为监护具有法定性。监护作为民事权利义务的结合体,集监护权与监护职责与一身。监护的权利、义务的双重属性和不可分离性,意味着监护责任的转移必须以监护权的转移为前提。监护职责和监护人的变更需遵循严格的法律程序,因此推翻了一审法院的判决结果。

(四) 医疗机构应当规范住院患者陪护制度

住院患者的陪护在我国具有特殊意义。一是医疗资源紧缺,护理人员有限,医疗护理人员不可能为全部患者实施生活护理;二是医疗费用问题,有的患者经济困难,难以支付劳务聘请他人陪护;三是我国传统家庭、亲情观念的影响,患者住院,亲人陪护。而且有的特殊患者,由于行动不便,或者有特殊情况,还必须设立陪护人。因此,医疗机构应当制定患者陪护规定,规范患者陪护工作。[1]

1. 住院患者入院须知

医疗机构在为患者办理入院手续时,应当与患者签署"患者入院须知"。在

---

[1] 参见刘鑫、张宝珠主编:《护理执业风险防范指南》,人民军医出版社2008年版,第51—58页。

规范患者陪护事项上，医疗机构首先应当在"患者入院须知"中载明有关住院患者必要时设立陪护的告知内容"患者住院期间，如果医务人员认为患者应当设立陪护，请家属配合"。

2. 规范住院患者陪护标准

患者入院陪护应分为两种情形：一种是医疗机构自行设立应当进行陪护的患者标准；另一种是患者的情况较为轻微，可不设入院陪护，但患者及其家属向医疗机构申请入院陪护的。对第一种情况，医疗机构应当根据自身情况明确哪些情况下应当设置陪护，一般认为年老体弱、年幼未成年、病情危重或者特殊情况需卧床治疗的，以及智力发育障碍、患有精神疾病或在院后突发精神疾病，情绪低落有自杀、自伤、伤人倾向等情况的患者，应当设立陪护。对患者或患者家属申请的情况，医疗机构可以根据实际情况决定是否同意。

3. 家属陪护风险告知书

患者入院时，医疗机构认为应当设立陪护或者医疗机构同意患者及家属设立陪护的，应当签署家属陪护告知书。本书根据实际情况制定了家属陪护告知书的格式和内容，供医疗机构管理人员参考。

【案例07-3】

家属陪护告知书示例

家属陪护告知书

尊敬的患者及家属：

由于患者病情特殊的原因，患者在我院住院治疗需要24小时不间断留人陪床、护理，现将有关事项告知如下：

（一）家属陪护的必要性

医院是救死扶伤的地方，医院的义务是对患者实施诊断、治疗和护理，医院不能约束患者人身自由，也不承担患者的监护人职责，由于患者的特殊性，或者在住院期间患者出现了特殊情况，可能存在医疗机构难以避免和防范的风险，需要患者家属配合进行专人陪护，以最大限度地减少对患者的伤害，以利于患者疾病的康复。存在以下情形的患者，其家属都有义务设立专人陪护：

1. 患者年老体弱，生活不能自理或者不能完全自理，生活起居需要他人经常帮助，尤其是夜间上厕所，极不方便。

第七章 监护、委托与代理

2. 患者年幼未成年，对事物不具有完全辨认能力，在生活自理、配合医院的诊断、治疗和护理方面存在障碍。

3. 患者由于病情危重，或者特殊，需要卧床休息和治疗，生活起居需要他人的经常帮助。

4. 患者有智力发育障碍，或者患者因年岁已高，出现了智力障碍。

5. 患者存在精神疾病，精神疾病患者往往不配合医院的诊断、治疗和护理。

6. 患者在住院期间突发精神异常，这种情况可能影响患者配合医院的诊断、治疗和护理。

7. 患者治疗期间情绪低落，有放弃治疗的念头，或者出现了自杀倾向，有可能危及患者的生命安全。

8. 患者因情绪不稳定，行为冲动，有自伤、自杀、伤人、毁物的倾向。

9. 其他需要家属陪护配合医院的诊断、治疗和护理的情形：_____。

（二）陪护要求

1. 人员要求：配合人员必须身体健康，没有传染性疾病，无不良生活嗜好，体质好，有能力协助医院的治疗、护理工作，有能力帮助患者生活起居事务。

2. 时间要求：24 小时不间断陪护，陪床人员吃住都在病房。

3. 人数要求：一般情况有 1 人陪护即可，特殊情况需要多人陪护。

（三）陪护人员的职责

1. 负责病人的生活起居中的各项事务。

2. 服从医院和病房的管理。

3. 在病房中不得随地吐痰、乱扔垃圾，不在病区内吸烟，保持病房清洁；不窜病房，不得自带行军床、躺椅等；不得大声喧哗，保持病房安静，按时作息。

4. 陪护人员有事外出时，要告知值班人员，取得同意后方可离开病房。病人是精神病人，或者有自杀、自伤、伤人、毁物倾向的，陪床人员须轮流陪护。

5. 当医生查房、治疗或者换药时，陪床人员应相关人员要求可离开病房。

6. 陪床人员要与医护人员密切配合，在医护人员指导下照顾患者：

（1）瘫痪在床的病人，要协助护士给病人定时翻身，或者在护士指导下定期给病人翻身；

（2）对于瘫痪在床或者活动不便的病人，要帮助其搞好个人清洁、洗漱、洁身；

（3）对于患有精神病或者有伤、自杀、伤人、毁物倾向患者，要严防其自杀和其他意外；

（4）对于行动不便的患者要注意患者的需求，协助其做好各项生活事务；

（5）严防病人坠床摔伤。

7. 陪护人员要节约用水用电，爱护医院内的设施和财物，如有损坏，按章赔偿。

8. 陪床人员如违反院规，不服重病房管理，或者影响病房人员关系，或者影响医院治安等，经说服教育无效者，可要求家属更换陪护人员。

9. 陪护人员应当履行的其他陪护义务：_____。

（四）陪护人员不尽陪护义务，导致患者出现或者造成不良后果，由患者家属承担责任，与医院无关。

（五）本陪护告知书一式两份，医院、患者家属各保留1份，患方家属应当让陪护人员熟悉"陪护人员的职责"的内容，并遵照执行。

（六）患方家属提出的保留事项：_____。

有关陪护的必要性和风险、陪护人员的职责要求及不尽陪护义务的责任承担，病房护士已经向我详细告知，我 同意□/ 不同意□设立陪护，指定_____为患者_____的陪护人。不设立陪护所发生的一切后果自行负责。

家属（签字）：_____

年　月　日

4. 建立完善的突发事件应急预案

广义上的突发事件是指地震、台风、火灾等情况，而医疗机构的突发事件是指医疗过程中突如其来发生的事情，比如患者过敏性休克、摔倒、自杀、外出不归、烫伤、失窃等情况。对这些突发事件，医疗机构的管理人员应从以下几个方面制定对策。首先，建立完善的临床风险管理制度与预案，即用制度来规范临床的活动，采取积极的措施预防突发事件的发生。其次，建立健全突发事件管理小组。突发事件的管理小组分为科室小组和医疗机构院级小组，院级小组可设置在医务处。科室管理小组定期巡查临床工作，对风险点及时识别、及时处置并上报院级小组；院级小组负责全院的突发事件处置，对可能发生不良影响的突发事件要快速反应、及时到达现场和科室小组一起采取有效的措施，保护和封存病历、保留药物、器械等其他相关证据，同时要上报院领导进行决策。最后,进行突发事件的教育及培训工作。将医院的规章制度及应急预案及程序统一打印成册,分发到各个临床科室。由院级应急小组的成员对临床人员进行培训,并有计划地检查临床科室应急预案的落实情况,提高全体医务人员应对突发事件的处置能力。

第八章 自愿与因特殊义务实施的紧急救助

近些年来，类似"女医生高铁上救人，结果却被索要医师证""为老人做心肺复苏压断12根肋骨遭索赔""两名医学生跪地救人无效却遭恶评"等新闻时常见诸报端并引发热议。医务人员在面临上述情况的时候，是选择伸出援助之手积极施救还是选择沉默悄悄离开？积极施救构不构成非法行医？会不会引发医疗纠纷，对簿公堂，承担时间、金钱、心理、舆论等方方面面的巨大压力？如何避免此类英雄流血又流泪的悲剧，需要对现行法律法规进行梳理，为医务人员放心施救提供操作指引。

一、紧急救助概述

在对急危重症患者实施救治这个问题上，面临自愿实施的紧急救治和因特殊义务而实施的紧急医疗救治两种情况，这在法律上都有相应的规定。相关人员在对急危重症患者实施救治时，面临的主要问题包括：紧急医疗救助是否构成非法行医？如何区分自愿与因特殊义务实施的紧急救助？医疗机构因紧急救助产生的患者医疗欠费如何处理？医疗机构应如何更好地应对各类紧急救助事件，避免产生舆论事件？

所谓因特殊义务实施的紧急医疗救治，其特殊义务当然是指法律规定的因职务和身份的特殊性，而肩负对急危重症患者实施紧急救治的义务，这种义务来自于法律规定、约定或者先前的行为等。不过，医疗专业人员对急危重症患者的紧急救治义务，主要来自相关法律的规定，包括：《执业医师法》[①] 第二条、第三条、第二十四条、第三十七条；《基本医疗卫生与健康促进法》第二十七条、第三十三条、第三十七条、第五十一条；《医疗机构管理条例》第三条、第三十一条；《护士条例》第二条、第十七条；《院前医疗急救管理办法》以及各地方院前

---

① 《执业医师法》目前正在修订之中。

医疗急救的立法；等等。而自愿实施的紧急救治，则是指并没有这种特殊的救治义务的人，对急危重症患者实施的紧急救治。

二、《民法典》紧急救助条款解读

南京"彭宇案"后，紧急救助成为全社会普遍高度关注的话题。《民法典》第一百八十四条、第一千零五条、第一千二百二十条、第一千二百二十四条相互衔接，为医务人员在不同情境下进行紧急救助提供了法律指引，回答了"该不该救""侵不侵权""担不担责"等系列问题。

第一百八十四条　因自愿实施紧急救助行为造成受助人损害的，救助人不承担民事责任。

第一千零五条　自然人的生命权、身体权、健康权受到侵害或者处于其他危难情形的，负有法定救助义务的组织或者个人应当及时施救。

第一千二百二十条　因抢救生命垂危的患者等紧急情况，不能取得患者或者其近亲属意见的，经医疗机构负责人或者授权的负责人批准，可以立即实施相应的医疗措施。

第一千二百二十四条　患者在诊疗活动中受到损害，有下列情形之一的，医疗机构不承担赔偿责任：

（一）患者或者其近亲属不配合医疗机构进行符合诊疗规范的诊疗；

（二）医务人员在抢救生命垂危的患者等紧急情况下已经尽到合理诊疗义务；

（三）限于当时的医疗水平难以诊疗。

前款第一项情形中，医疗机构或者其医务人员也有过错的，应当承担相应的赔偿责任。

为更好理解法条含义以及法条之间的区别和联系，本书从以下三个方面进行分析。

（一）中国版的"好撒玛利亚人法"

《民法典》第一百八十四条被人们称为"好人法"，也被称为中国版的"好撒玛利亚人法"。"紧急救助"在立法上首次作为法律术语出现是在《民法总则》第一百八十四条中。《民法典》第一百八十四条的内容与《民法总则》第一百八十四条的内容一致。

好撒玛利亚人是西方基督教文化中一个影响至深的熟语，其原义为"好心人、见义勇为者"，典故来源于耶稣在《圣经·新约·路加福音》第十章讲述的一个寓言：一个被强盗打劫受重伤的犹太人躺于路边，有犹太人祭司和利未人路过，但均不闻不问。唯有一个撒玛利亚人路过，不顾教派隔阂，动了慈善之心照顾他，并且出钱将受伤的犹太人送到旅店。"好撒玛利亚人法"正是借用了圣经中好撒玛利亚人的概念和寓意所进行的立法。《元照英美法词典》译为《行善人（保护）法》并作出如下解释：该制定法核心的目的在于免除那些自愿救助身处危险的人但施救过程中由于过错而致人伤害的人的法律责任。目前世界上许多国家制定了好撒玛利亚人法，旨在通过制定法的方式明示：救助身处危难中的人时，由于自己的过失或其他不可抗力的情况造成他人利益受损，该施救者免于承担民事赔偿责任。①

实施紧急救助他人的行为，却反而造成受助人损害，本应构成侵权责任，《民法典》第一百八十四条原条文草案本来有要求紧急救助行为人在有重大过失情况下造成损害需要承担民事责任的规定。但在审议中很多观点认为，这样规定不利于救助人积极实施救助行为，也不符合我国传统伦理道德，②考虑到救助人自愿的目的及《民法典》鼓励帮助、救助他人之政策目的，故本条规定紧急救助行为造成受助人损害的，救助人不承担民事责任。③《民法典》第一百八十四条规定的"自愿实施紧急救助行为"的责任豁免，积极回应了社会上关于"救不救"的困惑，让帮助者免责，倡导和鼓励人们助人为乐，引领形成向上向善的良好社会风气。④

（二）自愿实施紧急救助行为的救助人

自愿实施紧急救助行为的救助人是包括具有医学知识的医务人员在内的所有人。

梁慧星教授指出，《民法典》第一百八十四条规定的自愿实施紧急救助的救助人应当限于自然人，法人、非法人组织实施救助行为，不应适用本条。⑤救助人的自然人身份应该如何界定？是具备医疗知识的医务人员是救助人，还是只要是有救助善意和救助意愿的任何人都是救助人？这个问题在不同的发展阶段有不

---

① 参见刘鑫：《国外好撒玛利亚人法及对我国的立法启示》，《法学杂志》2017年第9期。
② 参见郭锋：《中国民法典的价值理念及其规范表达》，《法律适用》2020年第13期。
③ 参见梁慧星：《〈民法总则〉重要条文的理解与适用》，《四川大学学报》（哲学社会科学版）2017年第4期。
④ 参见陈龙业：《论〈民法典〉侵权责任编关于免责事由的创新发展与司法适用》，《法律适用》2020年第13期。
⑤ 参见梁慧星：《〈民法总则〉重要条文的理解与适用》，《四川大学学报》（哲学社会科学版）2017年第4期。

同的规定。比如,早在1959年,美国加州颁布了美国第一部好撒玛利亚人法,但主体仅限于医疗人员,5年之内大多数美国的州都制定了相似的规定。但后来主体扩大到了提供非医疗救助的普通公民。①

《基本医疗卫生与健康促进法》规定:"鼓励医疗卫生人员、经过急救培训的人员积极参与公共场所急救服务。"《北京市院前医疗急救服务条例》规定:"鼓励具备医疗急救专业技能的个人在急救人员到达前,对急、危、重患者实施紧急现场救护,其紧急现场救护行为受法律保护。"《杭州市院前医疗急救管理条例》规定:"鼓励经过培训取得合格证书、具备急救专业技能的公民对急、危、重伤病员按照操作规范实施紧急现场救护,其紧急现场救护行为受法律保护,不承担法律责任。"上述规定都积极呼吁具有一定医学专业知识的人员开展紧急救助,但对于其他的普通公民并未要求。《上海市急救医疗服务条例》规定:"市民发现需要急救的患者,应当立即拨打'120'专线电话进行急救呼叫,可以在医疗急救指挥调度人员的指导下开展紧急救助,也可以根据现场情况开展紧急救助,为急救提供便利。鼓励具备急救技能的市民,对急危重患者实施紧急现场救护。在配置有自动体外除颤仪等急救器械的场所,经过培训的人员可以使用自动体外除颤仪等急救器械进行紧急现场救护。紧急现场救护行为受法律保护,对患者造成损害的,依法不承担法律责任。"该规定将紧急救助的主体的范围做了扩大,扩大到普通公民。《民法典》第一百八十四条的立法目的是鼓励没有法定义务或约定义务的公民,在情势急迫时对他人自愿实施救助,只要主观上是为了他人利益,就无须对救助过程中可能导致或加大的损害承担责任,② 因此自愿紧急救助的主体是不负有救助义务的自然人,是不特定的非义务主体,凡一般社会成员皆可成为紧急救助的主体。③

(三) 自愿和因特殊义务实施紧急救助行为的区别

自愿实施紧急救助行为和因特殊义务实施紧急救助行为的区别在于,救助人是否负有救助受助人的义务。如果救助人没有救助受助人的义务,而是出于善意

---

① 参见朱芮奕:《〈民法总则〉紧急救助责任豁免之检讨与完善》,《黑龙江省政法管理干部学院学报》2018年第4期。
② 参见贺荣:《司法实践中深刻认识和把握民法典的中国特色实践特色时代特色》,《人民司法》2020年第22期。
③ 参见朱荣荣:《紧急救助免责问题研究——以〈民法总则〉第一百八十四条为中心》,《黑龙江省政法管理干部学院学报》2018年第1期。

救助受助人，则属于自愿实施的紧急救助行为。如果救助人负有救助受助人的义务，则属于因特殊义务实施紧急救助行为。特殊救助义务来源分为4种：法律明文规定的义务、基于契约或其他法律行为产生的义务、特殊关系产生的义务和先行行为引发的义务。①

医院、院前急救机构等医疗机构的特殊救治义务来源于国家法律明文规定。《医疗机构管理条例》第三十一条规定："医疗机构对危重病人应当立即抢救。对限于设备或者技术条件不能诊治的病人，应当及时转诊。"

医务人员的特殊救治义务同样来源于国家法律的明文规定。《执业医师法》第二十四条规定："对急危患者，医师应当采取紧急措施进行诊治；不得拒绝急救处置。"《护士条例》第十七条规定："护士在紧急情况下为抢救垂危患者生命，应当先行实施必要的紧急救护。"《院前医疗急救管理办法》第二十二条规定："急救中心（站）应当在接到'120'院前医疗急救呼叫后，根据院前医疗急救需要迅速派出或者从急救网络医院派出救护车和院前医疗急救专业人员。不得因指挥调度原因拒绝、推诿或者延误院前医疗急救服务。"

因此医疗机构及其医务人员在医疗机构内部或院前急救中对病危患者给予的紧急救助属于法定的职务行为。若医务人员在抢救生命垂危的患者等紧急情况下已经尽到合理诊疗义务，患者在诊疗活动中受到损害的，医务人员不承担责任；但是如果医务人员在诊疗活动中存在过错，没有尽到合理诊疗义务，使患者受到损害，那么患者可以依据《民法典》要求医疗机构予以赔偿。②医务人员在非工作时间、非工作地点发现自然人的生命权、身体权、健康权受到侵害或者处于其他危难情形，自愿无偿实施的紧急救治行为并不属于"职务行为"，不属于负有法定救助义务的个人，不能适用《民法典》第一千零五条、第一千二百二十条的规定，造成被救助人的损害，应当适用《民法典》第一百八十四条规定，免除责任。③

需要特别强调的是，负有医疗救助义务人，没有正当理由拒绝对急危重症患者实施救治的行为，属于违法甚至犯罪行为，面临承担民事责任、行政处罚责任和刑事责任。就民事责任而言，主要是侵权损害责任；就行政处罚责任而言，主要是《执业医师法》规定的执业处罚责任；就刑事责任而言，主要是《刑法》第三百三十五条规定的"医疗事故罪"。《最高人民检察院、公安部关于公安机关管

---

① 参见周天乙：《紧急救助行为免责标准研究》，《河北科技师范学院学报》（社会科学版）2018年第1期。
② 参见邓利强：《医疗急救 救助人不担责》，《中国卫生》2017年第4期。
③ 参见杨立新：《中国民法典释义与案例评注：人格权编》，中国法制出版社2020年版，第96页。

辖的刑事案件立案追诉标准的规定（一）》第五十六条规定的"严重不负责任"的 6 种情形之二，即"无正当理由拒绝对危急就诊人实行必要的医疗救治的"。

三、医疗机构面临的问题与对策

（一）医务人员自愿实施的紧急救助行为是否属于非法行医

1. 执业医师

根据《执业医师法》第二条的规定，医师是指依法取得执业医师资格或者执业助理医师资格，经注册在医疗、预防、保健机构中执业的专业医务人员，包括执业医师和执业助理医师。《医师法（草案）》第二十五条规定："对需紧急救治的患者，医师应当采取紧急措施进行诊治；不得拒绝急救处置。因抢救生命垂危的患者等紧急情况，不能取得患者或者其近亲属意见的，经医疗机构负责人或者授权的负责人批准，可以立即实施相应的医疗措施。"医师应在医师执业证书上载明的执业地点、执业范围、执业类别内进行执业。医师在非执业地点、非执业时间实施紧急救助行为属不属于非法行医是广大医师非常关注的问题。对此《卫生部关于对非法行医罪犯罪条件征询意见函的复函》规定，具有医生执业资格的人在"未被批准行医的场所"行医属非法行医。其中，"未被批准行医的场所"是指没有卫生行政部门核发的《医疗机构执业许可证》的场所。但是对病人实施现场急救的不属于非法行医。卫生部《关于医师执业注册中执业范围的暂行规定》指出，医师注册后对病人实施紧急医疗救护的不属于超范围执业。因此医师在非执业地点实施的紧急救助行为不属于非法行医。

2. 执业医师之外的具备医学知识的医务人员

在医疗机构内，除了执业医师外，还有在医院未取得执业医师证书实习或见习学生、护理、检验、药学等人员，这些人员往往具有专业的医疗知识和丰富的急救经验，[1]他们的医疗急救专业知识和技能往往多于社会上的普通大众，但他们都不属于执业医师。他们的身份看似符合我国《刑法》第三百三十六条规定的非法行医罪的主体要件"未取得医生执业资格的人"，但是要认识到的他们的紧急救助行为并不属于"行医"行为。行医强调的是从事某一需要特定专业学识、技术和能力的行业进行长期、稳定并以此为谋生手段的活动。而上述人员利用自己的专业知识偶尔紧急救助处于危困境地的受助人，属于无因管理行为，属于民

---

[1] 参见郭宇畅：《论〈民法总则〉第一百八十四条的免责范围》，《法制博览》2019 年第 16 期。

法上的事实行为,① 不属于"行医"行为,因此也就不涉及非法行医。

(二) 医疗机构院内紧急施救后患者医疗欠费谁来承担

我国卫生事业是政府实行一定福利政策的社会公益事业。2013 年,国务院办公厅出台的《关于建立疾病应急救助制度的指导意见》提出要建立国家疾病应急救助制度,疾病应急救助基金的救助对象是在中国境内发生急重危伤病、需要急救但身份不明确或无力支付相应费用的患者。医疗机构对符合上述条件的患者紧急救治所发生的费用,可向疾病应急救助基金申请补助 2017 年原国家卫生计生委办公厅印发的《疾病应急救助工作指导规范(试行)》规定,对于需要紧急救治的患者,医疗机构应当按照《需要紧急救治的急危重伤病标准及诊疗规范》积极救治,不得以任何理由拒绝、推诿或拖延治疗。因此医疗机构在遇到需要紧急救治的患者时,不能因为费用问题拒绝、推诿或拖延治疗,应当积极治疗,对于患者产生的医疗欠费问题,可以按照有关要求登录国家卫生健康委疾病应急救助信息登记台申请疾病应急救助基金给予补助。

(三) 医疗机构如何有效应对紧急救助情形

一方面,医疗机构应当系统梳理紧急救助相关法律法规,制定符合医院实际的紧急救助的流程和预案,并开展持续培训,使医务人员在紧急情况下不能取得患者或者其近亲属意见时,能在第一时间作出决策,能及时找到医疗机构负责人或者授权的负责人进行批准,立即实施相应的医疗措施,避免因管理流程问题拖延治疗。另一方面,医疗机构应当大力倡导救死扶伤的精神,加强职业道德教育,宣传自愿紧急救助造成受助人损害不承担责任的法律规定,对医务人员在非执业地点实施的自愿紧急救助行为要进行表扬奖励,弘扬社会正能量。

四、典型案例分析

 【案例 08 - 1】

2020 年 10 月 7 日长春某医院急诊外车祸求助事件②

2020 年 10 月 7 日晚,长春某医院正门外发生一起交通事故。肇事司机董先

---

① 参见霍婷、王岳:《"高铁急救"事件的法律解析》,《医学与社会》2020 年第 8 期。
② 参见《医院门口出车祸 医生让打120,有错吗? 涉事医院还原车祸求助遭拒经过,事发时一医生正在抢救心脏病患者》,地方网,2020 年 10 月 11 日。

第八章　自愿与因特殊义务实施的紧急救助

生在开出医院大门转弯时与一辆摩托车相撞,摩托车司机多处受伤。董先生随即拨打了"120",并让母亲赶紧进北湖医院求救。

医院对事件的调查经过是:

17:23,长春某医院正门外交通信号灯区域发生一起交通事故,一名年轻男性多处受伤。

17:25,肇事司机母亲进入医院急诊寻找急诊外科医生,由于急诊值班外科医生正在救治患者,肇事司机母亲未见到急诊外科医生,遂要求保安到院外抬患者。保安因一人在岗无法外出,肇事者母亲又要求保安帮助拨打"120",保安建议肇事者母亲自行拨打以便说明详细情况。

17:30,肇事司机及其母亲来到急诊要求值班医生取个平板车给患者推进来。急诊外科医生说"你们赶紧给送过来呀,我们医生脱岗属于医疗事故,得给我们开除",并建议肇事司机找其他人员帮助将伤者转运至急诊部。

17:49,肇事司机母亲进入医院急诊,急诊外科医生主动询问了患者情况,其母亲并未答复患者伤情,并对该医生说:"你给我等着。"

17:51,急诊内科医生接到交警大队电话,并立即上报院区行政总值班。

18:01,院区行政总值班带领保安到达医院门外事故现场,与长春急救中心"120"急救人员、处理事故交警共同劝说伤者通过"120"急救车转运至医院进一步救治。经20余分钟劝说,患者方才同意接受"120"急救车转运。

18:23,急救中心"120"急救车将患者转运至该院其他院区。

根据医院的调查经过,结合国家相关法律法规和部门规章,评述如下。

第一,该医院不是承担院前医疗急救的医院。我国院前医疗急救工作的政策依据是《院前医疗急救管理办法》。《院前医疗急救管理办法》第二条规定:"院前急救是指由急救中心(站)和承担院前医疗急救任务的网络医院按照统一指挥调度,在患者送达医疗机构救治前,在医疗机构外开展的以现场抢救、转运途中紧急救治以及监护为主的医疗活动。"第五条规定:"院前医疗急救以急救中心(站)为主体,与急救网络医院组成院前医疗急救网络共同实施。并不是每家医院都承担院前医疗急救工作。"第十条规定:"急救中心(站)负责院前医疗急救工作的指挥和调度,按照院前医疗急救需求配备通信系统、救护车和医务人员,开展现场抢救和转运途中救治、监护。急救网络医院按照急救中心(站)指挥和调度开展院前医疗急救工作。"第三十五条规定:"任何单位或者个人未经卫生计生行政部门批准擅自开展院前医疗急救服务的,由县级以上地方卫生计生行政部门按照《医疗机构管理条例》等有关规定予以处理。"按照上述规定，医疗机构是否承担院前急救来源于《院前医疗急救管理办法》的规定，事故发生地距离医疗机构的远近并不是医疗机构实施院前急救的依据，医疗机构未经批准擅自开展院前医疗急救需要承担相应责任，因此该医院不是承担院前医疗急救的医院。

第二，该院急诊医师没有到院外实施医疗急救的法定义务。《民法典》第一千零五条规定："自然人的生命权、身体权、健康权受到侵害或者处于其他危难情形的，负有法定救助义务的组织或者个人应当及时施救。"《执业医师法》第二十四条规定："对急危患者，医师应当采取紧急措施进行诊治；不得拒绝急救处置。"上述两条规定是对医师在执业时间和执业地点履行紧急救助义务的法律规定，是医生不能脱岗的法律规定，也是医生不能随便院外急救的法律规定。事故发生地超出了医师"上班"时的法定执业地点。因此，该医师并没有到院外实施医疗急救的法定义务。如果当时医院急诊科有充裕的人员在岗，医生到院外实施紧急救助行为，也是出于医生的自愿和善意行为，而非法律义务。

第三，医生可在第一时间履行院内报告制度。本次事件医疗机构和急诊外科医生虽然都没有进行院前急救的法定义务，但是急诊外科医生如在第一时间向科室向医院进行报告，寻求"支援"或许不会演变为"舆论事件"。《院前医疗急救管理办法》第三十五条规定："任何单位或者个人未经卫生计生行政部门批准擅自开展院前医疗急救服务的，由县级以上地方卫生计生行政部门按照《医疗机构管理条例》等有关规定予以处理。"该条一方面规定了单位或个人不能随便实施院前急救，另一方面在遇到突发紧急情况下，如果获得批准可以实施院前医疗救助，该条为医疗机构开展类似紧急院前急救提供了操作可能性。通过医院的调查结果来看，17:30急诊外科医师让肇事司机将患者送到医院，17:51，急诊内科医生接到交警大队电话，并立即上报院区行政总值班。医生遇到类似情况后，可在第一时间上报医院主管部门，由医院相关部门上报上级卫生行政部门，请示如何处理，在获得上级部门批准后开展急救也是一种可行的方案。

【案例08-2】

为老人自愿实施紧急救助做心肺复苏压断12根肋骨遭索赔[①]

2017年9月7日，72岁的戚某因感觉头晕，到持有乡村医生证和行医执照

---

① 参见《救人压断对方肋骨遭索赔？法院判决让他解脱烦恼》，新浪网，2020年1月3日。

的孙某某经营的药店买药。孙某某建议戚某服用硝酸甘油片并给了其一片,随后戚某突然出现心脏骤停,孙某某对戚某实施心肺复苏进行抢救。戚某恢复意识后,"120"救护车将其送往医院住院治疗。戚某被诊断为双侧12根肋骨骨折、右肺挫伤、低钾血症,共计住院18天,医疗费6010.64元。

2017年10月,戚某将孙某某告上法院,原因主要有两点:一是戚某认为自己在药店吃了一颗孙某某给她的药丸,随后晕倒;二是孙某某给自己做心肺复苏,造成自己12根肋骨骨折。双方的争议焦点是:戚某服用硝酸甘油药物是否与心脏骤停存在因果关系;孙某某在施救过程中造成戚某的伤害是否违反诊疗规范。2018年11月,法院选取医疗专家进行咨询,专家召开听证会,并对双方当事人进行询问。专家认为,戚某服用硝酸甘油药品与心脏骤停无必然因果联系,孙某某在给戚某实施心肺复苏的过程中不违反诊疗规范,不应承担抢救过错。法院认为,孙某某自愿实施紧急救助行为,虽然救助过程中导致戚某损害,但给戚某进行心肺复苏造成肋骨骨折及肺挫伤无法避免,孙某某的救助行为没有过错,不违反诊疗规范,故孙某某作为救助人对戚某的损害不承担民事责任。2019年12月31日法院一审判决驳回戚某的诉讼请求。

【案例08-3】

在医疗机构内紧急救治尽到合理注意义务不承担赔偿责任[①]

2012年2月1日,患者李某某因出现咳嗽、咳痰、伴气喘、心悸,活动后明显,感畏寒及全身无力等症状,前往被告云南省某医院住院治疗。经被告初步诊断,李某某患有双肺肺炎,支气管炎。被告予以抗炎、止咳、祛痰、营养支持及对症治疗。自2月1日至2月8日,李某某病情未好转,呈加重趋势。2月8日,李某某出现抽搐现象,医院向患者亲属下达了病危通知,建议做气管插管手术,患者亲属拒绝手术。2月9日上午,李某某出现血压不能维持,血氧饱和度进行性下降等症状,医院予以抗休克治疗。2月10日,李某某出现双眼上翻、心率下降、呼吸浅慢等症状,且呼之不应,医院对李某某采取了麻醉状态下行气管插管机械通气治疗,并予以心肺复苏,肾上腺素静推,继续予以升压药持续治疗。

---

① 参见陈燕某、陈鑫某因与云南省某医院医疗损害责任纠纷案。见云南省昆明市中级人民法院民事判决书(2014)昆民三终字第706号。

当天下午 3 时 10 分，李某某经临床宣告死亡，死亡原因为呼吸循环衰竭。患者家属向法院起诉，一审法院认为：根据《侵权责任法》第五十六条（《民法典》第一千二百二十条）"因抢救生命垂危的患者等紧急情况，不能取得患者或者其近亲属意见的，经医疗机构负责人或者授权的负责人批准，可以立即实施相应的医疗措施"以及《侵权责任法》第六十条（《民法典》第一千二百二十四条）"患者在诊疗活动中受到损害，有下列情形之一的，医疗机构不承担赔偿责任：……（二）医务人员在抢救生命垂危的患者等紧急情况下已经尽到合理诊疗义务……"之规定，结合医院提交的为李某某进行诊疗过程的病历资料，医院为李某某做气管插管手术，虽未经患方签字同意，但医院于 2012 年 2 月 10 日为李某某做手术时，李某某已出现双眼上翻、心率下降、呼吸浅慢等症状，且呼之不应的昏迷状态，属生命垂危，故紧急情况下医院为其进行的抢救措施并无不当。原告的诉讼请求，无事实及法律依据，一审法院不予支持。一审法院判决驳回原告的诉讼请求。一审判决宣判后，原告不服，提起上诉，二审法院判决驳回原告的上诉，维持原判。

【案例 08-4】

在医疗机构内紧急救治未尽到合理注意义务承担赔偿责任①

2014 年 6 月 16 日，刘某某因间断胸闷憋气 4 年，近 1 月来病情加重至北京某医院就诊，诊断为：慢性肾功能不全，肾性贫血，高血压病 3 级，极高危。6 月 18 日，北京某医院估判患者的病情进入慢性肾脏病 5 期，建议开始肾脏替代治疗。6 月 21 日判断病情进入 CKD 5 期，再次建议开始肾脏替代治疗，患者表示经济情况差，尽快办理医疗保险后再考虑肾脏替代治疗。6 月 23 日患者出院，出院建议：低盐饮食，控制入量，监测血压、体重、尿量变化，避免劳累，预防感染，按时服药，定期复查。2014 年 8 月 10 日，刘某某因昏迷至北京某医院急诊科就诊，医院给予抢救后苏醒，诊断为：代谢性酸中毒，高血钾症，心功能不全，肾功能衰竭，昏迷；低血糖昏迷？肝功能异常。建议行血液透析治疗，患者家属拒绝行该治疗，继观患者病情变化。8 月 12 日，患者至北京某医院住院进

---

① 参见张某、张进某与北京某某医院医疗损害责任纠纷案。见北京市东城区人民法院民事判决书（2017）京 0101 民初 10573 号。

行治疗，入院后给予报病重，安排临时性颈内静脉置管并开始诱导透析治疗，患者插管后烦躁不安，至透析室后生命体征不稳定，医院认为行血液透析及 CRRT 治疗风险过大，给予碳酸氢钠纠正酸中毒，继续监测生命体征。8 月 13 日，患者病情危重，大动脉极其微弱，给予行静脉液路，开始抢救，4 点 53 分心电监护提示心率 0，呼吸 0，血压 0，继续给予抢救半小时后宣布临床死亡。

患方向法院起诉，法院经审理认为：案件通过司法鉴定已确定北京某医院的诊疗行为存在过错，且该过错与刘某某死亡的损害后果之间存在因果关系。北京某医院引用《侵权责任法》第六十条（《民法典》第一千二百二十四条）第 1 款前两项"患者在诊疗活动中受到损害，有下列情形之一的，医疗机构不承担赔偿责任：（一）患者或者其近亲属不配合医疗机构进行符合诊疗规范的诊疗；（二）医务人员在抢救生命垂危的患者等紧急情况下已经尽到合理诊疗义务"进行抗辩，但《侵权责任法》第六十条（《民法典》第一千二百二十四条）第 2 款明确规定"前款第一项情形中，医疗机构或者其医务人员也有过错的，应当承担相应的赔偿责任"。鉴定意见中对于北京某医院过错的分析也证明了医院并非"尽到合理诊疗义务"，法院对医院的抗辩意见不予采纳。刘某某于 2014 年 6 月即明确诊断为慢性肾功能不全，需行血液净化治疗，直至 2014 年 8 月 12 日病情危重至被告处时，未行透析治疗。其原始疾病未得到有效治疗是死亡的根本原因。北京某医院在刘某某入院后，存在透析相对禁忌证情况下，未告知家属病情及治疗方案，未行血液净化治疗，对患者的治疗也产生了不利影响。综合本案客观事实及鉴定意见，法院确定北京某医院对刘某某的死亡造成的相关合理损失承担 20% 的赔偿责任。一审判决，北京某医院赔偿患方 259425.2 元。

第九章　病历管理与患者个人信息保护

病历作为临床医学文书，客观记录了患者疾病的发生、发展和转归，如实反映医疗行为的全过程，是医疗、教学、科研的第一手资料，更是行业管理中综合评价医疗技术、医疗质量和医院管理水平的依据。但是随着经济与社会的发展以及公民维权意识的不断增加，病历不再仅仅是医教研的资料，其法律作用愈加凸显，社会价值在拓展。[①] 一方面，现在病历已经成为为解决医疗纠纷争议、进行医疗责任鉴定等提供客观的医疗行为事实和法律依据的书证，既是保护医患双方合法权益的重要文档，还要符合法学、社会学的要求，成为向劳动就业、医疗保险等提供的人群基本健康凭证之一。另一方面，病历记载着患者的敏感的个人生活信息和健康信息，涉及个人信息和隐私保护问题。《民法典》对此极为重视。本章就《民法典》对病历的诉讼价值及个人信息保护等规定，对医疗机构病历管理提出相关建议。

一、病历管理与患者个人信息保护的概述

（一）病历管理

病历是指医务人员在医疗活动过程中形成的文字、符号、图表、影像、切片等资料的总和，包括门诊病历（含急诊病历，下同）和住院病历。在病历管理方面，目前呈现手写纸质病历、机打纸质病历和无纸化电子病历形式，有的医疗机构对纸质病历还会采用扫描胶片管理或者电子化管理。

医疗机构为患者建立了门诊大病历的，病历资料由医疗机构保管；未建门诊大病历的，病历手册由患者保管。患者住院期间，住院病历由所在病区统一保管。因医疗活动或者工作需要，须将住院病历带离病区时，应当由病区指定的专

---

① 参见单鸿升：《健保电子病历数据库个人医疗信息作为研究目的使用之限制——兼论德国最新修法趋势》，《月旦医事法报告》2021年第1号。

门人员负责携带和保管。住院病历由病案管理部门或者专（兼）职人员统一保存、管理。医疗机构应当严格病历管理，医务人员可以依权限根据患者的实际情况对病历进行修改、补充、补正，但不得伪造、隐匿。归档后的病历原则上不能修改，确有必要修改时，经医务部门批准，在规定的时间、规定的地点和允许修改的内容范围内进行修改。医疗机构不得违规销毁病例，禁止任何人抢夺、窃取病历。病历的借阅、复制必须办理相关手续，依法进行。医疗机构应当依法妥善保管病案，并保障患者的病历知情权和患者个人信息和隐私。门诊病历由医疗机构保管的，保存时间自患者最后一次就诊之日起不少于 15 年；住院病历保存时间自患者最后一次住院出院之日起不少于 30 年。

不过，在病历管理上要注意的是，目前我国病历管理规范文件比较多，但这些管理文件并非法律文件，很多管理规定是从规范病历的管理行为提出的病历质量上的要求，不能简单等同于法律规定，更不能以此作为病历"违反国家法律、法规、规章"的依据。同时还需要病历管理界注意，在制定病历管理规章制度时，应当本着以患者为中心的理念，病历是为诊疗活动服务的工具，病历规范管理要符合诊疗工作实际，不要为了管理而提管理要求，反而成为医疗质量、医疗安全的绊脚石。

（二）患者隐私与患者个人信息

隐私是自然人的私人生活安宁和不愿为他人知晓的私密空间、私密活动、私密信息。不过，"私人生活安宁""不愿为他人知晓"是相对的，准确说应当是不愿意把涉及面扩大，或者未经本人同意，不愿意他人干涉。患者的隐私是指患者在医疗机构接受医疗服务时表现出的，涉及患者自身因诊疗服务需要而被医疗机构及医务人员合法获悉，除此以外不愿他人知悉的个人情况，包括出生日期、家庭住址、联系方式、经济状况等基本信息，以及健康状况、所患疾病、既往病史、家族病史等有关信息。从字面意义上看，患者隐私是患者这一特殊主体享有的个人秘密。

根据《民法典》第一千零三十四条规定，个人信息是以电子或者其他方式记录的能够单独或者与其他信息结合识别特定自然人的各种信息，包括自然人的姓名、出生日期、身份证件号码、生物识别信息、住址、电话号码、电子邮箱、健康信息、行踪信息等。2020 年 10 月 13 日十三届全国人大常委会第二十二次会议初次审议的《个人信息保护法（草案）》征求意见稿指出，个人信息是以电子或者其他方式记录的与已识别或者可识别的自然人有关的各种信息，不包括匿名化处理后的信息。《个人信息保护法(草案)》采用"识别+关联"的路径,一定程度上拓宽了个人信息的范围。

当前我国对患者个人信息和隐私的保护,形成了"三维立体"保护模式。第一维是民事保护,《民法典》对患者个人信息和隐私保护有直接规定(第一千一百二十六条);关于对公民个人信息和隐私的保护的条文较多,包括总则编第一百一十一条,人格权编第6章"隐私权和个人信息保护"第一千零三十二条到第一千零三十九条,侵权责任编第一千二百二十二条、第一千二百二十五条、第一千二百二十六条;第二维是行政保护,在《执业医师法》《护士条例》等法律法规中对患者个人信息和隐私设立了行政保护措施;第三维是刑事保护,《刑法修正案(七)》《刑法修正案(九)》增设了"非法出卖提供公民个人信息罪",医务人员将履行职务过程中了解到的患者个人信息和隐私予以泄露,构成本罪的,从重处罚。

 【案例 09-1】

上海疾控中心出"内鬼"数十万新生儿信息被售卖①

2014年初至2016年7月,上海市疾病预防控制中心工作人员韩某利用其工作便利,进入他人账户窃取上海市疾病预防控制中心每月更新的全市新生婴儿信息(每月约1万余条),并出售给黄浦区疾病预防控制中心工作人员张某某,再由张某某转卖给被告人范某某。直至案发,韩某、张某某、范某某非法获取新生婴儿信息共计30万余条。

2015年初至2016年7月,范某某通过李某向王某某、黄某出售上海新生婴儿信息共计25万余条。2015年6月、7月,吴某某从王某某经营管理的大犀鸟公司秘密窃取7万余条上海新生婴儿信息。2015年5月至2016年7月,龚某某通过微信、QQ等联系方式,向吴某某出售新生婴儿信息8000余条,另分别向孙某某、夏某某二人出售新生儿信息共计7000余条。

2017年2月8日,上海市浦东新区法院以侵犯公民个人信息罪,分别判处韩某等8人有期徒刑七个月至两年三个月不等。

---

① 参见《上海疾控中心出"内鬼"数十万新生儿信息被售卖》,《京华时报》2017年5月17日。见上海市浦东新区人民法院(2016)沪0115刑初4166刑事判决书。

第九章 病历管理与患者个人信息保护

二、《民法典》与病历相关的规定

（一）隐私权的保护

1. 自然人享有隐私权，这是一项人身权

第一千零三十二条 自然人享有隐私权。任何组织或者个人不得以刺探、侵扰、泄露、公开等方式侵害他人的隐私权。

《民法典》人格权编第6章专门设定了"隐私权和个人信息保护权"。自然人享有隐私权，医疗作为自然人重要的活动领域，患者的隐私保护十分重要。患者隐私包括患者的私密信息、私密空间和私密活动3个方面的内容。患者的私密信息，是指存在于医疗过程之中的，与公共利益无关的，患者身心上不愿为他人所知悉的秘密信息。这些私密信息不仅包含患者的生理特征、生理缺陷等将会对其社会形象造成影响的疾病，还涵盖了患者的家族病史以及生活史等方面，同时，患者的身份信息，以及医方在诊疗过程中获取的生理隐私乃至私人经济状况等能够体现患者个体特征的信息都被囊括在内。患者的私密空间，指的是在医院就诊过程中需要暴露自己个人私密信息而不愿为他人所侵入的场所，如手术室、检查室等，任何人不得未经患者同意擅自侵入这些空间。患者的私密活动，是指患者在接受诊疗服务过程中的私人生活与行动不被打扰和限制，任何人在未取得患者允许的情况下，都禁止随意出入上述可能侵害其隐私权的场所。

隐私与个人信息的区别在于：从内容上看，个人隐私强调"私密性"，包括对个人私密信息、活动和场所的秘密保护，而个人信息则强调"识别性"，其不仅包括个人私密信息，还包括可以公开的个人识别信息，如姓名、性别、年龄等。从价值理念上看，隐私权体现在对个人尊严的保护，而个人信息则偏向于对个人生活安宁的尊重。通过以上解释，不难看出，隐私与个人信息存在交集。相较于隐私，个人信息的涵盖范围更加广泛。

维护患者隐私和个人信息是医疗机构及其医务人员的义务。在诊疗过程中，为使医务人员能准确诊断病情，患者会将自己的隐私和个人信息告知医务人员，记录患者在诊疗过程形成的病历资料本身就是患者的隐私和个人信息。随着时代的发展，病历的利用率越来越高，但涉及患者个人医疗信息问题也越来越多。近年来，因病历资料等个人就诊信息被泄露而引发的医患矛盾不在少数，患者个人信息保护得到立法者关注。

2. 隐私权依法受法律保护，任何组织和个人不得侵犯

第一千零三十三条 除法律另有规定或者权利人明确同意外，任何组织或者个人不得实施下列行为：

（一）以电话、短信、即时通讯工具、电子邮件、传单等方式侵扰他人的私人生活安宁；

（二）进入、拍摄、窥视他人的住宅、宾馆房间等私密空间；

（三）拍摄、窥视、窃听、公开他人的私密活动；

（四）拍摄、窥视他人身体的私密部位；

（五）处理他人的私密信息；

（六）以其他方式侵害他人的隐私权。

本条是以列举加兜底相结合的立法技术，列出了任何组织或者个人不得实施6类侵害自然人隐私权的行为。医疗机构对患者隐私和个人信息的管理上，可以按照该条规定的6项措施制定具体规定，确保医疗服务过程中时能保护好患者隐私。如门诊"一室一诊"，住院病房做好床帘保护；对于比较典型的疾病案例，如医疗机构想要留存照片，拍摄病患部位，一定要提前征得患者同意，否则就侵害了患者的隐私权。医务人员不得将医疗过程中了解到的患者的个人信息和隐私向他人泄露，不得将患者的个人信息和隐私作为饭后谈资，不得在公共场所谈论患者的病情。

（二）个人信息的保护

1. 关于个人信息保护的一般性规定

第一百一十一条 自然人的个人信息受法律保护。任何组织或者个人需要获取他人个人信息的，应当依法取得并确保信息安全，不得非法收集、使用、加工、传输他人个人信息，不得非法买卖、提供或者公开他人个人信息。

《民法典》特别重视对自然人个人信息的保护，将个人信息作为一项具体的人格权，在总则编民事权利中专门设定本条，加强对个人信息的保护，这响应了宪法关于保障人权的价值追求。初次审议的《个人信息保护法（草案）》，作为首部专门规定个人信息保护的法律，正式出台后将成为个人信息保护领域的"基本法"。《个人信息保护法（草案）》第四条规定，个人信息的处理包括个人信息的收集、存储、使用、加工、传输、提供、公开等活动。第九条规定，个人信息处理者应当对其个人信息处理活动负责，并采取必要措施保障所处理的个人信息的安全。这明确了"谁处理，谁负责"的原则。

第九章　病历管理与患者个人信息保护

患者个人信息是个人信息的一个特殊领域。在诊疗过程中,医疗机构因医疗服务的需要合法获取了患者的个人信息,按照"谁处理,谁负责"的原则,医疗机构有义务保护患者个人信息的安全。

2. 个人信息保护原则和条件

第一千零三十五条　处理个人信息的,应当遵循合法、正当、必要原则,不得过度处理,并符合下列条件:

(一) 征得该自然人或者其监护人同意,但是法律、行政法规另有规定的除外;

(二) 公开处理信息的规则;

(三) 明示处理信息的目的、方式和范围;

(四) 不违反法律、行政法规的规定和双方的约定。

个人信息的处理包括个人信息的收集、存储、使用、加工、传输、提供、公开等。

目前我国主要遵循合法、正当、必要的个人信息保护的原则。比如在2021年的新冠肺炎疫情信息通报上,对感染者的姓氏和年龄不再公布,即遵循信息采集"必要"为限的原则。

【案例09-2】

上海疫情公布"只提地点不提人"①

2021年1月23日,上海公布的流调报告广受好评。报告中,三名确诊病例没有被公布姓氏,而是以病例1、病例2、病例3代称,性别、年龄等个人信息也被隐去;同时,报告也没有单独公布每个人的行动轨迹,只是列举了三名病例涉及的公共场所。

《个人信息保护法(草案)》第五十条规定,个人信息处理者应当根据个人信息的处理目的、处理方式、个人信息的种类以及对个人的影响、可能存在的安全风险等,采取必要措施确保个人信息处理活动符合法律、行政法规的规定,并防止未经授权的访问以及个人信息泄露或者被窃取、篡改、删除:(一)制定内部

---

① 参见严兆鑫、孙朝、尤一炜:《从公布姓氏性别年龄到只提地点不提人,流调报告为何这样变?》,搜狐网,2021年2月2日。

管理制度和操作规程；（二）对个人信息实行分级分类管理；（三）采取相应的加密、去标识化等安全技术措施；（四）合理确定个人信息处理的操作权限，并定期对从业人员进行安全教育和培训；（五）制定并组织实施个人信息安全事件应急预案；（六）法律、行政法规规定的其他措施。

3. 个人信息处理的免责事由

第一千零三十六条　处理个人信息，有下列情形之一的，行为人不承担民事责任：

（一）在该自然人或者其监护人同意的范围内合理实施的行为；

（二）合理处理该自然人自行公开的或者其他已经合法公开的信息，但是该自然人明确拒绝或者处理该信息侵害其重大利益的除外；

（三）为维护公共利益或者该自然人合法权益，合理实施的其他行为。

医疗机构及医务人员在对患者开展诊疗活动的过程中，必须接触、收集患者的个人信息和隐私，有的信息对患者而言还极度敏感。医务人员必须把握好正确使用和违法泄露的界限。本条规定了处理个人信息的免责事由。从整体上看，《民法典》设定的处理个人信息的免责事由是附条件的，且受到一定程度的限制。

（1）在该自然人或者其监护人同意的范围内合理实施的行为。该款"同意"的主体，既包括成年的自然人，又包括自然人中未成年人的监护人或精神病人的监护人，处理的个人信息仅限于自然人或其监护人同意的范围，不得过度处理。

（2）合理处理该自然人自行公开的或者其他已经合法公开的信息，但是该自然人明确拒绝或者处理该信息侵害其重大利益的除外。该款有两层含义：首先，行为人可以处理自然人自行公开的或者其他已经合法公开的信息，比如自然人向他人公开姓名、电话号码、电子邮箱，但是处理这些信息时应当符合"合法、正当、必要"的原则；其次，即使是自然人自行公开的或者其他已经合法公开的信息，但是自然人明确拒绝或者处理该信息侵害其重大利益的，行为人也不得处理。

（3）为维护公共利益或者该自然人合法权益，合理实施的其他行为。"公共利益"是与"私人利益"相对的一种利益。网络时代，应当最大限度地限制利用"公共利益"免责，避免对自然人"隐私信息"的侵害。《民法典》在关于"为了公共利益"的目的处理个人信息免责的问题上，在"为了公共利益"与"维护该自然人合法权益"之间设定了一个选择适用的情形，同时还设定了即便是"为维护公共利益或者该自然人合法权益"，也必须以合理的方式实施对个人信息处理

第九章 病历管理与患者个人信息保护

才可以免责。

比如，依照相关法律规定，将诊疗过程中了解到的患者个人信息向有关机构报告，就是为了公共利益的目的。在新冠肺炎疫情期间，国家为了疫情防控的需要，允许医疗防控机构进行了范围最广和人数最多的个人信息处理。在人群的选择上，严格地限定为确诊者、疑似者、密切接触者等重点人群，一般不针对特定地区的所有人群，这也是防止形成对特定地域人群的事实上的歧视。①

4. 个人信息主体的权利

第一千零三十七条 自然人可以依法向信息处理者查阅或者复制其个人信息；发现信息有错误的，有权提出异议并请求及时采取更正等必要措施。

自然人发现信息处理者违反法律、行政法规的规定或者双方的约定处理其个人信息的，有权请求信息处理者及时删除。

《民法典》为个人信息主体设置了3项权利，特别提醒医疗机构在病历管理中要注意这项权利的处理。

（1）个人信息知情权。个人针对自己的个人信息可以依法向信息处理者查阅或者复制其个人信息。这里的"信息处理者"是指"收集、存储、使用、加工、传输、提供、公开"个人信息的网络服务提供者，个人信息主体依法享有对其个人信息的查阅权和复制权。这与《病历管理规范》病历的复制相对应。患者个人信息的主体是患者，因此患者依法享有对病历资料的复制权。

（2）个人信息纠正权。发现其个人信息有错误的，有权提出异议并请求及时更正。实践中常常有患者认为其病历内容与其他个人信息不一致而要求修改的情况，本书认为，只要不是医务人员调查核实的信息，患者要求修改的，在提出书面申请、说明理由之后，医疗机构在留存资料、保存痕迹的情况下，应当予以修改。

（3）个人信息删除权。学界也有人称为个人信息遗忘权。发现信息处理者违反法律、行政法规的规定或者双方的约定处理其个人信息的，有权请求及时删除。《民法典》为个人信息主体设置的"删除权"基于两种法定情形：一种是信息处理者违反法律、行政法规的规定处理其个人信息；另一种是信息处理者违反与个人信息主体的约定。只要出现以上两种情形之一，个人信息主体便有权要求信息处理者及时删除。患者出于特殊考虑，要求医疗机构删除病历中的一部分或

---

① 参见中央网信办：《关于做好个人信息保护利用大数据支撑联防联控工作的通知》，2020年2月4日。

者全部,比如患者系未成年人,涉及心理问题就医,其监护人要求销毁病历,是否应当同意呢?由于病历所有权为医患双方共有,病历属于医疗机构科技档案资料,本书认为不能销毁,但应当做好解释工作。

5. 信息处理者的权利和义务

第一千零三十八条 信息处理者不得泄露或者篡改其收集、存储的个人信息;未经自然人同意,不得向他人非法提供其个人信息,但是经过加工无法识别特定个人且不能复原的除外。

信息处理者应当采取技术措施和其他必要措施,确保其收集、存储的个人信息安全,防止信息泄露、篡改、丢失;发生或者可能发生个人信息泄露、篡改、丢失的,应当及时采取补救措施,按照规定告知自然人并向有关主管部门报告。

本条基本沿用了《网络安全法》第四十二条规定。但是《民法典》在信息收集的基础上,更强调对储存信息的处理。信息和数据存储服务是网络运营者的一项重要业务,但对其进行处理必须是基于对信息和数据实际控制下的处理。

数字经济时代,个人信息(数据)已经成为最宝贵的个人数据资产,不仅是各网络运营者和商业竞争者争夺的数据"黄金"和"石油",也是众多违法犯罪活动侵犯的主要领域和目标。仅 2019 年公安部门就侦破侵犯公民个人信息类案件 2868 起,抓获犯罪嫌疑人 7647 名。[①] 当前,网络运营者泄露或者篡改其收集、存储的个人信息的事件触目惊心,特别是内部人员泄露个人信息的事件极为普遍,涉及社会公众工作、生活的方方面面,已经形成了一条包括需求、盗取、交易等众多环节的完整黑色链条,社会危害极其严重。为此,《民法典》和《网络安全法》对网络运营者或信息处理者的信息安全保障义务提出 4 项要求。

(1)信息处理者不得泄露或者篡改其收集、存储的个人信息。信息处理者依法、依约收集和存储的个人信息,应当属于信息处理者与个人信息主体之间的托管法律关系,因此未经个人信息主体或数据受托方的同意和许可,严禁信息处理者擅自泄露或者篡改其收集和存储的个人信息。

(2)未经自然人同意不得向他人非法提供其个人信息,但经过加工无法识别特定个人且不能复原的除外。信息处理者对于其依法、依约收集和存储的个人信息,在未经个人信息主体同意的情况下,严禁向任何第三人提供,这是一条不可触碰的红线。当然,通过个人信息脱敏等技术手段对个人信息进行去标识化处理

---

① 参见《公安部通报"净网 2019"专项行动典型案例》,中央人民政府网,2019 年 11 月 14 日。

实现的无法识别特定个人且不能复原的信息,不在限制的范围内。

(3) 信息处理者应当采取技术措施和其他必要措施,确保其收集、存储的个人信息安全,防止信息泄露、篡改、丢失。这里的"采取技术措施和其他必要措施"主要包括两个方面:一是个人信息防泄露技术,主要是以加密技术为核心,如数据库加密、数据库防火墙、数据脱敏等;二是"其他必要措施",主要是指防止信息泄露、篡改、丢失的各项制度和机制,如个人信息与数据的合规管理制度、个人信息与数据的安全审计机制、个人信息与数据的分类及个人重要信息与数据的备份等。

(4) 发生或者可能发生个人信息泄露、篡改、丢失的,应当及时采取补救措施,按照规定告知自然人并向有关主管部门报告。信息泄露、篡改、丢失事件,有些是由网络运营者主观上的原因造成,也有一些是黑客利用网络技术,非法入侵网络运营者的数据系统窃取信息、篡改数据,造成数据毁损和丢失。如果发生个人信息被泄露、篡改或丢失的情形,网络运营者应当立即采取补救措施,特别是对造成或者可能造成严重后果的"泄露、篡改、丢失"个人信息的事件,应当立即向许可或者备案的主管机构报告,及时配合相关部门进行调查和处理。

当前,我国加大了对公民个人信息保护的力度,尤其对泄露用户个人信息的行为予以重拳打击。对那些拒不履行信息网络安全管理义务的,达到一定的程度,将构成"拒不履行信息网络安全管理义务罪"。2016 年出台的《刑法修正案(九)》专门设定了一个新的罪名"拒不履行信息网络安全管理义务罪",增加规定,网络服务提供者不履行网络安全管理义务,经监管部门通知采取改正措施而拒绝执行,致使违法信息大量传播的,致使用户信息泄露,造成严重后果的,或者致使刑事犯罪证据灭失的,严重妨害司法机关追究犯罪的,对其追究刑事责任。

6. 国家机关、承担行政职能的法定机构及其工作人员处理个人信息的规定

第一千零三十九条 国家机关、承担行政职能的法定机构及其工作人员对于履行职责过程中知悉的自然人的隐私和个人信息,应当予以保密,不得泄露或者向他人非法提供。

根据《国务院关于在线政务服务的若干规定》,我国正在加快建设一体化在线政务服务平台,推进各地区、各部门政务服务平台规范化、标准化、集约化建设和互联互通,推动实现政务服务事项全国标准统一、全流程网上办理。这将涉及大量公民个人信息和企业商业秘密,因此,控制"内鬼"是关键。

事实上，履行网络监管职能的机构，除了国家机关及其工作人员外，还应当包括国家机关外的其他具有行政监管职能的机构，这些机构主要是受国家监管机关委托并承担行政监管职能的法定机构。国家机关及其工作人员，以及受国家机关委托从事网络监管职能的机构及其工作人员，在履行职务过程中会知晓大量的个人信息，特别是个人的隐私信息，对这些信息必须严格保密，严禁泄露或者向他人非法提供。

（三）对于患者的隐私权及患者信息保护

《民法典》第一千二百二十六条 医疗机构及其医务人员应当对患者的隐私和个人信息保密。泄露患者的隐私和个人信息，或者未经患者同意公开其病历资料的，应当承担侵权责任。

本条是医疗机构及其医务人员对患者个人信息的保护的规定，是有特别针对性的。医疗机构和医务人员对患者的隐私及其个人信息是负有保密义务的，对患者的隐私、个人信息和病历资料不得泄露和公开。泄露患者隐私、个人信息或者擅自公开患者病历资料的行为，都是侵害患者隐私权、个人信息权的行为，都应当承担赔偿责任。[①]

患者的患病信息往往是敏感信息，对此进行泄露，会给患者造成极大的伤害。本条与《侵权责任法》相比保留了对患者隐私权保护的内容，增加了对患者个人信息保护的内容。在医疗领域，个人健康医疗信息作为最为隐私的个人信息，对其保护的重要性不言而喻。患者个人信息具有人身权和财产权双重属性。泄露个人信息的行为，即使没有造成患者损害，泄露者也应承担侵权责任。这一修改强化了对患者个人信息保护的力度，对医疗机构及其医务人员的保密义务提出了更为严格的要求，体现了立法者惩治个人医疗信息泄露的决心。承担责任形式有行政、民事和刑事责任。

第一，行政责任。《基本医疗卫生与健康促进法》《执业医师法》《护士条例》等有相应规定。比如《基本医疗卫生与健康促进法》第一百零一条规定，医疗卫生机构等的医疗信息安全制度、保障措施不健全，导致医疗信息泄露，或者医疗质量管理和医疗技术管理制度、安全措施不健全的，由县级以上人民政府卫生健康等主管部门责令改正，给予警告，并处一万元以上五万元以下的罚款；情节严重的，可以责令停止相应执业活动，对直接负责的主管人员和其他直接责任人员

[①] 参见杨立新：《中国民法典释义与案例评注：侵权责任编》，中国法制出版社2020年版，第512页。

依法追究法律责任。第一百零二条对医疗卫生人员泄露公民个人健康信息作出了处罚规定。

第二，民事责任。即《民法典》第一千二百二十六条所规定的侵权责任，较《侵权责任法》第六十二条规定不同的是，该条删除了"造成患者损害的"，降低了侵害患者隐私、个人信息承担民事责任的门槛。医疗机构对患者个人信息的不当使用而非恶意散布、谋利给患者造成损害的，应由民法进行规制。侵害患者隐私权和个人信息的民事责任承担方式主要有：停止侵害、赔礼道歉和赔偿损失。

第三，刑事责任。当患者个人信息被营利性组织、不法分子以经济利益或侵害为目的进行利用，应当对相关责任人处以刑事处罚。《刑法修正案（七）》规定了"出售、非法提供公民个人信息罪"：国家机关或者金融、电信、交通、教育、医疗等单位的工作人员，违反国家规定，将本单位在履行职责或者提供服务过程中获得的公民个人信息，出售或者非法提供给他人，情节严重的，处三年以下有期徒刑或者拘役，并处或者单处罚金。窃取或者以其他方法非法获取上述信息，情节严重的，依照前款的规定处罚。单位犯前两款罪的，对单位判处罚金，并对其直接负责的主管人员和其他直接责任人员，依照各该款的规定处罚。这是首次确立了在刑事领域保护公民个人信息，将非法提供、获取、贩卖个人信息入罪。当时规定该罪的犯罪主体是特殊主体，包括医疗单位的工作人员。但是，在2015年8月29日通过的《刑法修正案（九）》对本罪作了修改，犯罪主体不再是特殊主体，普通公民也可以构成本罪，但规定"违反国家有关规定，将在履行职责或者提供服务过程中获得的公民个人信息，出售或者提供给他人的，依照前款的规定从重处罚"，因此，医疗单位的工作人员犯本罪将面临从重处罚。2017年5月最高人民法院和最高检察院颁布了《关于办理公民个人信息刑事案件适用法律若干问题的解释》，该解释定义了公民个人信息的范围及非法提供公民个人信息的标准，明确了情节严重的标准。

（四）医疗损害赔偿诉讼中病历失范的后果

1. 推定医疗机构有过错的情形

第一千二百二十二条 患者在诊疗活动中受到损害，有下列情形之一的，推定医疗机构有过错：

（一）违反法律、行政法规、规章以及其他有关诊疗规范的规定；

（二）隐匿或者拒绝提供与纠纷有关的病历资料；

（三）遗失、伪造、篡改或者违法销毁病历资料。

根据《民法典》第一千一百六十五条第 2 款的规定，依照法律规定，可以实施过错推定。第一千二百二十二条即对医疗机构医疗行为实施过错推定的规定，涉及 3 种情形，均与病历密切相关。但对于诉讼案件中是否能推定医疗行为有过错，则由原告患者举证医疗机构存在该 3 种情形之一，因而有学者称之为"附条件的医疗过错举证倒置"。①针对"伪造""篡改"病历的认定，不能仅停留在现象层面，即病历记载的内容与实际情况有出入甚至矛盾，或者病历修改方法不规范，还应当认定这种造成"不真实""不规范"的行为人有主观造假的故意，否则难以认定"伪造""篡改"病历。②

本条与《侵权责任法》第五十八条规定基本一致，但有 3 处重要修改：一是将原来的"患者有损害"修改为"患者在诊疗活动中受到损害"，进一步明晰了患者受到损害必须是诊疗活动导致的，表述更加严谨；二是将"销毁"修改为"违法销毁"，这不仅更符合实际情况，更便于实际操作；三是新增"遗失"病历资料作为推定医疗机构过错的情形。

医疗机构隐匿或者拒绝提供与纠纷有关的病历资料，以及伪造、篡改或者违法销毁病历资料，这两项情形，一方面反映了医疗机构的恶意，另一方面使患者难以取得与医疗纠纷有关的证据资料，这时再让患者举证已不合理，③故可以直接规定医疗机构有过错。

【案例 09-3】

医院的电子病历经鉴定存在篡改，推定医院全责④

患者李秋某，因不慎滑倒致右髋部受伤至湖南省湘乡市某医院就诊治疗，后行右股骨颈骨骨折切开复位内固定术和右髋关节修复。术后 10 天左右患者死亡。

医患双方发生纠纷，患方起诉。诉讼过程中，患方向法院提出电子病历电子

---

① 过错推定的实际效果就是举证责任转移，由对方承担举证责任对推定加以否定。因此，在医疗侵权实施的举证责任分配上经历了 3 个阶段：2002 年 3 月 31 日以前，为"谁主张谁举证"阶段；2002 年 4 月 1 日至 2010 年 6 月 30 日，为"无条件双项倒置"阶段；2010 年 7 月 1 日开始至今，为"附条件单项倒置"。参见刘鑫、郑谢畅：《医疗损害赔偿案件举证责任分配的变与不变》，《中华医学信息导报》2020 年第 11 期。

② 参见刘鑫、张宝珠主编：《医疗纠纷预防和处理条例理解与适用》，中国法制出版社 2018 年版，第 192 页。

③ 参见王胜明主编：《中华人民共和国侵权责任法释义》，法律出版社 2010 年版，第 290 页。

④ 参见湖南省湘乡市人民法院（2018）湘 0381 民初 2338 号民事判决书。

数据司法鉴定的申请，法院委托鉴定机构进行鉴定。经鉴定发现：电子病历与封存病历数目不一致；电子病历和封存病历有11处矛盾和不一致的地方；在患者死亡3个多月后，医疗事故鉴定前，医院对电子病历进行了10处修改。

法院审理认为，根据司法鉴定所的鉴定意见书，被告湘乡市某医院提供的李秋某的电子病历有缺项，有多次删除与修改行为，根据《侵权责任法》第五十八条（《民法典》第一千二百二十二条）第（三）项的规定，患者在诊疗活动中受到损害，有下列情形之一的，推定医疗机构有过错："（三）伪造、篡改或者销毁病历资料"，本院推定被告湘乡市某医院对李秋某的死亡有过错。

法院最终认定医院篡改患者的病历，判定医院全责，赔偿原告79万多元。

2. 医疗机构保管病历资料义务和患者查阅、复制病历资料权利

第一千二百二十五条　医疗机构及其医务人员应当按照规定填写并妥善保管住院志、医嘱单、检验报告、手术及麻醉记录、病理资料、护理记录等病历资料。患者要求查阅、复制前款规定的病历资料的，医疗机构应当及时提供。

患者要求查阅、复制前款规定的病历资料的，医疗机构应当及时提供。

本条是关于医疗机构有书写、保管病历资料义务和保障患者查阅、复制病历资料权利的义务。比《侵权责任法》第六十一条规定多了"及时"。

在2002年版《医疗机构病历管理规定》中，所使用的词语是"复印或复制"，而在《医疗机构病历规定（2013年版）》中，所使用的词语则是"复制"。复制，不同于复印。根据《现代汉语词典》，复制，是指依照原件制作成同样的复制品（多指通过临摹、拓印、印刷、复印、录音、录像、翻拍等方式）。"复制"的概念大于"复印"，表述更加严谨。具体针对病历资料而言，则主要通过纸质复印、胶片印刷、数据拷贝等方式，将原病历资料制作成相同的复制品，并加盖证明印记，以便于双方对此复制品的确认。患者查阅、复制病历资料的权利是患者知情同意权的一种常见方式，充分体现了患者的自主决定权。这不仅是患者对自身健康的了解权，还是对健康信息的处分权，是对患者人格权的尊重。患者对病历资料所享有的权利将受到越来越多的重视和保护。这敦促医疗机构不断提升医疗服务质量，加强医疗服务的安全性。对于患者在查阅病历的过程中，私自对病历进行翻拍、扫描，是否准许？本书认为，对病历进行翻拍、扫描等，属于"复制"的范围，但应当进行登记，而不可私下自行操作。

病历资料的范围，是包括主观病历和客观病历在内的全部病历资料，即医务人员在医疗活动过程中形成的文字、符号、图表、影像、切片等资料的总和。查

阅、复制病历资料的范围,应当与《医疗纠纷预防和处理条例》第十六条规定一致,包含全部病历资料。

三、医疗机构病历书写与管理存在的问题

(一)病历书写问题

1. 病历内容记载不全或者记载不真实

病历应当客观、真实、准确地反映患者的健康状况、医务人员的诊疗情况。病历记载的内容实际上是对患者诊疗过程的再现,既可以为患者后续医疗、会诊发挥档案作用,也可以为患者办理其他法律事务提供依据,发生医疗纠纷后还是妥善处理纠纷的重要证据。但是,如果病历记载不真实,或者相关内容记载不全面,不仅会导致以上功能无法实现,甚至引起不必要的争议。

2. 医护签名不及时或漏填

在医疗纠纷案件中,患者往往以医护人员未签名为由对病历的真实性提出异议。例如,患者出院时出院小结中无上级医师签名而只有实习医师签名;病程日志中无主任医师、副主任医师或主治医师等三级医师查房记录的审核签名;手术安全核查表无医护人员核查签名;归档病案首页中无护士、病案质控医师及科主任签名;等等。

3. 病历书写存在涂改、与实际情况不符的现象

涂改病历是指在原有病历基础上进行涂抹,也可指对病历的删减。这种行为多发生在发生医疗纠纷或者诉讼之后,医疗机构为弥补医疗过程中存在的问题,开始在病历上做起文章。但各级医师必须知道:发生纠纷或者诉讼后,对病历的任何涂抹或者删减都是不允许的,一旦证实该病历是经涂改的,便是严重的违法行为,应该承担相应的责任。《医疗纠纷预防和处理条例》对篡改、伪造病历资料等行为,也加重了其相应的法律责任,包括给予责任人撤职、暂停执业活动、开除、吊销执业证书等行政责任;严重构成犯罪的行为,还需追究责任人的刑事责任。

【案例09-4】

病历质量管理缺陷与违法的界限①

2017年8月16日,何晓某向四川卫计委投诉四川某医院(以下简称医院)

---

① 参见何晓某与原国家卫生和计划生育委员会行政诉讼案。见北京市高级人民法院(2018)京行终6359号行政判决书,北京市第一中级人民法院(2018)京01行初455号行政判决。

违反《病历书写基本规范》第二十八条的规定,在患者何克某的整个医嘱中没有2012年1月31日的抢救医嘱。请求:四川卫计委对医院2012年1月31日无患者何克某的抢救医嘱问题进行调查处理;依法依职责查处,认定违法事实,将查处结果书面答复并公开。

2017年10月25日,四川卫计委作出信访回复单(以下简称答复),主要内容为:"……在长期医嘱和临时医嘱中,仅未见急查床旁心电图和请心内科会诊的医嘱,但在患者的病历中有1月31日心电图报告和心内科会诊记录单。该院未下急查床旁心电图和请心内科会诊的医嘱属于病历书写瑕疵,对此,我委已下达监督意见书责成该院整改。"何晓某不服该回复,向原国家卫计委提出复议申请,其复议除前述两项外,另有要求原国家卫计委和四川卫计委应履行法定职责,认定医院违反国家卫生法律法规。

2017年10月31日,原国家卫计委收到何晓某提交的行政复议申请书。原国家卫计委作出被诉复议决定认为:《病历书写基本规范》是为了规范医疗机构病历书写、提高病历质量的规范性文件。申请人向被申请人所提事项不属于针对违法行为的投诉,被申请人作出的信访回复仅具有解释说明的性质,未对申请人的权利义务产生实际影响。此外,被申请人为妥善化解医疗争议,已对申请人反映的问题进行了调查核实,并书面答复申请人。驳回申请人的行政复议申请。后何晓某向法院提出行政诉讼。

一审法院经审理认为,《病历书写基本规范》是原卫生部为规范医疗机构书写病历的行为颁布的技术规范。卫生行政管理机关对医疗机构病历书写不符合上述规范的行为进行查处,其目的是提高病历质量,保障医疗质量和安全。患者个人与该查处行为之间不具有法律上的利害关系,四川卫计委作出的答复,系告知何晓某该委对其举报事项调查的情况,该答复对何晓某的权利、义务不产生实际影响,依法不属于行政复议范围,原国家卫计委据此所作出的被诉复议决定并无不当。对原国家卫计委作出被诉决定程序的合法性予以确认。判决驳回何晓某的诉讼请求。

二审法院审理认为,《行政诉讼法》第六十九条中规定,原告申请被告履行法定职责或者给付义务理由不成立的,人民法院判决驳回原告的诉讼请求。《行政复议法实施条例》第二十八条第(五)项规定,申请人提出行政复议的,应当属于行政复议法规定的行政复议范围。本案中,何晓某向原国家卫计委提出复议申请。何晓某在一审庭审中明确表示,其复议请求的第1、2项都是要求原国家卫计委履行调查职责。因原国家卫计委并无直接调查何晓某所请求事项的法定职责,故何晓某的上述履责请求不成立,一审法院判决驳回其诉讼请求符合上述规定。另外,何晓某向四川卫计委举报四川省人民医院违反《病历书写基本规范》,在患者何克某的整个医嘱中没有 2012 年 1 月 31 日的抢救医嘱。但《病历书写基本规范》是原卫生部为规范医疗机构书写病历的行为颁布的技术规范,卫生行政管理机关对医疗机构病历书写不符合上述规范的行为进行查处,与患者个人不具有法律上的利害关系。故四川卫计委作出的答复,系告知何晓某该委对其举报事项调查的情况,该答复对何晓某的权利、义务不产生实际影响,依法不属于行政复议范围,原国家卫计委所作出的被诉复议决定并无不当。综上,二审法院判决驳回上诉,维持一审判决。

(二)病历保管问题

1. 病历资料不及时归档

患者的住院病历不及时归档有以下 3 种常见情形:其一,全部不归档,如患者擅自离院、医疗纠纷等;其二,部分不归档,即由于患者某些资料缺失造成的病历归档不全,如未签署知情同意书或知情同意书散失、检查报告单遗失或粘贴不全等;其三,已经归档的病历,又因为修改、使用病历而调出,疏于管理,未能及时归档,或者归档不全。一旦发生医疗纠纷,病历成为关键的证据材料,不完整的病历会使医疗机构处于不利的情形。

2. 病历资料被偷盗抢夺

近年来,随着患者维权意识的增强,偷盗抢夺病历资料的事件屡见不鲜。患者、患者亲属或患者的利害关系人出于了解病情、处理医患纠纷或司法纠纷等原因,时常发生偷盗抢夺病历资料的事件。医疗机构一旦发现有人盗抢病历,应当立即报警。

3. 借阅遗失

病历作为医学科研资料,在临床、教学、科研工作中具有重要的研究价值。尤其是一些医学院校的附属医院或教学医院,为了积极开展各项教学和科研活动,研究生、进修生和实习生往往需要对患者既往病历资料进行查阅和研究。病历资料被借出后,由于缺乏相应的病历追踪机制,经常会出现病历档案不能及时归还,或在借用过程中不慎损毁遗失等情况。

(三)病历封存的问题

1. 医疗机构不主动告知患方封存、复印病历的规定

《医疗纠纷预防和处理条例》明确规定了病历封存的具体要求。实践中,医

疗纠纷发生后，不少医疗机构不主动告知患方病历封存的规定，不主动提出封存病历建议，以致诉讼时双方产生病历真实性争议，导致鉴定不能。法院往往会结合病历管理存在的不足，判令医院承担一定赔偿责任。

2. 封存的病历不全面

医疗纠纷发生后，及时规范封存病历，能够有效避免日后对病历真实性产生争议。但现实中，仍有一些医疗机构，不重视病历封存的管理，不能及时将全部病历资料封存，以致患方对未封存病历不予认可，导致鉴定不能，从而使法院结合患者病情和医疗机构病历封存管理不当等行为，判令医疗机构承担一定赔偿责任。

（四）泄露患者个人信息

1. 以营利为目的，出售患者个人信息

随着大数据时代的到来，对医药行业来说，患者的个人信息具有极大的市场价值，因此，某些医药企业总是千方百计从医疗机构获取就诊患者信息。部分医疗机构及医务人员由于未能抵制金钱的诱惑，遂与不法分子串通，大量出售患者信息。

2. 出于窥私心理，曝光患者信息

这一类患者往往是社会知名人士。以明星为例，人们日常很难近距离接触明星，因此，对明星生活有强烈的窥探欲。部分医务人员在获取明星就诊信息后，便迫不及待地在网络上进行曝光，给当事人带来痛苦和烦扰。

3. 随意放置化验单、病历等就诊资料

患者的个人基本信息和健康信息集中体现在其化验单、B超单、体检单、病历等就诊资料上，理应受到严格的保护。但由于管理制度不健全，加之对患者个人信息保护的意识不强，医务人员随意将上述就诊材料放置于任何人都可以翻阅的场所，从而造成患者个人信息泄露。此外，患者在就诊前会通过网络平台进行挂号，在此过程中因信息传输及存储过程未做有效加密而导致隐私泄露。还有目前各医院无论是患者就诊、检查还是取药，基本都实行电子显示屏叫号系统，其中部分医院采取实名滚动方式提醒患者。这也会造成患者个人信息泄露的风险，应尽快对系统设置加以改进，调节屏幕显示信息。

4. 在科研成果中公布患者个人信息

一些医务工作者在患者权益保护问题上存在误区，即认为患者的权利应让位于医学科学研究，因此对患者个人信息和隐私采取漠视态度，随意将患者信息在科研成果、课堂教学、学术交流大会等场合公开。这种观念显然是错误的。

5. 电子病历系统漏洞导致患者信息泄露

电子系统漏洞指的是由于软件缺陷、硬件缺陷、软件不兼容等原因导致没有授权的人员可以通过该漏洞访问或破坏电子病历系统。虽然现在安全软件的防护可以达到很先进的水平,但是不管任何高科技的手段都无法做到天衣无缝,总会有技术高超的黑客通过这些漏洞进入医疗机构的电子病历系统,导致患者诊疗信息泄露。近期英国国家卫生部门遭到黑客"比特币"病毒的侵袭导致大部分医院的电脑系统瘫痪,无法查阅、修改、导出患者的电子病历,造成了很大影响。经查,英国大部分医院电脑系统未进行升级是导致此次"比特币"病毒肆虐的原因。因此,医疗机构最好能够加大投入购买较为成熟的电子病历系统,并及时进行更新升级,使得系统功能齐全、减少漏洞,防止意外事件发生。

【案例 09 - 5】

未经患者同意,医疗机构擅自给他人复制病历诉讼案①

董某与邹某原系夫妻关系,董某与周某有特殊关系。董某与邹某离婚后,邹某从某妇产医院申请调取了周某的住院生产病历,随后邹某再向法院以不当得利起诉要求赔偿。法院查明"根据医院住院病历显示周某在某妇产医院生育一女婴,该住院病历显示周某的联系人为董某,双方关系登记为夫妻"认定董某在与邹某婚姻关系存续期间与案外女子周某长期保持关系存在过错,判决其向邹某支付赔偿款 6 万元。

随后该妇产医院收到周某的诉状,认为妇产医院负有妥善保管患者病案信息的法定义务,但其违法泄露周某病历信息,侵犯了周某的隐私权、名誉权,要求妇产医院登报赔礼道歉,消除影响,赔偿精神抚慰金 5 万元。

法院审理认为:住院病历记载了周某住院治疗情况等信息,属于个人隐私,妇产医院负有严格管理、保存、保密义务。妇产医院在邹某不具备调取周某病历资料的法定身份条件下,未尽到法定审查义务,向邹某提供了周某的病历资料,违法泄露了周某的隐私,无疑会给周某的精神上带来痛苦,生活上带来影响。因

---

① 参见安徽省淮南市田家庵区人民法院(2017)皖 0403 民初 3052 号民事判决书,安徽省淮南市中级人民法院(2018)皖 04 民终 133 号民事判决书。

此，一审判决妇产医院向周某书面赔礼道歉，致歉内容由法院审定，如不履行该项判决内容，法院将把判决书主要内容在报纸上刊登，刊登费由妇产医院负担；妇产医院向周某支付精神损害抚慰金2000元。

四、医疗机构病历书写与管理建议

（一）不断提高和强化医务人员法律意识

医务人员在医疗过程中要牢固上次树立"可追溯""留痕"的观念，以适应外界环境对病历越来越严苛的要求。医务人员还要及时、准确地将诊疗过程中患者健康信息、诊疗信息以及与患者诊疗相关的其他信息详细记录在病历中，必要时要求患者及家属签字确认。有的记录信息甚至要留存其他作证证据。

要加大宣传教育病历档案个人医疗信息保护工作的重要性，加强学习，积极引导医务人员学习相关法律法规，切实了解病历档案个人医疗信息泄密的危害性和严重性，树立防范和责任意识，积极主动地做好保密工作，真正做到无隐患、无漏洞、无疏忽，确保在收集、整理、归档、保管病历档案过程中确保信息安全。

【案例09-6】

病历记载内容涉嫌侵犯他人名誉诉讼案[①]

2016年5月16日，杨永某因病前往湖南省长沙市某医院（以下简称医院）就医，后医患双方因治疗方案及具体用药等问题产生矛盾；医院医生于2016年5月18日上午10:00许在杨永某的病历本中记载了当时的诊疗过程，该病历同时还记载有"患者儿子对患者弃之不理，予上报医务部及'110'"等内容。另查明，杨永某于2016年5月23日死亡，杨某系杨永某之独子；另外，某医院代理人当庭认可涉案病历中所称的患者儿子即杨某。

一审法院认为，医院医生在杨永某病历本中所撰写的内容"患者儿子对患者弃之不理，予上报医务部及'110'"，已经超出了对患者病情及诊疗内容的客观

---

① 参见湖南省长沙市岳麓区人民法院（2016）湘0104民初5913号民事判决书，湖南省长沙市中级人民法院（2017）湘01民终687号民事判决书，湖南省长沙市开福区人民法院（2016）湘0105行初135号行政判决书，湖南省长沙市中级人民法院（2017）湘01行初313号行政判决书。

描述之范畴；同时，就医院当值医生记载的该内容，医院亦未提交有效证据证明系客观事实；再者，病历本中记载的内容，客观上会被当值医生之外的其他医生、保险理赔机构及社保经办部门等不特定的第三人所知晓，从而导致他人对杨某的社会评价程度降低。故此，一审法院认定诉争的病历记载行为侵害了杨某的名誉。现杨某据此要求医院恢复名誉、赔礼道歉，故其此项诉讼请求理据充分，依法应予支持；至于书面赔礼道歉的形式，一审法院将结合涉案侵权行为的具体方式及影响范围等因素综合认定。一审法院判决：依法确认医院在杨永某病历本中记载内容"患者儿子对患者弃之不理，予上报医务部及'110'"之行为侵害了杨某的名誉权；医院以书面致歉信的形式向杨某赔礼道歉（道歉内容须经人民法院审查许可），如不履行该判决内容，人民法院将把本判决书主要内容在公开发行的报纸上进行刊登，刊登费用由医院负担。

二审法院审理认为，结合本案具体案情而言，医院医生在杨永某病历本中所撰写的内容"患者儿子对患者弃之不理，予上报医务部及'110'"，措辞虽有不妥，但并未达到法律意义上侮辱、诽谤之程度，不应认定为损害他人名誉之事实。且涉案病历为门诊病历，也为患者自持病历，如患者保管得当，记载内容并不必然导致不特定第三人知悉的事实。在损害后果方面，杨某亦并未提供充分的证据证明医院医生的病历书写行为导致其社会评价降低的损害后果。法院最终判决：撤销原民事判决，驳回原告的全部诉讼请求。

（二）重视病历的规范化书写

医疗机构及其医务人员应当充分认识到病历规范化书写的重要性，并严格要求自己按照《病历书写基本规范》的要求来书写病历。不仅要做到客观、真实、准确、及时、完整、规范等最基本的书写要求，还要做到主诉言简意赅、重点突出、病史记录全面准确、条理清晰，特别是形式上一定要符合格式要求，内容上不能自相矛盾。如辅助检查检验报告一定要与临床诊疗相符；重要的辅助检查必须在病程记录中体现；等等。医务人员应该在日常的诊疗活动中不断加强自己的医学素养，以认真负责的态度对待每一位患者，详细询问病史，认真如实记录，严密观察病情的变化，及时、真实地记录，不能主观臆断。严格遵照规章制度及诊疗规范，要有严谨、求实的工作作风，科学、严肃的工作态度，最大限度地减少缺陷病历的发生。

（三）健全病案保管制度，保证病历的完整性

医疗机构应健全病案保管制度，保证病历的完整性。按照我国相关法律规

定,住院病案由医疗机构统一负责保管,医疗机构应履行妥善保管病历资料的义务。医疗机构若因保管不善致病历丢失、缺损或不完整,一旦发生医疗纠纷进入诉讼程序,将承担举证不能而败诉的风险。

保证病历的完整性,要求医务人员在诊疗过程中及时书写病历。病历的及时书写既记录了患者病情动态变化的过程,也是医务人员合规诊疗行为的重要证明,是医疗质量控制的重要环节之一。《病历书写基本规范》对患者入院记录、手术记录、病程记录等病历构成各部分的书写时限作出严格要求,例如手术记录限制在患者术后24小时内完成,术后超过24小时医务人员补记的记录则不符合法律规定时限,使病历丧失其完整性。一旦发生医疗纠纷需要封存、调取病历,此类缺陷病历将失去或减弱证明力,使医疗机构在纠纷处理过程中处于被动地位,也无法维护医患双方合法权益。

(四)及时告知封存病历事项依法封存病历

《医疗纠纷预防和处理条例》第二十三条第1款第2项、第3项明确规定医疗纠纷发生后,医疗机构应当告知患者或者其近亲属病历封存、查阅、复制的相关规定。因此,依法告知病历封存、复印的规定是医疗机构的法定义务。发生医疗纠纷需要封存病历资料的,必须按照《医疗纠纷预防和处理条例》第二十四条规定严格执行,努力做到以下几点:一是应当医患双方在场;二是妥善保管好封存病历;三是对未完成的病历应先行封存已完成部分,再对后续完成部分进行封存;四是应开列封存清单,由医患双方签字或者盖章,各执一份。需要注意的是,开列封存清单并由医患双方签字或盖章,能够有效避免该封存未封存或患方不认可封存病历现象发生,医疗机构和医务人员必须严格执行。

(五)医疗大数据中的患者个人信息保护

个人医疗信息除了病历中的病情记录以外,还包括患者的姓名、地址、联系人、联系电话等个人身份信息;患者的过敏史、检验检查结果、家族病史等生理信息;患者的费用发生状况、支票结算等其他所有与医疗有关的信息。上述信息均属于患者的个人信息。因此,医疗机构应当提高加密安全等级,并将"去身份"作为医疗数据安全保障的基本手段,严控数据收集的使用目的、使用范围以及使用规则,严禁超出使用目的滥用医疗数据的行为发生。

(六)科研合作中患者个人信息保护

在大数据时代,医疗数据对于医疗科研领域的发展有不可替代的作用。因此，如何处理好医疗数据中个人信息的保护和数据的有序使用之间的关系问题，是当今大数据医疗的重要命题。这一命题的核心在于在"去身份"（即指数据控制者通过改变或删除数据集中的个人可识别信息方式，使数据使用人难以识别数据主体身份的过程，能够减少无意中公开个人数据的风险）之后，大数据技术的使用还应降低"再识别"（大数据时代个人信息去身份之后结合多维运算仍有概率再次识别到个体）的概率。科研合作中通常需要患者病历资料，做好患者个人信息"去身份化""去识别化"，并严控以科研为由的医疗数据滥用行为。

第十章　医疗机构的安全保障义务

安全，顾名思义，是指没有危险，不受威胁，即没有受到威胁、危险、危害和损失。安全是一切活动的基础，是保障生产生活顺利进行不可逾越的先决条件。中国人一向以安心、安身作为基本的人生观，并以居安思危的态度充分重视安全。因此，公共场所有义务保障在其中活动的相关人员的人身安全。安全保障义务是在诚实信用原则之下基于公平、正义的需要而得出的，是一种法定义务，指特定公共场所的管理人或者群众活动的组织者，对于进入该场所或者参与活动人的人身或者财产安全负有适当、合理的注意和保护义务。[①] 管理人或者组织者是安全保障义务的承担者，受到侵害的一方为安全保障义务的权利人。本章结合《民法典》第一千一百九十八条、《基本医疗卫生与健康促进法》第四十六条等相关法律规定，对医疗场所的安全保障义务的判断标准及如何正确理解合理限度范围内的安全保障义务进行阐述。

一、医疗机构的安全保障义务概述

安全保障义务源自于德国判例上所谓的"安全交易保障义务"，在德国民法典上并没有明文规定，而是通过德意志帝国最高法院1902年"枯树案"、1903年"道路撒盐案"、1921年"兽医案"等一系列判例形成的。德意志帝国最高法院指出："如果某人的物品可能造成他人损害，而该人应该对他人的利益尽到合理的注意以防止这种损害的发生时，那么他就要为这种损害的发生承担责任。"后来，随着社会的不断发展，这一义务逐渐扩及其他社会交往中。

我国民法专家张新宝教授阐述安全保障义务理论时指出，经营者对服务场所的安全保障义务，是指经营者在经营场所对消费者、潜在消费者或者进入服务场所的人之人身、财产安全依法承担的安全保障义务，即安全保障义务的主体为服

---

① 参见储军：《论违反安全保障义务的责任承担》，安徽大学学位论文，2011年。

务场所的"经营者"。① 服务场所主要包括旅店、车站、商店、餐馆、通信部门的经营场所、公园向公众开放的部分、银行、证券公司、营运中的交通工具之内部空间等。经营者指服务场所的所有者、管理者、承包经营者等对该场所负有法定安全保障义务或者具有事实上控制力的公民、法人或其他社会组织。但随着社会的不断发展，出现了许多在非经营性的其他社会活动场所遭受损害而无法获得法律上救济的情形。为了应对上述情况，最高人民法院《关于审理人身损害赔偿案件适用法律若干问题的解释》中扩大了经营者的范围。该解释第六条明确规定："从事住宿、餐饮、娱乐等经营活动或者其他社会活动的自然人、法人、其他组织，未尽合理限度范围内的安全保障义务致使他人遭受人身损害，赔偿权利人请求其承担相应赔偿责任的，人民法院应予支持。因第三人侵权导致损害结果发生的，由实施侵权行为的第三人承担赔偿责任。安全保障义务人有过错的，应当在其能够防止或者制止损害的范围内承担相应的补充赔偿责任。安全保障义务人承担责任后，可以向第三人追偿。赔偿权利人起诉安全保障义务人的，应当将第三人作为共同被告，但第三人不能确定的除外。"② 该解释将安全保障义务的主体从"经营者"扩大到"其他活动的自然人、法人、其他组织"，明确了无论是经营者还是其他一切从事社会活动的公共场所，如医疗机构、博物馆、展览馆等场所都与经营场所同样具有合理限度范围内的安全保障义务。

《民法典》更加明确了医疗机构应当是承担安全保障义务的主体。

第一千一百九十八条 宾馆、商场、银行、车站、机场、体育场馆、娱乐场所等经营场所、公共场所的经营者，未尽到安全保障义务，造成他人损害的，应该承担侵权责任。

《基本医疗卫生与健康促进法》首次用法律的形式将医疗机构定义为公共场所，加大了对涉医违法行为的打击力度，将医疗机构的安全层级从医院内部安保上升为公共安全的层面，这无疑会促使公安机关加大对医疗机构及医护人员的保护力度，严厉打击扰乱医疗机构秩序的违法犯罪行为，但也对医疗机构履行安全保障义务提出了更加严格的要求。

---

① 参见张新宝：《我国侵权责任法中的补充责任》，《法学杂志》2010年第6期，第1—5页。

② 对于该条规定，2020年12月23日最高人民法院审判委员会第1823次会议通过的《最高人民法院关于修改〈最高人民法院关于在民事审判工作中适用《中华人民共和国工会法》若干问题的解释〉等二十七件民事类司法解释的决定》修正《关于审理人身损害赔偿案件适用法律若干问题的解释》予以删除了。

第十章　医疗机构的安全保障义务

《基本医疗卫生与健康促进法》第四十六条　医疗卫生机构执业场所是提供医疗卫生服务的公共场所，任何组织或者个人不得扰乱其秩序。

【案例 10-1】

撞上医院的玻璃门，是赔人还是赔门①

2015 年 11 月 7 日上午 8 点，李先生带儿子到苏州某医院复查眼睛，检查完眼睛后儿子先去一楼拿药。李先生在四楼上完厕所后乘坐电梯到一楼找儿子，在电梯右转往前走的时候，他没有看到前面有玻璃门，迎面撞了上去，导致一颗门牙当场被磕掉，另一颗门牙也松动了。李先生说，医院玻璃门看上去完全透明，上面没有提示标识，是导致他撞门受伤的主因，为此他还拨打了"110"，民警也到现场进行了调查取证。

法律界相关人士表示，医院属于公共场所，医院应尽到安全保障义务，安全保障义务的目的在于避免市民的人身、财产遭受损害。医院玻璃因为没有警示标志而导致李先生撞伤，医院未尽到安全保障义务，应该承担主要责任。而市民李先生是有完全行为能力人，应当能够辨认自己的行为以及行为所可能产生的后果。因此市民未尽到谨慎注意义务，自身也存在过失，应承担补充赔偿责任。本案医院赔偿了患方部分医疗费用，双方协商解决了纠纷。

二、医疗机构安全保障义务的类型

医疗机构提供诊疗服务的区域系公共场所，医疗机构对在该诊疗区域活动的人有提供安全保障的义务，因而是安全保障义务的主体，因此应承担《民法典》中规定的安全保障义务。需要说明的是，医疗机构对医疗服务场所的安全保障义务涉及的对象范围不仅限于患者，而是扩展到陪同患者就医的人员、住院患者陪护人员、探视人员以及其他正常理由来医院的人员。由于医疗机构是一个特殊的医疗服务活动场所，面对的不仅是健康人还有患多种疾病的患者，所以医疗机构的安全保障义务有其特殊性。依据医疗机构应当承担的安全保障义务的特点，医疗机构的安全保障义务可以分为一般安全保障义务和特殊的安全保障义务。

---

① 参见王小兵：《撞上医院玻璃 男子磕掉门牙 律师：医院未尽保障义务》，《姑苏晚报》2015 年 11 月 15 日。

(一) 医疗机构的一般安全保障义务

安全保障义务是在诚实信用原则之下基于公平、正义的需要而得出的，是一种法定义务。安全保障义务的主体是以从事社会会动的特定场所的所有者、经营者以及其他对进入该场所有安全保障义务的人，包括自然人、法人、其他组织，如宾馆、商场、超市、娱乐场所等公共场所的管理人或者群众性活动的组织者，此类主体的共同特点是对该场所具有实际的控制力，且不以交易关系为必要。[①] 医疗机构作为一种公共场所的管理人，对患者、患者前来探访的亲友及其他人都负有人身和财产安全的保障义务，因此医疗机构的一般安全保障义务是指医疗机构与其他安全保障义务主体一样，达到法律、法规或者操作规定等所要求达到的注意程度，尽到诚信善良的安全保障义务。医疗机构的一般安全保障义务大致可以分为3种类型。

1. 公共设施、设备的安全保障义务

医疗机构的建筑、公共设施、设备应当安全可靠，应当符合国家的强制标准，应当保证各种设备处于良好的运行状态，有国家强制标准的，严格执行国家强制标准，无国家强制标准的，参照行业标准执行，以保障患者和其他进入医疗机构人员的人身、财产安全。如医院内的坡道、门窗、楼梯、安全通道等建筑必须符合建筑法、消防法等法律规定，并依法进行维护和管理，保证其处于良好的运行状态；建筑物上的悬挂物、搁置物等，如医院顶楼的广告牌、外墙悬挂的空调外机、阳台摆放的花盆等，应确保在正常情况下无坠落危险；医疗设备应做好定期维护和保养，医疗设备应处于正常运行状态，严防断电漏电、违反指令、不按设定参数运行等安全事故发生；人员密集场所还应设置疏散安全通道，疏散路线的提示标志应醒目易识别。公共设施、设备等硬件方面存在故障或缺陷造成他人损害的，医疗机构应承担未尽合理安全保障义务的损害赔偿责任。医疗机构在硬件上没有达到安全保障标准，存在缺陷或瑕疵，造成了他人损害，医疗机构应当承担责任。

医疗机构在医疗服务过程中对于存在安全隐患的场所，还应提升安全保障义务意识，加强安全保障及警示。按照原国家卫生计生委颁布的强制性卫生行业标准《医疗机构患者活动场所及坐卧设施安全要求》（WS 444.1—2014）4.1规定，医疗机构室内地板应平坦；新建与改、扩建时，地面动摩擦系数应≥0.4，同时，

---

① 参见王博今：《安全保障义务人的补充责任研究》，华东政法大学学位论文，2019年。

地面清洗或湿式清扫时应设置警示标志，并采取半幅清洗或清扫方式。4.13 规定，室外场所，路面应平坦；院区应有雨水排放系统；院区内应有机动车行车限速 5km/h 和禁止鸣笛的标志，进出大门处应设车辆减速装置。院区内人行道与机动车道宜分离。各种地下管道、设备的地面井盖应安装稳固；维修时应设警告标志，并设置围栏，夜间应有警示灯。山石造景应有"禁止攀登"标志；喷泉、水池应有"当心落水"标志，水深应≤500mm。阳台、屋顶平台应有护栏，且高度≥1300mm，护栏间距≤160mm，座椅离护栏距离≥1000mm。由于医疗机构服务对象的特殊性，要求医疗机构除了保证设施符合标准、设备安全运行之外，还要根据服务群体的特点，对可能存在危险义务的方面，加以提示或明显警示。① 例如医疗机构应当在卫生间、楼道等比较容易滑倒的地方安装防滑设施同时悬挂放置安全警示标识；及时发现可能会绊倒患者的沟沟坎坎，尽快修缮；遇到雨雪天气等特殊情况时，加派保洁人员及时清理积水，保持地面干燥，或在雨雪天气时在易滑路面放置防滑垫，防止患者摔伤。

【案例 10-2】

患者在医院跳楼死亡，家属索赔被驳回②

2019 年 7 月 11 日，患者黄某在武汉某医院诊治，被确诊为肺癌晚期并转移。同年 9 月 26 日，黄某转院至阳新某医院住院治疗。10 月 18 日傍晚，黄某因忍受不了病痛折磨，趁同病房患者回家、陪护家属回家准备晚餐以及值班护士返回护士站取医疗器械的独处时间跳楼身亡。2019 年 11 月 13 日，黄某家属将该医院诉至法院，要求赔偿黄某跳楼身亡而造成的医疗费、住宿费、交通费、死亡赔偿金等各项费用合计 15.8 万元。

黄某家属认为，黄某在该医院住院治疗，双方已形成医疗服务合同关系，该医院应当提供安全的医疗设施、医疗服务、医疗环境及防止意外事件发生，但医院未采取合理的防护措施、设立警示标志，未尽到相应的安全保障义务，导致黄某在医院坠楼身亡，应当承担过错责任。

涉事医院辩称，其建筑物、医疗设施是经过各个部门及相关单位严格检验合

---

① 参见王阳、李欣慧：《关于医疗机构安全保障义务的几点思考》，《中国医院》2016 年第 5 期。
② 参见湖北省阳新县人民法院（2019）鄂 0222 民初 5395 号民事判决书。

格后才投入使用的,没有任何瑕疵,均符合国家规定的建筑规范、医疗机构执业规范。医院是公共场所,按照国家标准的消防要求,公共场所高层建筑不能安装防盗网,该医院安置有限制窗户只能开启15厘米的固定锁扣,窗台离地有1米多高,足以防范坠楼事件发生,已经尽到了充分注意义务。且经调查,黄某坠楼处窗户锁扣有明显的人为破坏痕迹,且家属未遵守医嘱,没有留守在病房。

为查明黄某跳楼身亡的相关情况,该案承办法官前往涉事医院实地勘查,并前往接案的公安局及当地派出所,调取出警记录、书面《出警经过》、执法记录仪视频、实地勘查照片等证据。法院认为,第一,根据警方的《出警经过》,涉事医院和黄某家属一致排除了黄某系他人或外力以及医疗过错、医疗事故致死等原因,认定黄某系跳楼自杀死亡。第二,根据环境安全因素和护理服务因素综合考量,涉事病房安装了小于30厘米的窗户行程限位装置,窗台虽然未安装护栏,但其与地面之间的高度大于90厘米,足以防范黄某非主观因素的意外死亡发生,故认定该医院已尽到病房环境因素的安全保障义务。且涉事医院根据黄某病情将其定为二级护理患者,履行了每2小时巡视患者、观察患者病情变化等5项护理措施,已履行了二级护理要点中所确定的义务。第三,黄某家属主张涉事医院缺乏对特殊病况患者的关注和心理疏导而承担违约责任,但未提供涉事医院不履行合同义务或者履行合同义务不符合约定的事实依据,亦无法律或相关规定明确对二级护理对象应当实施关注和心理疏导的必要程度,故认定该医院在履行医疗服务合同中不构成违约。

据此,法院审理后认为,涉事医院提供的医疗服务和诊疗场所、设施完全符合行业标准,尽到了相应的安全保障义务,且履行了护理义务,不存在违约情况等,依法驳回了黄某家属的诉讼请求。

【案例10-3】

陪诊人员在医院内摔伤引发的侵权纠纷[①]

2017年10月10日,周某带女儿到被告医院处看病,在周某抱着女儿进入诊室时,因未留意到诊室内的台阶而摔倒受伤。随后,周某被送往市中医医院住院

[①] 参见湖南省长沙市雨花区人民法院(2018)湘0111民初2605号民事判决书,湖南省长沙市中级人民法院(2018)湘01民终10603号民事判决书,湖南省高级人民法院(2019)湘民申868号民事判决书。

治疗，诊断为：左三踝骨折。周某先后住院两次，共计花费医疗费 28998.33 元。2018 年 1 月 11 日，周某委托 A 司法鉴定中心对其伤残等级、后续治疗费用、误工期、护理期及营养期进行鉴定。2018 年 1 月 12 日，A 司法鉴定中心出具鉴定意见为：被鉴定人周某因意外事故所致左下肢损伤构成十级伤残；其后续治疗费约为 10000 元；其伤后误工期为 180 日，护理期为 60 日，营养期为 90 日。周某于 2018 年 4 月 9 日向一审法院起诉。被告医院辩称该事发地所在的诊室内确有一个台阶，台阶高度约为 12.5cm，台阶地面处用彩色字体标注有"小心台阶"四个字，因此医院尽到了安全保障义务，不应承担赔偿责任。

本案经过二审，法院综合比较双方各自的过错及原因力，判决医院承担 30%的赔偿责任，周某自行承担 70%的责任。判决被告医院赔偿周某 25839.8 元。

法院认为：本案中，被告医院作为面向公众提供医疗与护理保健服务的医疗服务机构，有义务加强其医疗场地、医疗设施设备的安全防范管理，以确保服务对象的人身安全，特别是其面对的治疗对象主要为儿童，其内部设计方面对安全保障应尽到更高的注意义务。本案中，事发诊室为了仪器防潮进行了抬高处理，诊室内形成一个高约 12.5cm 的台阶，存在一定的安全隐患。虽然被告医院在台阶地面处有"小心台阶"的彩色文字标示，但未完全考虑家长因抱小孩就诊而可能出现视觉盲区。《民用建筑设计通则》（GB 50352－2005）第 6.6.1 条规定："……室内台阶踏步数不应少于 2 级，当高差不足 2 级时，应按坡道设置。"虽然上述规范并非强制性条文，被告医院也抗辩事发诊室不属于新建、改建建筑，不适用上述规范，但被告医院在二审中亦陈述事发诊室抬高处理的情况在该医院同类诊室中并不存在。因此，如果被告医院对于不同于同类诊室的房间，在用于对公众进行诊疗行为时若能采取按坡道设置、安排引导等合理措施，则可以消除或者最大限度减少类似危险的发生。因此，被告医院在设施上未尽完善，致使其未充分合理地履行安全保障义务，与周某摔伤存在一定的因果关系，应对周某的损失承担相应的赔偿责任。

通过以上两个案例可以看出，医疗机构虽然应当承担安全保障义务，但安全保障义务并不是无限的，安全保证义务并非安全"保证"义务，因为法不强人所难，绝对的安全既过于苛刻，也不现实，因此，医院应严格按照国家强制标准和行业标准保障建筑、公共设施、设备应当安全可靠，并以公开、明示的方式做好告知、警示，充分履行安全保障义务，以避免承担不必要的责任。

2. 服务管理方面的安全保障义务

医疗机构在医疗服务过程中要严格遵守各种法律法规和诊疗常规，确保患者安全。医院的特殊性决定医院服务过错的责任属性。如果由于医务人员直接的医疗行为不当，如治疗过程中违反诊疗常规、手术操作有误、抢救患者不及时等所导致损害后果的，属于医疗侵权行为法律、法规进行规范和调整的范畴。但是如果是非直接的医疗服务行为导致损害后果的，如地面湿滑导致服务对象摔倒，建筑物有瑕疵伤害了服务对象等，是属于医务人员对服务对象未尽合理限度范围内的安全保障义务造成的损害。

服务管理方面的安全保障义务包括以下3个方面内容：第一，谨慎周到的管理义务。医疗机构应建立规范合理的管理制度，谨慎勤勉地进行管理以维持正常的诊疗秩序，为患者及他人提供安全的医疗活动环境，尽量消除危险因素。第二，遵循服务标准，防止损害发生。如对不同护理等级的患者，应严格遵循相应护理等级规定的标准进行巡视，注意观察患者病情，并做好记录。第三，加强对危险因素的提示、告知义务。医院内存在安全隐患的场所，如刚清洁过的地板、潮湿的卫生间内、临时施工的场所，应通过设置警示牌或张贴警示标语，向患者及其他来访者明显提示，以尽到不安全因素的警示、告知义务。在患者及其他权利主体未意识到自身行为可能引发危险或虽已发觉危险但执意为之而可能遭遇危险时，医疗机构应耐心给予必要的劝告、制止，防止安全事故发生。值得注意的是，医疗机构仅进行了告知、警示并不代表医疗机构可以因此而免责，还应考虑医疗机构是否积极采取措施防止危险发生。

【案例10-4】

患者坠床责任应该由谁承担[①]

2014年8月，一位70岁患者谢某因"突然晕倒3小时"经急诊以"急性脑梗塞"入住某优质护理试点医疗机构。主管医生接诊后经过对患者病情的评估，认为患者存在跌倒、坠床的风险，遂要求患者家属陪住或雇用医院签约护工公司的护理员承担24小时陪护职责。但患者家属拒绝了医生的要求。医务人员让患者签署了风险告知书，注明由于未配备护理员所导致的风险发生由患者及家属自

---

① 参见樊荣：《谁应为患者坠床承担责任？》，搜狐网，2017年4月15日。

第十章　医疗机构的安全保障义务

行承担，医疗机构不承担责任。签约护工公司的护理员费用是 140 元/天，但同房间的另一名住院患者自行雇用了一名保姆照看是 70 元/天。谢某的家属遂和保姆商量让其协助照看谢某，最后商议价格为 50 元/天，并告知了护理人员。

谢某入院第二天，身体依靠在床档处输液。护士发现并提醒了患者一句，患者有眩晕症状需要坐好防止坠床，床档是防止患者坠床的，不能倚靠，同时嘱咐了保姆看护好患者。患者口头上答应却依然靠着床档。保姆在卫生间洗衣服，未在患者身旁照看。正在此时，床档突然折落，患者随之跌落在床旁。急查头颅 CT，除外头颅外伤。后患者诉腰痛，请外科会诊，查三维腰椎重建，示 L1、2 腰椎右侧横突骨折。事情发生后，患者家属认为医院没有尽到安全保障义务，要求医院承担赔偿责任，后双方经过协商，医院承担了患者的后续治疗费用，双方协商解决。

综合分析此案，提醒医疗机构在服务方面应提高意识，尽到合理的安全保障义务。该案中医院在服务方面未尽到合理的安全保障义务表现在 3 个方面。其一，该医疗机构是优质护理试点单位，根据《医院实施优质护理服务工作标准（试行）》的要求，应实施责任制整体护理。病房实施责任制分工方式，责任护士为患者提供整体护理服务，履行基础护理、病情观察、治疗、沟通和健康指导等护理工作职责，使其对所负责的患者提供连续、全程的护理服务。关于整体护理，《住院患者基础护理服务项目（试行）》规定，住院患者基础护理服务项目包括晨间护理、晚间护理、对非禁食患者协助进食/水、卧位护理、排泄护理、床上温水擦浴、其他护理和患者安全管理 8 个方面。其中，患者安全管理包括了评估住院患者，对存在的危险因素采取相应的预防措施并向患者进行指导，如跌倒、坠床、烫伤的预防等。根据评估结果对患者进行安全方面的指导，嘱患者注意自身安全，提高自我防范意识。护理人员在发现患者输液室倚靠床挡时，明知道床档不宜倚靠，存在坠床风险，却仅仅停留在口头告知，而未能立即劝阻患者恢复正常坐位。明知有损害风险，能够避免，却未去避免风险，属于未尽到安全保障义务。其二，根据《医疗卫生机构医学装备管理办法》第三十五条"医疗卫生机构应当按照国家有关法律法规做好医学装备质量保障。医学装备须计（剂）量准确、安全防护、性能指标合格方可使用"和第三十八条"医疗卫生机构应当加强医学装备预防性维护，确保医学装备按期保养，保障使用寿命，减少故障发生率"。而且，《医疗机构患者活动场所及坐卧设施安全要求 第 2 部分：坐卧设施》中的检查制度也明确要求，"医疗机构应落实患者坐卧设施各区域安全负责人和检查、维修人员,监理健全各级责任制度,不定期与定期巡查、检查制度,定期巡查每月不少于一次"。而案例中的医疗机构设备管理人员未能履行职责,导致病床缺陷未能及时发现与维修,造成了患者坠床。其三,患者签字拒绝的是雇用护工公司的护理员,但并不意味着拒绝配合诊疗活动,也并不意味着拒绝医院护理人员的照护。尤其是实施优质护理的病区,基础护理作为整体护理的一部分,本身就是应该由护理人员落实完成的。这是护理人员的工作职责之一。患者签字拒绝,并不是护理人员的免责条款,不能代表着护理人员可以不必履行应有的义务。当护理人员未尽到合理的安全保障义务,造成患者损害的,仍需承担相应的赔偿责任。

3. 制止不法行为的安全保障义务

医疗机构作为医疗公共场所安全保障义务的主体,应防止不法行为对患者、来访者及医院工作人员造成人身、财产损害,尽到合理的安全保障义务。主要包括以下几个方面。其一,有效防范危险发生的义务。根据医疗行业特点和相关标准妥善配备人力、物力,如导医、安保、监控装置等。例如,保安人员在巡逻时发现盗窃行为,则有义务在职责范围内保护患者财产安全;病区发生患者之间的争执或冲突,医护人员及保安人员应及时予以制止。其二,制止侵害行为的义务。如果在医院内发生第三人侵害行为,医院工作人员应及时制止,尽力控制损害程度。但同时应注意,医院工作人员毕竟非专业社会治安人员,不应过分苛求医院工作人员完全制止违法行为或控制加害人。其三,及时的救助义务。在危险情况出现或损害结果已然发生情形下,医疗机构应尽力采取补救措施,防止损害后果更加严重。例如,电梯出现故障时应及时采取措施帮助被困者脱险;发生摔倒致伤事件时,医院应立即清洁干燥地面,防止损害范围扩大,并及时救治受害人。

(二) 医疗机构的特殊安全保障义务

所谓医疗机构的特殊安全保障义务,是指医疗机构和其他公共场所相比,医疗机构仅对于患者的特殊安全保障义务。[①] 患者到医疗机构就诊,患有不同程度的疾病,由于身体不适、行动不便或精神障碍等原因就诊的患者,医疗机构应根据患者病情的轻重缓解来保证承担相应的安全保障义务,但应当明确安全保障义

---

① 参见于海旭:《论医疗机构的安全保障义务》,《北京化工大学学报》(社会科学版) 2013 年第 4 期。

务与诊疗义务的区别。医务人员在诊疗活动中违反诊疗义务构成医疗损害责任，而违反诊疗活动以外的安全保障义务则构成一般的侵权责任。医疗机构的特殊安全保障义务通常指医疗机构在诊疗活动外，对于患者的人身、财产等方面的安全保障义务。

1. 对无民事行为能力或限制民事行为能力的患者应加强安全保障义务

在以医院违反安全保障义务为由请求赔偿的案件中，因患者自杀、自伤、走失等后果导致医院赔偿的案件屡见不鲜。一般而言，患者系完全民事行为能力人，应当对自己的行为和决定负责，因其故意导致的损害，依照侵权责任的规定，医院不应承担责任。但由于患者因精神异常，丧失或部分丧失了自由、自主决定自己行为的能力造成损害后果，医疗机构未尽到合理的安全保障义务就会被追究相应的法律责任。因此医院对于无民事行为能力人或者限制民事行为能力人应尽到更高的安全保障义务，应当加强巡视，派人看护，采取特殊防护措施等，避免损害后果的发生。

【案例 10-5】

住院患者走失的责任承担①

患者张某，女，36 岁，自服阿普唑仑（量不详）3 小时余，昏睡不醒，呼之不应。由救护车于中午送入医院急诊科，紧急给予洗胃、导泻、吸氧，建立静脉通道，应用纳洛酮、醒脑静、保护胃黏膜药物，严密观察病情变化，烦躁时给予保护带约束，神志清醒后及时给予心理疏导，晚上患者生命体征平稳后转入内科继续治疗。患者清醒后牵挂被自己灌服安眠药的孩子（患者 6 月大的婴儿被其灌服 10 片阿普唑仑，患者清醒后说出此事，婴儿遂被送入新生儿监护病房救治），但看望孩子的愿望暂时无法满足。后夜，患者出现狂躁情绪，跑出病房，在院内乱跑，声称要去看自己的孩子，之后跑到院外的大街上，随后医院总值班、保卫科、"110"交巡警均出动，所幸该患者最终被找到，未出现其他意外。而值班的医护人员因忙着寻找走失的患者，引发科内一片混乱。

住院患者走失事件是指患者自办理完成住院手续起至完成出院手续期间，就诊患者在诊疗期间，在未取得主治医生同意下，出于多种原因而发生的出走、失

---

① 参见张凤霞：《走失的患者》，《中国卫生人才》2014 年第 8 期。

踪事件,且多发于老年患者。患者走失不仅使得患者得不到适当的医疗及护理服务,并对患者的生命安全构成重要危险。研究显示,一旦阿尔茨海默氏症患者走失在 24 小时以上,其生还的可能性只有 50%。因此,对于住院患者,尤其是对精神异常,丧失或部分丧失了自由、自主决定自己行为能力的患者,应更加提升安全保障义务,做好必要的防范工作。

2. 对其他特殊疾病患者的安全保障义务

医疗机构作为面向公众提供医疗与护理保健服务的场所,有义务加强其医疗场地、医疗设施设备的安全防范管理,以确保服务对象的人身安全。在杨立新教授编写的《民法典释义与案例评注》中特别指出儿童是祖国的未来,是民族的未来,因此法律对儿童予以特别的关照和保护。对儿童的保护适用特别标准,公共场所的管理人或者群众性活动的组织者必须竭力采取保护儿童的各项措施,以保障儿童不受场地内具有诱惑力危险的侵害。在硬件方面,保证场所内的设备设施安全有效,符合相关标准,并按照设备设施的性能和特点,及时地或者定期地对其进行检查和维修,使之处于较好的运行和使用状态;在软件方面,要谨慎、勤勉地管理,并建立合理有效的规章制度,对不安全因素要及时进行提示、告知和劝阻。①

公共场所的管理人或者群众性活动的组织者违反对儿童的安全保障义务,造成儿童损害的,应当承担赔偿责任。当医疗机构面对的治疗对象为行动不便的老年人、残疾人以及儿童时,其内部设计方面对安全保障应尽到更高的注意义务。

三、医疗机构违反安全保障义务侵权责任的构成要件

医疗机构是否违反安全保障义务,构成侵权责任,一般应符合以下 4 个要件,即行为的违法性、医疗机构存在主观过错、患方存在损害事实以及违法行为与损害后果具有因果关系。

(一)违法行为

安全保障义务人的行为违法,表现为医疗机构未尽到安全保障义务,一般包括以下 3 种情况:①医疗建筑、设施设备等存在安全隐患;②医疗机构在服务中未尽到谨慎管理义务,未能消除人为的危险因素;③未能及时制止侵害行为,即医疗机构对其管控范围内发生的侵权行为未能进行有效的防范或者制止。

---

① 参见刘炫麟:《儿童跌伤与医疗机构的安全保障义务》,《伤害医学》2017 年第 3 期。

（二）主观过错

医疗机构承担安全保障义务侵权责任要求主观上具有过错。值得注意的是《民法典》第一千一百九十八条规定的安全保障义务侵权一般理解应属于过失行为，不包括故意，通常表现为医疗机构应当预见损害情况发生而因疏忽大意没有预见，或未尽到足够的注意义务，从而未及时采取积极措施避免损害结果发生。

（三）损害结果

医疗机构未尽合理限度范围内的安全保障义务致使权利人遭受损害，包括人身损害和财产损害。人身损害即安全保障义务权利人的生命权、身体权、健康权等遭受侵害导致受伤或死亡后果。财产损害即由于医疗机构未尽合理义务致使权利人的合法财产权利遭受侵犯，产生权利人经济损失。

（四）因果关系

违法行为与损害结果之间具有因果关系是任何侵权行为都必须具备的构成要件，具体到医疗机构安全保障义务侵权责任，表现为医疗机构未尽安全保障义务直接或间接导致受害人产生损害结果。该因果关系的认定标准应当为，若医疗机构尽到安全保障义务，即达到合理注意程度、积极作为，就能避免受害人损害结果的发生。

【案例10-6】

患者财物被偷，医院是否担责①

2019年1月7日下午，患者黄某因感染风寒，高烧不退，被儿子闫先生送到A医院接受治疗。次日晚，闫先生再次来到A医院看护父亲，并带来了4000元住院费，想第二天一早把钱交到住院部收费处。深夜里，见父亲已经入睡，闫先生将提包放到陪护长椅边的方桌上，便躺下睡觉，待他一觉醒来时，却发现提包不见了。闫先生很着急，因为提包里除了钱，还有身份证、银行卡、汽车钥匙等重要物件。闫先生随即找到值班护士，而该院护士认为，钱物一般都是由病人自己保管的，医院没有替病人保管钱物的义务，闫先生丢失了物品，医院没有责任。闫先生事后报了警，但他认为医院夜里出入的许多门没有上锁，存在管理不

---

① 参见《病人遭窃医院该担责吗?》，法律快车网，2011年12月31日。

善，应当承担一定的责任。

目前，患者或其家属在医院内被小偷盗窃财物的现象屡见不鲜，各大医院似乎成为盗窃的"重灾区"。患者在医院内被偷的事件时有发生，不仅导致患者财物损失，而且患者因此认定医院未尽到安全保障义务与医院发生纠纷的情况也会引发医患矛盾。医院固然没有替病人保管钱物的义务，但应当尽到合理范围内的安全保障义务，比如深夜将病房门关好，配备必要的防盗设施，同时提醒患者及其家属注意财物安全，从而避免此类情况的发生。

四、医院履行安全保障义务的要求以合理为限

医疗机构履行安全保障义务，能够最大限度地为患者与其他进入医院管控范围的公众提供人身和财产安全保护，但安全保障义务并不是无限的，毫无边界地过分苛求安全保障义务将会造成医疗机构承担过重责任，影响各方权利义务的均衡。因此，安全保障义务应当有其合理的适用范围和义务边界。所谓合理，通说应当是作为正常人在正常情况下能够做到的事情或者达到的要求。具体来说，如何判定医疗机构履行了安全保障义务的合理性，本书认为可以从以下4个方面加以把握。

（一）法定标准

如果法律、法规对于医疗机构的安全保障内容有直接规定的，就应当以法律、法规的规定内容作为判断标准和依据。依据《基本医疗卫生与健康促进法》的规定，公共场所应当按照规定配备必要的急救设备、设施。[1] 该法将医疗机构也纳入公共场所的范围之后，在加强对医疗机构保护的同时，也对医疗机构安全保障义务提出了更高的要求。

（二）行业标准

在法律、法规没有明确规定的情况下，安全保障义务应当达到同行业所应达到的通常注意义务。医疗机构是否尽到"合理限度内的安全保障义务"，一方面要考虑医院的安全保障措施是否达到了相同级别的其他医疗单位所设立的或所实

---

[1] 《基本医疗卫生与健康促进法》第二十七条第1款及第2款规定：国家建立健全院前急救体系，为急危重症患者提供及时、规范、有效的急救服务。卫生健康主管部门、红十字会等有关部门、组织应当积极开展急救培训，普及急救知识，鼓励医疗卫生人员、经过急救培训的人员积极参与公共场所急救服务。公共场所应当按照规定配备必要的急救设备、设施。

施的保障措施；另一方面也必须考虑各个医疗单位和各个患者及履行医疗服务过程中的具体不同情况，如医院的级别、患者所在病区、医院的具体管理措施、患者所患疾病的类型和病情严重程度、单人病房还是多人病房及有无陪护人员等并具体分析。

（三）合同标准

安全保障义务是侵权责任法层面的法定义务，但如果合同一方约定对另一方负有安全保障义务，则安全保障义务也来源于合同约定。即以法定义务为一般，以合同义务为补充，更有利于保护患方的人身和财产方面的合法权益。

（四）善良管理人的标准

如果没有法律规定的标准，医疗机构是否履行了安全保障义务，可以按照善良管理人的标准确定，即一个诚实信用的管理人应当达到的注意程度。[①]"善良家父的勤谨注意"的归责标准在罗马法中最早出现。大陆法系国家的善良管理人注意标准基本上都来源于罗马法，且将善良管理人标准当成判断义务人是否存在过失的基本准则。善良管理人的标准具有如下特征。

（1）善良管理人不是完美的圣人，善良管理人的标准是法律虚拟出来的，是"司法概念的拟人化"。但其并非在任何条件下和任何时候都是完美无缺的，他只是具体环境中的一个中等水平的人，他同样有这样或者那样的缺点，也可能会犯一些生活上的错误。法律本意上不是将其作为圣贤拟制出来并让人效仿其行为，而是为人们行为妥当性提供参照系。

（2）善良管理人不是主观标准而是客观上的标准。也就是说，法律不管一个人的容貌是美丽还是丑陋，不管一个人的智力高低，同时也不论他的受教育的程度高低，统一抽象出一个基础的标准，这种标准往往代表了民众各方面的平均水平。

（3）善良管理人的标准是一种事前判断。因为只有当时的客观条件才能推断出义务人所应当预料并及时防止的危险，才能推断出义务人应该履行何种程度的安全保障义务。

善良管理人标准的3个特性决定了其在界定安全保障义务合理限度中具有一定的客观性，在没有法定标准和行业标准时，适用善良管理人标准也更加方便可行。

---

① 参见何珍奇：《论安全保障义务人的补充责任》，西南政法大学学位论文，2017年。

【案例 10-7】

在医院内和小偷扭打 15 秒，医院职工没人来干预[①]

原告张某到当地一家医院就医，在挂号大厅办理手续时，发现一名小偷盗窃其财物，与其扭打片刻，后小偷逃离，张某损失 1000 多元现金。根据医院监控录像显示，张某与小偷扭打过程中，不远处导医台的工作人员全程眼睁睁看着事件发生，却没采取任何制止措施。该医院在这里明显违反了"善良家父"标准，没有尽到安全保障义务，应当承担相应法律责任。

综上，医疗机构作为人们日常生活中难以避免的活动场所，承担着保障其场所内人员人身财产安全的重要责任。医院作为安全保障义务主体，其保护对象除了成立合同关系的患者，还包括因合理原因进入医疗机构的其他公众。医疗机构在履行安全保障义务时应注意在长期存在危险的场合，应修筑防护设施，并以明示的方法提出警示，且该警示能为经过之人在陷入危险前轻松知晓；对临时出现危险的场合，应设立临时警示牌和临时防护措施，告知危险存在；危险越大的场合，进行的警示应越明显，设置的防护措施应更稳固，并建议多重设置；对行为能力减弱之人，应加大看护力度，加强巡查，做好巡查记录，同时应告知家属参与看护，做好告知记录。以上各项措施之采取，均应做好工作记录，由责任人经办人签字并拍照备查，以备举证之需。

[①] 参见肖菁：《跟小偷扭打了 15 秒钟医院职工没一个来帮忙》，搜狐网，2006 年 4 月 8 日。

第十一章 医疗告知与说明义务的新要求

医学治疗在古希腊时期成为了一种专业技能。此后的很长时间内,"医师父权主义"为医患关系的模式,医务人员对患者的治疗享有决定性的裁量权。但是随着权利意识的发展,医师父权主义的弊端开始显露,患者的自主性不断提升。医疗告知义务随之兴起,并成为一项重要的医学伦理制度。

一、医疗告知与说明义务概述

告知与说明义务的规则形成最早起源于第二次世界大战后的纽伦堡审判,制定了《纽伦堡法典》(1947)。该法典被公认为是开创告知与说明义务法理的先端。[1] 1964 年世界医师大会通过了《赫尔辛基宣言》,正式确认了患者的知情权和自主决定权。1981 年第 34 届医师大会通过了《里斯本病人权利宣言》,将医疗告知与说明义务扩展到所有患者的治疗上。关于医疗告知与说明义务的判例最早发生在 1914 年的美国,某患者因为脊柱方面的疾病到医院接受手术治疗,术前医院向患者告知手术过程有可能导致死亡,但没有告知患者可能导致残疾。术后患者终身残疾,遂将医院起诉,要求医院承担告知不足的责任,法院判决支持患者的请求。其后各国法律对此都作出相应的规定,也出现了大量的相关判例。1929 年民国政府颁布的《医师暂行条例》中就规定医师给患者实施手术,须征得患者及其近亲属的同意。

随着医学模式由传统"生物—医学模式"向现代"社会—心理—医学模式"转变,医患模式由"医师父权模式"向"医患契约模式"的转变,医疗决策模式由"患者授权医疗"向"患者参与医疗"转变,患者的自主决定权越来越受到重

---

[1] 参见刘长秋:《生命科技犯罪研究的理论与立法实践》,《国外社会科学前沿》2006 年第 10 期。

视。① 这体现在两个方面：一是主要的医疗卫生管理法律、法规基本上都涉及保障患者知情同意权规定；二是在诊疗技术和方法多元化的今天，医疗风险与诊疗活动相伴相随，没有最好的诊疗方案，只有更适合患者的诊疗方案。赋予医生的说明义务是保护患者自主决定权的前提，是意思自治原则的具体表现，也是医疗风险在医患双方之间进行有机分配，平衡双方利益的需要。一方面，医生的告知义务要求医生不得任意凭借自己的专业判断将医疗行为的不良后果转嫁到患者身上，而是给予患者对医疗风险说"不"的权利和机会；另一方面，医生的告知义务也为医方提供减轻或免除责任的机会，若医生将医疗方案及医疗风险等信息告知了患者，而患者依然选择进行治疗时，患者就要自行承担相应的不利后果，医方即可以其告知义务的履行而主张减轻或免除对患者的侵权责任。②

现行的法律法规对医疗告知与说明义务的规定也在逐渐演变细化。根据《医疗机构管理条例》第三十三条规定，医疗机构施行手术、特殊检查或者特殊治疗时，必须征得患者同意，并应当取得其家属或患者关系人同意并签字；无法取得患者意见时，应当取得家属或者关系人同意并签字。根据《医疗机构管理条例实施细则》第六十二条规定，医疗机构应当尊重患者对自己的病情、诊断、治疗的知情权利。在实施手术、特殊检查、特殊治疗时，应当向患者作必要的解释。因实施保护性医疗措施不宜向患者说明情况的，应当将有关情况通知患者家属。根据《执业医师法》第二十六条规定，医师应当如实向患者或者其家属介绍病情，但应注意避免对患者产生不利后果。医师进行实验性临床医疗，应当经医院批准并征得患者本人或其家属同意。根据《医疗事故处理条例》第十一条规定，在医疗活动中，医疗机构及其医务人员应当将患者的病情、医疗措施、医疗风险等如实告知患者，及时解答其咨询；但是，应当避免对患者产生不利后果。此外，《病历书写基本规范》第十条对说明义务的要求作了进一步细化："对需取得患者书面同意方可进行的医疗活动，应当由患者本人签署知情同意书。患者不具备完全民事行为能力时，应当由其法定代理人签字；患者因病无法签字时，应当由其授权的人员签字；为抢救患者，在法定代理人或被授权人无法及时签字的情况下，可由医疗机构负责人或者授权的负责人签字。因实施保护性医疗措施不宜向

---

① 参见最高人民法院民法典贯彻实施工作领导小组主编：《民法典侵权责任编理解与适用》，人民法院出版社 2020 年版。

② 参见武慧琴：《论违反医疗告知义务的侵权责任》，《南华大学学报》（社会科学版）2014 年第 4 期。

第十一章 医疗告知与说明义务的新要求

患者说明情况的,应当将有关情况告知患者近亲属,由患者近亲属签署知情同意书,并及时记录。患者无近亲属的或者患者近亲属无法签署同意书的,由患者的法定代理人或者关系人签署同意书。"《医疗纠纷预防和处理条例》第十三条规定:"医务人员在诊疗活动中应当向患者说明病情和医疗措施。需要实施手术,或者开展临床试验等存在一定危险性、可能产生不良后果的特殊检查、特殊治疗的,医务人员应当及时向患者说明医疗风险、替代医疗方案等情况,并取得其书面同意;在患者处于昏迷等无法自主作出决定的状态或者病情不宜向患者说明等情形下,应当向患者的近亲属说明,并取得其书面同意。紧急情况下不能取得患者或者其近亲属意见的,经医疗机构负责人或者授权的负责人批准,可以立即实施相应的医疗措施。"《基本医疗与卫生健康促进法》第三十二条规定:"公民接受医疗卫生服务,对病情、诊疗方案、医疗风险、医疗费用等事项依法享有知情同意的权利。需要实施手术、特殊检查、特殊治疗的,医疗卫生人员应当及时向患者说明医疗风险、替代医疗方案等情况,并取得其同意;不能或者不宜向患者说明的,应当向患者的近亲属说明,并取得其同意。法律另有规定的,依照其规定。开展药物、医疗器械临床试验和其他医学研究应当遵守医学伦理规范,依法通过伦理审查,取得知情同意。"

《民法典》第一千二百一十九条规定:"医务人员在诊疗活动中应当向患者说明病情和医疗措施。需要实施手术、特殊检查、特殊治疗的,医务人员应当及时向患者具体说明医疗风险、替代医疗方案等情况,并取得其明确同意;不能或者不宜向患者说明的,应当向患者的近亲属说明,并取得其明确同意。医务人员未尽到前款义务,造成患者损害的,医疗机构应当承担赔偿责任。"该条基本沿用了上述规定,但在有关要求上作了突出强调:一是有关说明义务的履行,必须是"具体说明",这是新增的要求,即相关说明内容要针对病情,事项要具体,不宜采取笼统的含糊的说明,这对说明义务的规范化具有积极作用。二是取得患者一方同意不再硬性要求是书面形式,但应当取得其"明确"同意,也就是此"同意"的意思表示应该是清楚明确的,有关证据的证明也要达到此要求。三是将"不宜向患者说明的"修改为"不能或者不宜向患者说明的"。上述医事法律法规的内容与《民法典》第一千二百一十九条的规定一起构成了完备的医疗告知与说明义务的规范体系(见表11-1)。

表 11-1　现行的法律法规对医疗告知与说明义务规定的演变

规范名称	年份	序号	条文内容	说明义务
医院工作制度	1982	四十附6	实行手术前必须由病员家属、或单位签字同意（体表手术可以不签字），紧急手术来不及征求家属或机关同意时，可由主治医师签字，经科主任或院长、业务副院长批准执行	家属单位签字同意
医疗机构管理规定条例	1994	33	医疗机构施行手术、特殊检查或者特殊治疗时，必须征得患者同意，并应当取得其家属或患者关系人同意并签字；无法取得患者意见时，应当取得家属或者关系人同意并签字；无法取得患者意见又无家属或者关系人在场，或者遇到其他特殊情况时，经治医师应当提出医疗处置方案，在取得医疗机构负责人或者被授权负责人员的批准后实施	征得同意
医疗机构管理规定条例实施细则	1994	62	医疗机构应当尊重患者对自己的病情、诊断、治疗的知情权利。在实施手术、特殊检查、特殊治疗时，应当向患者作必要的解释。因实施保护性医疗措施不宜向患者说明情况的，应当将有关情况通知患者家属	解释
执业医师法	1998	26	医师应当如实向患者或者其家属介绍病情，但应注意避免对患者产生不利后果。 医师进行实验性临床医疗，应当经医院批准并征得患者本人或者其家属同意	介绍
医疗事故处理条例	2002	11	在医疗活动中，医疗机构及其医务人员应当将患者的病情、医疗措施、医疗风险等如实告知患者，及时解答其咨询；但是，应当避免对患者产生不利后果	如实告知解答
侵权责任法	2009	55	医务人员在诊疗活动中应当向患者说明病情和医疗措施。需要实施手术、特殊检查、特殊治疗的，医务人员应当及时向患者说明医疗风险、替代医疗方案等情况，并取得其书面同意；不宜向患者说明的，应当向患者的近亲属说明，并取得其书面同意。 医务人员未尽到前款义务，造成患者损害的，医疗机构应当承担赔偿责任	说明书面同意

第十一章 医疗告知与说明义务的新要求

续表

规范名称	年份	序号	条文内容	说明义务
病历书写基本规范	2010	10	对需取得患者书面同意方可进行的医疗活动，应当由患者本人签署知情同意书。患者不具备完全民事行为能力时，应当由其法定代理人签字；患者因病无法签字时，应当由其授权的人员签字；为抢救患者，在法定代理人或被授权人无法及时签字的情况下，可由医疗机构负责人或者授权的负责人签字。因实施保护性医疗措施不宜向患者说明情况的，应当将有关情况告知患者近亲属，由患者近亲属签署知情同意书，并及时记录。患者无近亲属的或者患者近亲属无法签署同意书的，由患者的法定代理人或者关系人签署同意书	签署
医疗纠纷预防和处理条例	2018	13	医务人员在诊疗活动中应当向患者说明病情和医疗措施。需要实施手术，或者开展临床试验等存在一定危险性、可能产生不良后果的特殊检查、特殊治疗的，医务人员应当及时向患者说明医疗风险、替代医疗方案等情况，并取得其书面同意；在患者处于昏迷等无法自主作出决定的状态或者病情不宜向患者说明等情形下，应当向患者的近亲属说明，并取得其书面同意。紧急情况下不能取得患者或者其近亲属意见的，经医疗机构负责人或者授权的负责人批准，可以立即实施相应的医疗措施	说明书面同意
基本医疗卫生与健康促进法	2019	32	公民接受医疗卫生服务，对病情、诊疗方案、医疗风险、医疗费用等事项依法享有知情同意的权利。需要实施手术、特殊检查、特殊治疗的，医疗卫生人员应当及时向患者说明医疗风险、替代方案等情况，并取得其同意；不能或者不宜向患者说明的，应当向患者的近亲属说明，并取得其同意。法律另有规定的，依照其规定。开展药物、医疗器械临床试验和其他医学研究应当遵守医学伦理规范，依法通过伦理审查，取得知情同意	说明同意
民法典	2020	1219	医务人员在诊疗活动中应当向患者说明病情和医疗措施。需要实施手术、特殊检查、特殊治疗的，医务人员应当及时向患者具体说明医疗风险、替代医疗方案等情况，并取得其明确同意；不能或者不宜向患者说明的，应当向患者的近亲属说明，并取得其明确同意。医务人员未尽到前款义务，造成患者损害的，医疗机构应当承担赔偿责任	说明，具体说明；明确同意

二、医疗告知与说明义务的实施

（一）医疗告知与说明义务的内容

1. 一般说明义务与具体说明义务

根据告知内容的不同，医务人员应尽到的说明义务亦不同，《民法典》根据告知与说明内容的不同将告知与说明义务分成两个层次：一般说明义务和具体说明义务。

一般说明义务适用情形及要求。在这种情况下，医务人员需要说明的信息主要为病情和医疗措施，患者病情包括疾病的性质、严重程度、发展变化趋势等，还包括诊断信息，即疾病名称、诊断依据等；医疗措施包括可供患者选择的治疗方案、治疗效果和大致的费用、可能出现的并发症和风险以及不采取医疗措施的危险性等。

具体说明义务适用情形及要求。适用于患者需要实施手术、特殊检查、特殊治疗的情况。对于特殊检查、特殊治疗的定义，依据《医疗机构管理条例实施细则》第八十八条的规定，包括：①有一定危险性，可能产生不良后果的检查和治疗；②由于患者体质特殊或病情危笃，可能对患者产生不良后果和危险的检查和治疗；③临床试验性检查和治疗；④收费可能对患者造成较大经济负担的检查和治疗。[1] 在这种情况下，医务人员除了履行向患者说明病情和医疗措施的义务外，还应当及时向患者说明医疗风险、替代医疗方案等情况。所谓医疗风险，是指医疗措施可能出现的并发症、后遗症、不良反应等风险；替代医疗方案信息则包括可选择的几种手术方式及其利弊等信息。具体说明，顾名思义要求针对患者病情，告知事项要具体，不宜采取笼统的含糊的说明，这对说明义务的规范化具有积极作用，也对医务人员如何履行说明义务提出了更明确的要求。

关于具体说明义务，本书有3点建议：①医疗知情同意书中的风险不能仅停留在概念层面，而应当有一定的解释性内容；②在与患方谈话时，应当以知情同意书为提纲，对其中的特殊风险应当详细交代、解释、答疑，甚至圈画相关概念；③谈话过程应当有一定的时间长度，并在病程记录或者知情同意书中记载。

---

[1] 参见最高人民法院侵权责任法研究小组编著：《〈中华人民共和国侵权责任法〉条文理解与适用》，人民法院出版社2010年版，第396页。

2. "明确同意"的表现形式

《侵权责任法》《医疗纠纷预防和处理条例》中关于告知与说明义务的规定均要求医疗机构要取得患者一方的"书面同意",《民法典》修改为"明确同意"。这里包含两层含义：一层是"收紧",另一层是"放开"。"收紧"是指要求患方的"同意"的意思表示应该是具体的、清楚的、明确的,比如,同意何种检查,同意何种手术,同意何种治疗,等等。"放开"是指患方的"同意"可以是多种形式,不再拘泥于书面签字和病历记录,录音录像等视听资料以及其他形式都可作为患方意思表示的佐证。这从一定程度上缓解了患方有意思表示但拒绝在病历中签字的情况下医疗机构举证难的窘境。但非紧急情况下实施的手术、特殊检查、特殊治疗,医务人员仍应当征得患者的书面同意。

3. 无须履行告知与说明义务的情况

有观点认为,不需要医疗机构履行告知与说明义务的情况有：一是依据法律给予医生强制治疗的权限;二是危险性极其轻微,发生的可能性几乎没有;三是患者非常清楚自己的症状;四是患者自愿放弃接受医生的说明;五是由于事态紧急无法取得患者的承诺;六是如果加以说明可能给患者招致不良影响。[①] 但在以上不能或者不宜向患者说明的情况下,医疗机构仍应当向患者近亲属履行告知和说明义务,需要作出选择的,应当取得患者近亲属的明确同意。履行告知与说明义务的主体是医生,对于告知和说明的内容,医生具有自由裁量权,但应受到限制,除非对患者履行告知义务对患者的健康有损害,否则均应当对患者尽到告知和说明义务。

(二) 医疗机构履行告知与说明义务的对象

1. 患者本人

一般意义上的患者指患有疾病需要就医的人。法律意义上的患者,则是指与医疗机构形成事实上的医疗服务合同关系的（一般以挂号为标准）的自然人。除此之外,在医疗活动和医疗侵权救济中与患者本人存在法律关系的人（主要是患者的近亲属）在一定条件下也可以成为医疗侵权法律关系的主体。无论从法理还是法律法规的规定上,医疗告知的对象应当是患者本人。

2. 患者的近亲属

如果患者未签署授权委托书,而又因病或因医疗保护性措施等不能行使知情

---

① 参见段匡、何像俞：《医生的告知义务和患者的承诺》,载梁慧星主编：《民商法论丛》（第12卷）,法律出版社1999年版,第162页。

同意的情况下，医疗机构的告知对象应为患者的近亲属。《民法典》第一千二百一十九条规定：不能或者不宜向患者说明的，应当向患者的近亲属说明，并取得其明确同意。近亲属的范围包括配偶、父母、子女、（外）祖父母、同胞兄弟姐妹等。不宜向患者说明的情形，包括将会造成患者悲观、恐惧、心理负担沉重，不利于治疗的情况。但因每个患者的身体状况、心理素质等均不同，如何确定"不能或者不宜向患者说明"在实践中存在困难。本书建议如在无法确定的情况下，医疗机构可就此事项征求患者近亲属或授权委托人的意见，多方综合判断是否属于"不能或者不宜向患者说明"的事项后再决定是否向患者本人告知。

3. 患者的授权委托人

医疗实践中，存在患者本人因病情变化或手术等特殊治疗过程中无法进行意思表示，近亲属意见不一致的情况。为能更准确地体现患者的意愿，尊重患者本人的权利，同时避免由此引发的医疗纠纷，医疗机构会在患者入院时让患者本人签署一份授权委托书，根据患者自己的意愿授权一位自然人代为行使知情同意，授权委托书应有授权人和被授权人的签字。这就是法律上的"代理"。同时为了符合相关法律的规定，也为了更有效地保护医患双方的合法权益，被授权人宜为患者的近亲属。

4. 医疗机构负责人或授权的负责人

患者是否具有完全意思表示能力是医疗告知与说明义务履行中的重大问题。如果患者具有完全民事行为能力，那么医疗机构就必须向其本人履行告知义务，患者本人就是同意医治的主体。如果患者本人为限制民事行为能力人或者无民事行为能力人，医疗机构必须向其监护人履行告知义务，患者的监护人就是同意医治的主体。在未得到患者或者其监护人同意的情况下，医疗机构具有侵袭性的医疗行为就不具备合法基础。如果医疗机构怠于获得患者本人或者其监护人的同意，那么医疗机构很有可能使患者错过医治的最佳时机。

另外，应注意的是，我国医事法律法规中所规定的医务人员取得明确同意的对象有过几次演变，与《民法典》的规定不尽相同。如果之前的规定与《民法典》规定在文本含义上相冲突的，则不能予以适用；但如果仅是规定不一致，或者有关医事法规规定的内容更加具体化，不能认定为是冲突规定，则可以按照特殊法优于一般法的规则，适用特殊法的规定。例如，《民法典》中已适用近亲属的概念，《执业医师法》《医疗机构管理条例》等关于"家属"的提法就不再适用，应统一适用《民法典》的规定。但在情况非紧急即不属于《民法典》第一千二百二十四条规定的"患者或者近亲属不配合医疗机构进行符合诊疗规范的诊疗"的情形时,仍找不到患者近亲属的,这时不能认为《病历书写基本规范》第十条规定的"患者无近亲属的或者患者近亲属无法签署同意书的,由患者的法定代理人或者关系人签署同意书"与《民法典》规定相冲突,而恰恰是第一千二百二十四条没有规定的情形,应继续适用。

(三) 医疗知情同意书与免责的关系

医疗知情同意书是医疗机构在施行医疗行为之前充分告知患方相关医疗信息,征得患方同意后与其签订的医疗文书。医疗知情同意书作为患方知情同意权的书面证明文件,其性质只在证明医务人员实行医疗行为前已经充分履行了对患方相关医疗信息的告知与说明义务。在此基础上,患方自主行使同意权,同意医方实施该医疗行为。①

1. 医疗知情同意书是患者知情同意的单方法律行为

单方法律行为是指只需根据一项意思表示就能成立的法律行为。医疗知情同意书的签订并不需要医患双方合意,满足无条件的一致,只要在医务人员充分履行了告知与说明义务而能保障患者合理行使权利并作出符合自己意愿的决定即可。因此,从某种程度上讲,医疗知情同意书是患者单方意思表示就可以完成的文件证书。

2. 医疗知情同意书是一种证明文件

(1) 医疗知情同意书是医方履行告知与说明义务的证明文件。医疗知情同意书的证明性表明医方已经履行了充分的告知与说明义务。一般来说,医方对患者施行手术、创伤性检查以及实验性临床医疗、医学美容、麻醉以及输血等危险性相对较大的医疗行为均需要与患方签订医疗知情同意书。患方签订医疗知情同意书是医方实施重大医疗行为合法的前提要件,对该程序的违反将导致整个后续医疗行为均不具有合法性依据。医疗知情同意书要具备相应的法律效力,必须以医方向患方履行告知与说明义务为前提,医方履行告知义务应达到充分的告知说明程度,即向患方及时准确地告知医疗风险、并发症、医疗流程、术前术中术后应注意问题等与医疗行为相关以及患方意欲了解的关于医疗行为的各项信息,不履行告知与说明义务、错误告知、不适时告知、告知未取得同意等情形,都将因医方告知与说明义务没有履行或履行未达充分程度而导致对医疗告知与说明义务的

---

① 参见艾尔肯:《论医疗知情同意理论》,《河北法学》2008 年第 8 期。

违反和医疗知情同意书的无效。

（2）医疗知情同意书是患方行使知情同意权的证明文件。医疗知情同意书的证明性表明患方的知情同意权已经实现。知情同意权是患者生命健康权的延伸，在患方自主决定式医患关系中，是患方享有的一项新型人权。医疗知情同意书制度作为患方知情同意权的保障机制，是新型医患关系强调患方主体地位，强调患方权利保护的具体体现。医方不仅要在实行医疗行为前向患方履行充分告知义务，而且在除急救等例外情况外，应当给予患方对医疗知情同意书进行理解和选择判断的合理期限，并协助患方对相关医疗信息进行理解，患方在此基础上对医方提供的医疗方案、措施和其他将施行于患者的医疗行为进行自主选择和确认，签订医疗知情同意书。医疗知情同意书表明医方在实施某一医疗行为，特别是在实施重大医疗行为前已向患方充分履行了说明义务，患方对该医疗行为可预见的损害及可能发生的意外已经知悉，并以签订同意书的方式，书面同意该医疗行为，明确承担由此产生的医疗风险。据此，医方不再能自行决定医疗方案、医疗措施和其他医疗行为，患方通过签署医疗知情同意书赋予医疗行为合法性，既维护和保障了患方的知情同意权，也表明患方的知情同意权已经得以实现。

（3）医疗知情同意书是患方承担医疗风险的证明文件。医疗知情同意书的签订表明经其同意的医疗行为所产生的医疗风险由患方承担。医疗风险由患方自担源自医患双方追求患者生命健康利益根本目的的一致性和患方享有医疗可能利益的独占性两方面原因。患方到医疗机构就医的目的在于恢复身体健康或获得其他医疗利益，医方提供医疗服务，也是为了恢复患者健康或帮助患者获得其他医疗利益，医患双方的目的具有一致性。因此，恢复患者健康或实现患者其他医疗利益的同一目的追求，成为患方自担医疗风险的正当性前提。医疗行为本身具有高度危险性的特点要求医方必须履行高度注意义务和谨慎执业义务。但是，受到现有医疗科学技术水平及患者自身个体差异等诸多客观因素的影响，医疗风险难以完全避免，患方在享有医疗行为带来医疗利益的同时，也要承担相应的医疗风险，这是由医疗行为的侵袭性决定的。在实践中，某些医疗机构利用以往法律规范不统一，加之患方缺乏相关医学知识，在医疗知情同意书中预先列明免责条款，通过签订医疗知情同意书的方式免除其应当承担的超出正常医疗风险范畴的损害责任，侵害患方合法权益。

医疗知情同意书作为证明性的医疗文书，仅能够证明医方施行医疗行为的属性，并不具备免责的合同效力。医方在实施医疗行为前已向患方充分履行了告知与说明义务，患方了解该医疗行为及相关医疗信息后行使同意权，就要求患方承担因此而产生的医疗风险。因此，医疗知情同意书仅具有医疗证明文件的性质，并不具有承载医患双方合意的法律属性。

3. 医疗知情同意书的法律效力

（1）程序法上的证明效力。患者只有在具体了解病情信息及治疗方案并以真实的意思表示为前提签署了医疗知情同意书的情况下，才能证明医务人员已完成应尽的义务，切实保障了患者在这一过程中的合法权利。如果患者没有这个签署的程序，就会认定医务人员在医疗行为中有过错的法律效果，而由医方来承担由此产生的侵权责任。为了保障医务人员医疗救治行为的合法化，医疗知情同意书的签订是必经程序。对于医务人员来说，医疗知情同意书的制度设计不仅为其本职工作设置了相应义务，同时也为其在实施具体医疗行为起到了证明作用，从程序上证明实施的医疗救治行为是取得了患者的同意和认可的，表明医务人员已经切实履行了告知义务，从程序法的角度保证了医疗救治活动的正确合理性。

（2）实体法上不具有免责的效力。医疗知情同意书的签署只是表明医务人员就医疗诊治的过程可能出现的风险履行告知义务，患者表示知悉这些风险信息及愿意承担的意思表示。医疗救治中的风险是客观存在的，因此在医疗实践中，医务人员通过医疗知情同意书签订的形式提示医疗救治有可能发生的意外，使患者在这种情况下能作出慎重、自愿的决定。虽然从表面上看，患者签署医疗知情同意书免除了医务人员对医疗救治过程中可能出现的意外情况的责任承担，但是这并不表明只要患者签署了医疗知情同意书，医务人员就再不承担任何责任。

一方面，患者在进入医疗机构寻求医疗救助时已经是承担了金钱给付的对等义务，所以不能认为患者在医疗知情同意书上的签字就是对医疗机构所有责任的全免除，而由患者自己承担所有风险、不利后果的意思。这里的签字仅仅表明患者对医疗信息知悉的知情同意确认，对治疗方案的确认，并不表明对医疗机构由于过错产生损害赔偿的免除。另一方面，鉴于医务人员救治活动本身就有对患者身体健康权侵袭的固有属性，所以患者医疗知情同意书的签署只表明患者对医疗救治中固有的风险及意外、应有损失的承担责任，但不同医务人员受专业水平、职业素质各不相同的影响，其诊治救助的医疗行为在主观上是否有过错，是否符合医疗常规，等等，都不在医疗知情同意书中患者所自承的免责范围内。①

---

① 参见黄梦苏：《论手术同意书的法律性质及效力》，《中国卫生事业管理》2008年第7期。

三、医疗机构的紧急救助义务

《民法典》第一千二百二十条规定了因抢救生命垂危的患者等紧急情况可以立即实施相应的医疗措施。对生命垂危等紧急情况下的患者实施紧急救治是医疗机构及其医务人员履行救死扶伤职责的基本要求，也是医疗机构公益性特征的鲜明体现。

《执业医师法》第二十四条规定："对急危患者，医师应当采取紧急措施进行诊治；不得拒绝急救处置。"《医疗机构管理条例》第三十一条规定："医疗机构对危重病人应当立即抢救。对限于设备或者技术条件不能诊治的病人，应当及时转诊。"对于紧急救治的具体操作程序，有关部门规章也作了规定，比如《临床输血技术规范》第六条规定："无家属签字的无自主意识患者的紧急输血，应报医院职能部门或主管领导同意、备案，并记入病历。"《病历书写基本规范》第十条第1款规定："为抢救患者，在法定代理人或被授权人无法及时签字的情况下，可由医疗机构负责人或者授权的负责人签字。"《侵权责任法》在总结以往医事法律法规规定和医疗法律实务的基础上，在第五十六条规定了医疗机构的紧急救治的规则，并在第六十条对医疗机构免责事由再次作了规定。《侵权责任法》第五十六条规定："因抢救生命垂危的患者等紧急情况，不能取得患者或者其近亲属意见的，经医疗机构负责人或者授权的负责人批准，可以立即实施相应的医疗措施。"《民法典》第一千二百二十条保留了这一规定，对于医疗机构实施紧急救助措施作了规定。

（一）关于紧急情况的界定

依据《侵权责任法》第五十六条的规定，医疗机构履行紧急救治义务必须符合特定条件，并遵循一定的程序。医疗机构实施紧急救治行为的前提条件是抢救生命垂危的患者等紧急情况。所谓危急情况，系指患者的疾病或病情存在迫在眉睫的重大风险，来不及告知患者相关信息并征求其意见，如不立即采取相应抢救措施，将危及其生命或对其身体健康造成重大不利后果。如某患者因交通事故腿大动脉破裂大出血应立即手术止血；某患者因坠楼头部严重受伤急需开颅清除瘀血，否则会丧失生命或造成瘫痪、植物人等严重后果的情况；等等。概言之，现行的医疗法规规章对于"紧急情况"的界定为：患者因疾病发作、突然外伤受害及异物侵入体内，身体处于危险状态或非常痛苦的状态，在临床上表现为急性外伤、脑挫伤、意识消失、大出血、心绞痛、急性严重中毒、呼吸困难、各种原因

第十一章 医疗告知与说明义务的新要求

所致的休克等。一般来讲，上述情况中的紧急性可以概括为两类：一是时间上的紧急性，它是指医师的诊疗时间非常短暂，在技术上不可能作出十分全面的考虑及安排；二是事项上的紧急性，它是指采取何种治疗措施直接关系到患者的生死存亡，需要医师作出紧急性的决断。需要说明的是，判断是否构成紧急情况，除了依据法律、法规和规章的规定外，还需要考虑以下两个方面因素：一是患者的生命健康受到伤病急剧恶化的威胁，这种威胁应当限定为对患者生命的威胁，而不能是对患者一般健康状况的威胁；二是患者生命受到的威胁是正在发生和实际存在的，患者伤病的急剧恶化对其生命安全的威胁不能是假想的，而应当是正在发生和实际存在的，不立即采取紧急救治措施必然导致患者死亡的后果。如果医师主观想象或虚幻地认为存在需要采取紧急救治的危险，而实际上这种危险并不存在，由于假想危险认识错误所采取的救治措施导致了不必要损害后果的，医疗机构应当承担责任。①

但是，《民法典》第一千二百二十条仅规定了患者"生命垂危"的紧急救治问题，却没有规定患者存在重大身体健康风险需要紧急救治的问题，如某患者因操作机器而致三根手指的前端被切断，工友将其送到医院时已经因疼痛和失血而昏迷，此时其伤口已严重感染，如不立即切除该三根手指的剩余部分，整个手掌甚至整个手臂都将不保，而等待患者苏醒对此行使医疗同意权完全来不及，在此情况下，为了患者重大身体健康利益，也应有适用危急救治的相关法律规则的必要。应该说，从本条规定的文义看，紧急情况不限于抢救生命垂危的患者的情况，还应当包括虽然患者的生命没有严重危险，但患者不能行使自我决定权，如果不采取紧急救治行为，患者的健康利益将严重受损的情况。具体实施紧急救治行为的是医疗机构的医务人员，但由于紧急救治是对患者自主决定权的一种限制和补充，关涉患者重大的生命健康利益，因而实施紧急救治行为应当严谨、慎重。为充分保障患者的利益，实施紧急救治行为应当经过一定的程序，即经过医疗机构负责人或者授权的负责人批准，医疗人员才能实施紧急救治行为。

（二）紧急救治与告知义务

《民法典》第一千二百一十九条规定了医疗机构的说明义务和患者的知情同意权。从根本上讲，生命健康权属于患者本人，医疗机构在诊疗活动中应当尊重患者的自主决定权，这是患者的知情同意权一般原则的体现。患者在生命垂危的

---

① 参见胡雪梅：《论我国危急救治制度之合理构建》，《社会科学》2013年第1期。

情况下往往产生认知障碍,不能正确恰当地行使知情同意权,人的生命价值此时优先于其知情同意权,医疗机构从患者利益出发得以实施紧急救治行为。但是,如果患者能够正确恰当地行使知情同意权,能对自身的生命健康权作出正确恰当的处置,医疗机构就不能对抗患者的知情同意权,自行决定实施紧急救治行为。如果能够取得患者或者其近亲属的意见,医疗机构应当尊重其自主决定权。如果患者不能正确恰当地行使自主决定权,在一定条件下,其近亲属可以代理其行使知情同意权。也就是说,医疗机构及其医务人员在依法履行了告知义务后,如果患者近亲属不同意抢救,是不能强制实施抢救行为的,由此造成的不良结果,医疗机构不构成侵权。其法律依据是《民法典》第一千一百二十四条的规定,即患者或者其近亲属不配合医疗机构进行符合诊疗规范的诊疗,造成患者损害的,医疗机构不承担赔偿责任。

【案例 11-1】

李某娥等诉北京某医院医疗损害赔偿案①

2007年11月21日下午两点前后,孕妇李某云因患感冒、畏寒、咳嗽等症状,在肖某军的陪同下走入北京某医院呼吸内科门诊就诊。医院在接诊后,将其转到妇产科进行医治,并提出要对李某云进行剖腹产手术。而陪同李某云的肖某军号称系其丈夫(后查明,两人只是同居关系,并没有婚姻关系),拒绝在手术同意单上签字,手术未能进行。当天下午七点半左右,李某云死亡。当天的病历记录:14:50对其诊断为"重症肺炎,心功能不全,肺栓塞,孕36周"。15:50目前初步诊断为急性心功能衰竭,重症肺炎,孕足月,妊娠期高血压。16:30患者强迫体位,呼吸困难。抢救同时向患者及家属交代病情,患者谵妄状态,不能应答。患者家属拒绝在手术同意书上签字。17:00患者一般情况无明显改善,胎心未闻及。17:40患者经给予氧气、补液等治疗后无明显好转,准备送手术室急诊手术,与家属交代病情,要求签手术同意书,家属仍不签,患者意识丧失。18:30经过呼吸机心肺复苏后病人仍无意识,胎儿已死亡,反复向家属交代病情,继续劝说家属签手术同意书。19:30经过积极抢救于19:50血氧下降,心电

---

① 参见北京市朝阳区人民法院(2008)朝民初字第06072号民事判决书,北京市石景山区人民法院(2015)石民初字第5463号民事判决书,北京市第二中级人民法院(2010)二中民终字05230号民事判决书,北京市第一中级人民法院(2016)京01民终5061号民事判决书。

图呈直线，无自主呼吸，宣告患者临床死亡。后患者家属李某娥起诉医院要求医疗损害赔偿。

在该案中，李某云因难产生命垂危，医院在决定实施手术时，已经将患者的病情、医疗措施必要性、不手术可能面临的后果（甚至可能导致母子双亡）告知了患者家属，但患者家属明确表明不同意手术。所以，医疗机构已经尽到了告知义务，患方的知情权、同意权也得到了实现。由此可见，医疗机构实施紧急救治行为，必须是不能取得患者或者其近亲属意见的情况下，这时因患者一方不能行使知情同意权，从保护患者的利益出发，医疗机构就要实施相应的紧急救治行为。医疗机构实施紧急救治行为是对患者自主决定权的一种限制和补充。

（三）关于"不能取得患者或者其近亲属意见"的界定

《侵权责任法》第五十六条规定了紧急情况下医疗机构实施紧急医疗措施的内容，但该条中"不能取得患者或者其近亲属意见"的表述易被理解为包括了患者或者其近亲属明确表示不同意的情况，对于如何处理认识上不一致，分歧较大，需要进一步明确。一种意见认为，考虑到患者或者其近亲属明确不同意治疗的情况在实践中确有发生，在患者、医疗机构和患者的近亲属三者关系之间，患者本人的决定权必须得到应有的尊重，但不能过高地设定患者近亲属的主体地位和决定权，如果不能取得患者的意见，只能取得其近亲属意见，医疗机构如何采取紧急救治措施应当有一定的判断余地，在患者近亲属的意见重大且明显地损害患者利益时，医疗机构应当拒绝接受患者近亲属的意见。另有意见认为，"不能取得患者或者其近亲属意见"，主要是指患者不能表达意思，既无近亲属陪伴，又联系不到近亲属的情况，但不包括患者或者其近亲属明确表示拒绝采取医疗措施的情况。[①] 至于"不能取得患者或者其近亲属意见"的规定，时任全国人大常委会法制工作委员会副主任王胜明在全国人大法律委员会上作了说明，认为这是指患者不能表示意思且难以取得患者近亲属的意见。例如，在汶川大地震中，许多从废墟中挖出的重伤员已经生命垂危、神志不清，不能表达自己的意思，且难以联系、找到其近亲属以征求意见。在这种情况下，应当经医疗机构负责人（医院负责人）或者授权的负责人（医疗队负责人）批准，对处于生命垂危状态的患

[①] 参见最高人民法院侵权责任法研究小组编著：《〈中华人民共和国侵权责任法〉条文理解与适用》，人民法院出版社 2010 年版，第 404—405 页。

者实施救治措施。①

上述意见都有一定道理，对于患者不能表达意志的紧急情况下如何施救，涉及患者一方自主决定权和医院救治义务的协调问题。由于《侵权责任法》第五十六条并未规定紧急救治的具体情形，尤其是没有规定责任承担规则，《医疗损害解释》在当时《侵权责任法》第五十六条规定的基础上，结合《侵权责任法》第五十四条、第五十五条、第六十条的规定，对于紧急救治具体情形作了细化。《医疗损害解释》第十八条第1款规定："因抢救生命垂危的患者等紧急情况且不能取得患者意见，下列情形可以认定为民法典第一千二百二十规定的不能取得患者近亲属意见：（一）近亲属不明的；（二）不能及时联系到近亲属的；（三）近亲属拒绝发表意见的；（四）近亲属达不成一致意见的；（五）法律、法规规定的其他情形。"②

（1）《医疗损害解释》第十八条第1款规定仅是对"不能取得患者近亲属意见"的情形作出的解释，并不能包括所有需要紧急救治的情形，且不涉及对生命垂危的患者等紧急情况的判断问题。对此仍应依据有关医疗法律法规、诊疗规范等进行处理，这往往需要专业判断，通过启动鉴定程序来解决。

（2）关于近亲属不明与不能及时联系到近亲属的情形。这两种情况相对容易判断，多为近亲属不在现场，在当时紧急情况下也无法查明近亲属或者联系不到近亲属的情况。对此需要注意的是：一是必须与患者本身病情的紧急情况相结合，如果病情紧急到来不及联系或者查明近亲属的情形，这时不能苛求医疗机构去联系近亲属，同时医疗机构也不能以联系近亲属为由耽误对患者紧急病情的救助。二是对于近亲属不明或者联系不到近亲属的判断除了要与上述紧急情况相结合进行判断外，不能对医疗机构有过于严苛的要求，比如不能要求医疗机构详细查明患者所有的近亲属甚至要与所有的近亲属联系，而只能按照当时患者处在紧急情况下的特定场景，按照一般的日常经验法则判断医疗机构运用力所能及的方式查找不到近亲属或者联系不到近亲属的情形。三是对于联系不到近亲属的情形，虽然在患者身处紧急情况下不能要求医疗机构联系到每一个近亲属，但也或多或少给医院一定的义务，即要联系近亲属。当然，在当时情形下根本来不及联

---

① 参见梁慧星：《论〈侵权责任法〉中的医疗损害责任》，《法商研究》2010年第6期。
② 2017年3月27日由最高人民法院审判委员会第1713次会议通过，根据2020年12月23日最高人民法院审判委员会第1823次会议通过的《最高人民法院关于修改〈最高人民法院关于在民事审判工作中适用《中华人民共和国工会法》若干问题的解释〉等二十七件民事类司法解释的决定》修正。

系近亲属的情形应该排除在外，因为这时抢救患者生命等人身重大利益无疑应是排在第一位的。

（3）关于近亲属拒绝发表意见的情形。这里的拒绝发表意见暗含着对医疗机构要向患者近亲属说明并征询其意见的义务性要求，有对患者近亲属知情同意权予以尊重的考虑。

（4）近亲属意见不一致的情形。对此仍应与患者本身病情的紧急情况相结合，原则上应以在场的近亲属达不成一致意见为限，不能硬性要求医疗机构通知到没到场的其他近亲属。当然，在患者病情允许的情况下，医疗机构应当进一步说明和督促患者近亲属形成一致意见，以免出现不必要的纠纷。

（5）关于兜底条款。考虑到社会生活的复杂性，这一法律、法规规定的其他情形有保留的必要。这不仅能保持司法解释本身适用的开放性，更能针对患者病情紧急程度，将来不及征求患者近亲属意见的情形包含在其中。当然，对于来不及征求患者近亲属意见的情形如何认定，也是一个专业判断问题，对此既要尊重诊治过程中医务人员的专业判断，又要在事后纠纷处理中尊重有关的专业意见。

四、知情同意书的法律效力问题

（一）患方签字、捺印的法律性质及效力

为了保障患者的知情同意权而履行风险说明义务，目前医方在开展危险性较大的医疗活动中都会让患者或其近亲属签署包括知情同意书在内的大量的法律文件，以便就治疗过程中可能发生的损害免除医方的责任，医疗损害免责条款应运而生。[①] 关于患方在知情同意书上签字、捺印的法律性质有合同说、授权说、随附义务说和支配说。合同说认为医方提供手术单为要约，患者签字、捺印为承诺。但是将手术行为内容作为区别于医疗服务合同的新合同，隔断了手术行为与诊断、检查、护理和医务管理等其他医疗服务行为之间的联系。授权说认为患者的手术签字、捺印是授权医方合法损害本人的健康权，但医方在基础关系中又与患者处于相对人地位，医方既为代理人又为相对人的双重身份与代理关系理论相冲突。随附义务说认为手术签字、捺印仅产生证据上的法律后果，即医方已履行术前说明手术的随附义务，但这种随附义务的说明并不产生医方职务侵害合法的效力。支配说认为手术签字、捺印的性质是一个单方意思表示，患方以签署"同

---

① 参见宋旭明：《医疗损害免责条款法律效力研究》，湖南师范大学硕士学位论文，2004年。

意手术"的表示行为,来传达患者支配其健康权的私法效果,但该学说忽视了手术过程是医生和患者共同参与的事实,从而不能准确地确定双方各自的权利义务关系。① 本书较倾向于最后一种观点,患方的签字、捺印的法律效果也就是患方已了解诊疗行为的风险并授权医方对自己的健康权进行支配。患方签字同意排除了医方手术行为存在的法定阻却事由的障碍,但不代表手术的所有风险和不良后果均因签字而作出了"同意承诺"。

(二) 知情同意书的免责效力

目前,我国《民法典》中的免责事由仅限于不可抗力,并未对医疗合同中约定的免责条款作出明确规范。知情同意书表面上虽有定分止争的作用,实际上则暗生有失公平的嫌疑,一旦发生医疗纠纷,患者及其代理律师往往主张医疗机构的这些文件属于"格式合同"或存在"格式条款",从而主张对自己不利的内容无效。对于医疗机构制作的让患者签署的这些法律文件,根据《民法典》第四百九十六条第1款的规定,被解释为合同格式条款似乎没有问题,但是如果说这些文件被解释为格式条款而因此被认定为无效,那么相关法律法规要求医疗机构让患方签署这些文件就失去了意义。《民法典》对于格式条款的法律效力是有明确规定的,本书第一章中已有所讨论。只要医疗机构及医务人员履行了应当告知义务,对与患者有特别重大利益关系有影响的内容作了提示,那么依据医疗执业活动所需而签订的知情同意书是有法律效力的。另外,关于知情同意书的法律效力,不要当然与免责挂钩,事实上,对医疗机构而言,患者签了字的知情同意书是医疗机构免责的前提和基础,是否能免责,还需要考察医疗过程中医方是否尽到应尽的注意义务。

第一百八十条 因不可抗力不能履行民事义务的,不承担民事责任。法律另有规定的,依照其规定。

不可抗力是不能预见、不能避免且不能克服的客观情况。

第四百九十六条 格式条款是当事人为了重复使用而预先拟定,并在订立合同时未与对方协商的条款。

采用格式条款订立合同的,提供格式条款的一方应当遵循公平原则确定当事人之间的权利和义务,并采取合理的方式提示对方注意免除或者减轻其责任等与

---

① 参见兰钊、杜淑英:《对于手术签字性质的再认识》,《医学与哲学》(人文社会医学版) 2011年第4期。

对方有重大利害关系的条款，按照对方的要求，对该条款予以说明。提供格式条款的一方未履行提示或者说明义务，致使对方没有注意或者理解与其有重大利害关系的条款的，对方可以主张该条款不成为合同的内容。

第四百九十七条　有下列情形之一的，该格式条款无效：

（一）具有本法第一编第六章第三节和本法第五百零六条规定的无效情形；

（二）提供格式条款一方不合理地免除或者减轻其责任、加重对方责任、限制对方主要权利；

（三）提供格式条款一方排除对方主要权利。

第四百九十八条　对格式条款的理解发生争议的，应当按照通常理解予以解释。对格式条款有两种以上解释的，应当作出不利于提供格式条款一方的解释。格式条款和非格式条款不一致的，应当采用非格式条款。

根据《民法典》第四百九十六条第 2 款的规定，医疗机构在向患者提供相关法律文件时，已经采取合理的方式提示对方注意其中"免除或者减轻其责任等与对方有重大利害关系的条款"，并"按照对方的要求，对该条款予以说明"，这些条款内容就应当有效。但是在现实生活中，很多患者及其家属忽视术前签字的重要性，签字时不仔细阅读相关内容便直接签字，或者是医生说怎么签就怎么签，产生纠纷后又会以医方未明确告知医疗风险为由主张签字无效。因此医疗机构在执行《民法典》第一千二百一十九条规定的告知与说明义务时，向患者及其近亲属具体说明医疗风险、替代医疗方案等情况时，有必要对可能给患者带来不利影响的内容予以提醒注意、解释说明，甚至应当在知情同意书中对这些概念予以"圈画"，以示提醒对方注意，并要求患方在签字时添加"我已了解医疗风险并同意诊疗方案"等字样，据此证明医方已经尽到提醒注意的义务。值得强调的是，如果知情同意书上列有"如果发生医疗意外，患方自认不利后果，承认与医院无关"等类似条款则无效。当医方违反诊疗规范或者由于过失造成患者损害的，知情同意书并不具有免责效力。

五、违反医疗告知与说明义务的法律责任

（一）违反医疗告知与说明义务医疗损害责任的构成要件

1. 违法行为

医务人员违反说明义务承担侵权责任的违法行为表现为违反法定义务。医疗机构和医务人员的告知或保密等义务是法定义务。行为人违反这些法定义务，其

行为就具有了违法性。判断医疗机构是否尽到告知义务的标准分为如下 3 个层次。①当患者没有提出医疗期待时,医疗机构应该履行当前医疗水平告知义务。医疗机构应该首先向患者说明当前临床医疗实践中有效性和安全性都得到认可的方案。同时,医疗机构应该告知患者自己医院的类别(专科医院/综合医院)、所准备采用的医疗方案和实施能力等。②在医疗过程中,医生应告知患者具体疾病种类、可以选择的治疗方案、治疗方法和结果、药品的使用方法、治疗费用的情况、继续治疗和转医转诊方案,并告知愈后和康复的注意事项。③当患者提出其他医疗期待时,医疗机构应该履行对有效性和安全性尚处于被验证的医疗方案的告知义务。结合医院所处的环境等因素,某些医院还应该履行国际上有效性和安全性得到认可或正在被验证的疗法的告知义务。

2. 损害事实

医务人员违反说明义务侵权责任构成要件的损害事实主要表现为侵害了患者的知情权、自我决定权、隐私权等,具体表现为人身损害、精神损害和财产损害。

3. 因果关系

这种因果关系主要表现为未善尽说明义务的行为与知情权、自我决定权、隐私权以及相关利益受到损害之间的引起与被引起的关系,前者为因,后者为果。这种因果关系的证明,就患者一方而言,实行举证责任缓和,具体可适用《医疗损害解释》第四条、第五条的规定。

4. 存在医疗过错

医务人员违反说明义务侵权责任构成的过错要件,如果存在未善尽说明义务,即可认定医疗机构具有过错。

(二)违反医疗告知与说明义务的具体情形

1. 仅侵害患者知情同意权,未造成患者实质损害

这是违反医疗告知与说明义务造成自我决定权损害,但未造成人身实质性损害时的责任。即医疗机构未对患者充分说明其病情,未对患者提供及时有用的医疗建议的医疗损害责任,造成了患者的自我决定权的损害。这种医疗损害责任违反的是医疗良知和医疗伦理,没有善尽对患者所负的说明义务、建议义务等积极提供医疗资讯义务的过失,侵害患者知情权的侵权行为。

第十一章 医疗告知与说明义务的新要求

【案例 11-2】

日本某教派教徒输血医生未尽告知义务案[①]

日本某教派的忠实教徒 Y 罹患肝脏肿瘤，就诊于东京大学医科学研究所附属医院，患者 Y 在就诊时明确表示因输血违背自己的宗教信念而拒绝接受伴有输血的医疗行为，但是在接受肝脏肿瘤摘除手术的时候，医生对其实行了伴有输血的医疗行为，手术成功。该患者后来得知自己在医疗过程中被输血的消息后，精神极度痛苦。于是，患者 Y 将医院起诉。后来，该患者在诉讼中死亡，由其继承人继承诉讼。日本东京地方法院 1997 年 3 月 12 日一审认为：为挽救他人的生命而进行的输血行为，乃属于社会上的正当行为，以违法性为由驳回原告的诉讼请求。二审法院认为：因医师违反说明义务，以至于患者的自我决定权受到侵害，因此被告的行为构成侵权行为，判令被告医院赔偿原告 55 万日元。三审法院即最高裁判所第三小法庭认为，患者认为输血会违反自己宗教信念而明确拒绝伴有输血的医疗行为的意思时，该意思决定权应为人格权内容，医院对此意思决定权应予以尊重。在本案的上述事实下，手术时除输血外别无其他救命方法。但在入院时，医生应对患者说明在医疗过程中必要情况下还是要输血。是否要接受该医院的手术，应该属于患者的自我决定权。本案被告怠于履行上述告知义务，因此可以认为其已经侵害了患者的意思决定权，即被告已经侵害了患者的人格权。因此，被告应该就受害人所受的精神痛苦负担慰抚金损害赔偿责任。

由此可见，对于医疗机构或者其医务人员违反说明义务，但未造成患者实质性人身损害的情况，日本司法实务中对由医疗机构承担责任持肯定态度。但在我国理论和实务中，是否确定医疗机构应当承赔偿责任的问题，仍具有较大争议。

2. 既侵害患者知情同意权，又造成患者实质损害

这是违反医疗告知与说明义务造成患者人身实质性损害时的责任。医疗机构未尽说明义务，擅自进行医疗行为，侵害了患者的自主决定权，同时积极采取某种医疗措施或者消极停止继续治疗，造成患者的人身实质性损害，应当承担人身损害赔偿责任。

[①] 参见杨立新：《侵权责任法论》（第五版），人民法院出版社 2013 年版，第 574—575 页。

【案例 11-3】

诊断性治疗未告知说明的责任认定及损害赔偿①

患者张某自 2011 年 1 月 10 日起出现胸闷、气喘、呼吸困难、肢体乏力、腹部进行性胀大的症状，于 1 月 30 日在南昌某医院经检查考虑为"肝硬化、腹水"。患者于 2 月 28 日到广州某医院治疗。初步诊断为：肝硬化、腹腔、胸腔积液、乙型肝炎表面抗原携带者、疑似恶性间皮瘤。医方临床考虑为"恶性间皮瘤"。经说明情况，患者及家属均不同意行胸膜、腹膜活检术以明确诊断。医方考虑培美曲塞为治疗间皮瘤特效药，拟予"培美曲塞＋卡铂"方案行一个疗程实验性化疗。如胸水、腹水明显减少，则支持"恶性间皮瘤"的临床诊断；如未见明显减少，则不再行第 2 疗程化疗。3 月 7 日医方告知患者及其家属化疗风险，但未告知化疗目的是诊断病情，经同意后行一个疗程化疗。患者经化疗后病情恶化，于 3 月 18 日出院。4 月 11 日至 29 日，患者转辗南昌、北京及广州多家医院就诊，4 月 29 日经北京某医院诊断为"多浆膜腔积液结核可能性大，间皮瘤待除外"，医嘱建议患者前往结核病医院治疗。患者经结核病治疗后痊愈。张某认为广州某医院误诊其为恶性间皮瘤对其实施化疗造成损害，起诉请求医方赔偿损失。

一审判决认为，广州某医院未尽告知与说明及谨慎注意义务，应承担一定责任，酌情判决广州某医院向张某赔偿损失 40000 元。张某不服提起上诉。生效判决认为，医方为患者实施的化疗方案，旨在以诊断性治疗帮助确诊病情。此种带有试验性的治疗措施，尽管有医学上的合理性，但广州某医院未经充分告知说明，未取得患者有效知情同意，实施对人体有危害性的化疗方案，造成患者遭受不应有的伤害，广州某医院应承担相应的医疗损害责任。据此判决广州某医院向张某赔偿各项损失 59195.6 元。

从临床医学实践来看，疾病的诊断有一个发现、鉴别、排除、确诊的过程，疾病的诊断和治疗很多时候是不能够明确区分的，不是所有疾病都必须在确诊的情况下才能开始实施治疗。患者在广州某医院就诊时没有表现出结核病的明显病

---

① 参见广州市中级人民法院：《广州法院医疗纠纷诉讼情况白皮书（2015—2017）暨典型案例》，广州审判网，2019 年 1 月 9 日。

征，病情具有隐匿性，其先后辗转三地各大医院均未明确诊断的事实说明其病情诊断的复杂性，其病情确属现有医学水平难以轻易诊断的情形。故本案不宜认定广州某医院未准确诊断其病情构成医疗过错。广州某医院对患者实施化疗的直接目的是明确诊断而非为了治疗。而化疗通过使用化学药物杀灭癌细胞，对人体存在较大的毒副作用，属于特殊治疗。医方为了明确诊断而对患者实施化疗，应依法向患者说明实施化疗的目的以取得患者的有效知情同意。医方未告知患者化疗的目的是诊断病情，客观上导致患者接受不必要的化疗，延误其病情，也使其暴露在化疗的风险之下，故而广州某医院应当承担责任。

六、提高医疗机构医疗告知效力的法律建议

（一）完善医疗告知制度，规范告知行为，丰富告知方式

完善的医疗告知制度，促使医务人员消除对患者知情同意权的错误认识和观点，有利于规范医务人员的医疗告知行为、提高告知意识，有利于以患者为中心服务理念的执行，以及促使医院硬件设施的建设与完善。

1. 完善医疗告知实施的指引

医疗告知的履行是为了维护患者的健康权、知情同意权，尊重患者的人格，结合医院的实际情况，在医院制度层面明确医疗告知主体、告知对象、告知内容、告知方式和告知程度，使医务人员医疗告知中有明确规则指引，从制度上强化告知义务，加强医务人员告知与说明的精准履行。

2. 明确重点关注的告知对象

对于年龄大的患者、基础疾病多的患者、医疗风险较高的患者、家庭关系较复杂的患者等，医务人员应当重点关注，加强告知，防范风险。

3. 疑难、复杂、高风险手术实施的第三方见证

对于实施疑难、复杂、高风险、新开展的重大手术或高风险病患可采取律师见证方式进行告知。律师见证，指律师以自己特殊的身份，较为丰富的法律专业知识，并以律师和律师事务所的名义作为见证人，从第三者的角度客观公正地证明当事人所为的一定的法律行为。术前律师见证，即在重大、风险较高的手术前，在律师到场的情况下，由其见证医生对病人及家属的谈话，包括交代病情、采取怎样的手术方案以及手术过程中可能出现的意外情况，然后由医院代表、病人或亲属代表及委托见证律师三方签订见证书，明确各方的法律权利和

义务。应逐步形成院内重大手术前进行术前律师见证的工作机制，确保对于高风险患者进行知情同意的精准履行，合理管理患者及家属的期望值，从而减少医疗纠纷。

（二）加强医学人文教育，提高医务人员告知与说明能力

医务人员的告知与说明能力与其自身的知识和经验水平、认知能力、表达能力、表达方式等多种因素相关。做好患者的告知和沟通工作不仅需要精湛的专业知识，而且需要对医疗告知有一个清晰的认识，需要对患者充满爱心和耐心，并且掌握一定的心理学知识和人际沟通的艺术和技巧。目前由于医学教育仍是以生物医学模式为主导的医学教育，对人文教育重视不够，所以医院应在继续教育中强化人文学科教育，形成一套制度。通过专项培训班、讲座、科室内部学习等多种形式，对医务人员及患者的权利义务、医学伦理、医患沟通的方法与技巧、医患心理学、现代医院礼仪等相关知识进行学习，不断汲取人文精神的营养，自觉地把高新科技和人文关怀有机地融合到医疗服务之中，提高自身的社会、心理、文化素质，达到真善美人格的塑成。

（三）尽量营造安静、合适的告知环境

在与患者进行谈话时，应当考虑选择一个比较安静的环境。可以针对告知内容的不同，选择不同的告知环境。例如在进行书面告知需签署知情同意书时，重大手术或危重病情的告知时，尽量选择一个正式、不受干扰的告知环境。不受打搅的、正式的环境，有利于患者及其家属提高注意力，作出慎重的选择，也表示医务人员对医患沟通的重视。所以医院在其条件允许的情况下，可以设立专门的医患沟通室，设置幻灯、模型、图片、圆桌等。在告知一般病情时，地点可以比较随意。在告知病情涉及隐私时，应保持在私人距离之内，使患者感到亲切，同时有安全感。

和谐稳定的医患关系需要医患双方共同努力，在诊疗活动中仅仅靠医生一方通过巧妙的沟通技巧和专业的医学知识努力探索患者的主观意图是不够的，不能以增加医务人员负担的方式来尊重患者的知情同意权。我们应逐步建立一个医患双方的沟通交流机制，比如患者在诊疗活动中也应积极与医生沟通，主动将自己的情况和想知道的医疗信息向医生告知。医患双方应共同参与诊疗活动的过程，而不是一味地要求医生应该怎样做去更大限度地保护患者的知情同意权。医生应当尽自己最大努力判断不同患者的各种情况以尽到告知义务，同时患者也可以通

第十一章 医疗告知与说明义务的新要求

过各种合法的途径表达自己的要求和意愿。医患双方可在诊疗活动中充分进行沟通交流，分享有价值的信息，使医生更加明确患者的需求，避免因不能准确推测患者的具体需求而导致医患关系缺失信任的情形。医生认可患者个人偏好的合理性，病人尊重医生医疗措施选择的专业性，将医疗告知义务动态化，使紧张的医患关系逐渐和谐稳定。

第十二章　医疗损害鉴定与赔偿

民法中的侵权责任规范集中体现在《民法典》侵权责任编之中。侵权责任编继受了《侵权责任法》的主要内容，适当作了修改。《侵权责任法》第七章规定了"医疗损害责任"共计11条（第五十四条至第六十四条）。《民法典》第七编第六章规定了"医疗损害责任"同样是11条（第一千二百一十八条至第一千二百二十八条）。本章对医疗损害责任归责原则、举证责任分配、人身损害赔偿规则、诉讼时效规定、医疗损害鉴定等内容进行了梳理和解读，就医疗机构管理中关于医疗损害责任的实践问题进行了讨论，提出了初步的对策和建议。

一、医疗损害鉴定与赔偿概述

（一）医疗损害侵权责任归责原则梳理

《民法典》侵权责任编以过错责任原则和无过错责任原则为基础构建了整个侵权责任制度，医疗损害责任作为侵权责任的一种，同样适用该归责原则。《民法典》第一千一百六十五条为过错责任原则的规定，其中第1款为一般过错责任，第2款为过错推定责任；《民法典》第一千一百六十六条为无过错责任原则的规定。具体而言：一般过错责任须以行为人具备主观过错为责任成立前提；无过错责任则无须考虑行为人是否具有过错；过错推定根植于过错责任，在适用上首先推定行为人具有过错，且行为人通常不能证明自己没有过错。从法律适用的角度看，《民法典》第一千一百六十五条第1款不仅为过错责任的一般条款，也是整个侵权责任制度的一般条款。因该条在适用上具有"兜底性"特点，这就避免了在司法实践中法官在裁判案件时出现无法无据的情形。

1. 一般归责原则：过错责任原则及过错推定原则

第一千一百六十五条　行为人因过错侵害他人民事权益造成损害的，应当承担侵权责任。

依照法律规定推定行为人有过错，其不能证明自己没有过错的，应当承担侵权责任。

过错责任原则是指侵权人因为自身存在事实上的过错或者法律推定的过错，而应当对所侵害的他人民事权益承担一定的侵权责任的原则。这是侵权责任的一般归责原则，致害人有过错才需要承担侵权损害赔偿责任，无过错则无责任。此处的过错分为故意和过失，前者是追求或者放任损害结果的发生，后者是因疏忽大意或过于自信而导致损害的发生。

在医疗损害责任中，《民法典》第一千二百一十八条规定："患者在诊疗活动中受到损害，医疗机构或者其医务人员有过错的，由医疗机构承担赔偿责任。"因此，确定医疗机构承担侵权赔偿责任，应当具备侵权责任的一般构成要件，即违法诊疗行为、患者损害、因果关系和医疗过错。

过错推定原则是指在因果关系存在的前提下，如侵权人就其所致的损害不能证明自己没有过错，就应当承担赔偿责任。在医疗损害责任中，《民法典》第一千二百二十二条规定了患者在诊疗活动中受到损害，推定医疗机构有过错的法定情形。在具备这些法定情形时，法官可以直接推定医疗机构或者医务人员有过错，并且不可以由医疗机构一方举证推翻这个推定。这样的规则能够制裁意图逃避责任的有过错的医务人员或者医疗机构的违法行为，对医务人员和医疗机构起到阻吓、警诫的一般预防作用。①

2. 例外原则之一：无过错责任原则

第一千一百六十六条　行为人造成他人民事权益损害，不论行为人有无过错，法律规定应当承担侵权责任的，依照其规定。

这是无过错责任原则的体现。无过错责任原则必须在法律规定的范围内适用，不能随意扩大或者缩小其适用范围。《民法典》规定的典型的适用无过错责任的案件有：产品缺陷致人损害、高度危险作业致人损害、环境污染致人损害、饲养的动物致人损害等损害赔偿案件。

在医疗损害责任案件中，对医疗机构使用有缺陷的医疗器械、消毒药剂、药品以及输血等造成患者人身损害的，应当适用无过错责任原则，其损害赔偿责任的构成要件不要求有过错，只要具备违法行为、损害事实和行为与损害之间有因果关系3个要件，即构成侵权责任。医疗产品责任案件适用无过错原则的理由在于，药品、消毒药剂或者医疗器械具有缺陷，其实就是有缺陷的产品，原本就可

---

① 参见杨立新：《〈侵权责任法〉规定的医疗损害责任归责原则》，《河北法学》2012年第12期。

以直接适用《民法典》第一千二百零二条关于产品责任的规定，确定侵权责任。依照《民法典》第一千二百二十三条的规定，患者可以向医疗机构要求赔偿，也可以向生产者、销售者要求赔偿。医疗机构赔偿后，属于生产者、销售者最终责任的，医疗机构有权向生产者、销售者追偿。如果医疗机构在使用医疗产品中有过失，则医疗机构应当承担最终责任；构成共同侵权行为的，医疗机构与缺陷医疗产品生产者共同承担连带责任。

3. 例外原则之二：公平责任原则

第一千一百八十六条 受害人和行为人对损害的发生都没有过错的，依照法律的规定由双方分担损失。

公平责任原则作为一种责任分配原则，其责任分配的依据既不是行为，也不是特定事故原因，而是一种抽象的价值理念——公平。一般来说，在法律规范的结构中，价值理念不具有直接的可操作性，把一种价值理念作为调整具体社会关系的操作工具，是一种特殊的法律现象。《民法通则》第一百三十二条的规定，当事人对造成损害都没有过错的，可以根据实际情况，由当事人分担民事责任。最高人民法院《民通意见》第一百五十七条规定，当事人对造成损害均无过错，但一方是在为对方的利益或者共同的利益进行活动的过程中受到损害的，可以责令对方或者受益人给予一定的经济补偿。《民法通则》对公平责任原则的适用要求考虑"实际情况"。但现实中给予了法官太大的自由裁量权，所以在很多医疗机构没有过错的医疗纠纷中，法院都考虑了患者的实际情况，依据公平原则判令医疗机构作出一定比例的赔偿。《民法典》第一千一百八十六条将"根据实际情况"改为"依照法律规定"，显然限制了公平原则的适用，限制了法官的自由裁量权。

综合《民法典》的相关规定来看，侵权责任的一般归责原则是过错责任原则，有3种特殊例外归责——过错推定、无过错责任原则、公平责任原则，但都强调要依据法律规定，即以法律规定使用为前提。这种归责原则的适用要求同样适用在医疗损害赔偿上。

(二) 医疗侵权诉讼的举证责任分配

举证责任分配在医疗侵权诉讼中起着至关重要的作用，是医患双方关注的焦点，也是查明案件事实、正确适用法律的核心要素。我国医疗侵权纠纷诉讼的举证责任分配的发展经历了3个阶段：第一，"谁主张，谁举证"阶段。这一规则是指对于患者主张在医疗行为中受到的侵害，就必须提供证据证明，否则可能承担不利的后果。① 第二，举证责任倒置阶段。2001年版《最高人民法院关于民事诉讼证据的若干规定》对医疗侵权赔偿案件中的医疗过错和因果关系明确作出了由医疗机构承担举证责任的规定，自此开始了医疗侵权赔偿案件诉讼举证责任倒置的阶段。第三，2010年7月1日至今，医疗侵权诉讼的举证责任分配实行"附条件的过错推定"阶段。《民法典》第一千二百二十二条规定："患者在诊疗活动中受到损害，有下列情形之一的，推定医疗机构有过错：（一）违反法律、行政法规、规章以及其他有关诊疗规范的规定；（二）隐匿或者拒绝提供与纠纷有关的病历资料；（三）遗失、伪造、篡改或者违法销毁病历资料。"对应《民法典》第一千一百六十五条过错推定以"法律规定"的前提的要求，因此在医疗损害赔偿中，患方举证满足了《民法典》第一千二百二十二条规定的三种情形中任何一种情形，即可以适用过错推定。依据该规定，在医疗侵权案件中，如果存在该条规定的三种情形之一的，即可以推定医疗机构的医疗行为存在过错。因此，我国实行了以过错责任为主、附条件过错推定为辅的举证责任分配制度。

此外，关于医疗侵权案件举证责任分配，《医疗损害解释》第四条规定："患者依据民法典第一千二百一十八条规定主张医疗机构承担赔偿责任的，应当提交到该医疗机构就诊、受到损害的证据。患者无法提交医疗机构或者其医务人员有过错、诊疗行为与损害之间具有因果关系的证据，依法提出医疗损害鉴定申请的，人民法院应予准许。医疗机构主张不承担责任的，应当就民法典第一千二百二十四条第一款规定情形等抗辩事由承担举证证明责任。"依据该条规定，医疗过错和因果关系的举证责任没有赋予医疗机构，但是也没有简单采取谁主张谁举证，而是作了变通规定，即患者就该两个要件事实提出鉴定申请的，法院应予准许。既然没有涉及医疗机构，又出现了患者申请鉴定的表述，所以学界一般解读为已经回归到患者举证的范畴。但是，如果经过鉴定，该两个要件事实仍然不明的，法院如何裁判、是否适用谁主张谁举证，没有明确答案。② 本书认为，《民法典》第一千二百一十八条规定谁主张谁举证，第一千二百二十二条规定了附条件的医疗过错推定，诉讼中依据《医疗损害解释》第四条规定进行鉴定之后，医疗过错和因果关系仍然不明确的，医院应当按照一般的举证责任分配原则来分配举证负担。

---

① 参见陈盼红：《探析我国医疗侵权诉讼中举证责任分配问题》，《商》2015年第26期。
② 参见刘鑫、郑谢畅：《医疗侵权赔偿案件举证责任分配的变与不变》，《中华医学信息导报》2020年第11期。

（三）人身损害赔偿规则

与《侵权责任法》第十六条、第二十二条相比，人身损害赔偿的项目和相关内容变化不大，主要涉及两项变化。

1. 将营养费列入人身损害赔偿范围

《民法典》第一千一百七十九条规定："侵害他人造成人身损害的，应当赔偿医疗费、护理费、交通费、营养费等为治疗和康复支出的合理费用，以及因误工减少的收入。造成残疾的，还应当赔偿辅助器具费和残疾赔偿金。造成死亡的，还应当赔偿丧葬费和死亡赔偿金。"本条是对人身损害赔偿范围的规定，与《侵权责任法》第十六条规定的人身损害赔偿范围相比，增加了营养费为人身损害赔偿项目的新规则。

2. 确认故意或者重大过失侵害具有人身意义的特定物的精神损害赔偿

《民法典》第一千一百八十三条规定："侵害自然人人身权益造成严重精神损害的，被侵权人有权请求精神损害赔偿。因故意或者重大过失侵害自然人具有人身意义的特定物造成严重精神损害的，被侵权人有权请求精神损害赔偿。"这是对精神损害赔偿责任的规定，与《侵权责任法》第二十二条规定相比，增加了第2款，规定了侵害自然人具有人身意义的特定物的精神损害赔偿的新规则。

（四）侵权责任规定衔接适用的效力

《最高人民法院关于适用〈中华人民共和国民法典〉时间效力的若干规定》第二十四条规定："侵权行为发生在民法典施行前，但是损害后果出现在民法典施行后的民事纠纷案件，适用民法典的规定。"这是《民法典》关于侵权责任的规定对侵权行为发生在《民法典》施行前、损害结果发生在《民法典》施行后的侵权行为的民事纠纷案件具有衔接适用效力的规定。

如果侵权行为发生在《民法典》施行前，而损害结果在《民法典》出现或者持续至施行后，都具有衔接适用《民法典》关于侵权责任规定的条件。因此，本条司法解释规定，侵权行为发生在《民法典》施行前，而损害后果出现在《民法典》施行后，也包括侵权行为发生在《民法典》施行前，造成被侵权人的损害持续到《民法典》施行后的，《民法典》有关侵权责任的规定就具有溯及既往的衔接适用效力，应当适用《民法典》有关侵权责任的规定。

（五）医疗损害鉴定

1. 医疗损害鉴定背景

医疗损害鉴定是医疗侵权责任案件中的重要环节，由于医疗行为具有极强的专业性，法院难以通过自身的知识来对医疗行为是否有过错、医疗行为与损害后果之间的因果关系等方面进行判断，就需要借助专业人士或其他方法对病历等证据材料进行解读，于是需要启动医疗损害鉴定程序。

随着时代的发展、法律法规的出台，我国医疗损害鉴定制度也发生了改革和变迁。《医疗事故处理办法》时期，医疗损害鉴定制度采取的是省级卫生行政部门参与和管理的医疗事故技术鉴定模式，行政参与性是其主要特点。《医疗事故处理条例》生效后，医疗损害鉴定采取的是医学会与司法鉴定机构并行机制。《侵权责任法》颁布后，在名称上将前述制度统一为医疗损害鉴定。随着《医疗纠纷预防和处理条例》的实施，由于在医疗纠纷人民调解制度中引入了医疗损害鉴定制度，根据《医疗损害鉴定管理办法（征求意见稿）》的起草说明，目前的医疗损害鉴定分为诉讼前的医疗损害鉴定与诉讼中的司法鉴定，医学会与司法鉴定机构均可受理诉前鉴定。自此，我国医疗损害鉴定制度开起了两阶段、两种鉴定制度并存的模式。①

医学会和司法鉴定机构同时存在的医疗损害鉴定二元化模式在实践运作过程中各有千秋。首先，法医开展医疗损害鉴定，具有身份的中立性，但会凸显"外行"给"内行"做鉴定的尴尬；医学会建立庞大的涵盖了临床各专业学科的临床医学专家库，从专家库中遴选专家进行鉴定，并独立出具鉴定意见，但鉴定专家与被鉴定医疗机构之间同属于医疗机构，业界常常会质疑医学会鉴定意见的公正性。其次，法医鉴定机构则由鉴定机构专职法医从事鉴定，有的鉴定机构也建立小型的临床专家库为鉴定人咨询服务，或者临时聘请临床专家进行咨询。但在法医鉴定模式中对临床专家的咨询，本来是弥补法医鉴定人临床医学知识的不足，但咨询的专家不是鉴定人，咨询意见仅供鉴定人参考，鉴定人对专家的咨询意见可以任意取舍，导致法医作出的医疗损害鉴定饱受诟病，难以在鉴定意见中体现，违背了《全国人民代表大会常务委员会关于司法鉴定管理问题的决定》关于"鉴定人应当独立进行鉴定"的规定。在医疗损害赔偿诉讼中医患双方都会在医疗损害鉴定方面进行角力，诉讼久拖不决，一审、二审、再审结束后还会持续地申诉，争议焦点就是对医疗损害鉴定的不认可。二元化的医疗损害鉴定模式，在司法实践中暴露出越来越不适应实践的问题，要求进行医疗损害鉴定改革的呼声

---

① 参见韩敏、黄伟、肖柳珍等：《医疗损害鉴定制度的挑战与反思》，《中国卫生事业管理》2020年第4期。

越来越强烈。

2. 医疗损害鉴定法律法规梳理

目前，医疗损害鉴定的有关规定分散于我国关于医疗侵权责任的相关法律法规、司法解释中，暂无已公布并实施的关于医疗损害鉴定的专门性规范性文件。2010年7月1日开始实施的《侵权责任法》有专章关于"医疗损害责任"的规定，但医疗侵权案件的处理也因立法中存在的缺陷以及规定过于模糊而收效不大。2017年12月13日，《最高人民法院关于审理医疗损害责任纠纷案件适用法律若干问题的解释》（以下简称《医疗损害解释》）公布，并于2017年12月14日起开始施行。《医疗损害解释》对医疗损害赔偿案件专门问题的鉴定做了比较多的规定，涉及医疗损害鉴定的基本问题、实质问题和程序问题等多方面内容。

2018年10月1日国务院出台的《医疗纠纷预防和处理条例》实施，对医疗损害鉴定的关键内容进行了规范，关于医疗鉴定的内容有11条（鉴定5条，咨询3条，其他鉴定3条），涉及医疗损害鉴定管理、医疗损害鉴定主体资格、医疗损害鉴定方法规范、其他专门性问题的鉴定、出具虚假鉴定的法律责任等内容。

国家卫健委司法部于2018年10月11日向社会公布《医疗损害鉴定管理办法（征求意见稿）》，其起草依据是《医疗纠纷预防和处理条例》（以下简称《条例》），依据《条例》的规定，对鉴定机构和鉴定人员、鉴定的委托和受理、鉴定实施、监督管理、法律责任等内容进行了规定，原计划于2020年内出台，但目前仍未出台实施。《医疗损害鉴定管理办法（征求意见稿）》将针对开展医疗损害鉴定的现实情况，建立统一的医疗损害鉴定管理模式和专家库，有利于解决"二元化"鉴定的问题，提高鉴定意见的科学性和公信力。科学管理医疗损害鉴定，是依法解决医疗纠纷的重要手段。对医疗行为科学、公正的评判，在维护医患双方合法权益、促进医学发展等方面起着至关重要的作用。

2021年1月6日，国家卫健委发布《关于加强医疗损害鉴定管理工作的通知》规定：省级、设区的市级和直辖市直接管辖的区（县）医学会应当按照《条例》要求，积极开展医疗损害鉴定工作。中华医学会负责医疗损害鉴定质量控制工作；医学会应当结合医疗损害鉴定工作需要建立专家库。专家库对应医疗损害鉴定学科专业组名录设置学科专业组。学科专业组名录由中华医学会制定、维护。聘请专家进入专家库，不受行政区域的限制；医疗机构应当向专家库推荐优质专家资源，对本单位进入专家库的专家依法参加鉴定活动应当提供必要的支持。中华医学会已于 2021 年 2 月 25 日印发《医学会医疗损害鉴定规则（试行）》，将于 2021 年 4 月 1 日起正式施行。卫生行政部门先行一步出台规则试点，同时，中华医学会及各地方医学会正在组建相应的专家库，以满足医疗损害鉴定的要求，兑现《医疗机构预防和处理条例》的承诺，未来我国医疗损害鉴定将迎来全国统一的部门规章，有望为医疗纠纷的科学公正审判奠定法律基础。

二、《民法典》医疗损害鉴定与赔偿相关规定解读

（一）医疗损害责任

1. 诊疗过错责任

第一千二百一十八条　患者在诊疗活动中受到损害，医疗机构或者其医务人员有过错的，由医疗机构承担赔偿责任。

（1）医疗损害责任归责原则、构成要件和责任形态

《侵权责任法》第五十四条规定了医疗损害责任的一般规则，规定"患者在诊疗活动中受到损害，医疗机构及其医务人员有过错的，由医疗机构承担赔偿责任"。《民法典》第一千二百一十八条除了将"医疗机构及其医务人员"修改为"医疗机构或者其医务人员"外，基本保留了这一规定的内容，对医疗损害责任的归责原则、构成要件作了规定。

过错责任原则可以很好地平衡受害患者、医疗机构及全体患者三者之间的利益关系，主要作用表现为：一是没有医疗过失，医疗机构就没有责任；二是医疗机构仅就自己的医疗过失所造成的损害承担赔偿责任，对于他人的过失，医疗机构不承担责任；三是基于医疗过失与其他侵权责任中的故意或过失相比的非严重程度，应当适当限制精神损害赔偿金的数额，不能赔偿过高。[①]

医疗损害责任原则的责任形态为替代责任。在医疗损害责任纠纷案件中，其行为主体是医疗机构及医务人员。如因医务人员的过错造成患者损害的，不是按照一般侵权行为中"为自己行为负责"的规则，由医务人员对受害人承担侵权责任，而是由医务人员所在的医疗机构承担赔偿责任。

医疗损害责任的基本构成要素为：其一，权利主体为受到损害的患者而非医疗机构，患者死亡的，由其近亲属作为权利主张的主体；其二，责任主体为医疗机构；其三，患者是在诊疗活动中受到损害，非在诊疗活动中受到损害则不是医

---

① 参见王利明主编：《侵权责任法裁判要旨与审判实务》，人民法院出版社 2010 年版，第 371 页。

疗损害责任纠纷的范畴。

（2）对"在诊疗活动中"的理解

《民法典》第一千二百二十二条、第一千二百二十四条都是将原来《侵权责任法》第五十八条、第六十条中的"患者有损害"修改为"患者在诊疗活动中受到损害"，这一表述使得有关条文规范更加严谨，将有关医疗损害责任的构成与否限定在"诊疗活动中"，这更加符合医疗损害责任的本质。根据《医疗机构管理条例实施细则》第八十八条的规定，诊疗活动是指通过各种检查、使用药物、器械及手术等方法，对疾病作出判断和消除疾病、缓解病情、减轻痛苦、改善功能、延长生命、帮助患者恢复健康的活动。一般而言，诊疗活动基本特征包括：第一，诊疗行为是以治疗、矫正或预防人体疾病、伤害残缺或保健为直接目的的行为，直接表现为使患者尽快恢复健康，延长寿命；第二，诊疗行为是借助于医学的方法和手段的行为，包括检查、药品、器械、手术等方法进行预防、判断和治疗；第三，诊疗行为是在医疗机构组织中，由医务人员实施的行为。① 从目前的审判实践看，上述关于诊疗行为的界定模式较为妥当，诊疗活动的范围可以作较为宽泛的界定，应当包括诊断、治疗、护理等环节。《民法典》中采用的"患者在诊疗活动中受到损害"的表述，从文义上讲，要比"患者因诊疗活动受到损害"的范围更加宽广，即患者受到的损害即使非因诊疗活动本身所导致，但损害发生在诊疗活动中，也属于医疗损害责任纠纷的范畴。尤其是医疗机构在管理、后勤等方面存在的过错行为，虽不属于诊疗活动本身，但因这方面的行为作用于医疗机构的诊疗活动，并最终反映为医疗机构的延误治疗或者错误治疗，而导致患者损害情形的，仍应属于医疗损害责任纠纷。比如，医疗机构进行心脏手术时，因医疗机构工作人员脱岗导致停电未及时供电而无法进行手术导致患者死亡的案件应属于医疗损害责任纠纷。②

2. 推定医疗机构有过错

第一千二百二十二条　患者在诊疗活动中受到损害，有下列情形之一的，推定医疗机构有过错：

（一）违反法律、行政法规、规章以及其他有关诊疗规范的规定；

（二）隐匿或者拒绝提供与纠纷有关的病历资料；

---

① 参见杨立新：《医疗损害责任构成要件的具体判断》，《法律适用》2012年第4期。
② 参见陈龙业：《医疗损害责任的规则创新与司法适用——关于民法典医疗损害责任一章修改规定的解读》，《中国应用法学》2020年第6期。

(三) 遗失、伪造、篡改或者违法销毁病历资料。

(1) 关于"隐匿或者拒绝提供与纠纷有关的病历资料"。这是医疗机构及其医务人员在发生医疗损害之后，当需要有关病历资料证明医务人员是否存在医疗技术过失时，却采取不作为的方式，拒绝提供与纠纷有关的病历资料的，直接推定医务人员有过失，不必再举证证明。原因是，既然医务人员拒绝提供自己掌控的有关病历资料的证据，就相当于负有举证责任而拒绝举证，因而依法向相反方向推定，推定医务人员有过失。这样不仅可以解决纠纷，而且对所有的医疗机构及其医务人员都是一个警示，必须配合司法活动提供有关证据，不管是否对自己有利。

(2) 关于"遗失、伪造、篡改或者违法销毁病历资料"。在医疗损害责任纠纷发生后，只要医疗机构及其医务人员遗失、伪造、篡改或者违法销毁病历资料，无论是故意还是过失（遗失是过失，伪造、篡改和违法销毁是故意），都使医疗损害责任纠纷的责任确定失去客观的书证，对此，应当向造成灭失证据的一方不利的方向推定，直接推定医务人员有过失，承担侵权责任。这也是对所有医疗机构及其医务人员的警示，在发生医疗损害后千万不要干傻事，意图借此推诿责任，而实际效果正好相反。

【案例 12-1】

因篡改病历导致鉴定不能，医疗机构承担赔偿责任[①]

梁某因"尿频尿急尿痛伴双侧腰痛1周"到成都市某医院（以下简称医院）住院治疗，收入肾脏内科，入院诊断：急性肾盂肾炎，Ⅱ型糖尿病，高血压病。入院后完善相关检查，给予抗感染、护肾、补钾、控制血糖等治疗。2014年9月3日拟行直肠黏膜环切术、混合痔外剥内扎术。2014年9月9日，医院对梁某在全麻下行直肠黏膜环切术、混合痔外剥内扎术，麻醉满意，手术顺利，术后予以止血、抗感染等治疗。2014年10月2日，梁某诉腹胀、腹痛，自觉肠梗阻，经会诊，院外排粪造影提示：乙状结肠冗长，盆底病。考虑诊断：盆底出口功能障碍；痔疮术后。此后一年，梁某多次到其他医疗机构进行门诊治疗。患者出现直肠黏膜脱垂、混合痔、便秘、盆地出口障碍等疾病。患方对手术效果不满，向

[①] 参见四川省成都高新技术产业开发区人民法院 (2015) 高新民初字第5381号民事判决书、民事裁定书，四川省成都市中级人民法院 (2018) 川01民终11983号民事判决书。

法院起诉要求经济赔偿。

一审法院审理查明,被告医院的病历资料存在没有会诊记录、未提交肛镜检查报告、术前讨论记录缺首页(复印件中有首页)等问题,因此认为医院未能完整提交由其书写并保管的病历资料。一审法院认为,梁某主张医院存在医疗过错,申请进行医疗过错鉴定,经先后委托多家鉴定机构进行鉴定,但鉴定机构均不能完成鉴定事项。后梁某主张医院存在隐匿病历资料行为,应推定其存在过错。该医院未能提交部分病历资料,不属于形式瑕疵,虽然病程记录上对会诊情况及肛镜检查有记载,但缺少会诊记录以及肛镜检查报告支撑,会影响病程记录的真实性。诉讼过程中委托多家鉴定机构进行医疗过错鉴定,但鉴定机构均未能完成鉴定,病历资料的不真实、不完整、不充分成为该机构不能进行医疗过错鉴定的原因之一,即医院未能完整提交病历资料已经影响了医疗过错鉴定的进行,导致医疗过错责任无法通过司法鉴定进行认定,根据《医疗损害解释》第五条第2款的规定,应推定该医院存在过错。梁某以此为由主张医院承担全部赔偿责任的诉讼请求,一审法院予以支持。判决被告赔偿经济损失共计388887.08元。二审法院审理认为,四川新华司法鉴定所的鉴定意见明确了梁某属于日常生活能力部分受限,不足日常生活能力大部分受限的程度,因此其住院治疗期间之外的生活护理应为部分护理依赖。二审法院将赔偿费改判为269580.61元。

本案涉及的是医疗损害责任中医疗机构的过失推定问题。一般而言,应当由患者证明医疗机构存在过错。唯一例外的是《民法典》第一千二百二十二条规定的3种情形。这是因为,在提供病历等基本医疗档案材料时,医疗机构具有更优势的地位,为了平衡医患关系,利用证据规则减轻受害人的举证负担,在《民法典》第一千二百二十二条规定的3种情形下直接推定医疗机构具有过错。本案中,医院隐匿病历资料,符合该条第3款规定的情形,推定医院有过错。这样的推定不仅可以解决医患纠纷,而且对其他医疗机构及其医务人员也是一种督促,要求其积极配合司法活动提供有关证据。

(二)医疗损害赔偿规则

1. 人身损害赔偿

第一千一百七十九条 侵害他人造成人身损害的,应当赔偿医疗费、护理费、交通费、营养费、住院伙食补助费等为治疗和康复支出的合理费用,以及因误工减少的收入。造成残疾的,还应当赔偿辅助器具费和残疾赔偿金;造成死亡的，还应当赔偿丧葬费和死亡赔偿金。

人身损害赔偿，是指民事主体的生命权、健康权、身体权受到不法侵害，造成致伤、致残、致死的后果以及其他损害，要求侵权人以财产赔偿等方法进行救济和保护的侵权法律制度。我国《民法通则》第一百一十九条规定了人身损害赔偿制度的基本内容，《国家赔偿法》《消费者权益保护法》《道路交通安全法》等法律、法规，以及《最高人民法院关于审理人身损害赔偿案件适用法律若干问题的解释》（以下简称《人身损害赔偿解释》），[1] 对人身损害赔偿制度进行了补充和完善。本条对人身损害赔偿责任作了原则性的规定，与《侵权责任法》第十六条规定的人身损害赔偿范围相比，增加了营养费为人身损害赔偿项目的新规则。

（1）造成一般伤害的赔偿范围

侵权行为造成他人人身的一般伤害，应当赔偿医疗费、护理费、交通费、营养费等为治疗和康复支出的合理费用，以及因误工减少的收入。

①医疗费损失。被侵权人的人体遭受损害，最主要的损失就是为治疗人身损害而支付的金钱。这是一种财产上的损失。这种损失是侵害健康权所直接造成的财产损失后果。

②护理费损失。被侵权人遭受人身损害之后，如果行动不能自理，需要有人进行护理的，就要增加护理费的支出。这种支出，也是侵害健康权所造成的直接财产损失后果，是人身损害的财产损失。具体赔偿标准和期限往往依据"三期"评定意见。

③交通费损失。如果被侵权人遭受人身损害之后，需转院治疗的，要支出转院治疗的交通费。即使是没有转院治疗的，被侵权人在受到伤害以后到医院进行治疗，也会有一定数量的交通费支出。这些支出的交通费，也是人身损害的直接后果，是一种财产上的损失。

④营养费损失。有些特别的人身损害，还要增加必要的营养，因此要增加营养费的支出。这些损失，也是侵害健康权所造成的财产损失后果，是侵害健康权的直接损害后果。具体赔偿标准和期限往往依据"三期"评定意见。

⑤住院伙食补助费损失。人身遭受损害以后，需要住院治疗的，在住院期间要增加伙食费上的支出。

---

[1] 2003年12月4日由最高人民法院审判委员会第1299次会议通过，根据2020年12月23日最高人民法院审判委员会第1823次会议通过的《最高人民法院关于修改〈最高人民法院关于在民事审判工作中适用〈中华人民共和国工会法〉若干问题的解释〉等二十七件民事类司法解释的决定》修正。《最高人民法院关于审理人身损害赔偿案件适用法律若干问题的解释》相关内容有较大变化。

⑥误工费损失。被侵权人遭受人身损害,不能正常进行身体没有遭受损害之前所进行的工作,就会造成预期财产利益的损失。这是侵害人身造成健康损害所必然引起的结果。按照性质上说,这种财产损害是一种间接损失,是应当得到但由于遭受损害而没有得到的财产利益。但是在人身损害赔偿中,区别直接损失和间接损失没有特别意义,因此,一般不强调这种损失的性质是间接损失。具体赔偿标准和期限往往依据"三期"评定意见。

⑦其他损失。其他因治疗和康复支出的合理费用,也在赔偿范围之内。比如,被侵权人在转院治疗中,以及护理人员在护理中,如果需要住宿,则要支付住宿费。住宿费的损失,也是人身损害所造成的财产损失。

(2) 造成残疾的赔偿范围

对受害人因伤害造成残疾的,除了赔偿上述费用之外,还应当赔偿辅助器具费和残疾赔偿金。辅助器具费是伤残者身体功能丧失应当配置的辅助器具的购置费和维护费,应当予以赔偿。残疾赔偿金实际上是对受到伤害造成残疾丧失劳动能力而失去的工资收入的赔偿,一般采用一次性赔偿,按照受诉法院所在地上一年度城镇居民人均可支配收入或者农村居民人均纯收入标准,自定残之日起按20年计算。受害人因伤致残但实际收入没有减少,或者伤残等级较轻但造成职业妨害严重影响其劳动就业的,可以对残疾赔偿金作相应调整。残疾鉴定往往要通过鉴定确定其伤残等级,从而确定其残疾赔偿指数。目前医疗损害残疾鉴定依据的是《医疗事故分级标准(试行)》。

(3) 造成死亡的赔偿范围

受害人因伤害造成死亡的,还应当赔偿丧葬费和死亡赔偿金。丧葬费是对死者丧葬所应支付的财产损失,应当按照最高人民法院的司法解释规定予以赔偿。死亡赔偿金按照受诉法院所在地上一年度城镇居民人均可支配收入或者农村居民人均纯收入标准,按20年计算。上述人身损害赔偿项目的实际计算方法,《人身损害赔偿解释》都有具体规定,应当按照司法解释的规定确定具体的赔偿数额。

【案例 12-2】

致残后因其他原因死亡残疾赔偿金年限确定案①

2008 年 10 月 6 日,王学某驾驶车和黄清某(1943 年 5 月 12 日出生)发生

---

① 参见李燕某、李京某等与某保险公司等机动车交通事故责任纠纷案。见北京市朝阳区人民法院(2017)京 0105 民初 31129 号民事判决书,北京市第三中级人民法院(2018)京 03 民终 594 号民事判决书。

交通事故，黄清某受伤，交通事故认定书认定王学某负事故的全部责任。事发当日，黄清某到北京某医院就诊，次日住院至 2008 年 10 月 31 日，诊断为鼻骨骨折，骨盆闭合性骨折，右髋骨骨折，右髂骨骨折，右眼睑裂伤。2009 年 4 月 7 日，黄清某因类风湿关节炎、肺间质纤维化、肺部感染入住解放军某医院；同年 4 月 20 日，因肺间质纤维化经抢救无效死亡。

2011 年 6 月 28 日，北京某鉴定中心出具鉴定意见认为，黄清某的死亡与此次交通事故不具有因果关系。2012 年 3 月 9 日，北京某物证鉴定中心出具鉴定结论，认为黄清某骨盆骨折畸形愈合构成十级伤残。

一审法院认为：此次交通事故造成黄清某骨盆闭合性骨折，被认定构成十级伤残。虽然鉴定是在黄清某去世后进行的，但该损失在黄某受伤时即已形成，故被告应支付该项赔偿。黄清某去世时 65 周岁，依法计算 15 年，计 37087.5 元。

二审法院认为：对于残疾赔偿金的计算年限，《人身损害赔偿解释》在综合居民平均预期寿命和被侵权人索赔便利等因素的基础上，明确了一般情形下的 20 年和特殊情形下的递减标准，然其于裁判中适用的前提仍需考虑被侵权人的实际生存年限，并需以此为基础，结合相关的居民收入标准确定最终的赔偿金额。具体到本案，黄清某于 2009 年 4 月 20 日即一审诉讼前去世，本院认为与黄清某有关的残疾赔偿金的计算年限，当限定在 2008 年 10 月 6 日至 2009 年 4 月 20 日，一审法院对此费用的计算期限有误，本院依法予以纠正。二审法院最终改判某保险公司北京分公司赔偿残疾赔偿金 2835 元。

该判决书中，二审法院对残疾赔偿金的本质以及计算方法进行了充分的分析，最终确定了残疾赔偿金计算年限。《人身损害赔偿解释》在此次修订中并未对上述判决中说理涉及的条文进行大的修改，故残疾赔偿金年限的计算基本同前，且从一定程度来讲也是合理的。然而，此计算方法的适用前提是被侵权人的死亡与侵权人的侵权行为之间不存在因果关系，否则便不再适用残疾赔偿金，而应该适用死亡赔偿金。有疑问的是，被扶养人生活费能否应利用此判决中的理论而延伸相应的年限？特别是新的《人身损害赔偿解释》施行之后，被扶养人生活费计入死亡赔偿金的情形下能否延伸相应的年限？最后，此案例虽系机动车交通事故损害责任纠纷，但是其中的释法说理是针对所有类型的人身损害案件的。例如，在医疗损害责任纠纷案件中，如果患者因为医疗过错致残但因其他原因死亡,计算残疾赔偿金时是否也可以采用同样思路?[①]

2. 精神损害赔偿

第一千一百八十三条　侵害自然人人身权益造成严重精神损害的,被侵权人有权请求精神损害赔偿。

因故意或者重大过失侵害自然人具有人身意义的特定物造成严重精神损害的,被侵权人有权请求精神损害赔偿。

精神损害赔偿是民事主体因其人身权利受到不法侵害,使其人格利益和身份利益受到损害或遭受精神痛苦等无形损害,要求侵权人通过财产形式的赔偿等方法,进行救济和保护的民事法律制度。

本条第2款规定的是,侵权行为侵害了自然人的财产权益造成严重精神损害的,应当承担精神损害赔偿责任。对于造成财产损失,一般以承担精神损害赔偿责任的方法进行救济,但是,如果是因故意或者重大过失侵害自然人具有人身意义的特定物造成严重精神损害的,由于该特定物中包含人身利益(包括人格利益和身份利益因素),对该特定物的损害会造成被侵权人的严重精神损害,被侵权人有权请求精神损害赔偿,侵权人应当对因特定物的财产损害而造成的被侵权人的精神损害承担赔偿责任。如果是因一般过失侵害自然人具有人身意义的特定物造成精神损害的,侵权人不承担精神损害赔偿责任。

对于精神损害赔偿,还应当适用《民法典》第九百九十六条规定,即"因当事人一方的违约行为,损害对方人格权并造成严重精神损害,受损害方选择请求其承担违约责任的,不影响受损害方请求精神损害赔偿"。因违约造成对方当事人严重精神损害的,违约方也应当承担精神损害赔偿责任,可以在违约诉讼中直接请求精神损害赔偿。

精神抚慰金数额的确定:根据《最高人民法院关于确定民事侵权精神损害赔偿责任若干问题的解释》第五条规定,精神损害抚慰金的赔偿数额应根据以下因素确定:①侵权人的过错程度,但是法律另有规定的除外;②侵权行为的目的、方式、场合式等具体情节;③侵权行为所造成的后果;④侵权人的获利情况;⑤侵权人承担责任的经济能力;⑥受理诉讼法院所在地平均生活水平。

[①] 参见付建彬:《因侵权行为遭受人身损害并构成伤残,后因其他原因死亡,残疾赔偿金应按其实际生存年限计算》,"志华医学法律通讯"微信公众号,2021年1月28日。

三、医院面临的问题与对策

(一) 医疗损害鉴定中存在的问题

1. 我国医疗损害鉴定二元化问题

目前,我国实行医学会和司法鉴定机构同时存在的医疗损害鉴定二元化模式,该模式具有中国特色,既是我国医疗卫生事业发展、司法鉴定体制改革的结果,也是当前社会存在的不信任现象在司法领域的体现。[①] 两种鉴定方式存在以下问题:一是两种鉴定方式都难以达到医患双方的信任与认可。由医学会主导的医疗损害鉴定建立了庞大的临床专家库,鉴定专家从专家库中抽选,但鉴定专家与被鉴定医疗机构之间同属于医疗机构,业界常常会质疑医学会鉴定意见的公正性。而法医主导的医疗损害鉴定中,法医临床专业知识不足,有时会聘请临床专家进行咨询,但这些专家不是鉴定人,咨询意见仅供鉴定人参考,鉴定人对专家的咨询意见可以任意取舍,导致法医作出的医疗损害鉴定饱受诟病,难以在鉴定意见中体现。二是两种鉴定方式在适用的法律以及鉴定标准等存在较大的不同,相关法律对此也没有专门的规定,最终经常出现一个案件重复鉴定或者多头鉴定的现象,这样无疑会影响人民法院对于医疗纠纷案件的审判效率,也不利于医疗损害鉴定制度的建设。三是在医疗损害鉴定上甚至还缺乏医疗损害鉴定理论,使得医疗损害鉴定实践基本上都是鉴定人自由发挥,对医疗过错和因果关系等关键性问题的认定"跟着感觉走"。不同地方、不同鉴定机构、不同鉴定人对同类型医疗纠纷争议事件作出的鉴定意见不一样,影响了医疗损害赔偿案件处理的稳定性和权威性。[②]

2. 鉴定收费标准不统一

目前司法鉴定机构以民营为主,鉴定机构以国家没有相应经费保障为由自主决定收费多少。虽有《全国人民代表大会常务委员会关于司法鉴定管理问题的决定》的制约且在鉴定收费上各省都有鉴定收费标准,但实践中鉴定机构大都采取协议收费,或者采取鉴定项目分解的方式收费,医疗损害鉴定收费畸高,既无法律依据也极大地增加了患者的经济负担,甚至成为少数不法分子牟利的工具。医

[①] 参见李平龙、肖鹏:《我国医疗损害鉴定制度研究述评 (2002—2012)》,《证据科学》2011年第2期。
[②] 参见刘鑫、单靖雯:《开启医疗损害鉴定的新篇章——〈医疗纠纷预防和处理条例〉医疗损害鉴定模式》,《中国法医学杂志》2018年第4期。

疗损害鉴定乱象的本质乃利益驱使，如果对医疗损害鉴定收费进行科学审核，制定强制性的限制收费标准，医疗损害鉴定乱象便可有很大改观。

3. 患方既不申请鉴定也不同意承担鉴定费用，导致鉴定程序无法顺利启动

在医疗侵权诉讼中，无论在相关法律、法规及司法解释规定的举证责任分配的哪个阶段，在司法实践中，法官一般首先让医疗机构提交病历，进一步启动医疗事故或者医疗损害技术鉴定。在鉴定申请问题上，一般情况下，不同法院、不同案件可能会要求患者或医疗机构提出鉴定申请，如果双方当事人都不提出鉴定申请，法院往往会依据《民事诉讼法》赋予法官调查取证的权利——当事人及其诉讼代理人因客观原因不能自行收集的证据，或者人民法院认为审理案件需要的证据，人民法院应当调查收集（第六十四条）；当事人未申请鉴定，人民法院对专门性问题认为需要鉴定的，应当委托具备资格的鉴定人进行鉴定（第七十六条）。《医疗损害解释》第八条第2款也规定，当事人未申请鉴定，人民法院对前款规定的专门性问题认为需要鉴定的，应当依职权委托鉴定。在鉴定申请中涉及谁来预交鉴定费的问题，由患方申请的鉴定，根据举证分配的原则，应由患方来预交鉴定费用；法院依职权启动的鉴定，鉴定费可由法院根据举证责任分配或者案件的具体情况确定谁来预付。但《医疗损害解释》中未明确依职权委托鉴定后，鉴定费用由谁承担。患方会认为因其未主动申请鉴定，拒绝承担鉴定费用；医疗机构会认为根据举证责任分配原则，不应由其承担鉴定费用，由此导致鉴定程序无法顺利启动。

4. 医疗产品缺少权威鉴定机构，避免无法提交材料而鉴定不能

因医疗产品的缺陷，或者输入不合格的血液引发的医疗诉讼，由于涉及医疗产品是否存在质量缺陷、血液是否合格的问题，经常需要施以科学的检测手段才能进行审查。因此，法院仅依据双方当事人提供的证据，往往无法直接对此类问题予以认定。由于目前司法鉴定机构承担的鉴定事项不包括上述争议，这时法院就需要寻找委托具有相应资格的机构进行检测。但在委托鉴定过程中，经常会因为不符合鉴定机构提出的要求导致鉴定无法正常进行，医疗机构要注意避免无法提供过于复杂的鉴定材料导致举证不能的情况发生。

鉴定机构通常提出医疗产品检测的条件包括以下几方面。

（1）医疗产品需要具有合法来源。法院在有关案件委托检测时，经常被检测单位问及检测对象是否有合法来源。如果无法提供检测对象的来源，检测单位一般不予受理。究其原因，医疗产品生产、经营的合法性并不在检测单位的审查范

围之内。如果医疗产品违反《产品质量法》以及《医疗器械监督管理条例》的规定生产、销售的，产品质量无法进行衡量。而且，如果遇到以国家标准、行业标准检测此类产品，但未发现质量存在问题时，将与其生产、经营违法的事实相悖，从而可能引发受害者与检测单位的争端，也与医疗产品的监督管理单位的工作职责不符。

（2）进行检测时需要提供具有检测条件的实物。在委托检测时，委托方必须向检测机构提供具有检测条件的实物，而不能仅提供影像学资料、说明书等间接证据。如果检测对象已经灭失，将无法进行检测。[①] 除此之外，以下几种常见的情形也将导致无法进行检测。

①医疗产品尚在患者体内。就现有的检测水平而言，如果医疗产品尚在患者体内无法取出的，检测单位将无法通过技术手段对该产品的质量进行检测。此类情况主要包括已在患者体内安装但暂时无法取出的人工关节、人造器官、心脏起搏器、心脏支架等。

②现有的医疗产品不具备检测条件。在一些因药品质量引发的诉讼中，医患双方就争议药物进行了现场封存。但由于检测单位对药物成分、质量进行检测时，需要对检测对象提取样本进行化验，有时需要提取多份，而封存药物往往因时间较长造成药液挥发等因素无法达到检测需要的数量，造成没有条件进行药品检测。

③医疗产品检测需要有可参照的生产标准。医疗产品检测单位开展检测工作时，需要以检测对象的生产标准作为衡量产品质量的依据。按照《标准化法》的规定，标准包括国家标准、行业标准、地方标准和团体标准、企业标准。企业生产的产品没有国家标准和行业标准的，应当制定企业标准，作为组织生产的依据。企业的产品标准须报当地政府标准化行政主管部门和有关行政主管部门备案。已有国家标准或者行业标准的，国家鼓励企业制定严于国家标准或者行业标准的企业标准，在企业内部适用。因此，在进行医疗产品检测时，委托方需要提供可供检测单位作为依据的产品生产标准。如果该产品没有生产标准，或者医患双方就生产标准存在争议的，检测单位将无法开展工作。

基于上述原因，在进行检测之前，医疗机构需要提供大量的证据，包括医疗产品的生产许可证、进货渠道证明、医疗产品的生产标准证明等，但经常因为无

---

① 参见卓小勤：《涉及产品质量责任的医疗纠纷案的法理分析》，《法律与医学杂志》2000 年第 1 期。

法满足产品检测机构的检测标准而导致医疗机构承担举证不能的不利后果。

【案例12-3】

医疗机构提供医疗产品手续完善，不承担赔偿责任①

2006年3月，迟某因间歇性跛行加重入住某医院。当月某医院在全麻下为迟某进行腰椎管减压，椎弓根钉内固定，Cage融合术。2006年5月迟某出院。2009年初迟某出现双侧大腿外侧酸痛难缓解的症状。2009年2月X线检查示椎弓根钉断裂，Cage向后外侧移位。2009年3月再次收住上述医院，进行腰椎内固定螺钉取出、Cage取出，腰4骶1椎弓根再固定、后外侧植骨融合术。双方对第一次手术断裂的螺钉进行了封存。此后迟某以某医院应当对其内固定物断裂承担责任为由，将某医院起诉至法院，要求某医院赔偿各项损失共计20余万元。

诉讼中，法院委托国家有色金属质量监督检验中心对封存螺钉进行质量鉴定，检验结果为："经检验，该产品化学成分、显微组织符合标准要求。"某医院给原告安装的螺钉系进口产品，其提供了经过国家医疗器械监督管理局对进口医疗器械的注册手续，以及天津医疗器械质量监督检验中心的检验报告，结论为产品符合进口原料器械产品注册标准要求。本病例经医学会鉴定，分析意见为：术后近一月患者复查时的X光片显示，内固定物位置良好，椎弓根钉未发生断裂。在术后长期时间内患者间歇跛行完全缓解，说明第一次手术是成功的。术后2年余，患者出现久站或行走后双侧大腿外侧酸痛等症状，复查X光片显示"腰5双侧椎弓根钉断裂、Cage向后侧移位"。对此，医方选择再次手术治疗有适应证。鉴定结论为本病例不属于医疗事故。

法院经审理认为：经委托专业部门对封存的断裂内固定物进行鉴定，符合质量标准；该医疗器械经过医疗器械注册并经检验合格，并且手术前某医院对于内固定物断裂的风险向迟某进行了告知，因此在本病例中，某医院没有过错和责任。迟某不能举出进一步的证据且某医院在诊疗手术过程中也没有其他可归责之处，故判决驳回了迟某的诉讼请求。判决后原告不服提出上诉，二审维持了原判。

---

① 参见刘鑫主编：《最新医疗侵权诉讼规则理解与案例实操》，中国法制出版社2018年版，第196—197页。

医疗产品损害赔偿纠纷案件，对医疗产品是否存在缺陷需要委托检测的，人民法院应委托具有相应资格的机构进行医疗产品质量检测。该案中，某医院根据患者迟某的病情，为其安装了进口原料的内固定物，但在其后发生内固定物在体内断裂的损害后果。内固定物在体内断裂的原因比较复杂。其中既有可能是内固定物本身设计、质量存在缺陷，也有可能在安装时存在不当造成内固定物受压过强，亦可能为患者自身原因及其他医疗意外因素造成。其中最后一种原因，既有可能归咎于患者在安装内固定物后自身活动不当造成断裂，也有可能系内固定物与患者的特殊体质不相匹配，但囿于当时的技术条件无法发现的缺陷。如果属于最后一种原因，则医疗机构不应当承担赔偿责任。

该案中，某医院提供了内固定物的国家医疗器械的注册手续，并有医疗产品检测单位的检验报告，证实医疗产品的设计不存在缺陷，抽检产品的质量亦合格。一言以概之，即内固定物在生产、市场流通环节是合法的。针对断裂的内固定物这一特定对象，法院委托了专业部门对其进行鉴定，证实其符合质量标准。根据某医院提供的病历以及医疗事故技术鉴定结论，亦证实某医院无论在风险告知还是在医疗技术方面均不存在过错。因此，法院根据以上情况，推定内固定物断裂并非由于某医院的过错导致，从而驳回了原告的诉讼请求，是正确的。

5. 法官医疗专业知识较少，对鉴定意见依赖过大

医疗纠纷诉讼专业性强，而法官、律师等医疗专业知识较少，只能依靠医疗损害鉴定结论作为判案依据，因此医疗损害鉴定起到了至关重要的作用。在医疗损害鉴定中，鉴定所依据的材料、鉴定专家的资质与能力、鉴定机构的设备及鉴定程序等因素都影响着鉴定意见的准确度，对鉴定意见的真实性和可靠性都需要进行充分质证。然而在司法实践中，法官对鉴定意见的审查大多流于形式，对鉴定人资质的审查更少之又少。此外，即便医疗机构申请对鉴定意见进行书面或出庭质询，能够推翻司法鉴定机构出具的鉴定意见的十分少见，由此使得医疗机构对司法鉴定的信任度降低。

（二）对策与建议

1. 构建统一、科学、规范的医疗损害鉴定体系

司法鉴定是为司法审判服务的工具，是为法庭审理案件提供专业的、权威的证据。医疗损害鉴定的规范化，有利于提高鉴定意见的可信度，提高医患双方对鉴定意见的认可度，加强审判工作的推进。首先，应统一医疗损害鉴定的理论、

标准和方法。尽量出台《医疗损害鉴定管理办法》的同时，还应当考虑制定与管理办法相配套的医疗损害鉴定技术指南、技术规范等，以弥补医疗损害鉴定领域的空白。其次，应对医疗损害鉴定收费项目进行科学核算、科学评价，统一收费标准，减少当事人的诉累。再次，应加强对鉴定机构的监管，让不具备鉴定能力、质量低劣的鉴定机构淘汰出局，才能让医疗损害鉴定意见回归诉讼法所界定的科学证据的范畴。最后，统一鉴定人的规范管理。例如建立全国统一的医疗损害鉴定人的准入资格考试制度，完善医疗损害鉴定人的登记和资格审查制度，以及明确鉴定过错的责任承担等。

2. 明确规定医疗损害鉴定应当坚持同行评议原则

鉴定意见属于科学证据，强调具有科学性和公正性两重属性，且科学性的重要性强于公正性，科学性是鉴定专家必须具备的条件，公正性可以通过制度设计来保障。专业的问题只能由同行专家进行评议。临床医学分科越来越细，目前已经分到了四级学科。医学界没有真正意义上的精通所有临床医学专业的"全科"专家，同样，也没有可以进行医疗损害鉴定全能鉴定的专家。医疗纠纷案件涉及什么学科，就应当由哪个学科的专家来进行鉴定。外行由于不懂具体案件所涉及学科的专业知识，不具有该学科的经验，其所作出的鉴定意见必然没有科学性，更谈不上公正性。专门性问题的鉴定必然要由该专业领域的专家来做。在即将出台的医疗损害鉴定管理办法中，应当明确规定医疗损害鉴定必须坚持同行评议的原则。

3. 法院委托鉴定的费用不应由医疗机构垫付

《医疗损害解释》第九条第2款规定，当事人未申请鉴定，人民法院对前款规定的专门性问题认为需要鉴定的，应当依职权委托鉴定。但该款并未明确费用承担问题。在以往法院审理案件的过程中，为了避免矛盾激化，同时保证案件能够及时审理，往往会在医疗机构不申请鉴定的情况下要求医疗机构先行垫付鉴定费用，这种要求并没有相应的法律依据。而且在司法实践中发现，医疗机构垫付鉴定费用后，即使鉴定结论认定医疗机构没有任何过错和不足，法院也很难让患方承担鉴定费用，这对医疗机构而言也显失公平。

《北京市高级人民法院关于审理医疗损害赔偿纠纷案件若干问题的指导意见（试行）》中曾明确指出，当事人一方申请进行医疗损害鉴定的，鉴定费由该当事人预交；人民法院依职权委托医疗损害鉴定的，鉴定费由双方当事人预交。

医疗机构在医疗损害纠纷案件审理过程中应坚持原则，鉴定费用不该由医疗机构承担的,医疗机构应说明情况,维护医疗机构的合法权益。

4. 做好医疗产品质量管理,掌握医疗产品鉴定信息

(1) 做好医疗产品管理相关工作,对相关医疗产品采购要严格按照相关部门的招投标程序进行,严格审查医疗产品的标准情况、产品资质,建立医疗产品档案,做好出入库及销毁登记,避免医疗产品鉴定时医疗机构因为程序瑕疵而非质量瑕疵承担不利后果。医疗机构应当注意医疗产品进货和使用当中所有手续的保留,应当提醒医疗机构的采购部门保留相关手续的时限,避免发生医疗纠纷后,因为医疗机构无法提供检测机构要求提供的材料,导致鉴定无法正常进行,从而承担赔偿责任。

(2) 梳理能够进行产品质量检测的鉴定机构。法院目前审理中对于确定检测机构的问题,审判人员应当向双方当事人示明,由负有举证责任的一方在合理的时间内提供可进行相关检测的机构的情况,另外一方也可以就此问题给法院提供信息。如果在合理时间内,负有举证责任的一方无法提供有效的检测机构的信息,或者其提供的检测机构不予受理委托检测,导致无法认定医疗产品是否存在质量问题的,则审判人员有理由认定其承担举证不能的不利后果。因此医疗机构应熟悉掌握有医疗产品鉴定资质的机构,同时做好相应的沟通工作,确保鉴定能够顺利委托。

目前,能够进行医疗产品鉴定的部分机构,见表12-1。

表12-1 开展医疗产品鉴定的部分机构

名称	主要检测范围
国家食品药品监督管理局天津医疗器械质量监督检验中心	外科植入物和矫形器械
国家食品药品监督管理局上海医疗器械质量监督检验中心	植入式心脏起搏器及其配件
国家食品药品监督管理局北京医疗器械质量监督检验中心	一次性医疗产品、口腔材料、非吸收性缝合线、成品敷布、插管及接头
国家食品药品监督管理局北京大学口腔医学院口腔医疗器械检验中心	义齿、牙科手术用品等医用口腔产品
中国食品药品检定研究院	药品、生物制品
国家康复辅具质量监督检验中心	假肢、矫形器、轮椅车等康复辅具

(3) 加强审判机关与鉴定机构的协调沟通。鉴于检测工作对法院审理医疗产品损害纠纷的重要性,本书建议审判机关与医疗产品质量监督管理部门非常有必

要进行协调，对于有资质承接检测工作的机构，可以定期公布其基本信息，特别是受案范围等，给审判人员以参考。同时，也可以在定期审核医疗产品检测机构资质时，要求其明确受案范围中包括法院委托检测，并制定相关的委托检测细则，以改善目前委托渠道不畅通的现状。

第十三章　医院向医务人员的追偿

医院作为提供医疗服务的机构，具体的医疗行为均由特定的医务人员提供，医务人员在实施医疗行为过程中造成患者损害的，由医院承担赔偿责任有法律的明确规定。医院除了承担医疗损害赔偿责任外，也承担诸如违反安全保障义务引起的赔偿责任等。医院能否在承担相应的赔偿责任后向具体实施医疗行为的医务人员或者违反工作职责的工作人员追偿是值得关注和讨论的重要课题。

一、医院向医务人员追偿概述

追偿制度是一项重要的法律制度，在民事、行政、刑事乃至国家赔偿领域都会涉及。民法中的追偿，涉及合伙、担保、侵权、保险、雇佣等领域。民法上的追偿权是指权利人因他人的行为而承担责任，在承担责任后向他人追偿实际损失的权利，主要有合伙人追偿权、保证人追偿权、保险人追偿权、雇主追偿权等几种。雇主追偿权则是指雇主对受雇人在执行职务中所造成的他人损害承担的侵权赔偿责任进行赔偿后，享有的对有过错的雇员进行追偿的权利。[①]雇主追偿权确立的前提是雇主责任制度的确立。

雇主责任是指雇主对受雇人在执行职务中所造成的他人损害承担的侵权赔偿责任。雇主责任的建立旨在使雇主就他人的侵害行为而承担民法上的责任。然而无论是大陆法系国家还是英美法系国家，多有建立雇主责任的法律制度，主要是源于现实生活的客观需要。英美法系国家的法律只是简单地将雇主责任定性为无过错责任，但是对于雇主追偿权并无明确规定，而是通过雇主与雇员之间以契约的方式加以解决，这种自由的契约方式使得雇主、雇员能更多元化地解决内部的纠纷。大陆法系国家则大都将雇主追偿权在立法中予以明确，以避免造成雇主、雇员间的混乱的不平等的契约关系。比如《日本民法典》第一百七十五条第 3 款

---

① 参见曾培芳、李宗明：《论雇主追偿权》，《南京理工大学学报》（社会科学版）2007 年第 1 期。

规定：不妨碍使用者向被使用者行使追偿权。①雇主责任制，在侵权法上一般也称为代理责任、替代责任、转承责任。②目前有4种雇主责任制度学说：一是报偿理论，为谁的利益开展活动，就应由谁来承担责任；二是危险理论，认为雇主的承受能力一般要比雇员和受害人大，雇主负担赔偿责任，就会使受害人的利益得到全面的保护，否则对雇员和受害人就显失公平；三是经济平衡理论，从经济承受能力上考虑，雇主的承受能力要远强于雇员；四是伦理理论，雇员的职务行为便延伸了雇主的意志和利益，雇员成为雇主之手足，因而雇员的过失应视同雇主过失，方合伦理。

关于雇主追偿权，我国《民法通则》没有规定，在《人身损害赔偿解释》《侵权责任法》出现，这次《民法典》第一千一百九十一条又作出明确规定。虽然，我国过去的《医疗事故处理办法》《医疗事故处理条例》等都没有医疗机构追偿权的规定，在这种追偿理论之下，我国医疗机构在对医疗纠纷的处理实践中一直存在医疗机构向责任科室、责任医务人员追偿的情况。

医疗机构的医务人员在实施医疗行为过程中造成患者损害，医疗机构在承担损害赔偿责任后向医务人员追偿的案例时有发生，但是不同的法院适用不同的法律规定，有截然不同的判决结果。本章后面选用的两个案例中，案例13-1中法院裁判适用的法律依据是《侵权责任法》第三十四条第1款，该条对应的《民法典》规定是第一千一百九十一条第1款。③ 案例13-2中法院裁判适用的法律依据是《侵权责任法》第五十四条，该条在《民法典》中并未有大的改动，内容体现在第一千二百一十八条。④ 不同法院适用不同的规定作出截然不同的判决结果，这些规定之间的关系需要进一步予以讨论。首先，《民法典》实施后医院能否直接依据第一千一百九十一条第1款的规定向致患者损害的医务人员追偿？其次，《民法典》颁布实施之前，医院向医务人员追偿在司法实践中有不同的判决，《民法典》实施后医院向医务人员追偿是否具有了明确的法律依据？最后，医院向医务人员追偿，如何认定医务人员的故意或重大过失？是完全依据医疗损害责

---

① 参见杨猛：《雇主追偿权之法律规制路径》，《东方企业文化》2013年第7期。
② 参见魏森：《试论雇主转承责任》，《法律科学》（西北政法学院学报）1995年第1期。
③ 《民法典》第一千一百九十一条第1款：用人单位的工作人员因执行工作任务造成他人损害的，由用人单位承担侵权责任。用人单位承担侵权责任后，可以向有故意或者重大过失的工作人员追偿。相较于《侵权责任法》的规定，《民法典》增加了用人单位的追偿规定。
④ 《民法典》第一千二百一十八条：患者在诊疗活动中受到损害，医疗机构或者其医务人员有过错的，由医疗机构承担赔偿责任。与《侵权责任法》比较，该条将"和"修改为了"或者其"。

任纠纷案件中的司法鉴定意见吗？如果医院和患者协商解决了医疗纠纷，医务人员的过错又如何进行认定？这些问题值得我们进一步讨论。

二、《民法典》中医院向医务人员追偿的相关规定及问题

在分析《民法典》与医院向医务人员追偿的相关规定前，我们需要梳理和讨论在《民法典》颁布实施前我国的法律规定及司法实践中的情况，以便更好地理解《民法典》的相关规定。

（一）《民法典》实施前相关规定及司法实践情况

1. 《民法典》实施前相关法律的规定

通过查阅医院向医务人员追偿的相关法律法规、司法判例，发现在《民法典》颁布实施前有关医院向医务人员追偿的法律规定主要有3条。分别是，最高人民法院《人身损害赔偿解释》第九条第1款："雇员在从事雇佣活动中致人损害的，雇主应当承担赔偿责任；雇员因故意或者重大过失致人损害的，应当与雇主承担连带赔偿责任。雇主承担连带赔偿责任的，可以向雇员追偿。"《侵权责任法》第三十四条第1款："用人单位的工作人员因执行工作任务造成他人损害的，由用人单位承担侵权责任。"《侵权责任法》第五十四条："患者在诊疗活动中受到损害，医疗机构及其医务人员有过错的，由医疗机构承担赔偿责任。"

我国《民法通则》未涉及雇主的追偿权问题，雇主追偿权规则最早体现在《人身损害赔偿解释》第九条第1款中。结合该解释第九条第1款①的规定，《人身损害赔偿解释》规定的雇主追偿权规则仅适用于狭义的雇佣关系（即劳务关系）。② 从法律文本的规定来看，医疗机构作为法人组织，与医务人员之间属于劳动合同关系，而非雇佣关系，似乎不能适用该条向医务人员追偿。2009年通过的《侵权责任法》为实现最大程度的包容并体现与《民法通则》的立法延续，将雇主责任整合为用人单位责任和接受劳务者责任，而未沿用《人身损害赔偿解释》里雇主和雇员的概念。《侵权责任法》不再以责任主体、用工形式作为区分责任形态的依据，整合了《人身损害赔偿解释》第八条和第九条的内容，将劳动

---

① 《最高人民法院关于审理人身损害赔偿案件适用法律若干问题的解释》第八条第1款：法人或者其他组织的法定代表人、负责人以及工作人员，在执行职务中致人损害的，依照民法通则第一百二十一条的规定，由该法人或者其他组织承担民事责任。上述人员实施与职务无关的行为致人损害的，应当由行为人承担赔偿责任。

② 参见王飞凤、闫明伟：《〈侵权责任法〉视野下雇主追偿权的合理规制》，《福建法学》2015第3期。

关系与劳务关系中工作人员、雇员的职务侵权责任统一立法。①《侵权责任法》第三十四条规定既适用于劳动合同关系,也适用于临时性的劳务合同关系。但《侵权责任法》对用人单位是否可以对造成他人损害的工作人员进行追偿采取了回避态度。立法机关认为:"在什么情况下可以追偿情况比较复杂。根据不同行业、不同工种和不同劳动安全条件,其追偿条件应有所不同。哪些因过错、哪些因故意或者重大过失可以追偿,本法难以作出一般规定。用人单位与其工作人员之间以及因个人劳务对追偿问题发生争议的,宜由人民法院在审判实践中根据具体情况处理。"② 医疗机构作为用人单位以该条规定作为依据向医务人员追偿,在司法实践中是否获得支持具有不确定性。《侵权责任法》第三十四条和第五十四条之间的关系问题,杨立新教授认为,医疗机构与医务人员因过失造成患者损害,当然是用人单位责任,符合《侵权责任法》第三十四条第1款的规定,但《侵权责任法》第五十四条是第三十四条第1款的特别法,具有优先适用的效力。但司法实践中,有判例直接适用《侵权责任法》第五十四条之规定认为医疗机构向有过错的医务人员追偿无法律依据。③

2.《民法典》实施前司法实践情况

通过上文列举的两个司法判例,我们能够发现《民法典》实施之前,医院向医务人员追偿在司法实践中不同法院会适用不同的法律,作出截然不同的判决。我国主流观点认为医疗损害责任的性质是替代责任,④ 更具体来说是一种用人单位替代责任。因为用人单位追偿权的立法态度不明朗,司法实践中,一方面给法官创造性地适用《人身损害赔偿解释》第九条保留了一定的空间,另一方面也不可避免地给审判实践带来更多的困扰和法律适用的不统一。有学者通过司法判例研究发现主要存在4个方面的问题:一是裁判依据理解不一问题,支持用人单位追偿的一般援引《人身损害赔偿解释》第九条规定,不支持的一般援引《侵权责任法》第三十四条作为裁判依据。二是裁判结果差异悬殊,有的案件支持用人单位100%的追偿比例,有的案件则仅支持20%的追偿比例。三是适用范围有待拓

---

① 参见潘杰:《〈侵权责任法〉上用人者责任制度的司法适用——立法与司法解释的比较与适用衔接》,《法律适用》2012年第2期。

② 《全国人民代表大会法律委员会关于〈中华人民共和国侵权责任法(草案)〉审议结果的报告》,2009年12月22日十一届全国人大常委会第十二次会议。

③ 参见陕西省吴堡县人民法院第(2017)陕0829民初404号民事判决书。

④ 参见程啸:《侵权责任法》,法律出版社2011年版,第438—439页;王利明、周友军、高圣平:《侵权责任法疑难问题研究》,中国法制出版社2012年版,第464—465页。

宽，工作人员致他人财产损害超出了《人身损害赔偿解释》第九条的适用范围，实践中有的法院参照该条支持用人单位的适当请求。四是考量因素过于狭小，《人身损害赔偿解释》第九条的适用以雇员具有故意或重大过失为前提。其他考量因素未有规定，司法实践中有的判决对支持或限制追偿的实施和法律依据没有充分的阐释。另外，也有法院在审理医院向医务人员追偿案例中认为，医院和医务人员属于劳动合同关系，不能适用《人身损害赔偿解释》第九条的规定，驳回了医院的诉请。在有的医院向医务人员追偿的案例中，法院依据《侵权责任法》第五十四条规定，不支持医院的诉讼请求。

(二)《民法典》相关规定解读及相关问题讨论

《民法典》中与医院向医务人员追偿问题相关的法律规定有两条。《民法典》第一千一百九十一条第1款规定用人单位的工作人员因执行工作任务造成他人损害的，由用人单位承担侵权责任。用人单位承担侵权责任后，可以向有故意或者重大过失的工作人员追偿。这一条文明确规定了用人单位的追偿权。

《民法典》第一千二百一十八条规定患者在诊疗活动中受到损害，医疗机构或者其医务人员有过错的，由医疗机构承担赔偿责任。该条对应的是《侵权责任法》第五十四条，《民法典》将原来的"医疗机构和医务人员有过错的"修改为"医疗机构或者其医务人员有过错的"，其他与《侵权责任法》的表述保持一致。就责任承担而言，《民法典》第一千二百一十八条仅规定了由医疗机构承担，而并未涉及医务人员，且条文没有规定追偿。[①] 该条是否意味着医院承担医疗损害责任后不能向有过错的医务人员追偿？该条未规定医院的追偿规则，医院能否依据《民法典》第一千一百九十一条第1款进行追偿，值得讨论。

1. 医院能否依据《民法典》第一千一百九十一条第1款的规定向医务人员追偿

关于《民法典》第一千二百一十八条和第一千一百九十一条第1款二者之间的关系，以及二者应如何在实践中适用，有不同的观点。有学者认为，《民法典》第一千二百一十八条属于第一千一百九十一条第1款规定在医疗损害责任领域的具体化，上述两条规定属于特别规定与一般规定的关系，在法律适用上应当坚持优先适用特别规定的基本规则。尤为重要的是，第一千一百九十一条第1款还规定了用人单位的追偿权，而第一千二百一十八条并无追偿权的规则。依据上述法

[①] 参见窦海阳：《〈民法典〉中医务人员过错规范的限缩解释》，《北方法学》2020年第5期。

理，再结合鼓励和保障医疗卫生事业发展及保护医务人员相关权益的价值导向，医疗机构承担责任后不能向有故意或者重大过失的医务人员追偿。① 有学者则认为，《民法典》第一千二百一十八条将其改为"医疗机构或者其医务人员有过错的"，二者均是医疗损害责任的主观构成要件，不仅使规则更为严谨且符合实际情况，也为医疗机构承担赔偿责任后对有过错的医务人员的追偿权奠定了基础。②

本书认为，医院可以依据《民法典》第一千一百九十一条第 1 款的规定向有故意或重大过失的工作人员追偿，有几点理由予以支持。其一，《民法典》第一千二百一十八条并未有禁止性规定，禁止医院在承担医疗损害赔偿责任后向医务人员追偿。其二，医院作为用人单位，员工除了医务人员外，还有行政管理人员、后勤保障人员，若医务人员以外的工作人员在执行工作任务过程中故意或重大过失造成患者损害（患者并非在诊疗过程中受到损害），患者显然无法依据第一千二百一十八条请求医院承担医疗损害责任，而应以第一千一百九十一条第 1 款作为请求权基础。医院承担赔偿责任后，显然可以适用第一千一百九十一条第 1 款向有重大过失或故意的工作人员追偿。同样作为医院的工作人员，医务人员故意或重大过失的行为可以不被追偿，其他工作人员却被追偿要求承担责任，显然不公平，也不符合立法者的意图。

2.《民法典》第一千一百九十一条第 1 款的条文解读

《民法典》第一千一百九十一条第 1 款前半段规定了用人单位的替代责任，后半段规定了用人单位的追偿规则。结合《民法典》第一千一百九十二条之规定，该条规定的用人单位包含不同所有制企业、事业单位、社会团体和国家机关，也包括个体工商户、农村承包经营户这些不具有法人资格的个人经济组织。③ 我国各类医疗机构都属于该条规定的用人单位。

《民法典》第一千一百九十一条第 1 款规定的"工作人员"与《侵权责任法》第三十四条中"工作人员"的范围一致，既包含正式工作人员，也包含临时工作人员。④ 不论单位的员工是否与单位已经签订正式劳动合同，均应属于

---

① 参见陈龙业：《医疗损害责任的规则创新与司法适用——关于民法典医疗损害责任一章修改规定的解读》，《中国应用法学》2020 年第 6 期。

② 参见杨立新：《〈民法典〉对侵权责任规则的修改与完善》，《国家检察官学院学报》2020 年第 4 期。

③ 参见王利明：《侵权责任法研究》下卷，中国人民大学出版社 2016 年版，第 93 页；黄薇主编：《中华人民共和国民法典侵权责任编释义》，法律出版社 2020 年版，第 84—85 页。

④ 参见黄薇主编：《中华人民共和国民法典侵权责任编释义》，法律出版社 2020 年版，第 85 页。

此处工作人员的范畴，换言之，只要存在事实上的劳动关系就属于此处的工作人员。① 因为法律对此处工作人员的具体内涵和外延没有明确的规定，导致有不同的理解。有观点认为，此处的工作人员从体系解释的角度来看，宜认定其必须与单位存在劳动关系，与单位存在劳务关系的人员以及超过退休年龄但与单位存在事实上聘用关系的人员不属于此处的工作人员，此类用工情况可类推适用《民法典》第一千一百九十二条关于个人用工责任的规定。② 不同意的观点认为，《民法典》第一千一百九十二条仅适用个人之间形成劳务关系的情形，第一千一百九十一条规定的用工关系既包括劳动关系也包含劳务关系。③ 我们同意第二种观点，就医疗机构来说，医疗机构自己的医务人员、来医院会诊手术的医师、进修或实习的医务人员若在工作中因重大过失或故意造成他人伤害，医疗机构承担损害赔偿责任后，医疗机构均可适用第一千一百九十一条第 1 款的规定向其追偿。

另外，《民法典》规定的用人单位追偿的前提是工作人员具有重大过失或者故意，法律未规定认定重大过失或者故意需考虑的因素，也没规定用人单位追偿的责任范围，这些都需要法官根据具体案件情况进行确定。

三、医院及司法实践中可能面临的问题与对策

（一）医院向医务人员追偿的实际情况

《民法典》颁布实施之前，医院通过司法途径向医务人员追偿的案例并不多。就医院最常出现的医疗损害责任赔偿来说，医疗损害赔偿责任并非医院全部承担。从实际情况来看，涉及医务人员过错的情况下，一旦医疗机构承担赔偿责任，很多医疗机构会以各种内部管理的方式进行追责，且追责的内容纷繁杂乱。即使有医疗责任保险分担，医疗机构负担责任限额外的部分，涉事医务人员仍会被追责。④ 不同医院之间关于医疗损害赔偿责任落实到当事医务人员的管理规定有所不同。有的医院在内部的管理制度中规定当事科室承担的责任比例，科室内部如何划分责任由科室主任或者科室管理制度确定；有的医院内部管理规定并不

---

① 参见王利明：《侵权责任法研究》下卷，中国人民大学出版社 2016 年版，第 93 页。
② 参见石冠彬：《民法典用工责任规范的实践困境及破解之道》，《江海学刊》2020 年第 6 期。
③ 参见《全国人民代表大会法律委员会关于〈中华人民共和国侵权责任法（草案）〉审议结果的报告》，2009 年 12 月 22 日十一届全国人大常委会第十二次会议。
④ 参见杨立新：《〈民法典〉对侵权责任规则的修改与完善》，《国家检察官学院学报》2020 年第 4 期。

规定科室承担的责任比例,而是规定确定科室承担责任比例的流程,例如通过医疗质量管理委员会投票确定科室承担的责任比例;有的医院通过内部管理规定直接规定当事医务人员的承担责任比例或是规定当事医务人员承担责任比例的确定流程。医院内部管理规定或者制度一般都会经过公示程序。对于进修或者实习的医务人员,有些医疗机构在与进修或者实习人员所在单位签订的合同中明确规定,若因进修或实习人员导致患者损害,由进修或实习人员所在单位承担相应的赔偿责任。这种规定虽然不能对抗患者,但是可以作为医院追偿的依据。

(二)医院和司法实践可能面临的问题及对策建议

相信《民法典》颁布之后,大多数医院还是会采用内部管理的方式处理医院损害赔偿责任的追偿问题。也因为已经有相应的内部管理规定、制度,医院和医务人员之间发生纠纷的可能性也不高。但是在医院向医务人员追偿问题上,医院和司法实践中还是会面临很多问题,需要讨论并给出相应的对策或建议。

1. 医院内部追偿的问题及建议

医院通过内部管理规定向医务人员追偿与《民法典》的规定在以下方面具有一定冲突。其一,有的医院追偿对象并不限于有过错的医务人员。如上文所述,有的医院的内部管理制度规定医院向科室追偿,会有科室内部所有人平均承担的情况。其二,多数医院通过内部管理规定向医务人员追偿并不区分当事人员的主观心态,即不区分是否故意,或者是重大过失还是一般过失。大多数医院只要医院承担损害赔偿责任就会向责任科室或医务人员追偿。其三,直接规定科室或医务人员承担责任比例的医院,当事医务人员的过错程度并不影响其责任承担比例。我们认为医院作为用人单位,对自己的员工及相关的内部事项具有一定的管理权限,其可以根据内部管理的需要制定相应的制度。但是需要注意的是,医疗损害赔偿后的科室或个人责任落实问题直接涉及医务人员切身利益,需要按照《劳动合同法》等相关法律法规规定的程序制定和公示相应的管理制度,并广泛听取员工的意见和建议。

首先,关于支持用人单位追偿权的理由,主流观点是能够促使工作人员更好地遵守法律的规定,有效地确保工作人员在执行工作任务时更加勤勉谨慎,以免损害他人以及雇主的权益。[①] 这一理由强调的是对有过错的工作人员追偿,落实自己责任。因此,建议医院在通过内部管理向医务人员追偿时应该让真正有过错

---

① 参见黄薇主编:《中华人民共和国民法典侵权责任编释义》,法律出版社2020年版,第84页。

的医务人员为自己的过错行为承担责任。虽然医疗领域具有一定的特殊性，发生医疗损害的原因多种多样，医务人员的过错与科室或医院的过错往往交织在一起共同导致了医疗损害的发生，所以医院通过内部追偿时也要注意区分医院与医务人员的过错。其次，支持用人单位追偿的学者也坚持用人单位的追偿应该有所限制。我国法律规定也体现了对用人单位追偿的限制，即确立用人单位的追偿界限是重大过失。医院通过内部管理制度对所有医疗损害责任赔偿都进行相应的追偿并无不妥，但是毕竟每个案件都有不同，过错程度也有所区别，建议在进行内部责任落实时根据医务人员的过错程度确定合理的责任比例，体现公平性。最后，建议医院也设置相应的救济程序，即医院或科室向医务人员追偿后，若医务人员认为不合理，可以提出申请，启动救济程序，由管理部门组织相应的专家重新确定医务人员是否应该承担责任及具体的责任比例。

2. 司法实践中如何认定重大过失或者故意

《民法典》规定的用人单位追偿权的前提是工作人员具有故意或者重大过失。如何认定故意或者重大过失，其与一般过失的区别如何，一直是司法实践中的难题，这也是《侵权责任法》对用人单位追偿问题采取回避态度的主要原因。《民法典》颁布实施后，这一难题仍然存在。在医院向医务人员追偿问题中会更加复杂。医院承担赔偿责任的案件有3种情况，即诉讼途径判赔的案件、医调委调解的案件和医患协商的案件。诉讼判赔的案件基本都会有司法鉴定意见指出医疗行为中的过错或法院推定的过错，医调委调解的案件有医调委评估意见指出医疗过错，但是医患协商的案件并无第三方机构指出具体的过错。对于诉讼判赔的案件和医调委的案件，可否直接依据鉴定意见或评估意见？我们认为答案应该是否定的。鉴定意见或评估意见可以作为一种参考，但还需要法官结合案件情况、双方的举证质证，厘清医院过错与医务人员的过错，判定医务人员过错是否属于重大过失或者故意。

3. 司法实践如何确定追偿的责任范围

关于用人单位追偿的责任比例问题，学者普遍认为，工作人员须就故意造成的损害程度负全部责任，无限制用人单位追偿的可能。[①] 但关于对具有重大过失的工作人员，用人单位追偿是否应有所限制，则存在不同的观点。有学者指出，

---

① 参见朱军：《雇员在工作中致雇主损害的责任减轻规则——基于案例分析的比较研究》，《清华法学》2015年第6期。

当工作人员主观上造成重大过失时,则用人单位享有对一半以上金额的追偿权。① 有学者认为,工作人员具有重大过失通常承担全部责任,但基于社会保护思想可被例外地限制责任。②如上文所述,《民法典》颁布实施前,司法实践中不同法院的裁判结果悬殊。《民法典》对追偿的责任范围问题并没有给出规定,法官只能结合具体案件情况自由裁量。但是不管法官判决如何,都应该有进行裁判的说理,给出令双方当事人信服的合理判决。

四、典型案例分析

【案例 13-1】

医院向医务人员追偿获法院支持案例③

原告邻水县某医院在 2006 年依法成立后,召开全院职工代表大会表决通过了关于《医院行政管理规章》,其中明确规定了"医护、医技(药剂)人员因工作失职导致发生医疗事故或差错事故或纠纷的,视其情节和性质,相关责任人员赔偿由此而引起的经济损失的 30%~100%。触犯刑法的由司法部门追究刑事责任"。

2008 年 6 月 1 日,患者朱某会因诊断"梗阻性黄疸、腰椎压缩性骨折"收入原告邻水县某医院,其夫被告骆某荣担任主治医生(骆某荣时任邻水某医院外科主任)。2008 年 6 月 10 日,患者朱某会由被告带到重医附二院检查并到西南医院会诊,建议手术治疗,之后被告决定回原告处为朱某会行剖腹探查解除胆管梗塞。2008 年 6 月 11 日,朱某会委托其姐姐朱某菊负责住院期间朱某会的诊疗事宜,朱某会、朱某菊当日签署手术知情同意书,其上记载的手术方式为剖腹探查术。同日,原告院长陈某年为患者行手术治疗。术后记载已行手术名称:胆道探查术、十二指肠造瘘术、胃空肠吻合术。术后,原告对朱某会行抗炎、保肝支持补液等治疗措施。2008 年 6 月 17 日,患者术后第五天,因病情危重,经全院讨论后转重医附二院治疗。2008 年 7 月 30 日患者病情加重,抢救无效死亡。被告于 2009 年 3 月起诉要求原告、重医附二院赔偿。审理过程中法院委托鉴定,鉴

---

① 参见陈柳:《雇主追偿权制度研究》,西南政法大学硕士学位论文,2013 年。
② 参见朱军:《雇员在工作中致雇主损害的责任减轻规则——基于案例分析的比较研究》,《清华法学》2015 年第 6 期。
③ 参见四川省邻水县人民法院(2012)邻水民初字第 1946 号民事判决书。

第十三章 医院向医务人员的追偿

定意见认为原告对朱某会的医疗行为存在诊断不明确,手术指征、手术方式掌握不严,未尽到高度注意义务,探查术中更改术式前未及时请上级医院会诊,未与朱某会的授权委托人进行沟通,违反卫生部关于病历书写中医务人员签名的规定的过错,该院的医疗过错行为与朱某会死亡存在主要因果关系,其过错参与度为65%。法院据此判决邻水县某医院赔偿骆某荣40万余元。

原告按照判决执行后,向法院提起诉讼,诉请被告骆某荣赔偿因其过失对原告造成的各项损失共计40万余元。法院经审理部分支持原告的诉讼请求,判决被告支付原告经济损失16万余元。法院认为医疗损害责任纠纷案件中鉴定意见指出的原告的过错即为被告的过错;同时认为原告在全院职工大会讨论表决通过的关于《医院行政管理规章》是原告与被告的内部契约关系。被告作为朱某会的主治医生,存在重大过失,依照法律规定和原告单位内部的管理规定不能免除责任。原告因被告的重大过失造成的经济损失,依法具有追偿权。法院的判决依据为《侵权责任法》第三十四条第1款①。

【案例 13-2】

医院向医务人员追偿未获法院支持案例②

被告李某季系榆林市某医院妇产科主任医师,被告弓某萍系吴堡县某医院护士。2013年12月12日,原告吴堡县某医院与榆林市某医院签订了业务协作协议,其中协议第一条约定:根据乙方(吴堡县某医院)提出的出诊、会诊、协助手术等邀请,甲方(榆林市某医院)及时组织专家会诊。榆林市某医院《临床医技科室主任职责》第7条规定,组织领导有关本科室对指定医疗单位的技术指导工作。2014年12月23日,患者郝某珍因子宫多发性肌瘤在原告处就诊。2014年12月27日,被告李某季依照原告与其单位的协作帮扶关系前往原告处会诊主刀,被告弓某萍为器械师,为该患者实施了全子宫切除术。该患者在原告处住院治疗17日,出院后,刀口愈合差,在绥德某医院治疗44天,确诊腹部包块为"腹纱",并做了取出手术。2015年10月24日,原告与患者及家属达成调解协议:原告一次性赔偿患者郝某珍各项损失共计约51万元。原告赔偿后,认为被

---

① 《侵权责任法》第三十四条第1款:用人单位的工作人员因执行工作任务造成他人损害的,由用人单位承担侵权责任。该条并未规定用人单位的追偿权,法院以该条作为裁判依据值得商榷。
② 参见陕西省吴堡县人民法院(2017)陕 0829 民初 404 号民事判决书。

告李某季作为主刀医生在实施手术时违反手术规则,疏忽大意,未尽到最大注意义务,致使患者郝某珍手术中使用的"腹纱"未能取出,明显存在重大过失。被告弓某萍作为手术的器械师,未履行认真清点手术器械义务,致使手术中使用的"腹纱"遗留在患者腹中,也有一定的过错。二被告的行为给患者造成精神上的创伤、肉体上的痛苦,给原告造成经济损失及负面影响,故原告提起诉讼,诉请被告李某季承担原告损失的80%,被告弓某萍承担20%。

法院审理认为法律并未规定医疗机构在对患者承担赔偿责任后,可以向医务人员追偿,故原告的诉请缺乏法律依据,未支持原告诉请。法院的判决依据是《侵权责任法》第五十四条①和《医疗事故处理条例》第五十五条②。

【案例 13 - 3】

医院向医院试岗人员追偿未获支持③

黄某曾就读于某高校中医学专业。2013 年 4 月黄某即将毕业,自行到重庆市某医院(以下简称医院)某科室联系实习,该科室同意黄某试岗,但未与黄某签订任何协议,亦未办理任何试岗手续。试岗期间黄某对住院病人何某采取理疗措施,何某在接受黄某的理疗不久后病情加重,并经医院内设机构医疗安全专家委员会评定为医疗存在过错。医院与何某先后通过自行协商和民事诉讼的方式对赔偿达成协议,最终医院赔偿何某各项费用共计 29 万余元,但黄某均未参与协商与诉讼过程。2019 年 5 月 30 日,医院向法院起诉称,因黄某在对病人何某进行理疗过程中发生医疗事故,导致医院先后向病人支付了各项赔偿费用,医院与黄某就赔偿费用的承担问题无法达成一致,特诉至法院,要求法院判决黄某支付医院垫付的赔偿费用。

法院经审理后认为,一方面,在医疗事故纠纷中,因医院的医疗过错致使患者受到伤害或病情加重,医院是侵权赔偿的责任主体。具有相关责任的医务人员

---

① 《侵权责任法》第五十四条:患者在诊疗活动中受到损害,医疗机构及其医务人员有过错的,由医疗机构承担赔偿责任。

② 《医疗事故处理条例》第五十五条:医疗机构发生医疗事故的,由卫生行政部门根据医疗事故等级和情节,给予警告;情节严重的,责令限期停业整顿直至由原发证部门吊销执业许可证,对负有责任的医务人员依照刑法关于医疗事故罪的规定,依法追究刑事责任;尚不够刑事处罚的,依法给予行政处分或者纪律处分;卫生行政部门可以责令暂停 6 个月以上 1 年以下执业活动;情节严重的,吊销其执业证书。

③ 参见重庆市北碚区人民法院(2019)渝 0109 民初 6072 号民事判决书。

第十三章　医院向医务人员的追偿

因系履行职务的行为,不存在故意或者重大过失时,不应对外承担赔偿责任。对本案而言,被告作为原告的试岗人员,与原告系被管理人与管理人的关系,被告2013年4月9日究竟是受原告科室的安排为何某治疗,还是被告擅自为何某治疗,现原告已无法举证证明,但此两种情况皆因原告内部管理混乱所致,最终所产生的法律后果均应由医院即原告承担。另一方面,何某起诉医院医疗纠纷赔偿后,医院和何某在法院审理过程中达成调解协议,即使医院认为黄某在本次医疗事故纠纷中应承担责任,也应在医疗纠纷赔偿案中提出抗辩,申请追加黄某为该案的被告或第三人,并请求法院将何某受到的侵权损失依法核实后作出判决;其自行和解已放弃了相关权利。故判决驳回医院的诉讼请求。

该案有几个问题值得关注和讨论。其一,若该案发生在《民法典》颁布实施之后,医院能否依据第一千一百九十一条第1款向黄某追偿?黄某是科室试岗的工作人员,根据我们前面的讨论,只要和医院形成事实上的劳动关系,就属于《民法典》第一千一百九十一条第1款规定的工作人员。在该案的审理法院发表在《人民法院报》的评析文章来看,法官也认为该案被告在原告处试岗,接受原告的管理,从事原告业务范围内的职务行为,可以视同原告的工作人员。[①] 其二,司法实践中法院如何认定故意或者重大过失?该案法院认为医院没有举证证明被告黄某在执行工作过程中有重大过失或者故意,故驳回了原告的诉讼请求。该案医院和患者的医疗纠纷赔偿是在法院的主持下达成了和解,故没有司法鉴定意见指出医疗行为中存在的过错。这也提示在医院向医务人员追偿的案例中,医院举证医务人员的故意或者重大过失是医院面临的一个难题。其三,医院与患者的医疗损害责任纠纷案件中是否应该申请追加当事医务人员为被告或者第三人?该案中法院未支持原告医院的一个理由是,医院和患者的纠纷赔偿案件,医患双方达成了和解,案件审理过程中医院未提出抗辩,也未申请追加当事医务人员为纠纷赔偿案的被告或第三人,认为医院放弃了相关权利。法院的这一理由并不合理。因为,患方与医院之间的医疗损害赔偿纠纷所依据的请求权基础是《民法典》第一千二百一十八条,而医院向医务人员的追偿则是适用《民法典》第一千一百九十一条第1款的规定。法律规定医疗机构是医疗损害责任的承担主体,医院作为适格被告参加医疗损害责任纠纷案件,有与原告达成和解的权利,但是与

---

① 参见李迎波:《用人单位替代责任的追偿权应是有限的——重庆北碚法院判决重庆市第九人民医院诉黄某追偿权纠纷案》,《人民法院报》2020年1月9日。

原告达成和解并不意味着其放弃了向医务人员追偿的权利。

如上文所述，我国大多数医院通过内部管理规定解决向当事医务人员追偿的问题。为了减少不必要的争议，建议医疗纠纷管理部门就医疗纠纷解决方案征询科室意见，尤其是医调委的调解案件和医患双方和解的案件。当然也并非完全听取科室意见，若组织医疗专家、法律专家讨论进入诉讼途径会有更大赔偿风险时，即使科室不同意调解建议或和解建议，医院也可以接受调解建议或通过医患和解途径解决纠纷。

第十四章　医疗活动中的免责规定

医疗活动本身具有侵害性、风险性和结果的不确定性，诊疗过程中出现了问题，诊疗之后没有达到预期的目的，甚至在医疗过程中出现了意外情况，如果都要医疗机构及医务人员承担责任，既不公平，也不合理，更是对医疗卫生事业的打击。长期如此，必然遏制医疗卫生事业的发展，导致医务人员不敢冒任何风险为患者提供医疗服务，对患者实施保守的、万无一失的诊疗措施，甚至出现防御性医疗、推诿性医疗，最终受害的还是患者。因此，在《民法典》构建的免责事由体系之下，本书将进一步讨论在医疗服务过程中《民法典》的免责规定如何具体发挥作用。

一、医疗活动免责概述

权益受侵害而生的损害，应当由何人承担？对此各国法律基本上采用相同的原则，即被害人须承担所生的损害，仅于有特殊理由时，使得向加害人请求损害赔偿。该特殊理由就是指应将损害归由加害人承担，使其负赔偿责任的事由。[①]这种特殊理由，既包括法律规定应当承担责任的积极规定，不得实施相应行为的消极规定，还包括不在免除责任的具体情形之中，当然也包括双方不违反法律的禁止性规定，不侵害国家、集体、个人合法权益的约定。

《民法典》作为调整民事法律活动最重要的行为规范，不仅从消极方面规定了什么事情不能做及面临的法律后果，还从积极的方面规定了什么事情可以做，做了不承担责任。这对于民事主体依法开展民事活动具有非常重要的意义。《民法典》增加免责事由的规定，使我国民法的免责事由形成了比较完善的体系，就能够放宽民事主体的行为自由范围，在法律规定的范围内，享有更多的行为自由，因而可以自由行使权利，进而积极创造、努力践行、奉献社会，实现自己的

[①] 参见王泽鉴：《侵权行为法》第一册，中国政法大学出版社2001年版，第11页。

尊严和价值，推动社会进步和发展。同时，也能够避免同案不同判，统一法律适用尺度。在免责规定方面加大了力度，除了传统上规定的6种情形，本次《民法典》又增加两个具体的免责事由。一是自甘风险，即第一千一百七十六条规定："自愿参加具有一定风险的文体活动，因其他参加者的行为受到损害的，受害人不得请求其他参加者承担侵权责任，但是其他参加者对损害的发生有故意或者重大过失的除外。""活动的组织者的责任适用本法第一千一百九十八条至第一千二百零一条的规定。"二是自助行为，即第一千一百七十七条规定："合法权益受到侵害，情况紧迫且不能及时获得国家机关保护，不立即采取措施将使其合法权益受到难以弥补的损害的，受害人可以在保护自己合法权益的必要范围内采取扣留侵权人的财物等合理措施；但是，应当立即请求有关国家机关处理。""受害人采取的措施不当造成他人损害的，应当承担侵权责任。"[①] 这样，《民法典》的免责事由体系就包括了总则编的不可抗力、正当防卫、紧急避险，侵权责任编的过失相抵、受害人故意、第三人原因、自甘风险、自助行为。《民法典》规定为一般适用的免责（减责）事由就有8种。

医疗损害责任和其他侵权责任一样，都可以在符合一定条件时免除相应的责任，分为法定的免责事由和适法的约定免责事由。法定的免责事由又包括一般法定免责事由和特别法定免责事由。《民法典》中对免责的规定很多，比如总则编第一百八十条、第一百八十一条、第一百八十二条、第一百八十四条共4条；合同编第五百九十条到第五百九十三条共4条，在具体合同中也有一些免责规定；侵权责任编第一千一百七十三条到第一千一百七十八条及第一千二百二十四条共7条。另外，在其他法律、法规中也有免责的相关规定。

二、《民法典》相关免责规定解读

（一）免责减责规定优先适用原则

《民法典》中关于医疗损害责任的免责规定，与之前的《侵权责任法》相比，没有太大变化，仅作了部分表述的文字调整，使表达更规范，更具有可操作性。但新增了第一千一百七十八条，即所有现行有效的法律，凡是对医疗损害责任有免责或减轻责任规定的，都是适用的。但是，这里所讲的"法律"，仅指全国人

[①] 参见杨立新：《民法典新增"自甘行为"和"自助行为"两个免责事由，其目的在于——给民事主体更多更宽行为自由》，《检察日报》2020年6月8日。

民代表大会及其常务委员会制定的法律,如《执业医师法》第二十四条关于紧急救治的义务规定,《基本医疗卫生与健康促进法》第三十五条关于不同级别医疗机构卫生机构提供服务能力的规定等,所有涉及医疗损害责任免责的条款,在医疗过错责任认定中均可适用。但不包括国务院制定的行政法规,如《医疗事故处理条例》第三十三条关于法定不属于医疗事故情形的规定,在民事诉讼中不能优先适用。这里特别提醒读者注意《民法典》第一千一百七十八条的免责适用规定。

第一千一百七十八条 本法和其他法律对不承担责任或者减轻责任的情形另有规定的,依照其规定。

(二)受害人过错的免责规定

《民法典》第一千一百七十四条规定"损害是因受害人故意造成的,行为人不承担责任"。《民法典》第一千二百二十四条第1款第1项规定,"患者或者其近亲属不配合医疗机构进行符合诊疗规范的诊疗",受到损害的,医疗机构不承担赔偿责任。该上述法定免责事由与《医疗事故处理条例》第三十三条第5款"因患方原因延误诊疗导致不良后果的"不构成医疗事故,同为"受害人过错"的法定免责事由,包括患者或者其近亲属不配合诊疗以及受害人故意两种情况。

1. 患者或者其近亲属不配合诊疗的免责事由适用要求

(1) 医方拟提供的是符合诊疗规范的诊疗。这是以患方不配合诊疗导致损害后果提出免责抗辩的基础,如果医方拟采取的诊疗措施或建议不符合诊疗规范的要求,甚至出现违反法律规定的情形,就无须考虑患方不予配合的情况了。

(2) 医方尽到明确的告知义务。患方不配合诊疗的免责基础是,患方在明确知情其病情及医疗措施后,仍然拒绝或者不配合,如外科急诊隐匿性骨折患者在明确被告知3日后骨科门诊复诊,而因未及时复诊导致骨折不能及时明确诊断而延误治疗的,可以认为是患者不配合诊疗的情况,此处医疗机构抗辩的基础是"有明确的证据表明医务人员明确告知了患者3日后骨科门诊复诊",据此医疗机构不承担赔偿责任。

(3) 患方存在不遵守或者不配合诊疗的行为。实践中患者或者其近亲属不配合诊疗,主要有以下几种情况:①患者没有及时就诊,如外科急诊未诊断骨折的患者,急诊医生嘱骨科门诊复诊,但患者未及时到骨科复诊,导致不能及时诊断骨折,造成延误治疗的。②患者不如实告知病情,如某患者隐瞒在家遭受家暴而致医师未能及时诊断出其腹痛的原因。③患者在治疗过程中不遵医嘱,不配合检查或者治疗,如糖尿病患者不遵医嘱服用降血糖的药物导致出现低血糖昏迷。④患者不遵从医师的指导性说明,如急性胰腺炎患者不遵从医师关于禁食的说明,擅自饮食导致病情加重。⑤患者及其近亲属不听从医师建议,不及时转诊,导致病情延误治疗的。⑥住院患者在不被允许外出的情况下,擅自离院发生损害后果的。

(4) 患方不配合诊疗的行为与患者最终的损害后果之间存在因果关系。其一,患方不配合诊疗,是造成损害后果的唯一原因。其二,当医疗机构一方主张适用患方不配合实施符合诊疗规范的行为作免责事由时,如果患方主张医疗机构及其医务工作人员对损害的发生也有过错的,且确实为双方都存在一定过错的,则应适用《民法典》第一千一百七十三条的过失相抵责任,即"被侵权人对同一损害的发生或扩大有过错的,可以减轻侵权人的责任"。具体可以根据医患双方的过错、原因力程度来确定医方需要承担的相应赔偿责任。

2. 受害人故意造成不良后果发生的免责事由适用要求

《民法典》第一千一百七十四条规定:"损害是因受害人故意造成的,行为人不承担责任。"该规定常见于患者在院期间自杀等情况的抗辩事由,此时要判断患者自杀前的诊疗行为是否符合规范,医疗机构是否尽到了充分的安全防范义务,来确定医疗机构是否承担医疗损害责任。如某三甲医院住院患者跳楼自杀死亡,患者家属以医院没有尽到安全保障义务为由诉至医调委,医调委调解认为,该医疗机构诊疗行为符合规范,但根据《卫生行业标准》关于医疗建筑设施安全规定,该患者坠楼的电梯间为向内全开启,未起到安全防护作用,认定医方建筑设施存在安全隐患,与患者坠楼存在因果关系,医方应承担次要的赔偿责任。双方均认可调解意见。医院环境安全因素是在院患者自杀因素中的重要一环,病区窗户、阳台、卫生间门锁等建筑设施、设备,应符合《卫生行业标准》,但并非所有不符合标准的环境下发生患者自杀、自伤的,医院都承担责任,只有不符合标准的设施、设备帮助了患者自杀、自伤,或者导致患者比较容易实施自杀、自伤,医院才面临承担责任的可能。因此受害人故意的法定免责事由应辩证而论。

(三) 紧急救治的免责规定

《民法典》第一千二百二十四条第1款第2项规定"医务人员在抢救生命垂危的患者等紧急情况下已经尽到合理诊疗义务",由此造成损害的,医疗机构不承担赔偿责任。但紧急救治毕竟是在未取得患者或者其近亲属的知情同意情况下实施的诊疗行为,因此,紧急救治的免责规定应满足必要的法定条件。

1. 患者病情危急的紧急情况

《民法典》中"生命垂危的患者等紧急情况",从字面意思理解是指患者的生命存在迫在眉睫的重大危险,如不立即采取相应医疗措施,患者的生命将稍纵即逝。但该规定中的"等紧急情况"是个兜底条款,即除了"生命垂危的患者",其他"紧急情况"也应适用该紧急救治的免责规定。我国现行法律对"患者的紧急情况"有以下几种表述,见表14-1。

表14-1 患者"紧急情况"在立法中的表述

法律规定	具体条款	表述
民法典	第一千二百二十四条	医务人员在抢救生命垂危的患者等紧急情况下
医疗事故处理条例	第三十三条	在紧急情况下为抢救垂危患者生命
医疗损害解释	第十八条	因抢救生命垂危的患者等紧急情况
执业医师法	第二十四条	对急危患者,医师应当采取紧急措施进行诊治
医疗机构管理条例	第三十一条	医疗机构对危重病人应当立即抢救

《医疗机构管理条例》和《执业医师法》中对紧急情况的规定,不强调患者一定要生命垂危,患者的身体健康存在迫在眉睫的重大风险也属于紧急情况。因此,《民法典》紧急救治的免责规定应作扩大化解释,即当患者生命健康存在迫在眉睫的重大风险时,当医务人员在救治过程中已尽到合理诊疗义务,即可免责。

2. 无法取得患者或者近亲属的意见

对于通过现代通信手段(电话、QQ、微信等)能取得近亲属意见的,还是首先应取得近亲属意见。不能取得近亲属意见的情况,根据《医疗损害解释》(2017年)第十八条的规定,有5种情形:①近亲属不明的;②不能及时联系到近亲属的;③近亲属拒绝发表意见的;④近亲属达不成一致意见的;⑤法律、法规规定的其他情形。

3. 医疗机构负责人或授权的负责人批准

根据原卫生部《医院工作制度与人员岗位职责》第28节"患者知情同意告知制度"(试行)第五条规定,"对急诊、危重患者,需实施抢救性手术等操作时,在患者无法履行知情同意手续又无法与家属联系或无法短时间到达,应当紧急请示报告科主任、医务处、院总值班批准"。因此，科室主任、医务处、院总值班等可以认为是"授权的负责人"，医疗机构的院级领导可以认为是医疗机构的负责人，以上都有权按程序批准紧急救治，但建议医疗机构最好通过院务会形成正式的授权文件。

4. 医务人员已经尽到合理诊疗义务

这里所说的"合理诊疗义务"的"合理"是一个相对概念，与患者的病情紧急情况、当时的医疗条件等因素相关。患者的病情紧急情况，意味着留给医务人员检查、分析、判断病情，准备实施医疗行为的时间有限。患者的病情越紧急，留给医务人员的时间越短，合理诊疗义务的要求就越低；反之，患者的情况越不紧急，留给医务人员的时间越长，合理诊疗义务的要求相对就高。只有和平时期、正常情况下对患者实施的诊疗活动要按照诊疗常规操作，紧急情况下不受诊疗常规的限制。

（四）限于当时医疗水平难以诊疗的免责

根据《民法典》第一千二百二十四条第1款第3项的法定免责事由"限于当时的医疗水平难以诊疗"的患者受到损害的，医疗机构不承担责任。医疗过错认定是考察医务人员是否尽到与当时的医疗水平相应的诊疗义务，实质上就是看医务人员在接诊的过程中该做的事情做了没有。判断是否尽到当时的医疗水平，应考虑以下几个方面。

1. 认定标准

判断医疗机构是否尽到与当时的医疗水平相应的诊疗义务，应是依据在医疗界被广泛接受和使用的操作规程与技术标准。如原卫生部委托中华医学会主编的《临床诊疗指南》各学科分册，《临床技术操作规范》各学科分册，中华医学会各专业学会制定并发表于中华医学杂志各专业分册的各种指南、专家共识、建议等规定的检查、诊断、鉴别诊断和治疗方法，是经充分公开和临床实践并充分具备人才、技术、设备等实施的基础条件下的一般操作惯例。医学教科书、医学专家中的一致性、常规性理论学说亦可作为参考标准。

2. 对"当时"的理解

（1）时间上的"当时"。这分为两种情况。其一，基本医疗行为，即在日常普通诊疗过程中，医务人员依据上述"医疗水平"的认定标准具有的注意义务，应是具有相应资质的医师群体的一般注意义务，与地域、医疗机构类别、人员级别无关。比如医务人员在接诊"当时"是否具有相应资质的诊断思维，如果本机构没有诊断能力,医务人员是否有预见疾病进展的能力,是否具有及时转诊的思维。其二,非基本医疗行为,如紧急情况下医务人员的一般注意义务,或技术难度大的手术等,判断是否尽到当时的医疗水平,应综合考虑时间、地域、医疗机构类别、人员级别等因素。

(2)地域上的"当时"。考虑"当地"的医疗条件,应综合考虑医疗机构专业、规模、资质等差异。我国医疗机构分为三级十等,不同级别的医疗机构设施、设备及医疗服务水平差异显著,且我国幅员辽阔,地域性医疗水平差异性亦显而易见。因此,若不考虑局部差异性,认定是否尽到"当时的医疗水平"实难做到公平。国家卫健委1号令《医疗技术临床应用管理办法》第六条规定"医疗机构开展医疗技术服务应当与其技术能力相适应",因此,医疗机构不得开展其能力范围外的医疗技术,即开展超过其医疗水平的医疗技术造成损害后果的,应承担赔偿责任。

3. 认定方法

认定医疗机构所实施的医疗行为是否符合当时的医疗水平,应从医疗过程认定,而不是从医疗结果来认定。从医疗过程来认定,包括以下5个环节:①该做的问诊是否询问;②该做的检查是否实施;③该做的会诊实施落实;④该做的治疗是否到位;⑤该做的转诊是否告知并实施。

4. 注意义务的评价

就医务人员来说,我们认为,其一旦具有相应资质就意味着应当具有其群体的一般注意义务,主要包括在诊疗、治疗、手术、注射、护理等过程中产生的事故预见义务、结果避免义务、损害减轻义务,以及对患者的说明义务和转诊义务等,医务人员本身素质差异不应是医疗水平考虑的范畴,因此不需要差别对待。

【案例14-1】

县医院因尽到当时的医疗水平而免责[①]

2009年10月,张某因排便不适伴有肛门肿块凸出,到县人民医院就诊,县人民医院仔细研究了张某的病史、临床症状,并经过认真的病理切片检查,诊断

---

① 参见《限于当时医疗水平难以诊疗导致患者损害的,医院应否承担赔偿责任》,广州医疗纠纷律师网,2019年8月16日。

张某患有"结核性肉芽肿"。后与县中心医院专家会诊,诊断意见亦为"结核性肉芽肿"。此后,县人民医院为张某实施抗结核治疗,治疗期间,张某低热不断。2010年3月,张某转到市中心医院接受治疗,市中心医院为张某做了肠镜病理检查,结合张某的病史诊断张某患有克隆病(又称克罗恩病)。为节约救治时间,避免对张某造成更大的损害,市中心医院决定对张某进行激素治疗。经治疗,张某的体温趋于正常,病情好转,于2010年6月出院。张某认为县医院有误诊行为,在医疗的过程中具有主观过错,侵害了自己的合法权益,于是向当地人民法院提起诉讼,要求县人民医院对自己的损害承担赔偿责任。

审判过程中,法院委托当地医学会进行了医学鉴定。鉴定结论显示,县人民医院的治疗符合常规,不存在过错,理由是克隆病病情复杂,临床较为少见,病理变化酷似结核病,可以与克隆病共生,诊断前必须先排除结核病及其他肠道感染和病变,因此确诊较为困难。对于县医院来说,几乎不可能要求其作出精确、具体的判断。因此,法院认定县人民医院的医疗行为并无过错,无须承担张某的损害赔偿责任,依法驳回原告的诉讼请求。

(五)不可抗力的免责规定

由于人类对于生命科学包括医学的认识程度有限,医学发展远远跟不上临床医疗的需要,医疗服务中发生不可抗力的情况多见。根据《民法典》第一百八十条的规定,因不可抗力不能履行民事义务的,不承担民事责任。根据《民法典》第五百九十条的规定,当事人一方因不可抗力不能履行合同的,根据不可抗力的影响,部分或全部免除责任,但是法律另有规定的除外。

第一百八十条 因不可抗力不能履行民事义务的,不承担民事责任。法律另有规定的,依照其规定。

不可抗力是不能预见、不能避免且不能克服的客观情况。

1. 不可抗力免责的条件

不可抗力作为医疗侵权责任免责事由须具备以下3个条件:①客观性,即不可抗力必须独立存在于人的行为之外,既非当事人的行为所派生,亦不为当事人的意志所左右。②因果性,即不可抗力必须是构成损害结果发生的事实上的原因。如果不可抗力只是造成损害后果的部分原因,而医疗机构同时存在过错,则不可抗力只能部分减轻医疗机构责任。③相对性,即当事人按其现有的能力和应有的谨慎与勤勉不能对发生的客观情况及其后果加以控制。

第十四章 医疗活动中的免责规定

2. 医疗行为中的不可抗力

(1) "在现有医学科学技术条件下，发生无法预料或者不能防范的不良后果的"，即限于人类的认识水平，根据现有的医学发展水平，无法预料或不能防范，如颅内动脉瘤患者，如果不及时行栓塞或手术治疗，无法预计动脉瘤会何时破裂引发颅内出血导致死亡。

(2) 难以避免的并发症，如"无过错输血感染造成不良后果的"不属于医疗事故。在病毒感染初期，血清检测病毒抗体一般不能呈阳性反应，经过 80～180 天左右的"窗口期"才能呈阳性反应。且目前我国病毒抗体诊断试剂的特异性和灵敏度均在 95% 左右，不能保证 100% 的准确性，即存在漏检的可能。由于目前检测技术的有限性及"窗口期"的存在，即使完全按照规范进行操作，仍有极少数病人会感染。"窗口期"与漏检率属于不可抗力，是科学技术目前难以达到或无法克服的领域。

(3) 客观不可抗力事件，如 2020 年新型冠状病毒肺炎疫情早期，医学界对该病毒普遍缺乏认识，导致一些患者得不到有效的治疗而死亡，以及在医疗机构内获得医源性感染。此时医疗机构可因不可抗力免责。

关于患者在医疗过程中发生并发症是否必然免责的问题，主要考察该并发症是否可以避免，只有难以避免的并发症才在免责范围之内。例如恶性肿瘤在病情进展中浸润周围组织，造成手术切除难度加大，术中极易损伤周围正常组织，一旦损伤即为难以避免的手术并发症，不应归责于医疗机构。

(六) 第三人过错的免责规定

《民法典》第五百九十三条规定："当事人一方因第三人的原因造成违约的，应当依法向对方承担违约责任。当事人和第三人之间的纠纷，依照法律规定或者按照约定处理。"《民法典》第一千一百七十五条规定："损害是因第三人造成的，第三人应承担侵权责任。"具体到医疗侵权中，第三人的免责事由，多见于会诊引发的医疗侵权纠纷和患者诊疗过程中被其他人伤害的情况。

1. 会诊引发的医疗侵权纠纷

根据《医师外出会诊管理暂行规定》，邀请医疗机构与会诊医疗机构之间是医疗会诊合同法律关系，会诊合同是有委托合同性质的涉他合同，合同的当事人是邀请医疗机构和会诊医疗机构，患者是合同第三人，邀请医疗机构是受患者委托而发出会诊邀请。在医疗会诊过程中，会诊医师的过错侵害患者人身权益的，由邀请会诊的医疗机构承担侵权责任。这在《医疗损害解释》第二十条有明确规定：医疗机构邀请本单位以外的医务人员对患者进行诊疗，因受邀医务人员的过错造成患者损害的，由邀请医疗机构承担赔偿责任。

但是在医疗实践中常常发生没有履行正式会诊程序的会诊行为，甚至患者近亲属私下秘密邀请其他人员（不一定是医务人员，有的案例中还有巫医、大仙）。我们称为医务人员个人行为，或者其他非医疗冒险行为，这种情况导致患者出现不良后果引发纠纷的，一般属于第三人责任，医疗机构不承担责任。

【案例 14-2】

医院职工未经挂号私下诊疗行为导致不良后果的责任①

患者王某是某医院的职工，因患肝门部胆管癌而手术，术后进行化疗。因为是本院的职工，王某没有进行挂号，而是直接找到血液科医生进行治疗。患者在接受治疗时引发微生物血源性播散，并因此导致严重的多脏器衰竭和感染中毒性休克，经治疗无效死亡，引发纠纷。本案中，由于患者王某没有通过挂号就诊和医院建立医疗服务合同关系，血液科医生的行为就不是职务行为，而是属于个人行为，就医疗侵权方面，本案医疗机构属于因第三人的过错而免责的情况。但该医疗机构疏于对本院医生的管理，该管理过失与患者的损害后果之间有因果关系，因此，医院应该承担相应的管理失职责任。

【案例 14-3】

患者私下联系外院医师会诊的法律责任②

患者入住甲医院，经甲医院同意后，自行联系乙医院某知名医生以会诊的名义到甲医院为其手术，但并未履行会诊程序。后因手术效果不好，引发纠纷。本案中，因乙医院与甲医院并没有会诊合同，故乙医院的医生行为亦不是职务行为，而是个人行为。甲医院因未履行正式手续，不能因第三人过错而免除医疗责任。

---

①② 参见徐江：《医疗机构常见侵权责任形态案例评析》，《中国卫生人才》2012 年第 4 期。

2. 患者损害系第三人直接造成或诊疗过程中被其他人伤害

根据《民法典》第一千一百七十五条的规定,"损害是因第三人造成的,第三人应当承担侵权责任",包括3种情况:①患者因第三人行为造成伤害而就医,患者最终的不良后果正是该第三人的行为所致;②患者因第三人行为造成伤害而就医,患者最终的不良后果是该第三人行为所致损害发展演变的结果;③在医疗过程中发生了第三人造成的伤害,该伤害行为导致患者最终的不良后果。此处多见于住院患者在住院期间被其他住院患者伤害的情况,如果医院尽到必要的安全保障义务,则应由加害人承担责任,造成受害人轻伤以上的,加害人还应承担相应的刑事责任。此外,对经精神科执业医师明确诊断为精神障碍的,根据《精神卫生法》第四十条第1款的规定,"精神障碍患者在医疗机构内发生或者将要发生伤害自身、危害他人安全、扰乱医疗秩序的行为,医疗机构及其医务人员在没有其他可替代措施的情况下,可以实施约束、隔离等保护性医疗措施。实施保护性医疗措施应当遵循诊断标准和治疗规范,并在实施后告知患者的监护人"。医疗机构如果不能证明尽到上述义务,发生患者自伤或伤害他人的情况的,医疗机构不能免责。

(七)其他特殊情况

1. 超药品说明书用药与免责

临床用药原则上应当根据药品监督管理部门批准的药品说明书规范用药,药品说明书是判断临床用药是否规范的法律依据。

但是随着医学不断发展,新药研发速度增快,以及不同药品厂家对同种药品的说明书存在差异等,国内外都存在超说明书用药的普遍现象。超说明书用药又称"药品说明书外用法""药品未注册用法",根据美国食品药品监督管理局(FDA)的相关规定,在美国如果超说明书用药是根据合理的科学理论、专家意见或临床对照试验获得的,是为了患者的利益,没有欺骗行为,那么,超说明书用药则认为是合理的。广东省药学会2010年3月印发的《药品未注册用法专家共识》在业界引起广泛认同。随后,中国药理学会治疗药物检测研究专业委员会药品风险管理组通过对24家医院超说明书用药情况进行分析,并参考国内相关共识达成《超说明书用药专家共识》,形成超说明书用药专家共识推荐意见。

本书认为,超说明书用药情况在临床上难以避免,但医务人员实施超说明书用药时要具备以下几种条件,才能阻断医疗行为的过失:①用药符合药理原理;②这种用法有医学实践证据;③取得患者或其近亲属明确的知情同意;④该用法仅仅是为了患者的利益；⑤经医院相关部门批准备案。在这种情况下发生药源性损害引发纠纷的，医院不应当承担医疗责任。

2. 适法的约定免责事由——知情同意书表示免责条款

《民法典》第一千二百一十九条规定了医务人员的告知义务，即"需要实施手术、特殊检查、特殊治疗的，医务人员应当及时向患者具体说明医疗风险、替代医疗方案等情况，并取得其明确同意"。《医疗纠纷预防和处理条例》第十三条亦规定"医务人员在诊疗活动中应当向患者说明病情和医疗措施。需要实施手术，或者开展临床试验等存在一定危险性、可能产生不良后果的特殊检查、特殊治疗的，医务人员应当及时向患者说明医疗风险、替代医疗方案等情况，并取得其书面同意"。患者对手术、开展的临床试验等存在的风险及可能产生不良后果的情况下签署同意书的行为，对医疗机构而言，是一种具有一定法律效力的免责条款的约定，但本书强调此类行为仅具有一定的免责效力，即属于免责的前提和条件，至于是否免责，还需要考察医疗过程中医务人员是否违反诊疗规范。

3. 医疗侵权中的减损规则规定

《民法典》第五百九十一条规定："当事人一方违约后，对方应当采取适当措施防止损失的扩大；没有采取适当措施致使损失扩大的，不得就扩大的损失请求赔偿。当事人因防止损失扩大而支出的合理费用，由违约方负担。"《民法典》第一千一百七十三条规定："被侵权人对同一损害的发生或者扩大有过错的，可以减轻侵权人的责任。"减损规则即对方有义务防止损害扩大，否则不得就扩大的损失请求赔偿。如，发生医疗损害责任后果后，医务人员告知患者应转诊，接受进一步治疗，但患者或者其近亲属因考虑方便医疗纠纷的处理，滞留医院拒绝转诊的，患者因得不到及时的、更高水平的救治而出现扩大的损害后果的，医疗机构证明已尽到了明确的转诊告知义务，可以对扩大的损害后果免责。对第一千一百七十三条的理解，亦可参照本章关于"受害人过错的免责规定"部分内容补充理解。

三、医院面临的问题与对策

（一）紧急救治中，近亲属意见不一致的处理

在紧急救治的免责规定中，《医疗损害解释》第十八条规定了5种不能取得患者近亲属意见的情况，"近亲属达不成一致意见"被视为不能取得患者近亲属意见。本书认为，虽然《医疗损害解释》第十八条作出了规定，但在具体操作中

还需要根据具体情况灵活处理，必要时可以参照《民法典》规定的监护人的顺序来确定患者近亲属的意见效力，即顺序靠前的近亲属意见效力大于后顺序人的意见效力。《民法典》第二十八条规定："无民事行为能力或者限制民事行为能力的成年人，由下列有监护能力的人按顺序担任监护人：①配偶；②父母、子女；③其他近亲属；④其他愿意担任监护人的个人或组织，但是须经被监护人住所地的居民委员会、村民委员会或者民政部门同意。"即在紧急情况下，当近亲属意见不一致时，应按顺序优先考虑配偶、父母、子女的意见。当近亲属的意见明显不利于患者利益的情况，在诊疗实践中难以把握，在司法实践中依照实际情况进行个案认定。

（二）紧急情况下医疗机构负责人或者授权的负责人批准形式

前面讲到，紧急救治应是在确认无法履行告知义务的情况下免责，但应取得"医疗机构负责人或者授权的负责人"批准，但在实践中，患者危重程度不一，会遇到电话请示批准的情况，也会遇到没有时间告知、汇报请示批准的情况，或者紧急情况下无法取得批准的情况，此时参与救治的医务人员应如何处理？我们认为：①口头批准是有效的，但要在病历记录中详细记录口头请示紧急救治的时间、批准人以及批准内容；②没有时间请示批准的情况，应在病历中记载当时的病情及请示情况，事后要及时补充汇报结果。

同样，对于"紧急情况下"医方告知义务履行的形式，也应当采用上述做法，即制作书面的沟通备忘录，需要紧急进行手术、特殊检查、特殊治疗的，还需要有相关知情同意书。医方需要在沟通备忘录上明确记录以下几项内容：一是目前病情已达到生命垂危的事实，对基本生命体征、查体等客观结果也可以适当记录；二是相对具体的拟开展的抢救或者治疗措施的名称，如气管切开时需写明"需要气管切开"；三是医疗风险，即如不立即采取相关措施，患者即将有严重的生命危险乃至死亡的风险。

（三）患者住院期间是否可以请假外出

实践中，经常遇到住院患者因为各种原因要求请假外出的情况，医疗机构应如何把握？患者外出存在各种风险：①患者外出有可能发生各种病情变化，有潜在病情风险，如心脑血管疾病患者外出后突发疾病来不及救治可能危及生命。②患者外出后有发生其他意外的可能，如发生交通事故、滑倒摔伤的情况。③可能发生医保拒付的相关情况，因为"离院外出"这一行为可能被认定为病情相对较轻，没必要住院治疗，进而医保拒付的情况。对于拒付的这笔费用应该是医院承担还是患者承担存在争议。因此住院患者外出会遇到法律上、社会上、身体上的各种风险。

对于患者外出，本书提出如下建议。首先，医院批准同意患者外出，发生损害后果的，医院应承担相应的法律责任，因为"批准同意"的行为，意味着医院预见到患者外出是没有风险的，或者说是放任这种风险出现的，因此医院难以免责。故不建议医院批准在院患者请假外出。其次，当患者基于"医疗行为"的外出，比如需要请假到其他医院会诊、做检查等情况，我们认为应予批准。但这种"批准"的外出，应要求有患者近亲属的陪同，不允许患者独自外出，而且要履行严格的安全告知义务。再次，如果患者没有经过医务人员同意，私自外出的，医院可以免责。免责的前提是，在患者提出要外出时，医院应告知不得外出，以及外出的风险，并留取相应的书面证据，如签署劝阻患者外出风险告知文书。最后，本书提醒医疗机构注意，在劝阻患者外出风险告知书中，仅能有告知不得外出及外出面临的风险，不得有同意外出或者暗示患者外出的内容。

【案例 14-4】

住院私自外出后死亡引发纠纷[①]

慢性肺结核患者王先生，住院期间向护士请假回家，没有被允许。但护士晚上 20:00 前后查房发现患者不在病房，经了解得知患者私自回家了。次日被人发现患者离院后投河自尽。患者家属认为患者住院期间外出死亡，医院有不可推卸的责任，以医院没有尽到安全保障义务为由，诉至法院，要求赔偿。但是医院认为，护士已经明确告知患者不可以离院，患者私自离院是个人不遵守医院管理规定的行为，医院没有责任。

法院判决认为，医院发现患者私自外出以后，没有进一步寻找，系没有尽到安全保障义务的过错，判决医院承担相应的赔偿责任。本案中，发现患者私自外出以后，医院是否有进一步"寻找"的义务？首先，患者住院期间，有配合诊疗的义务，有遵从医院病房管理规定的义务。本案中，患者住院期间没有经过护士

[①] 参见刘鑫：《第37集 患者住院期间可不可以请假外出》，中央广播电视总台音频客户端"云听"APP"医院里的故事"系列节目，2021年1月25日。

同意，私自外出，属于"不配合"诊疗的行为，且本案中关于住院患者私自外出有相关的风险告知书，患者入院时已明确知情并签字。从这个角度看，患者私自外出的行为，医院没有过错的。其次，医院有没有进一步"寻找"的义务？我们认为，住院患者私自外出，医院有寻找的义务，此处的"寻找"是狭义的理解，不是要求医院要组织人员外出寻找，这已经超出医疗机构的"服务能力"范畴，此处的"寻找"应是积极主动电话联系患者及其近亲属，如果联系上患者及其近亲属，应告知立即返回医院及不返回的风险。如果穷尽手段均无法联系到患者，即患者处于失联状态，可以考虑110报警。综上所述，可以考虑医院尽到了病房管理义务，对于私自外出发生不良后果的，便有可能免责。

四、典型案例分析

【案例14-5】

无过错输血引发纠纷①

2014年9月13日，包头市某医院接收了一位83岁的患者郝某某，郝某某因右腿粗隆下骨折和冠心病入骨科治疗。郝某某入院以后，医生针对其右腿骨折给予了胫骨结节骨牵引等治疗。考虑到患者曾经多次因心绞痛、心肌梗死住院，且年龄较大、不能耐受手术所带来的损伤，所以经过相关科室会诊后，选择保守治疗。2014年9月16日患者郝某某在输血过程中出现胸闷、呼吸困难等不适症状，经积极抢救无效，于2014年9月16日21：24因心肺功能衰竭，宣布临床死亡。

患者家属对患者的死亡提出疑议，认为是医院在治疗中的失误导致患者死亡，遂向包头市医疗纠纷第三方人民调解委员会提起调解申请。包头市医疗纠纷第三方人民调解委员会（以下简称包头市医调委）经医学论证，得出如下论证意见。（1）医方诊断右股骨粗隆下骨折、冠心病（陈旧性心梗、不稳定心绞痛、心功能二级），诊断明确，给予骨牵引、输血治疗，治疗措施得当。（2）由于患者未做尸检，具体死亡原因不明确。根据现有资料分析，患者输血过程中突感烦躁、憋气伴喘息、面色苍白、心率、呼吸增快、血氧下降、口唇发青、四肢厥冷、双下肢皮肤花斑，心电图提示窦性心动过速，ST—T改变（与入院时ST—

---

① 参见张歆伊、张桐：《医疗意外是否应使用"公平责任原则"——以包头市某医疗纠纷为例》，《世界最新医学信息文摘》2015年第21期。

T改变大致一致,无急性心梗表现),考虑为过敏性休克,医方更换盐水及输液器,给予抗过敏、升压等治疗,后患者休克症状渐进性加重,虽经积极救治,终因抢救无效死亡。患者为老年,基础疾病多,输血出现过敏性休克,导致心肺等多脏器功能衰竭是患者死亡的主要原因。输血前医方已履行告知签字手续。(3)患者死亡与医方诊疗行为存在因果关系。结论是:医方诊疗行为不存在医疗过错,患者死亡属于医疗意外。不久,包头市医调委根据论证意见拟制出补偿方案,方案认为应按照"公平责任原则",医患双方共同承担医疗意外的风险,所以各承担50%责任,医方应补偿患者共计10万余元。

这起医疗纠纷不属于医疗事故,而是一起医疗意外。医疗意外是指诊疗过程中医务人员尽到了诊疗义务但患者因不能预料的病情异常而导致了损害后果的发生,那么医方对此不应承担赔偿责任。《民法典》第一千一百八十六条有关于公平责任原则规定,即"受害人和行为人对损害的发生都没有过错的,依照法律的规定由双方分担损失"。但是公平责任原则的概念范围较大。该案例中,患者及其家属在治疗前的知情同意书上签字,表示愿意承担输血等相关治疗中可能存在的风险,医方对后果的发生无法预料。包头市医调委依据该公平责任原则认定医方承担50%的赔偿责任,缺少法理依据。

 【案例14-6】

患者家属不同意转院致病情恶化引发的纠纷[①]

2017年4月27日9时40分,韦某因反复咳嗽、气紧、食欲不振等症状到岑溪市某镇卫生院住院治疗。对韦某做相关检查后诊断:COPD(慢性阻塞性肺疾病);肺源性心脏病。岑溪市某镇卫生院于2017年4月28日即发出病危(病重)通知书,并发出转院告知书,要求患者转上级医院治疗。韦某的儿子莫某昌收到通知书、告知书后,表示不同意转院。2017年5月11日,岑溪市某镇卫生院再次发出病危(病重)通知书和转院告知书,要求韦某转院治疗,但韦某的儿子莫某昌仍然不同意转院。尔后,韦某继续在该院住院治疗。2017年5月19日2时

---

① 参见莫某昌、莫某芬与岑溪市某镇卫生院医疗损害案。见广西壮族自治区岑溪市人民法院(2018)桂0481民初2039号民事判决书,广西壮族自治区梧州市中级人民法院(2019)桂04民终717号民事判决书,广西壮族自治区高级人民法院(2020)桂民申1211号民事裁定书。

10分,韦某家属睡觉醒后,发现韦某呼之不应而要求医生检查。医生检查后,发现韦某无呼吸,无心跳,双侧瞳孔散大,直径5cm,对光反射消失。至此,韦某在该院住院治疗时死亡,其家属于5月19日当天上午8时办理出院手续,并将尸体拉走。事后,韦某的女儿莫某芬到岑溪市某镇卫生院要求复制病历,岑溪市某镇卫生院予以拒绝。后来,莫某芬找来委托代理人,岑溪市某镇卫生院才同意复制病历。为此,原告方对韦某的死亡原因提出质疑,于2018年10月11日诉至法院。

一审法院认为,患者韦某年事已高,反复咳嗽、气紧、进食困难,且家属收到病危通知书、转院告知书后,不同意转上级医院治疗,患者家属不配合医疗机构进行符合诊疗规范的诊疗,是导致韦某死亡的主因。被告作为专业医疗机构,明知韦某是病危病人,却未作任何护理记录,甚至在韦某死亡时,被告也没有发现,未尽到与其医疗水平相应的诊疗义务,也应承担相应的赔偿责任。按照原告及第三人承担90%、被告承担10%的赔偿比例,一审法院判决被告赔偿原告丧葬费、死亡赔偿金、精神损害抚慰金损失合计8483元。二审法院、再审法院予以维持。

第十五章　过度医疗与欺诈骗保

基本医疗保险基金是人民群众的看病钱、救命钱。近年来欺诈骗保案件普发频发，"救命钱"沦为"唐僧肉"。随着医学科学的发展，检查、治疗手段日趋增多，以及国家社会保险制度的快速发展，基本医疗保障覆盖范围不断扩大，欺诈骗保与过度医疗便如影随形地联系在了一起，过度医疗甚至成为骗取医疗保险基金的主要途径。本章结合《民法典》第一千二百二十七条、《基本医疗卫生与健康促进法》第五十四条、《社会保险法》等相关法律法规规定，对欺诈骗保、过度医疗危害及相关法律责任以及医院面临的问题与对策进行讨论。

一、过度医疗与欺诈骗保概述

早在1986年六届全国人大通过的《国民经济和社会发展第七个五年计划》中，第一次在国家的发展规划文件中提出了"社会保障"的概念，将社会保险、社会福利、社会救助和社会优抚等制度统一纳入了社会保障体系。1994年《劳动法》第七十条规定："国家发展社会保险事业、建立社会保险制度、设立社会保险基金，使劳动者在年老、患病、工伤、失业、生育等情况下获得帮助和补偿。"2011年7月1日起施行的《社会保险法》第二条规定，国家建立基本养老保险、基本医疗保险、工伤保险、失业保险、生育保险等社会保险制度，保障公民在年老、疾病、工伤、失业、生育等情况下依法从国家和社会获得帮助的权利。基本医疗保险制度，是社会保障体系的重要组成部分，具有3个特点。

一是广泛性。这是指用人单位和职工，不论是国家机关、企业单位，还是私营企业、个体劳动者，都在基本医疗保险的范围之内。我国《基本医疗卫生与健康促进法》第八十三条规定，国家建立以基本医疗保险为主体，商业健康保险、医疗救助、职工互助医疗和医疗慈善服务等为补充的、多层次的医疗保障体系。2019年全国参加基本医疗保险有13.5407亿人，基本医保基金总收入24421亿元，占当年GDP的比重约为2.5%。

第十五章 过度医疗与欺诈骗保

二是共济性。这是指所有用人单位和职工按规定缴纳了医疗保险费后,一旦参保人员生病住院或患长期慢性病,所有花费的医疗费用由统筹基金按比例报销。医疗保险费用不与单位经济效益挂钩,费用的风险由全部参保单位和人员共同分担。同时国家鼓励发展商业健康保险,满足人民群众多样化健康保障需求以及完善医疗救助制度,保障符合条件的困难群众获得基本医疗服务。如在抗击新冠肺炎疫情过程中,把新冠肺炎诊疗救治纳入医保基金支付范围并预付部分资金,确保了患者不因费用问题影响就医,收治医院不因支付政策影响救治。

三是强制性。这是指按照法律的规定,全部城镇用人单位和职工都必须参加基本医疗保险,因此它不同于任何商业保险的自愿参加行为。基本医疗保险的强制性包括两个方面:一方面是保险费征缴的强制性。《社会保险法》第二十三条规定,职工应当参加职工基本医疗保险,由用人单位和职工按照国家规定共同缴纳基本医疗保险费。无雇工的个体工商户、未在用人单位参加职工基本医疗保险的非全日制从业人员以及其他灵活就业人员可以参加职工基本医疗保险,由个人按照国家规定缴纳基本医疗保险费。《基本医疗卫生与健康促进法》第八十二条第2款规定,公民有依法参加基本医疗保险的权利和义务。用人单位和职工按照国家规定缴纳职工基本医疗保险费。另一方面是医疗费用支付的强制性。《社会保险法》第二十八条规定,符合基本医疗保险药品目录、诊疗项目、医疗服务设施标准以及急诊、抢救的医疗费用,按照国家规定从基本医疗保险基金中支付。《基本医疗卫生与健康促进法》第八十二条第1款规定,基本医疗服务费用主要由基本医疗保险基金和个人支付。国家依法多渠道筹集基本医疗保险基金,逐步完善基本医疗保险可持续筹资和保障水平调整机制。为适应医疗体制改革,推进基本医疗服务,《基本医疗卫生与健康促进法》第三十条强调,在逐步建立基层首诊、双向转诊、急慢分治、上下联动的机制上,要与基本医疗保险制度相衔接。

关于过度医疗问题,最早在2006年原卫生部、国家中医药管理局发布的《关于建立健全防控医药购销领域商业贿赂长效机制的工作方案》中对院长问责制就有明确规定:若发现医院存在乱收费、私设"小金库"、严重的过度检查、过度医疗行为等严重违纪违法问题,将首先追究医院院长的责任。2010年7月1日实施的《侵权责任法》第六十三条规定,医疗机构及其医务人员不得违反诊疗规范实施不必要的检查。《民法典》第一千二百二十七条作了同样的禁止性规定,沿用了《侵权责任法》第六十三条的规定。虽然在法律条文中没有"过度医疗"

"过度检查"等用语,但其内容表述实际上就是"过度检查"。事实上在医疗活动中,仅仅对过度检查进行规制是不全面的,还存在过度治疗、过度康复等问题,而过度治疗的危害往往比过度检查的危害还要大。因为,过度检查仅仅是做了不必要的检查,只是增加了患者的经济负担,但任何治疗都存在不同程度的不良反应,更何况过度治疗,因而过度治疗除了增加患者的经济负担之外,还可能危害患者的健康。因此,过度治疗是更应当需要禁止和预防的。聆听时代声音、坚持问题导向是民法学始终保持生命力之源,[1] 虽然《民法典》第一千二百二十七条仅对过度检查作出禁止性规定,但根据我国《民法典》所展现的时代性、前瞻性、开放性的鲜明特点,我们认为,过度医疗应当是第一千二百二十七条的题中应有之义。

二、过度医疗与欺诈骗保的特点和表现

(一) 过度医疗

目前,对过度医疗并没有统一的定义。有观点认为,过度医疗是指医疗行业提供了超出个体和社会医疗保健实际需求的医疗服务。[2] 还有人认为,临床上,多因素引起的过度运用超出疾病诊疗根本需求的诊疗手段的过程,称为过度医疗,表现在:患者遭受额外的风险、身心负担和(或)损伤;诊疗费用不适当增高;整体医疗资源的不适当使用。[3] 从该概念产生的领域来看,它是从保险业中发展起来的一个词语,表现为"小病大医,多检查,多开药,多治疗,长住院"。[4] 过度医疗的核心在于"过度",所谓过度是指超过适当的限制。过度医疗就是超过适当限制的诊疗行为,包括过度检查、过度治疗、过度康复。根据我国社会经济发展水平,国家为公民提供的是基本医疗卫生服务,《基本医疗卫生与健康促进法》第十五条规定,基本医疗卫生服务,是指维护人体健康所必需、与经济社会发展水平相适应、公民可公平获得的,采用适宜药物、适宜技术、适宜设备提供的疾病预防、诊断、治疗、护理和康复等服务。适当与适宜近义,所谓适宜是指提供的医疗服务应当是恰当的,不超过心理预期度的,与疾病诊疗不冲突、相吻合的。该法第五十四条第1款明确使用了"过度医疗"概念,并对过度

---

[1] 参见王利明:《王利明学术文集·民法总则编》,北京大学出版社2020年版,第321页。
[2] 参见郭永水:《关于过度医疗服务的伦理学审视》,《中国医学伦理学》1998年第4期。
[3] 参见张忠鲁:《过度医疗:一个紧迫的需要综合治理的医学问题》,《医学与哲学》2003年第9期。
[4] 参见李英华、田晓峰、郭玉敏:《过度医疗与医疗风险的关系》,《医学与哲学》2003年第9期。

医疗作了禁止性规定：医疗卫生人员应当遵循医学科学规律，遵守有关临床诊疗技术规范和各项操作规范以及医学伦理规范，使用适宜技术和药物，合理诊疗，因病施治，不得对患者实施过度医疗。可见，过度医疗与法律规定是背道而驰的，是不恰当、不规范甚至不道德的行为。据此，我们认为，过度医疗是指医疗机构及其医务人员在医疗活动中，违背法律、医学科学规律和医学伦理规范，对患者实施不适宜技术、药物、超过疾病实际需求的诊断和治疗行为。

在医疗活动中，过度医疗的表现形式多种多样，但其固有的本质和特征是诊疗手段使用超出疾病诊疗的根本需求，不符合疾病规律和特点；采用非"金标准"的诊疗手段；费用的超出与疾病对基本诊疗需求无关的过度消费；超出当时个人、社会经济承受能力和社会发展水平。[①]最常见的形式有4种。

（1）过度实施诊断方法和手段。表现为医生在对患者疾病进行检查时，实施重复检查，用高档医疗设备作常规检查或者进行没有必要的检查，亦即超越了学术界公认的可行的、适宜的诊断方法和手段。

（2）过度实施治疗方法和手段。表现为医生在对患者疾病进行治疗时，实施不必要的治疗措施，对某种疾病的治疗采用多余的、无效的甚至有害的治疗方法和手段。

（3）过度用药。过度用药在我国医疗领域中带有普遍性，如本来国产药品就有治疗某种疾病的功效，偏偏相信国外进口药，患者指名道姓，医生情愿配合。滥用"三素"（抗生素、维生素、激素）现象依然存在等。过度用药不仅不能治疗患者的疾病，甚至给患者造成人身损害，还徒增医疗保险费用的支付。

（4）其他过度医疗行为。

（二）过度医疗演变为欺诈骗保的主要手段

2020年1月13日，习近平总书记在十九届中央纪委第四次全体会议上指出，要坚决查处医疗机构内外勾结欺诈骗保行为。这就明确指明了打击欺诈骗保的重点领域。医疗保险体系涉及多个利益主体，主要包括医疗供方（医院、药店等）、医疗需方（参保者）、医保管理部门（经办机构和监督机构），涉及的环节多、链条长、风险点多，欺诈骗保主体呈多元化。随着医疗费用即时结算方式的改革，医改举措的综合推进，有力遏制了欺诈骗保的途径。但由于医疗行为的专业性、

[①] 参见刘鑫、张宝珠、陈特：《侵权责任法"医疗损害责任"条文深度解读与案例剖析》，人民军医出版社2010年版，第189—206页。

复杂性,在检查、治疗、康复等各环节中,欺诈骗取医疗保险基金行为依然很严重。在骗保手段上最为典型的就是通过过度医疗骗取医疗保险基金,其特点是链条更长,更为隐蔽,监管难度更大,危害最为严重。医疗机构(医务人员)骗取医疗基金的常见情形有:

(1) 虚构医药服务,伪造医疗文书和票据。

(2) 为参保人员提供虚假发票。

(3) 将应由个人负担的医疗费用记入医疗保障基金支付范围。

(4) 为非定点医药机构提供刷卡记账服务。

(5) 挂床住院。表现为只有入院登记和收费记录,无病床、无病历或将门诊病人按住院病人处置。

(6) 串换药品、耗材、物品、诊疗项目等骗取医疗保障基金支出。如将美容、保健、护肤、洁牙等非医保支付项目改成医保支付项目,或者将化妆品、保健品改为保险目录中的药品。

(7) 开具大处方、营养方,超范围用药,超疾病所需滥用检查项目,或者对患慢性病患者的点名药品,投其所好,任其所求。

(8) 分解诊疗。如住院次数分解、处方药物分解等。

医疗机构(医务人员)骗保手段多种多样,其共同特征不外乎两个方面:一是披着正常诊疗的外衣,行的是过度医疗之实,以达到骗取医疗保险基金的目的;二是直接伪造医疗文书,弄虚作假直接骗保。传统的骗保主体往往是单一性的,即不需要其他主体配合,便可成功骗保。由于利益驱使,近年来骗保模式出现了由单一骗保主体向复合骗保主体发展的新趋势,即两两组合或三三联合,有组织地成功骗取医疗保险基金,涉及金额愈发庞大,达上千万元甚至上亿元。在沈阳、安徽等大型骗保案中,均是医疗机构相关工作人员有组织、有预谋实施的,从小范围骗保演化为整个医疗机构骗保,采取的主要手段就是过度医疗。

(三) 欺诈骗保形势严峻

医疗保障基金是人民群众的看病钱、"救命钱",党中央、国务院高度重视医保基金安全。我国基本医疗保障制度建立以来,覆盖范围不断扩大,保障水平稳步提升,对维护人民群众健康权益、缓解因病致贫、推动医药卫生体制改革发挥了积极作用。但是,受监管制度体系不健全、法律制度不完善等因素制约,近年来欺诈骗保问题普发频发,医保基金安全受到严重威胁。据报道,仅 2019 年就查处违法违规违约医药机构 26.4 万家,处理违法违规参保人员 3.31 万人,追回资金 115.56 亿元。但这仅仅只是冰山之一角。目前在查处医疗欺诈骗保上，仍习惯于查错纠偏、事后惩戒的思维，深陷"案发一起处理一起，处理一起又发多起"的怪圈。欺诈骗保形势非常严峻。

(四) 欺诈骗保的主要形式

所谓医疗欺诈骗保，是指社会医疗保险的参与者，通过虚构事实、伪造证明材料或者其他手段骗取医疗保险基金支出的违法行为。基本医疗保险存在多重法律关系而且相互交织，在不同的法律关系中，当事人的利益和诉求是不同的，体现在欺诈骗保形式上呈现多样化、复杂性的特点。

(1) 医保机构与被保险人之间是医疗保险合同关系。医疗保险机构不仅要考虑参保个人基本医疗保障目标的实现，更要考虑全体参保人基本医疗保障目标的实现，又不得不考虑医疗保险基金的收支平衡。而参保个人和单位追求的则只是自身利益的最大化。

(2) 医保机构与医疗机构之间是协议（委托）关系。医疗保险机构为参保人购买医疗服务，与定点医疗机构签订服务协议，医疗保险机构的目标是在支付医疗费用的同时追求成本的最小化，而定点医疗机构的目标则是提供尽可能多的甚至是昂贵的医疗服务，以实现自身利益的最大化。

(3) 医疗机构与被保险人之间是医疗服务合同关系。参保人员患病后，将自己疾病的诊治权委托给定点医疗机构，希望得到最好的检查、用最好的药，以期达到最好的医疗效果，自然存在过度医疗的欲望；而定点医疗机构，一方面追求自身经济利益最大化，另一方面还要追求其事业声望的最大化，自然存在过度医疗的心理。

医学的专业性、复杂性决定了参保人、医疗机构、医疗保险机构对医学知识认知的天然不对称。从以上 3 个合同关系中不难发现，医疗机构及其医务人员和参保人对追求自身利益的扩大化具有相当的契合性，一旦内外勾结欺诈骗保，医疗保险机构很难发现或者查处成本过高，医患之间相互勾结自然成为欺诈骗保的"重灾区"。因此，在欺诈骗保模式上，随着医疗费用即时结算方式的改革，有效地切断单一主体独立骗保之路，也加大了定点医院独立骗保的难度。由于利益驱使，骗保从传统的单一主体模式向复合主体（联手）模式发展，最为常见的是"医患联手"复合骗保模式，采取的主要手段是过度医疗甚至是虚假医疗骗取医疗保险基金。

【案例 15-1】

近年来国家相关部门查处的骗保大案

据 2018 年 1 月 18 日新华社新媒体专线播发：2018 年安徽中医药大学第三附属医院的医护人员与检查科室之间相互协作，在检查、诊断、住院等环节大肆造假，长期肆意骗取国家医保基金。这家医院只认卡不认人，只要医保卡在手，不问什么人、什么病，持卡人就像"点菜单"一样，检查、拿药有求必应，任其所取。医生、科室、持卡人形成造假"一条龙"。如一位参保人将他的医保卡长期放在该医院，11 年来"被刷卡"800 多次。经核查，几年下来该院骗取医保统筹基金 137 万元。该院党总支书记、院长等多名相关机构责任人员受到严厉惩处。①

2018 年 11 月 15 日，央视曝光了沈阳济华医院和沈阳友好肾病医院骗取医保案。记者通过暗访发现，一些老人来到医院不检查就住院。通常老人们先去集市购物，中午回医院吃免费午餐，餐后在病房喝酒打牌，晚上领取了好处费后离开，医院从老人的医保卡上就刷去上千元。患者所谓的诊断是假的，治疗是假的，病房是空的，老百姓为了自身利益，与医院形成了一条完整的欺诈骗保的利益链。更使人触目惊心的是，在有关部门对该案先后进行 15 次查处后，沈阳的两家医院在利益面前依然我行我素，铤而走险，仍然车接车送假病人，仍然在编造假病历，骗取医保基金。两家涉事医院在该案中有 37 人被刑拘，被依法追究刑事责任。②

据 2020 年 12 月 14 日《新京报》报道，在安徽省太和县，多家医院利用这种"免费"套路拉拢无病或轻症老人住院，套取医保基金。记者调查发现，在一间近 40 张病床的病房里，穿着便服的"病人"在聊天打趣，或围在一起打扑克。病房像一间免费的宾馆，包吃包住、免费体检。这里的"病人"大多是身体健康的老人，享受城乡居民医保政策，他们住院一周左右，即使花费数千元，医院也

---

① 2018 年 1 月 18 日，新华社新媒体专线播发《（中国网事）住院拿药像点菜，社保卡医院随意刷——安徽一医院骗保黑幕触目惊心》，独家报道了安徽中医药大学第三附属医院骗保问题，引起社会广泛关注。1 月 19 日，在事件曝光的第二天，由安徽省人社厅、安徽省卫生计生委、安徽省中医药管理局、安徽省中医药大学等部门组成的联合调查组即进驻该医院展开调查。人社部和国家中医药管理局也专门派员赴安徽督促调查。

② 2018 年 11 月 14 日晚，中央广播电视总台《焦点访谈》栏目曝光了沈阳市于洪区济华医院、沈阳友好肾病中医院骗取医保费用的问题。11 月 20 日，中央广播电视总台《新闻 1+1》报道了沈阳市对该事件处理结果。

只收取200元甚至免费。医院通过中介专车搜罗老人送往医院，医生"量身定做"假病历。一位住院老人直言，自己一年间在3家医院免费住院9次，分别为和美医院住了2次，东方医院住3次，第五人民医院住4次。"在家没事干、无聊，几个月来一回医院，散散心，住院像游玩一样。"一位"病人"称，太和县某医院病房里，病人经常是住得满满的，隔一阵子换一批，有时候一个村的老人、小孩一起来，都是假治病，保养几天就走了。还有一位老人来到医院称，自己身体并无不适，听说这里可以"免费住院"，希望能够留下住院。医生只是给老人量了血压，简单询问健康状况后，就表示可以办理住院。办理住院手续时，医生现场为老人"编"了一个病历，"给你定个脑梗，这样你就能免费做脑CT检查，有人问你，你就说头蒙、胃酸、干呕"。《新京报》记者目睹了一名女医生和中介语音通话的过程。中介说，"老陈"前一晚给医院送来一名五保户住院，但该院住院病人中五保户、低保户的比例已经达到30%，不能再为五保户办理住院。医生叮嘱老陈说："最近别送五保户、低保户了，超标了，尽量送新农合的。"在实际过程中，"病人"并不关心花了多少钱，直至出了院也不知道花了多少住院费。这意味着，医院承担了一部分原本应由个人支付的费用，但医院根本不可能做亏本的买卖，而是从医保基金途径把钱赚了回来。①

（五）欺诈骗保的主要特点

近年来，国家医保局通报的或媒体曝光的典型案例，大都是有组织、危害大、影响大的大型骗保案件，这在现实生活中恐怕是冰山一角，小规模的骗保案件则数不胜数。从以上3起案例折射出，在当前情势下，欺诈骗保有如下特点。

（1）诱导性。以上3起重大骗保案件以及国家医保局2019年通报的15起典型骗保案例，反映出一个共同特点就是定点医院诱导参保者就医，利用参保人不花医保基金就是白交了保险费的错误认识，通过职工介绍、公开宣传、病人介绍等方式，车辆接送患者或者参保者就医，对前来住院的病人表示只需交纳数百元的押金而不用再交后续的费用，甚至给予患者或参保人佣金、补助，而后医护人员通过替换药品、虚开理疗项目和次数以及空挂床、虚假手术等方法获取非法利益。这种见利忘义行为的背后动机就是骗取医疗保险基金。

---

① 参见韩福涛：《安徽太和多家医院疑骗保：没病变"脑梗"，有人一年免费住院9次》，《新京报》2020年12月14日；韩福涛：《太和多家医院疑骗保 多部门开展联合调查》，《新京报》2020年12月15日。

(2) 组织性。有组织地参与骗保欺诈，手段多样，骗取金额庞大。沈阳骗保案等大型案件，都是定点医疗机构相关工作人员有组织、有预谋的骗保行为，从小范围骗保演化为整个医疗机构骗保，涉及金额庞大，危害极其严重，社会影响极其恶劣。

(3) 功利性。基层医院无论软件还是硬件条件都相对比较差，在参与市场竞争过程中，首先面对的是生存的压力，往往扛不住树立口碑、打响品牌的过渡期，为了追求就诊人数，急功近利以达到营利的目的，欺诈骗保便成为最方便有效的捷径，于是将手伸向了老百姓的"救命钱"。从近年发生的骗保案件数量看，医疗保险定点民营医院是欺诈骗保问题发生的重灾区。据《四川日报》报道，在2017年四川省人社厅、公安厅、原卫计委联合检查中，共检查医疗机构2213家，共发现1942家医疗机构有违规行为，查出违规金额3696万元，其中民营医疗机构就有1337家，占民营医院总数的60.42％。

(4) 隐蔽性。据报道，迄今为止医学上发现的疾病有上万种，而人类认识疾病和战胜疾病的能力依然非常有限，对疾病诊疗的未知领域不胜枚举。正因为如此，就给过度医疗留下了"合理"的空间，所以说过度医疗这种骗保行为本身具有很强的隐蔽性，定点医疗机构利用自身与医保基金的合作便利和其本身的技术优势，往往可以轻易地逃避医保行政部门的形式审查，导致通过过度医疗的手段达到其欺诈骗保目的的案件屡屡发生。

医疗保险基金制度是国家保障体系的重要组成部分，是老百姓的看病钱、"救命钱"，欺诈骗取医疗保险基金，不仅应受到道德的谴责，更应当受到法律的制裁。

三、过度医疗及欺诈骗保的法律责任

基本医疗卫生服务包括基本公共卫生服务和基本医疗服务。基本医疗服务费用主要由基本医疗保险基金和个人支付。基本医疗保险基金支付范围由国务院医疗保障主管部门组织制定。[①] 这就是说，通过过度医疗手段欺诈骗取的是纳入国家医保支付范围的基本医疗保险基金。如果在诊疗活动中，定点医院（医务人员）骗取的是应当由个人支付的部分，只是给患方造成了财产损失，则不属于欺诈骗保的范畴。对此，患方可以依据《民法典》相关规定，依法请求返还财产；

---

① 参见《基本医疗卫生与健康促进法》第十五条、第二十九条、第三十条、第八十条、第八十二条、第八十三条、第八十五条。

第十五章 过度医疗与欺诈骗保

如果过度医疗造成人身损害的，包括产生新的疾病，也包括原有病情恶化甚至死亡，可以请求侵权损害赔偿。

《民法典》第一千二百二十七条是禁止性规定，仅规定不得违反诊疗规范实施不必要的检查。如前所述，这样的规定是不全面的，而且本条也是一个不完全条款，即如果实施了过度检查，并没有规定由谁来承担责任和承担什么样的法律责任。在这里，我们仅从过度医疗行为实施骗取医疗保险基金的视角，谈谈相关法律责任。欺诈骗保的核心是欺诈，《民法典》对欺诈行为没有明确的定义，根据最高人民法院的解释，是指一方当事人故意告知对方虚假情况，或者故意隐瞒真实情况，诱使对方当事人作出错误意思表示的，可以认定为欺诈行为。欺诈行为常常触犯多个法律部门的规定，行为人需承担多种法律责任（刑事、行政或民事责任）。在过度医疗骗保行为中，主体是医疗机构或医务人员；主观方面有造假的故意（过失包括重大过失除外），隐瞒参保人或患者真实情况；客观方面采取伪造病历、编造假病历等手段；侵害的客体是国家基本医疗保险基金制度。行为人欺诈骗取医疗保险基金，自然应当承担相应的法律责任。

（一）行政、民事责任

由于近年来在媒体舆论中经常出现过度医疗这一容易引起人们关注的概念，加之《基本医疗卫生与健康促进法》《民法典》明确规定并禁止过度医疗，常常在一些机动车事故损害赔偿纠纷、医疗损害赔偿纠纷的诉讼中，过度医疗会成为肇事机动车主、保险公司抗辩的理由，也常常成为医疗损害赔偿诉讼中患者索赔的理由。尤其是在医疗损害赔偿诉讼案件中，患者主张医院过度医疗非常执着，在一审、二审被驳回起诉或者不予支持之后，还会进行申诉。中国裁判文书网上有大量的中级人民法院、高级人民法院"再审审查与审判监督民事裁定书"，裁定驳回患者的申诉。

【案例 15-2】

鲁某与首都医科大学附属北京某医院医疗服务合同纠纷①

2015年7月初，原告鲁某至被告首都医科大学附属北京某医院就诊，应被

---

① 参见北京市丰台区人民法院（2019）京0106民初38214号民事判决书，北京市第二中级人民法院（2020）京02民终1525号民事判决书，北京市第二中级人民法院（2020）京02民终1525号民事裁定书，北京市高级人民法院（2020）京民申4888号民事裁定书。

告的医师要求，原告进行了核磁共振检查，结果显示为正常。原告2015年7月28日14时至2015年7月29日8时在被告癫痫科住院1天，在进行长程脑电图检查后，被告出具的报告结论为正常范围脑电图。后经原告向被告自述其有两次癫痫发作，被告按其自述时间搜索相应脑电图数据信息并出具脑电图报告，结论仍为正常范围脑电图，诊断结论为发作性症状待诊、癫痫待除外。

鲁某曾经以医疗损害责任纠纷为由起诉被告首都医科大学附属北京某医院，要求法院判决某医院赔偿因其错误诊疗行为给鲁某造成的损失，被法院判决驳回诉讼请求。其间鲁某曾向北京市12358价格监督平台提出价格举报，北京市东城区发展和改革委员会对该举报予以受理，调查后作出不予处罚的决定。鲁某向北京市东城区人民政府申请行政复议，北京市东城区人民政府经审查认为，首都医科大学附属北京某医院在向鲁某提供医疗服务期间不存在价格违法问题。之后，鲁某以被告首都医科大学附属北京某医院乱收费、过度医疗为由，以医疗服务合同纠纷再次向法院提起诉讼，最终被法院驳回起诉。

对于上诉案件，可以清楚地看到，过度医疗往往与医疗收费问题交织在一起，并且会成为患者不停投诉、举报、行政复议、行政诉讼、民事诉讼的理由。这也提醒医疗机构管理者在对医疗机构开展医疗服务的过程中，对于医疗服务项目的收费和价格管理方面应当特别慎重，要做到严格遵循法律规定，各项收费符合政府制定的标准。在诊疗服务过程中，应当严格按照诊疗规范给患者提供医疗服务。尤其在医保付费的大背景下，这更显突出而重要。

对于骗保行为的行政责任，主要体现在《社会保险法》及其一系列配套法规之中。就定点医疗机构而言，其行政法律责任主要表现为被处以罚款、吊销执业资格等。根据《社会保险法》第八十七条规定，对于定点医疗机构以欺诈、伪造证明材料等其他手段骗保的行为，除责令其退回所骗取的医保基金之外，处骗取金额2倍以上5倍以下的罚款；解除服务协议；对直接责任人员，吊销其执业资格。《基本医疗卫生与健康促进法》第一百零四条规定，定点医疗机构以欺诈、伪造证明材料或者其他手段骗取基本医疗保险基金支出的，由县级以上人民政府医疗保障主管部门依照有关社会保险的法律、行政法规规定给予行政处罚。

需要特别指出的是，2021年1月15日，国务院出台了《医疗保障基金使用监督管理条例》，自2021年5月1日起施行。该条例对定点医药机构骗取医疗保障基金支出的具体方式及应当承担的法律责任作了细化规定。具体情况是：①诱导、协助他人冒名或者虚假就医、购药，提供虚假证明材料，或者串通他人虚开费用单据的；②伪造、变造、隐匿、涂改、销毁医学文书、医学证明、会计凭证、电子信息等有关资料的；③虚构医药服务项目的；④分解住院、挂床住院的；⑤违反诊疗规范过度诊疗、过度检查、分解处方、超量开药、重复开药或者提供其他不必要的医药服务的；⑥重复收费、超标准收费、分解项目收费的；⑦串换药品、医用耗材、诊疗项目和服务设施的；⑧为参保人员利用其享受医疗保障待遇的机会转卖药品，接受返还现金、实物或者获得其他非法利益提供便利的；⑨将不属于医疗保障基金支付范围的医药费用纳入医疗保障基金结算的；⑩造成医疗保障基金损失的其他违法行为。具有所列情形之一的，由医疗保障行政部门责令退回，处骗取金额2倍以上5倍以下的罚款；责令定点医药机构暂停相关责任部门6个月以上1年以下涉及医疗保障基金使用的医药服务，直至由医疗保障经办机构解除服务协议；有执业资格的，由有关主管部门依法吊销执业资格。

就民事责任而言，《民法典》第五百七十七条规定，当事人一方不履行合同义务或者履行合同义务不符合约定的，应当承担继续履行、采取补救措施或者赔偿损失等违约责任。据此，定点医疗机构违反《基本医疗保险定点医疗机构服务协议》的，应当退赔获取的不当得利或赔偿因违约造成的损失。

定点医疗机构是医疗服务的提供者，是医保基金运行的重要参与方，也是医保基金监管的重要对象。从典型的欺诈骗保案例来看，过度医疗骗取医保基金支出，采取的主要手段是弄虚作假、伪造病历。除《社会保险法》《基本医疗卫生与健康促进法》规定的行政责任外，对于伪造病历行为，国务院2018年10月1日实施的《医疗纠纷预防和处理条例》第四十五条也作出了行政处罚规定：医疗机构篡改、伪造、隐匿、毁灭病历资料的，对直接负责的主管人员和其他直接责任人员，由县级以上人民政府卫生主管部门给予或者责令给予降低岗位等级或者撤职的处分，对有关医务人员责令暂停6个月以上1年以下执业活动；造成严重后果的，对直接负责的主管人员和其他直接责任人员给予或者责令给予开除的处分，对有关医务人员由原发证部门吊销执业证书；构成犯罪的，依法追究刑事责任。

（二）刑事责任

近年来，以虚构事实或隐瞒真相骗取医保基金事件已经发生了质变，虽然《社会保险法》第九十四条、《基本医疗卫生与健康促进法》第一百零六条均规定了"违反本法规定，构成犯罪的，依法追究刑事责任"，但我国《刑法》并未对骗取社保基金的法律适用作出详细规定。直至 2014 年 4 月 24 日，全国人大常委会对《刑法》第二百六十六条作出立法解释，才解决了欺诈骗取医保基金的定性问题。该立法解释明确规定，以欺诈、伪造证明材料或者其他手段骗取养老、医疗、工伤、失业、生育等社会保险金或者其他社会保障待遇的，属于《刑法》第二百六十六条规定的诈骗公私财物的行为。

《刑法》第二百六十六条规定："诈骗公私财物，数额较大的，处三年以下有期徒刑、拘役或者管制，并处或者单处罚金；数额巨大或者有其他严重情节的，处三年以上十年以下有期徒刑，并处罚金；数额特别巨大或者有其他特别严重情节的，处十年以上有期徒刑或者无期徒刑，并处罚金或者没收财产。"依据法无明文规定不为罪、法无明文规定不处罚的罪刑法定原则，构成诈骗罪的门槛是欺诈骗取医保基金数额较大的，才能构成诈骗罪。何为数额较大、数额巨大、数额特别巨大呢？对此，最高人民法院、最高人民检察院作出的《关于办理诈骗刑事案件具体应用法律若干问题的解释》规定，诈骗公私财物价值 3000 元上的属于数额较大；3 万元至 10 万元以上属于数额巨大；50 万元以上的属于数额特别巨大。同时规定诈骗救灾、抢险、防汛、优抚、扶贫、移民、救济、医疗款物的，酌情从严惩处。

（三）行政、民事、刑事法律责任的衔接

2020 年 6 月 30 日实施的国务院办公厅《关于推进医疗保障基金监管制度体系改革的指导意见》明确要求，建立健全打击欺诈骗保行刑衔接工作机制，对查实的欺诈骗保行为，对有关单位和个人从严从重处理。依据《刑法》第二百六十六条规定和现行司法解释规定的定罪量刑标准，个人欺诈骗取医疗保险基金 3000 元以上的，属于数额较大，构成诈骗罪。这就是说，个人诈骗医保基金不足 3000 元的，不构成犯罪，通过行政处罚手段予以制裁。

需要指出的是，刑法及司法解释没有规定以单位名义实施诈骗行为如何处罚，也没有规定诈骗所得归单位所有如何处罚。我们认为，鉴于以单位名义实施骗保，或者骗取金额归单位所有的行为，多数是有组织的行为，数额更多，危害更大，应当从重处理，课以更大金额的财产处罚。国家应当尽快制定追究相关人员刑事责任的入罪门槛和对单位处以罚金的数额。

根据《民法典》第一百八十七条关于"民事主体因同一行为应当承担民事责任、行政责任和刑事责任的，承担行政责任或者刑事责任不影响承担民事责任"的规定，对于骗保主体不得以行政处罚代刑事处罚或者以刑代罚，该承担什么责任必须依法追究，严守基金安全红线，确保医保基金取之于民、用之于民。

四、医院面临的问题与对策

在我国，欺诈骗保问题之所以普发频发，在宏观上，存在法律法规不完善、现行规范操作性不强、医保制度有缺陷、基金管理有漏洞等问题。国务院办公厅《关于推进医疗保障基金监管制度体系改革的指导意见》，旨在加快推进医保基金监管制度体系改革，构建全领域、全流程的基金安全防控机制，严厉打击欺诈骗保行为，使各类主体不能骗、不敢骗、不想骗。就医疗机构而言，一方面随着医药技术的快速发展，新兴的医学科学技术手段越来越多，另一方面患者使用高新技术或者昂贵药品的欲望越来越高，医疗机构面临的问题越来越棘手。一是医保定点医院或医生或者是出于自身利益最大化，或者是迎合患者的不正当要求，为患者提供不必要的治疗，给予过度的药物；二是由于医疗纠纷、医闹、医暴的影响，医疗机构出于自身保护意识，可检查可不检查的尽量检查，以防漏诊、误诊，甚至鼓励患者过度检查或治疗；三是法治观念淡薄，对过度医疗造成国家医保基金极大浪费的危害性认识不足；四是对过度医疗带来的道德风险缺乏足够重视；五是受逐利思想和本位主义影响，对医保行政部门检查带有抵触情绪；等等。医疗机构管理者必须清楚地认识到，国家对欺诈骗保绝对是零容忍，对欺诈骗保的打击力度会越来越大，并且是一场持久战、阻击战。医保部门不再是事后监督，往往会将监督前移，提前介入到医疗机构的日常医疗活动中去，飞行检查将会成为常态。对此，从医疗机构角度出发，我们提出如下对策。

（一）加强教育引导

一是道德教育。被誉为医学之父的希波格拉底认为，"医术是一切技术中最美和最高尚的"。他还说："我一定要避免两种不正当的倾向：过度治疗和无作用治疗。"防病治病、救死扶伤是医疗机构及其医务人员的神圣使命，也是医学道德的基本体现，它要求医务人员有高度的责任感和敬业精神，时刻以患者的利益为重，技术上精益求精。[①] 医疗行为的终极目的是诊治患者的疾病，不可因收费等社会问题受到影响。如果将病人作为赚钱的对象，把医疗职业作为生财之道，医务人员就变相成为医疗机构、药品、器械等生产机构牟利的工具。因此，医务

---

① 参见刘鑫：《医疗利益纠纷——现状、案例与对策》，中国人民公安大学出版社 2012 年版，第 280—295 页。

人员对患者实施过度医疗,背离了诊治疾病的基本目的,实质上背叛了救死扶伤的职责道义,玷污了白衣天使救死扶伤的神圣职责。

二是使命教育。改革开放 40 多年来,我国社会发展取得巨大进步,2020 年已全面建成小康社会。但是我国人口基数大,需要办的事情多,投入医疗资源是个循序渐进的过程,一些欠发达地区的人民依然存在因病致贫、因病返贫的巨大压力。在医疗资源相对紧缺的情况下,医疗机构及其医务人员如果在患者身上实施过度医疗,无异于浪费了有限而宝贵的社会资源。同时,过度医疗还会直接导致患者看病难、看病贵。2020 年 1 月 8 日,习近平总书记在"不忘初心、牢记使命"主题教育总结大会上指出,积极回应群众关切,切实解决群众最关心最直接最现实的利益问题,特别是解决群众看病难、上学难、就业难、住房难等操心事、揪心事。医院的宗旨是"以患者为中心,救死扶伤,治病救人",医务人员承担"仁术"的神圣使命。过度医疗与医务人员的初心、使命是背道而驰。

三是法治教育。大量欺诈骗保案件说明,个别医疗机构或者医务人员见利忘义,对患者实施过度医疗,其背后的动机就是骗取医保基金,甚至有组织性地大肆进行骗保犯罪活动,法治观念极其淡薄。2011 年 7 月 1 日《社会保险法》施行以来,国家有关部门先后出台了《关于开展打击欺诈骗取医疗保障基金专项行动的通知》《欺诈骗取医疗保障基金行为举报奖励暂行办法》等一系列法律法规和立法、司法解释,最新实施的《民法典》《基本医疗卫生与康健促进法》均有相关禁止性规定。对此,医疗机构的管理者要率先学习,充分认识欺诈骗保的严重社会危害性,并要培养出自己的医保方面的专家,及时学习、理解国家医保法律法规和政策,在此基础上采取适当方式向就医患者进行宣传引导。

(二)加强预防措施

一是技术预防。加强医保监控系统软件、硬件和智能监控功能建设,保障事前监管、事中监控、事后处置有机融合;保障对重点环节的审核,如对药品器械、诊疗项目、医用耗材进行实时监控,实现数据全部上线,保障监控的全方位、全环节、全流程、不断线。

二是人防。定点医疗机构要建立医疗保险方面的组织,履行预防、检查、查处等职责,严格落实责任制。

三是防人。强化对重点岗位人员法治教育,不合格的及时调离。

(三)健全规章制度

第一,建立举报奖励制度,畅通投诉举报渠道,规范受理、检查、处理、反馈等工作流程，根据举报奖励制度标准，诚信、及时兑现奖励资金，保护举报人隐私，保障举报人信息安全。

第二，制定违规处罚细则。加大对欺诈骗保行为的惩处力度，积极配合医保、司法、审计、监察等机构，严惩重罚欺诈骗保的单位和个人，依法追究其行政、刑事、民事责任。无论涉及谁，都要一查到底，绝不姑息。对欺诈骗保形成高压态势，使相关单位和个人不敢、不能、不愿参与欺诈骗保行为。

（四）完善沟通机制

定点医疗机构与医保行政机构应当建立良好的沟通机制，不断优化沟通方式、方法，畅通沟通渠道。定点医疗机构要克服本位主义，不能总是站在自己的立场考虑问题，对检查抱有抵触情绪；医保行政部门也不能居高临下，为检查而检查，要规范飞行检查人员的资格和检查程序。沟通结果要做好记录，相互监督，有针对性地合力解决突出问题。

第十六章 新型医疗技术实施的民法问题

现代生物医学科学的进步为人类的生命健康带来了福音。伴随着技术的发展，人们对于人体与疾病有了更为深刻的认识，许多未知领域成为已知，诸多过往的"不治之症"被一一攻克，越来越多的新兴生物医学技术被运用到医学领域。过去很多不可能的事情现在变得"一切皆有可能"，人们的生活质量也随着医学技术的发展不断提高。但随之而来的便是这些新兴技术对传统观念、传统诊疗技术的冲击和挑战。生物医学的发展本身也带来了诸多社会问题，其中部分问题甚至可能触及伦理道德底线，需要以法律的形式予以规范。但法律有其僵固、滞后的弊端，在对这些新技术方法运用于人体之前，更要注重发挥伦理的作用。近年来伦理法律化现象日益引起关注：一方面是很多行为准则既是法律规范，也是伦理规范；另一方面人们在尝试通过立法来规范和保障伦理程序的推进。本章对新兴科学技术在临床中的试验和实践如何符合法律要求，尤其是《民法典》中作出的规定应当如何加以适用进行讨论。

一、新型医疗技术试验与临床实践概述

《民法典》第一千零八条、第一千零九条对其中部分问题加以规范。《民法典》第一千零八条主要涉及人体试验（临床试验）的相关规定，第一千零九条主要涉及人体基因、人体胚胎等相关医学和科研活动。本书主要围绕《民法典》上述两个条文展开解读，并试从医疗机构角度提出建议：医疗机构应当如何依法依规开展新型医疗技术的临床实践及科学研究。

（一）涉及人的临床试验相关法律

医学是服务于人类、应用于人体的科学，任何新药物、新医疗器械要证实其安全性、有效性，最终都需要应用于人体后才可证实。故临床试验成为新药物、新医疗器械研发的必经阶段。然而，尽管今天的医学科学已经较为发达，但依然有众多不为人知、无法解释的问题；即使是技术相对成熟的手术，依然可能面临

第十六章 新型医疗技术实施的民法问题

诸多术后并发症;已经被实践检验多年的药物在应用于不同个体时,依然有一定概率发生药物不良反应。这些相对成熟的领域尚且充斥着医学的局限性与不确定性,更何况对于疗效、副作用尚不能完全明确的临床试验。故临床试验在某种程度上而言,是将风险与不确定性带给了受试者。

《涉及人的健康相关研究国际伦理准则》(2016年版)开篇准则1明确指出:"开展涉及人的健康相关研究,其伦理辩护是研究的科学价值和社会价值:它意味着研究是有可能保护和促进人类健康所必需的知识和方法。"[1] 这为临床试验的正当性提出了辩护,但是这并不意味着参与临床试验中的个体权益应该被忽视。相反,在临床试验中,申办方、研究者、卫生行政部门等与临床试验相关的主体更应当在试验中尽可能保障受试者权益,尽可能使得受试者在试验中受益,尽可能避免受试者因临床试验而遭受损害。在受试者因临床试验而受到损害时,应当提供积极的救治及适当的补偿或合理的赔偿。

这些受试者权益,不仅仅需要申办方、研究者在临床试验的过程中,依据职业道德、科研伦理加以规范,更需要各国以法律的形式加以规范。历史上,已经发生了众多突破伦理道德底线的人体试验,即使这些人体试验在客观上促进了医学的发展,使得人们更为深入地认识了解了医学科学,却在医学科学史上留下了挥之不去的污点。其中最耸人听闻的莫过于第二次世界大战中,在纳粹集中营中发生的各种暴行。而更加令人费解的是,在之后正常的医疗活动中也出现了极端颠覆伦理的事件。1966年哈佛大学Henry Knowles Beecher(亨利·诺尔斯·比彻)教授于《新英格兰医学杂志》发表"Ethics and Clinical Research"(《临床研究与伦理》)一文,揭露了22个发表在顶尖医学期刊中的医学研究临床试验,其设计和执行是不道德的、未告知受试者危险性、未获得同意并危害研究对象的健康及生命,而执行这些研究的竟然是著名的医学院、大学医院、荣民医院、军事单位甚至军事机构。例如,纽约有研究人员为了了解人体免疫系统,在未取得穷苦老人同意下,径行对其注射获得癌细胞,造成健康者死亡。[2] 这些事例为我们敲响警钟——临床试验需要制度流程的规范、伦理道德的约束,更需要法律法规的制约。

第二次世界大战后,盟军第一军事法庭在德国纽伦堡对德国纳粹医师在第二

---

[1] 参见国际医学科学组织理事会、世界卫生组织:《涉及人的健康相关研究国际伦理准则》,朱伟等译,上海交通大学出版社2019年版,第1页。

[2] 参见黄丁全:《医疗法律与生命伦理》,法律出版社2015年版,第714—715页。

次世界大战期间进行的不人道的人体试验进行了审判,并在之后宣布了影响全世界的人体试验伦理准则——《纽伦堡法典》。1964 年 6 月世界医学议会依照纽伦堡法则的建议制定了《赫尔辛基宣言》。《纽伦堡法典》与《赫尔辛基宣言》奠定了涉及人体试验所必须遵循的伦理准则。后续世界各国、国际组织又出台了各种有不同范围影响力的人体试验国际伦理规则,如上文提到的由国际医学科学组织理事会联合世界卫生组织制定的《涉及人的健康相关研究国际伦理准则》、联合国教科文组织制定的《世界生物伦理与人权宣言》等。这些国际规范虽然在世界范围内非常有影响力,许多已经成为医学、生物科学领域的共识,然而,当个别科学家不执行临床试验规范,甚至公开违反伦理道德准则,更多的受到的是业界与社会的舆论谴责。临床试验关乎着受试者的生命权、健康权,也关系到人类医学科学的健康发展,应当由更为有力度的措施进行保障。故许多国家以上述国际规范为基准,逐步制定了适合本国国情、传统文化的法律法规,以国家法律作为维护受试者权益,规范临床试验申办方、研究者等各参与主体的行为的保障。

在我国《民法典》出台前,我国已经制定了《药品管理法》《药品管理法实施条例》《药物临床试验质量管理规范》《医疗器械临床试验质量管理规范》等一系列与临床试验相关的法律法规,意在规范我国的临床试验工作。此次《民法典》出台,在人格权编中以专门条款的形式规范临床试验行为,更是将受试者权益保障提高到了民事基本法的高度,凸显了我国对于临床试验事业的重视,也对该事业提出了更高的要求。

(二)涉及人体基因、胚胎等有关医学和科研活动的法律

现代医学技术已经进入了分子生物、基因治疗层面。先进的实验室医疗正在加速转化应用于临床实践,这些技术改变了人们对于传统医学的认知,甚至在某些领域发生了颠覆式变革,例如辅助生殖技术改变了人们传统认知的受孕过程。曾经,"基因编辑"制造出的"超级人类""克隆人""人造器官"这些只存在于科幻小说与电影中的情节,随着人们对于科学技术的掌握正逐步成为可能。

现实生活中,已经有一些相关的案例与事件引发了社会各界的广泛关注与讨论。例如,2014 年全国首例冷冻胚胎案,法院判决死亡夫妻的父母获得了胚胎的所有权,并最终境外代孕获子。2018 年 11 月,南方科技大学生物系原副教授贺建某对外界宣布:一对"基因编辑婴儿"出生。次年,深圳市南山区法院判决

认定贺建某等 3 人构成非法行医罪。① 2021 年初，央视新闻微博谴责"明星海外代孕弃养"事件等。这些事件更为直观地让人们看到了现代医学科技给人们生活可能带来的改变，使人们更为深入地思索生物医学技术的伦理边界与底线。

其实，如果仅从技术的角度而言，技术本身是中立的，并无天然优秀与卑劣之分；然而技术的出现会对人类社会产生怎样的影响，掌握技术的人类会如何应用技术，却可能存在正面与负面之别。生物医学技术的发展最终的天花板也许并不在技术本身，而在于生物医学伦理；而确保科学家不突破伦理道德底线，同时又可以鼓励技术发展、造福人类的保障是制定良好的法律。

《民法典》第一千零九条主要内容涉及与人体基因、人体胚胎相关的医学和科研活动。其目前可能涉及但不限于以下领域：人体基因技术、人类胚胎干细胞技术、克隆技术、人类辅助生殖、单女冻卵及代孕。

1. 人体基因技术

随着人类基因组计划的开展，人们不仅鉴定了人类的全部基因，解开了人体的奥秘，其他与基因相关的技术也有了迅速的进展。然而与此同时，人体基因编辑、基因隐私等问题也逐步成为人们的困扰。

上文提及的"基因编辑婴儿"案在行业内外均受到了强烈的谴责。有学者担忧：CRISPR/Cas9 基因编辑技术用于人体编辑基因面临着较大的脱靶风险和技术安全隐患。对于社会而言，滥用人体生殖细胞基因技术可能加剧社会分化和不平等，并引发人类基本道德的冲突，危及人类尊严。② 有学者认为，滥用该技术存在危害公共安全的风险。③ 更有学者提出，世界首例"基因编辑婴儿"不是技术的突破，而是法律的突破。④

实际上，2003 年，我国科技部与原卫生部联合颁发的《人胚胎干细胞研究伦理指导原则》第六条中明确规定，不得将前款中获得或已用于研究的人囊胚植入人或任何其他动物的生殖系统。基因编辑事件超越了科学的边界，违反科学研究的伦理准则，将风险带给了人类社会。我们姑且不论该事件给人类社会将带来

---

① 参见王攀、肖思思、周颖：《聚焦："基因编辑婴儿"事件》，海外网，2019 年 12 月 31 日。
② 参见杨建军、李姝卉：《CRISPR/Cas9 人体基因编辑技术运用的法律规制——以基因编辑婴儿事件为例》，《河北法学》2019 年第 9 期。
③ 参见姚万勤：《基因编辑技术应用的刑事风险与刑法应对——兼及〈刑法修正案（十一）〉第三十九条的规定》，《大连理工大学学报》（社会科学版）2021 年第 2 期。
④ 参见李俊珍、赫然：《人体胚胎基因编辑技术的风险和法律规制》，《长春理工大学学报》（社会科学版）2020 年第 6 期。

怎样的实质影响，仅从其伪造伦理审批书、驱使他人冒名顶替抽血、公然违反上述行业共识的行为即可以判断该科研工作者缺乏基本社会责任。

此次《民法典》第一千零九条与《刑法修正案（十一）》第三十九条的出台意在规范此类行为。我们的法律固然应当为生物医学技术的发展留下空间，但是当技术可能给人类带来不可控的危害，甚至危害到人类族群的公共利益时，法律应当禁止此类行为。

2. 人类胚胎干细胞技术

人类胚胎干细胞治疗技术为癌症、心血管系统疾病、神经系统疾病、糖尿病、肝脏疾病等疾病的治疗带来了新的希望，新生细胞代替不能工作的细胞重新恢复身体某一方面的机能以达到治疗的效果，有可能为临床治疗带来重大突破。

但是人类干细胞的来源确实是一个非常敏感的问题。人类干细胞一般来源于：人类捐精中捐献的多余胚胎、死亡的胎儿尸体、体细胞核转移术。① 这些技术都与人的利益息息相关，需要格外谨慎。法律应当规范人类胚胎干细胞的合法来源，避免极端事件的发生。

3. 克隆技术

克隆技术可能应用于临床医学技术的两个方面：以人类疾病治疗为目的克隆技术与克隆人技术。

治疗性克隆技术是指用 SCNT（体细胞核移植技术），建立胚胎多能干细胞系，从中提取胚胎干细胞，并在体外诱导分化成病人所需要的特定细胞、组织乃至器官。② 该项技术的成熟将缓解器官移植供体不足的局面，但在研究的过程中也有许多需要注意的伦理问题有待行业共识、法律法规的规范，例如上文所提到的干细胞来源问题等。

另外一个克隆技术可能涉及的领域就是被人们反复争论过的克隆人。目前人类社会中，共识认为用克隆技术创造人类是不被允许的。2003 年，我国科技部与原卫生部联合颁发的《人胚胎干细胞研究指导原则》第四条明确规定：禁止生殖性克隆人的任何研究。

4. 人类辅助生殖及单女冻卵、代孕等问题

人类辅助生殖技术改变了人们对于生育过程的认知，伴随着该技术的推广，与之相关的伦理学、法学问题也不断涌现。2011 年发生的"捐精猝死"案、

---

①② 参见王旭明主编：《医学伦理学》，人民卫生出版社 2010 年版，第 216—219 页。

第十六章 新型医疗技术实施的民法问题

2014年国内首例"冷冻胚胎"案、2009年的"代孕亲子关系争议"案引发了社会上不同程度的关注。这些案件均与人类辅助生殖技术相关。人类辅助生殖技术，一方面给因疾病无法生育的家庭带来了希望，但另一方面也挑战了人类自然生育过程，甚至挑战了组成人类社会的家庭血缘关系基础。

具体而言，如果人类辅助生殖仅仅是取夫妻双方的精子、卵子结合，由妻子受孕、分娩，基本不会引发特殊问题。然而，如果精子来源于捐精或者冷冻胚胎，由夫妻之外的女性代孕，抑或夫妻双方将胚胎冷冻或单身女性要求冷冻卵子，则有可能引发一系列法律、伦理问题，如捐精、代孕的黑色商业产业链，冷冻胚胎、卵子、精子的管理、保存与归属等问题，代孕孩子或捐精宝宝的亲子关系问题，代孕协议的法律效力问题，代孕生子后因各种原因导致的弃养问题等。如果法律不能有效地规范人类辅助生殖技术所衍生的系列问题，势必挑战人类社会之根基。

代孕仍然属于人类辅助生殖技术的范围，应当按照人类辅助生殖技术管理规范来调整。繁衍生育后代，不仅仅涉及人的生育权，还涉及诞生的新生命日后的各项权利，对未成年人的权利保护以及对该个体成年后的权利保护应当基于更多的考虑。目前在多个国家的人类辅助生殖技术规范中，都要求申请者已婚或者有稳定的伙伴。代孕技术的实施，还涉及技术本身的问题和风险，尤其是商业代孕，更是对人格尊严的侵犯。目前绝大多数允许实施代孕的国家，也禁止商业代孕，禁止为外国人代孕。比如，以印度为例，过去印度对代孕极为宽容，允许商业代孕、跨国代孕，导致了商业性代孕在该国的泛滥。从2015年11月开始，该国进一步限制了医疗签证的分配，禁止外国国民和印度裔人士或印度海外公民持卡人在印度委托代孕。2016年，印度联邦内阁通过了《代孕（管理）法案》，禁止外国人、海外印度人、同性恋者、同居者和单身人士通过代孕怀孕，并对有代孕需求的印度夫妇的生育能力以及代孕母亲的身份和代孕次数等都作出限制性规定。2019年，《代孕（管理）法案》在坚持2016年版禁止商业性代孕的立场上，新增了采取新措施来保护代孕母亲和委托父母的内容，规定代孕仅适用于不育的代孕"近亲"，并限定为印度公民，同时对双方的年龄、婚姻状况、健康和住址等进行了限制性规定，所有形式的商业性代孕都将被禁止。目前乌克兰正在陷入商业代孕的危机。代孕引发的社会问题近年来日益严重，代孕毁约、撤单已经成为医院的灾难。代孕更是将女性陷入生育工具的尴尬境地。目前我国没有从立法上全面禁止实施代孕，仅禁止医疗机构及医务人员实施任何形式的代孕。

但本书的观点是，我们在讨论人类辅助生殖技术的时候，不要什么问题都跟代孕牵扯上关系。比如单女冻卵问题。非健康原因的单女冻卵目前在我国并不允许，但人们讨论很激烈。具有人类辅助生殖资格、拥有冻卵能力的医疗机构往往拒绝，其主要理由有：一是冻卵技术并不成熟，不能保证所有冻存卵子能用，法律纠纷不好解决；二是人类辅助生殖规范性文件的限制；三是冻卵资源有限，如果全面开放无法承受；四是担心代孕的发生。第一个问题可以通过风险告知签署知情同意书解决。第二个是法律问题，可以通过行政监管部门修改规范文件解决。第三个是资源问题，完全可以通过市场行为解决。第四个就属于莫须有的问题了。单女冻卵并非必然产生代孕，而且即使发生也不是冻存机构应该考虑的。此外，近年来还发生了一些冻卵、离体受精胚胎的所有权归属问题，作为冻存在医疗机构里的卵子、受精胚胎的主人，想将自己冻存在医疗机构的卵子、受精胚胎取走而被拒绝，其中的理由就有担心代孕，由此引发纠纷。我们也注意到目前有的法院最终还是支持了卵子、胚胎的所有者的要求。

我们在讨论新型医学科学技术在临床上运用面临的问题时，如果机械地查找法律规定、机械地适用法律，可能会无果而终，找不到答案，最终无所作为。因为法律往往是滞后的，即使是新制定的法律，在其发布之时即已经落后了。更何况法律的制定者并不一定具有这么强的前瞻性，能够预测未来若干年中的很多事情。所以，很多新型技术临床运用面临的或产生的问题，需要医疗机构管理者能动地解决，在坚持公平、正义、平等、诚信、尊严等人类进步的价值理念的基础上，充分考虑伦理原则，对相关事项进行伦理审查、伦理决策，是医疗机构解决新问题的重要路径。《民法典》在这个问题上也给我们树立了一个榜样。

近年来我国新生儿出生率逐年大幅度下降，[①] 政府管理部门应当调整出生政策，尤其是调整鼓励和促进人口出生的措施，制定有利于提高人口增长的法律。中共中央在制定"十四五"规划的建议中，对人口增长和生育政策作出了显著的调整，"增强生育政策包容性"赫然在列，现在是政府管理部门开始行动的时候了。生育政策包容性，并非是无原则、无底线的包容，生育不仅仅是增加人口这

---

① 根据国家统计局数据，2016 年全年出生人口为 1786 万人，出生率为 12.95‰；死亡人口 977 万人，死亡率为 7.09‰；自然增长率为 5.86‰。2017 年全年出生人口为 1723 万人，出生率为 12.43‰；死亡人口 986 万人，死亡率为 7.11‰；自然增长率为 5.32‰。2018 年全年出生人口为 1523 万人，出生率为 10.94‰；死亡人口 993 万人，死亡率为 7.13‰；自然增长率为 3.81‰。2019 年全年出生人口为 1465 万人，出生率为 10.48‰；死亡人口 998 万人，死亡率为 7.14‰；自然增长率为 3.34‰。见国家统计局网站的"年度统计公报"。

一个目标,还必须考虑社会问题、出生个体的权益问题。但是,对于像类似单女冻卵的情况,有很多女性年轻时确实不想生育,或者由于事业打拼暂时不想生育,应当允许其"后悔",允许其选择在具备一定条件的情况下生育。

在冷冻精子、卵子、离体受精胚胎的事项上,目前很多专业存储机构都面临一个比较尴尬的问题,就是冷冻储存的精子、卵子、离体受精胚胎时间很长,很多都已经超过当初约定的保存期限,相关人员也不来交费、续费,有的主人已经联系不上。解放军陆军第73集团军医院近期就遇到这样的事情。

【案例 16-1】

对逾期未交冷冻保存费的胚胎集中销毁的通知①

2020 年 12 月 14 日,陆军第 73 集团军医院(原解放军第 174 医院)发布通知称,因该院泌尿外科生殖医学中心每年有上万枚试管胚胎形成,成立近 20 年以来保存的冷冻胚胎达 10 万枚,大量占用医疗资源。近期该院拟对超期冷冻胚胎进行统一处理,第一批系 2010 年前逾期未交冷冻保存费的胚胎。处理时间为通知发出的 1 个月后,在规定时间内未到医院声明者视为放弃冷冻保存而给予销毁胚胎。如果希望继续保存胚胎,需夫妻任一方携带双方身份证、结婚证、女方病历及就诊卡前往医院续费。

如果当初在冻存的时候签订了协议,医疗机构履行了风险告知手续,医疗机构对逾期冷冻的精子、卵子、离体受精胚胎予以销毁,符合法律规定,当然没有问题。但现在的问题是,有的医疗机构当初在为自然人存储精子、卵子、离体受精胚胎时,法律意识不强,没有告知相关风险,也没有约定存储年限,怎么办?在该物主与医疗机构失去联系、逾期未交冷冻保存费,医疗机构采取合理措施仍然无法与患者取得联系的情形下,基于合同法的考虑,我们倾向于应当允许医疗机构作出销毁的决定。

二、《民法典》新型医疗技术相关规定解读

(一)《民法典》关于临床试验的规定

药品和医疗技术直接作用于人体,在诊治疾病的同时,也会给患者带来伤

---

① 参见"陆军第 73 集团军医院"官方微博。

害。诊疗技术方法和医疗物品的运用，要求医药专业人员、管理人员对这其中的利弊做好权衡，只有在风险得到充分认识、可控，给患者带来利益最大化的前提下，才可以在临床上开展相关的医疗技术。新研制的药物、医疗器械、诊疗技术方法的有创性及可能引发的风险和问题是未知的，诊治疾病的利与造成患者损害的弊，孰重孰轻并不清楚，风险是否可控并不知道，研发过程中直接在患者身上使用有可能带来难以估量的后果，因此，在研发过程中确有需要在人体身上实施时，应当按照相关要求严格管控。有关单位开展新药、医疗器械和医疗技术方法研发和运用的临床试验，须具备相应的条件。《民法典》第一千零八条对此作出了规定。

第一千零八条　研制新药、医疗器械或者发展新的预防和治疗方法，需要进行临床试验的，应当依法经相关主管部门批准并经伦理委员会审查同意，向受试者或者受试者的监护人告知试验目的、用途和可能产生的风险等详细情况，并经其书面同意。

进行临床试验的，不得向受试者收取试验费用。

1. 依法经相关主管部门批准

《药品管理法》第十九条规定，开展药物临床试验，应当按照国务院药品监督管理部门的规定如实报送研制方法、质量指标、药理及毒理试验结果等有关数据、资料和样品，经国务院药品监督管理部门批准。开展生物等效性试验的，报国务院药品监督管理部门备案。药物临床试验，应当在具备相应条件的临床试验机构进行。同时《疫苗管理法》第十六条、《医疗器械监督管理条例》第十九条也有相关规定。

对于临床试验是否要进行行政许可有两种不同的观点。一种观点认为，有关科研机构开展新药开发或者发展新的治疗方法，需要在人体上进行试验的，依法经相关主管部门批准后，还应当向接受试验的本人或者监护人告知可能产生的损害等详细的情况。另一种观点认为，人体试验具体的类型很多，难以作出统一规定，只要个人同意即可，并不需要相关的行政许可。[①] 从《民法典》《药品管理法》等法律法规来看，我国立法的选择是，对于临床试验，不仅仅需要伦理委员会的审批、受试方的知情同意，还需要行政主管部门的批准，这为临床试验工作

---

① 参见最高人民法院民法典贯彻工作小组主编：《中华人民共和国民法典人格权编理解与适用》，人民法院出版社2020年版，第166—167页。

的开展提出了更高的要求。

上文已经阐述临床试验是以人体为对象的试验。临床试验项目是否可行、是否规范直接关乎人的权益,需要更为严格程序的约束和更权威机关的审查,才能更好地保障受试者权益。因此,在我国开展临床试验工作的第一步是需要获得行政部门的审批;另外,我国相关法律法规中也对试验机构的资质提出了要求,临床试验需要在具备相应条件的机构中才可以开展。这为临床试验的安全性提供了进一步保障。

2. 经伦理委员会审查同意

临床试验的开展需要预先"经伦理委员会审查同意",这一部分的内容是在民法典草案第二稿中新加入的内容。[①] 该规定入《民法典》,更符合国际上实行该项工作的惯例。临床试验国际伦理准则《赫尔辛基宣言》(2013版)第二十三条对此作出了规定。

第二十三条 在研究开始前,研究方案必须提交给相关的研究伦理委员会进行考量、评论、指导和批准。该委员会的运作过程必须透明,必须独立于研究者、资助者和任何其他不当影响,必须具有相应资质。该委员会必须考虑研究实施所在国的法律和条例,以及相应的国际规范或标准,但不得削弱或取消任何本宣言提出的对研究受试者的保护。

委员会必须有监测正在进行的研究的权利。研究者必须向该委员会提供监测信息,尤其是任何有关严重不良事件的信息。没有委员会的考量和批准,研究方案不得更改。研究结束后,研究者必须向委员会提交包含研究结果和结论摘要的最终报告。

我国相关法规中也有相似规定,如《药物临床试验质量管理规范》第三条、《医疗器械临床试验质量管理规范》第十四条也有类似规定。

临床试验的伦理审查的目的并不在于试验的技术层面,而更多关注的是试验是否符合伦理、道德规范的要求。在概述中已经介绍的早期不符合伦理规范的临床试验给受试者造成损害恶性事件的核心问题,是研究者将试验放在了第一位,而忽视了受试者的权益。在试验中没有将受试者当作人来对待,而是仅仅当作了试验的对象。这样不受法律法规及伦理原则约束的试验取得的成果是以牺牲受试者生命权、健康权、身体权为代价的,为现代社会所不能容忍。故在临床试验开

[①] 参见杨立新:《人格权编草案二审稿的最新进展及存在问题》,《河南社会科学》2019年第7期。

展之前，需要有由医学专家、法律专家、患者代表等不同身份的代表组成的伦理委员会对临床试验所涉及的伦理道德问题依据伦理委员会的工作流程进行审查，只有保障临床试验符合伦理要求后才可以开展。在试验的过程中，伦理委员会对于试验依然有监督的职责，而当受试者因临床试验受到损害时，伦理委员会也应依职责维护受试者权益。

关于临床试验伦理委员会的建立，目前我国采用分头设立专业伦理委员会的方式，即针对临床试验的内容涉及的专业，设立相应专业的伦理委员会，在相应的法律法规中予以规定。比如，药物临床试验伦理委员会的建设及审查，在《药品管理法》《疫苗管理法》《药物临床试验质量管理规范》中作出规定；涉及人的医学技术临床试验和研究的伦理委员会的建设及审查，在国家卫健委发布的《涉及人的生物医学研究伦理审查办法》、中国医院协会发布的《涉及人的临床研究伦理审查委员会建设指南（2019年版）》中作出规定。不过，现在医疗机构内还是采用专业伦理委员会建设、审查的方法，浪费资源，而且有的问题没有伦理委员会也可以审查。因此，在伦理委员会的建设上，医疗机构应当建立一个统一的大伦理委员会，其下再设立分专业委员会，以适应新型医疗技术临床运用的要求。

3. 获取受试者或其监护人书面知情同意

上文已经提及临床试验国际伦理规范《赫尔辛基宣言》《药物临床试验质量管理规范》《医疗器械临床试验质量管理规范》中均作出了规定，临床试验工作的开展除了需要经过伦理委员会审查外，还需要在每一个具体的受试者参与临床试验之前，依据相关法律法规、伦理准则的要求，对受试者或其监护人进行详尽的知情同意。此外，我国常规医疗行为的法律法规也对此有专门性表述，例如《医疗纠纷预防与处理条例》第十三条对此作出了规定。

第十三条　医务人员在诊疗活动中应当向患者说明病情和医疗措施。需要实施手术，或者开展临床试验等存在一定危险性、可能产生不良后果的特殊检查、特殊治疗的，医务人员应当及时向患者说明医疗风险、替代医疗方案等情况，并取得其书面同意；在患者处于昏迷等无法自主作出决定的状态或者病情不宜向患者说明等情形下，应当向患者的近亲属说明，并取得其书面同意。

这表明我国法律法规明确规定，临床试验和常规手术、特殊检查、特殊治疗一样，在实施的过程中，医务人员除了要向受试者交代病情（一般情况）、医疗措施以外，还需要交代风险、替代医疗方案，并且取得患者/受试者或其监护人的明确同意。同时，临床试验中的知情同意实际比常规知情同意提出了更高的要求,如《药物临床试验质量管理规范》第二十四条对临床试验的知情同意书和提供给受试者的其他资料作出了更为详细的规定和要求。

在常规医疗行为中,对于患者涉及无民事行为能力人和限制民事行为能力人并未区分对待,均由其监护人替其作出医疗决策即可。然而,涉及临床试验的专门性规范中却将两类人群作区分,并且直接规定,应当在受试者可以理解的范围内告知受试者临床试验的相关信息。细读思考后可发现,该规定是符合《民法典》总则中对于无民事行为能力人、限制民事行为能力人权益保护要求的。也有学者提出,此种情况应当采纳"双重同意说"的立场,即无民事行为能力人、限制民事行为能力人参与人体试验,应当同时取得其本人及监护人的同意。①

综上所述,为了更好地保障受试者权益,在临床试验中,研究机构不仅仅应当遵守常规医疗规范中所涉及的知情同意要求,更应当遵循与临床试验相关的法律法规,包括国际伦理规范对于受试者知情同意权利保障的要求。

4. 试验不得收取费用

除了上述对于临床试验的要求外,《民法典》第一千零八条还特别提出,临床试验不得收取费用。《涉及人的生物医学研究伦理审查办法》等相关文件也均对该问题作出了规范。在临床试验中,不仅不可以对受试者收取试验费用,而且对于试验中受试者可能的损失,申办方应当给予补偿,对于受试者在临床试验中受到的与试验相关的损害,责任主体应当依法赔偿。

(二)《民法典》关于人体基因、人体胚胎等医学和科研活动的规定

基因技术是21世纪的生物医学的尖端科技,法律应当保障、鼓励、促进科学事业健康发展,然而涉及与人体相关的基因、胚胎等医学与科研活动时却需要格外慎重。因为与人体基因与胚胎相关的医学和科研活动不仅关乎着生物学意义上人的生命权、健康权、身体权,同时,此类活动如有不慎,可能对人类社会的伦理、社会公平等基本社会问题产生巨大影响。《民法典》第一千零九条有相关规定。

第一千零九条 从事与人体基因、人体胚胎等有关的医学和科研活动,应当遵守法律、行政法规和国家有关规定,不得危害人体健康,不得违背伦理道德,不得损害公共利益。

该条文对人体基因、人体胚胎的医学和科研活动作出了原则性规定。除上述

---

① 参见王利明、程啸:《中国民法典解评:人格权编》,中国人民大学出版社2020年版,第207页。

规定外，2020年12月26日通过的《刑法修正案（十一）》第三十九条还将其中具有较大社会危害性的部分纳入刑法规范的范畴。

1. 应当遵守法律法规及国家有关规定

法律并不禁止与人体基因、人体胚胎相关的医学和科学活动。但是，从事此类医学和科学活动，需要按法律及相关规定的要求开展，对于法律或其他国家规定明文禁止的行为应当止步于前。因此在开展此类活动之前，医学或科研工作者首先要知道行为的边界。

在这个领域中的有些规范，从法律角度而言，效力并不高，甚至不是以法律的形式规定的，但有可能是专业领域的重要指导原则，例如2003年我国科技部与原卫生部联合颁发的《人胚胎干细胞研究伦理指导原则》中的规定。

第六条 进行人胚胎干细胞研究，必须遵守以下行为规范：

（一）利用体外受精、体细胞核移植、单性复制技术或遗传修饰获得的囊胚，其体外培养期限自受精或核移植开始不得超过14天。

（二）不得将前款中获得的已用于研究的人囊胚植入人或任何其他动物的生殖系统。

（三）不得将人的生殖细胞与其他物种的生殖细胞结合。

该指导原则涉及诸多专业问题，并未以国家法律法规的形式予以颁布，但却是涉及人胚胎干细胞研究的重要指导原则，属于《民法典》一千零九条所规定的其他国家规定。上文提及的"基因编辑婴儿"事件首先违反的就是该条规定。这些规定是行业的天花板，保证在技术不成熟、未得到充分的伦理论证时，不应用于人体，避免对个体或人类群体产生不利影响或不可控风险。除该规定外，还有《人类辅助生殖技术管理办法》《涉及人的生物医学研究伦理审查办法》等一系列相关规范，均需要医疗、科研工作者加以遵守。

2. 不得危害人类身体健康

涉及人体基因、人体胚胎相关的医学和科研活动不得损害人类身体健康是从生物学角度对此类活动作出的禁止性规定，这里既包含不得危害医疗或科研活动中的人类个体，同时也包含不得危害人类群体的健康。

同样以《人胚胎干细胞研究伦理指导原则》第六条为例，之所以禁止将遗传修饰获得的胚胎植入生殖系统，是因为此类技术尚未成熟，一旦出现脱靶等风险，将对基因编辑婴儿的健康产生不可控的影响；同时，如果接受基因编辑的婴儿长大成人，正常生活哺育后代，则有可能将被编辑的基因带到人类社会，从而对人类社会的身体健康产生不可控的风险。

再如《人胚胎干细胞研究伦理指导原则》第四条禁止克隆人的规定,仅从人的生命权、健康权、身体权角度分析,也具有其合理性。以克隆羊为例,在培育多莉的过程中,科学家共克隆出277个绵羊胚胎,但最终成功地使母羊受孕并生产的只有多莉一个。倘若将该技术应用于人类,极有可能使供卵者承受控制荷尔蒙的风险,增加孕母流产的次数,对母体造成极大的伤害。①《人类辅助生殖技术管理办法》第三条第2款禁止以任何形式买卖配子、合子、胚胎,禁止医疗机构和医务人员实施任何形式的代孕技术。除了伦理学、社会学因素外,同样也是为了保护女性身体健康,避免女性沦为"生育工具"。

3. 不得违背伦理道德、危害社会公共利益

《民法典》第八条　民事主体从事民事活动,不得违反法律,不得违背公序良俗。

该规定要求民事活动需要遵循合法性原则,同时不得违背公序良俗。所谓公序良俗,实质分为两个部分:公共秩序与善良风俗。这里的善良风俗是指社会、国家存在和发展所必要的一般道德,是特定社会所尊重的起码的伦理要求。②《民法典》第一千零九条实则也是《民法典》第八条在涉及人类基因、人类胚胎相关的医学和科学活动中的具体体现与衍生。人类基因与胚胎技术关系重大,滥用此类技术可能对整个社会的公共利益产生巨大危害。故此类医学和科研活动必须首先遵循伦理道德要求。

鉴于该领域的敏感性,无论国际社会层面、国家层面还是行业内部层面都已经达成了相当一部分伦理共识,这些伦理共识无论是否是国家法律法规还是《民法典》第一千零九条所表述的其他国家规范,均应当成为医疗与科研工作者所遵循的准则。例如,国际医学科学组织理事会联合世界卫生组织制定《涉及人的健康相关研究国际伦理准则》等。

4.《刑法修正案(十一)》第三十九条之规定

"基因编辑婴儿"案公开违反国际、国内生物医学伦理共识,将进行基因编辑后的胚胎植入人体体内,伪造伦理审查文书,冒名顶替受试者抽血,在技术尚未成熟的情况下将技术风险带给受试者个体及人类社会。2020年12月26日通过

---

① 参见王旭明主编:《医学伦理学》,人民卫生出版社2010年版,第219页。
② 参见王利明主编:《民法》,中国人民大学出版社2018年版,第31页。

的《刑法修正案（十一）》第三十九条将此类行为纳入刑法规范的范畴。

第三十九条 在刑法第三百三十六条后增加一条，作为第三百三十六条之一："将基因编辑、克隆的人类胚胎植入人体或者动物体内，或者将基因编辑、克隆的动物胚胎植入人体内，情节严重的，处三年以下有期徒刑或者拘役，并处罚金；情节特别严重的，处三年以上七年以下有期徒刑，并处罚金。"

此次《刑法修正案（十一）》明确，在我国，将基因编辑、克隆人类胚胎植入人体或动物体内或者将基因编辑、克隆的动物胚胎植入人体内的行为已经不仅是违法违规、违反伦理准则的行为，而且是犯罪行为。最高人民法院将该罪名确定为"非法植入基因编辑、克隆胚胎罪"，[①] 从事此类活动的科研与医疗工作者不仅仅需要承担相应的民事、行政责任，更需要承担刑事责任。该条款将为进一步规范生物医学科学研究与医疗活动提供有力的法律保障。

三、医疗机构面临的问题与对策

上文已经论述了临床试验、涉及人体基因与胚胎相关的医学与科研活动的伦理风险与法律规范。医疗机构在开展与此相关的医学与科研活动中，需要严格遵守相关规范，保证在法律的框架内稳步推进相关工作，对患者负责、对医疗机构自身负责、对社会负责。开展相关活动的医疗机构应当具备开展活动相应的资质，同时，应当遵守相关法律法规、行业规范，制定内部流程制度并严格遵守；另外，在每一个个案中，应当充分保障受试者（患者）的知情同意权，在受试者（患者）权益发生损害时，应当积极开展相关的权利救济工作，保障个案中的受试者（患者）权益。

（一）资质管理

医疗机构开展临床试验与涉及人体基因、胚胎相关医学活动和科研活动工作，需要有两方面的资质。一方面，医疗机构应当具备开展相应工作的"机构"资质；另一方面，参与工作的人员应当具备开展工作"人"的资质。

1. 关于"机构"的资质

上文已经提及的《药品管理法》第十九条规定："……开展药物临床试验，应当在具备相应条件的临床试验机构进行。药物临床试验机构实行备案管理……"，

---

① 参见《最高人民法院、最高人民检察院关于执行〈中华人民共和国刑法〉确定罪名的补充规定（七）》，2021年2月26日。

这就表明开展临床药物试验的机构应当具备相应的条件才可以开展相应的工作，不具备条件的不可开展；同时，应当依法向有关机关备案，这里的备案表明医疗机构建立临床药物试验机构实行的是备案制而非审批制。对于医疗机构如果需要开展涉及人体基因与胚胎相关的医学与科研活动时，什么类型、级别、条件的医疗机构可以开展此类活动，包括其学科资质、实验室条件等应当严格遵守相关行业的规范，而不得任意开展。目前，已经有不少医疗机构组建了伦理委员会，临床试验、辅助生殖等工作在开展前均需经过伦理委员会的审查，故医疗机构伦理委员会的建设也是开展此类工作的重要环节，伦理委员会的建设也应当依照相关规定组建。

2. 关于"人"的资质

医疗机构中参与此类工作的人员必须具有相应的资质。"基因编辑婴儿"案发生时，还未制定《刑法修正案（十一）》，基因编辑胚胎植入人体生殖器官的行为还未入刑。但是贺建某等3人未取得医师执业资质却行医疗的行为，构成了非法行医罪，最终以非法行医罪论处。可见，无论是开展临床资质的研究人员，还是参与人体基因、人体胚胎医学和科研活动的医务人员、科研人员，均需要依照相关法律、行业规范取得相应的资质，才可开展相应的工作。

（二）遵守法律法规、行业规范、流程制度

1. 遵守国家法律法规及其他规范

医疗机构开展临床试验以及与人体基因、人体胚胎相关的工作，应当遵守《民法典》《药品管理法》《药物临床试验质量管理规范》《医疗器械临床试验质量管理规范》《人类辅助生殖技术管理办法》《涉及人的生物医学研究伦理审查办法》《人胚胎干细胞研究伦理指导原则》等法律法规、相关规定。合法性原则是开展新型医疗技术工作的底线原则，违反法律规定的医疗机构与医学、科研工作者，依据情形与程度不同，应当承担相应的民事责任、行政责任，构成犯罪的应依法追究刑事责任。

2. 遵守行业规范

科学技术具有前瞻性，法律则具有滞后性。很多行为在不确定其可能存在的影响时，不一定均以法律的形式加以规范。然而，很多行业内部，以伦理道德为基准，制定了众多行业细分领域的规范，避免科研工作者逾越道德的底线，给他人乃至整个人类造成危害。这些规范在科研工作者的工作领域，其实际的重要性不亚于法律法规。另外，一些国际伦理规范是一些超国界存在的规范。这些规范虽然不是法律，没有国家强制力保障实施，却是人类社会的共识，甚至成为各国制定法律的依据，例如著名的《赫尔辛基宣言》。

3. 制定遵守内部制度流程

除了国家法律法规、行业规范外，在医疗机构内部，无论医务人员还是科研人员，在从事临床试验以及涉及人类基因、人类胚胎的相关医学和科学活动时，还应当制定内部流程制度，并加以执行。在临床试验领域，已经有相对成熟的标准化流程（SOP），无论是申办方还是研究者及研究者所在机构，抑或第三方公司，均应依照标准化流程从事试验工作，保障试验的安全性、准确性、有效性，保障受试者权益。

（三）个案中的受试者（患者）权益保障

新型医疗技术给患者/受试者带来的潜在风险超过了常规医疗行为，故应更加重视患者/受试者权益保障。上文提及的资质管理、制度流程管理，都是保障受试者（患者）权益的手段。然而上述两个手段是从宏观层面，从标准化的角度维护受试者（患者）权益。在试验、医学和科学活动中，医务人员还需要注意保护每一个个案或病例中具体的受试者（患者）权益。这需要我们事前管理好知情同意工作，让受试者（患者）在充分知情、理解的基础上参与试验或医学、科研活动；而当患者、受试者出现了问题，应当积极协调解决。

1. 知情同意

《民法典》第一千二百一十九条及上文提到的《医疗纠纷预防和处理条例》第十三条等法律法规针对常规医疗行为的告知加以规范，新医疗技术属于上述条款中的特殊检查、特殊治疗，故医务人员在对受试者（患者）进行告知时，不仅要交代病情、医疗措施，还需要告知医疗风险、替代医疗方案等，并取得患者本人的明确同意；同时，新医疗技术还应当遵循特殊告知规则，如上文提及的临床试验质量管理规范中，其告知的内容范围远远超过了常规医疗行为的告知，医务人员在从事临床试验工作时需要分别遵守常规医疗行为的告知规范与临床试验工作的告知规范。

关于告知的对象，常规医疗行为要求医务人员向患者本人告知；患者授权委托人依据代理部分的规定，视为向患者本人告知；在法定情况向患者监护人或近亲属告知。而临床试验中对于告知对象的规定与常规医疗行为大体相同，但对于无民事行为能力人、限制行为能力人的保护要优于常规医疗行为，应当依照特别规范执行。

临床试验以及涉及人类基因、人类胚胎相关的医学和科研活动，其潜在风险大于常规医疗行为。相关管理者及医务人员在事先设计知情同意书及实际告知的过程中，应更为详尽地告知受试者（患者）参与试验或医学、科研活动中可能面临的风险与收益，使得受试者（患者）在充分知情同意的基础上作出是否参与的决策，如事中受试者（患者）改变想法，应当尊重他们的选择。对于知情同意文书应建立专门的管理机制，事先送伦理委员会及法务部门审核，并依据情况进行定期或不定期修订。

2. 积极应对问题

在临床试验以及涉及人类基因、人类胚胎相关的医学和科研活动中，如果受试者（患者）出现了与试验或活动相关的损害，应当依据《药物临床试验质量管理规范》等规范为受试者（患者）提供积极的救治，维护患者、受试者的生命健康权利；如对受试者（患者）造成损害的，应当依法赔偿。对于临床试验，一般认为除非受试者（患者）损害是由医务人员医疗过错导致的，否则其补偿或赔偿义务在申办方，但《药物临床试验 受试者损害处理·广东共识（2020年版）》提出，医疗机构应当给予积极的协调。① 我国受试者（患者）多数是基于对医疗机构的信任而加入临床试验的，故医疗机构理应依法保障受试者在医疗机构接受临床试验时的相关权益。

四、医疗机构应当加强临床试验合同管理

临床试验合同，主要内容为研制新药、医疗器械或者发展新的预防和治疗方法而开展的临床试验，在申办方、研究者（医疗机构）和受试者（患者）三者之间发生的权利义务关系。根据《药品管理法》第二十一条，实施药物临床试验，应当向受试者或者其监护人如实说明和解释临床试验的目的和风险等详细情况，取得受试者或者其监护人自愿签署的知情同意书，并采取有效措施保护受试者合法权益。可见临床试验中一般存在三方民事主体：申办者，即药物、医疗器械、方法的研发单位；研究者，由于申办者不具备实施试验的临床条件和医疗资质，需要委托具有资质的研究者参与药物、医疗器械、新技术新方法的临床评价，一般为医疗机构；受试者，即申办者与研究者在试验设计、试验质量控制、试验相

---

① 参见广东省药学会：《药物临床试验 受害者损害处理·广东共识（2020年版）》，《今日药学》2020年第7期。

关费用、不良事件发生后的处理原则达成合意及职责分工后，由医疗机构筛选符合适应症的患者。

临床试验合同之所以属于特殊医疗服务合同，主要原因是其目的、内容与技术开发合同、承揽合同存在不同之处。技术开发合同或承揽合同一般属于委托合同范畴。医疗行为中临床试验的目的，不仅为验证相关治疗方法、药物、器械的有效性及安全性，同时还有为患者治疗的考量。

（一）临床试验合同实践中存在的问题

1. 造成受试者（患者）发生损害的赔偿责任承担

《赫尔辛基宣言》（2013年版）第十五条规定：因参加研究而受伤害的受试者必须保证获得适当的补偿和治疗。《医疗器械临床试验质量管理规范》第四十八条规定：申办者应当为发生与临床试验相关的伤害或者死亡的受试者承担治疗的费用以及相应的经济补偿，但在诊疗活动中由医疗机构及其医务人员过错造成的损害除外。《药物临床试验质量管理规范》第四十三条也作出了类似规定。可见，临床试验和伦理审查相关的法规均明确了受试者遭受的损害应按照无过错原则由申办者承担，但由于临床试验一般均发生在医疗行为过程中，承载着对患者治疗的目的，申办者及研究者的行为均进行干预，因此司法判例中往往会出现医疗服务合同纠纷与医疗损害责任纠纷的混同，即既不能排除试验药物、器械的安全性存在争议，也无法完全剥离医疗行为符合诊疗规范。研究者（医疗机构）主张应由申办者按照临床试验相关规范承担无过错赔偿责任，申办者主张研究者（医疗机构）是入组受试者的筛选者、药物及医疗器械的具体使用者，因此应由研究者承担医疗损害赔偿责任，从而引发争议。在某些情况下，受试者（患者）的损害后果可能是由二者共同作用导致的，在诉讼中申办者与研究者的责任承担划分具有挑战性。

2. 受试者医疗费用与临床试验费用的混同

在诊疗过程中，医疗费用发生的依据是患者的病情需要，即患者为治疗其本身所罹患的基础疾病所开具的检查化验、药物、治疗。临床试验的费用一般包括研究者观察费、检查化验费、受试者补贴费、资料保管费等。在出现医疗损害侵权和临床试验合同违约竞合的情形下，很难梳理哪些是一般诊疗费用，哪些是围绕临床试验发生的费用。申办者为规避风险，甚至会在合作协议或合同中增加限制条款，导致受试者及研究者（医疗机构）的权益无法得到充分保障，如扩大免赔的范围，提高无过错赔偿的门槛，规避对受试者损害赔偿担保的条款，等等。

第十六章 新型医疗技术实施的民法问题

一旦诊疗过程中发生不良事件,将面临高额医疗费用承担不能、三方推诿的风险。

3. 保密条款、终止条款与知识产权归属的争议

申办者与研究者(医疗机构)、研究者(医疗机构)与受试者(患者)合同中一般会详细规定并明确临床试验中研究者(医疗机构)和受试者(患者)对申办者提供的文件、数据、技术、材料、发明等负有保密义务,但是对于申办者所收集、保管的研究者信息及患者个人隐私等鲜有保护规定,即一旦被钻了数据保护空白的漏洞,这些受试者(患者)的个人信息将面临极大的泄露风险,也许是被泄露给其他第三方,也许是被泄露给其他国家或地区的研究机构。此外,关于临床试验的终止条款,申办者往往作出严格约定,即一旦终止,研究者(医疗机构)必须立即停止入组受试者(患者),但是申办者对于已入组的受试者(患者)后续如何处理往往并未明确说明,这将可能严重损害受试者(患者)权益的保护。临床试验产生的成果、专利的申报权一般为申办者所有,但有些外企的临床试验合同关于知识产权归属的约定近乎苛刻,甚至对研究者(医疗机构)的配合度、使用情况提出霸王条款。

(二) 医疗机构对临床试验合同纠纷的管理对策

寻访多家医疗机构发现,临床试验合同的拟定流程一般为由申办者提供合同模板,研究者(医疗机构)依据申办者提供的合同内容开展临床试验工作,而疏于对合同条款及要素的审查,导致不良事件发生后将自身置于被动境地,同时无法保证对受试者(患者)的权益保护。因此,研究者(医疗机构)完善临床试验合同审查制度,优化审查流程,积极参与制定、修改合同条款,加强可行性论证,提前干预、评估各方面风险因素至关重要。

1. 完善临床试验人才队伍建设

一般而言,研究者(医疗机构)工作人员多为医学、药学、护理学相关背景,与制定临床试验合同的申办者相比,在法律素养上差距悬殊,在谈判中常处于被动接受状态。因此建议研究者(医疗机构)完善临床试验工作者人才队伍建设,加强法律知识的培训,招纳擅长合规审查的法律背景、伦理学背景工作者,既能识别并规避临床试验合同中的风险要点与漏洞,又可对显失公平的条款据理力争,明晰各方责任。

2. 加强临床试验的伦理审查及跟踪工作

临床试验是一种特殊的医疗行为,必须是在遵循科学与伦理这两个基本原则

下进行。就药物临床试验而言,其主要研究、收集试验药物在人体内的吸收、分布、代谢和排泄以及药物的不良反应的相关信息,目的是确定试验药物的疗效与安全性。所有涉及人的临床试验开展之前必须通过伦理审查,涉及动物的临床试验也建议要开展伦理审查。伦理审查是指由医药专业人员、法律专家及相关人士等共同组成的独立组织,从医学伦理的角度对其所在医院承接或发起的临床试验的合理性、科学性和受试者(患者)风险受益进行评估的过程,目的是为确保临床试验的设计和实施合乎道德和法律,同时保护受试者(患者)的安全、健康等权益。所以,开展伦理审查在临床试验中保护受试者(患者)方面发挥着至关重要的作用。

3. 要求申办者完善临床试验保险或约定提供担保

尽管受试者(患者)在临床试验合同履行中发生不良事件概率较低,但一旦发生将引发巨额医疗费用谁来承担的问题,既往判例中出现的标的额少则几万元,多则上百万元,给研究者(医疗机构)和受试者的权益保护带来极大风险。临床试验合同中往往只会提到申办者会提供保险,由保险负责赔偿,但是保险具体能够在什么范围内承担,每个纠纷承担赔付责任的门槛和上限是多少,往往被研究者(医疗机构)疏忽。如果保险不足以偿付,申办者不自觉承担赔偿责任,受试者(患者)的后续诊疗将难以保证,同时研究者(医疗机构)需耗费大量精力和高额诉讼成本。因此建议研究者(医疗机构)在临床试验合同签订前,审查申办者此次临床试验提供的保险条款及约定,提前约定必要的担保或保证金。

五、典型案例分析

【案例 16-2】

世界首例基因编辑婴儿案①

"基因编辑婴儿"案 30 日在深圳市南山区人民法院一审公开宣判。贺建某、张仁某、覃金某等 3 名被告人因共同非法实施以生殖为目的的人类胚胎基因编辑和生殖医疗活动,构成非法行医罪,分别被依法追究刑事责任。

法院审理查明,2016 年以来,南方科技大学原副教授贺建某得知人类胚胎

---

① 参见王攀、肖思思、周颖:《"基因编辑婴儿"案一审宣判 贺建奎等三被告人被追究刑事责任》,新华网,2019 年 12 月 30 日。

基因编辑技术可获得商业利益,即与广东省某医疗机构张仁某、深圳市某医疗机构覃金某共谋,在明知违反国家有关规定和医学伦理的情况下,仍以通过编辑人类胚胎CCR5基因可以生育免疫艾滋病的婴儿为名,将安全性、有效性未经严格验证的人类胚胎基因编辑技术用于辅助生殖医疗。贺建某等人伪造伦理审查材料,招募男方为艾滋病病毒感染者的多对夫妇实施基因编辑及辅助生殖,以冒名顶替、隐瞒真相的方式,由不知情的医生将基因编辑过的胚胎通过辅助生殖技术移植入人体内,致使2人怀孕,先后生下3名基因编辑婴儿。

法院认为,3名被告人未取得医生执业资格,追名逐利,故意违反国家有关科研和医疗管理规定,逾越科研和医学伦理道德底线,贸然将基因编辑技术应用于人类辅助生殖医疗,扰乱医疗管理秩序,情节严重,其行为已构成非法行医罪。根据3名被告人的犯罪事实、性质、情节和对社会的危害程度,依法判处被告人贺建某有期徒刑3年,并处罚金人民币300万元;判处张仁某有期徒刑2年,并处罚金人民币100万元;判处覃金某有期徒刑1年6个月,缓刑2年,并处罚金人民币50万元。

【案例 16-3】

张某诉某医药公司、北京某医院临床试验合同纠纷案①

BAY59—7939 片剂系德国某公司研发的口服第 Xa 因子抑制剂,临床拟用适应症为预防深静脉血栓形成和预防房颤病人的心源性血栓栓塞及脑梗死。2006年3月,某公司与北京某医院签订临床试验协议,进行 Record3 临床研究:在骨科手术中,调节凝血机制,预防深静脉血栓和肺栓塞发生……在进行选择性全膝关节置换术的患者中,研究 BAY59-7939 对静脉血栓栓塞的预防作用。某公司为本次临床试验购买了一般责任险,每例患者的保额为 50 万欧元。如经仲裁确认受试者的健康因服用了研究药物而受到损害,某公司负责代表受试者向保险公司索赔。2006年11月7日,按照试验计划,北京某医院的医生陪同张某至北京积水潭医院进行双下肢静脉造影,造影结束时(约 11:30),张某突现胸闷憋气、心慌气短、咳嗽、出虚汗、脉搏不清等症状,测血压为 70/40mmHg(术前

---

① 参见北京市朝阳区人民法院(2009)朝民初字第 02608 号民事判决书,北京市第二中级人民法院(2013)二中民终字第 06870 号民事判决书。

为 120/80mmHg），医生考虑为低血容量性休克，给予抗休克治疗等措施。后因在对患者赔偿问题上难以达成一致意见，患者张某向法院提起诉讼。

北京市朝阳区人民法院一审判决：由于某公司未能通过保险公司向原告赔偿严重不良事件的款项，故其应自行向原告赔偿，具体赔偿数额，本院考虑原告的受损情况，严重不良事件对其自身的影响以及50万欧元所能赔偿的最坏损害情况，酌定赔偿5万欧元。

北京市第二中级人民法院审理认为，受试者与申办者之间成立合同关系。因北京某医院与某公司存在临床试验协议，某公司通过某医院临床试验其 BAY59-7939 片剂，而张某系受试者，某公司遂与张某之间又形成了新药试验合同关系；基于新药试验的部分，属北京某医院受某医药公司委托，与张某之间发生的新药试验合同关系，合同主体应确定为某公司和张某；虽然《患者须知》和《知情同意书》由北京某医院向张某出示，但上述文件均系某公司提供，故关于新药试验合同部分的法律关系不宜确定为北京某医院和张某。最终二审法院维持了一审判决。

【案例 16-4】————————————————————

某医疗机构诉某医疗器械公司临床试验医疗服务合同纠纷案①

患者金××在某医疗机构住院期间接受了某医疗器械公司的临床试验，手术当天即出现失血性休克的不良反应，之后长期在医院 ICU 住院治疗直至死亡，产生大额医疗费未支付。患者金××在世时曾以医疗损害责任纠纷为案由将医疗机构起诉至北京市××区法院，后医疗机构依据临床试验合同将某医疗器械公司追加为共同被告。经审理，北京市××区法院判定患者的损害后果是由医院的医疗行为与某医疗器械公司的临床试验共同造成，应承担相应侵权责任。医疗损害责任纠纷经审理结案后，医疗机构提起医疗服务合同之诉追缴欠费，诉称：根据临床试验合同，及关于药物试验的相关法规规定，某医疗器械公司应对患者因临床试验不良反应所产生的全额医疗费承担责任。

法院经审理认为，患者金××入住医疗机构后与该院形成医疗服务合同关

---

① 参见北京某医院与北京某医疗科技有限公司医疗服务合同纠纷案。见北京市海淀区人民法院 (2018) 京 0108 民初 48855 号一审民事判决书。

系。在治疗过程中，其参加了某医疗器械公司的临床试验。因该试验属于医疗行为的一部分，故某医疗器械公司成为上述医疗服务合同的当事人，其与医疗机构签订《试验委托协议书》中的相关条款，则成为医疗服务合同中的约定内容。根据该合同的约定，如受试者在接受试验后出现的严重不良事件，与试验存在因果关系，某医疗器械公司应承担本严重不良事件相应的治疗费用和其他经济补偿。另，根据《医疗器械临床试验质量管理规范》第四十八条规定，申办者应当为发生与临床试验相关的伤害或者死亡的受试者，承担治疗费用以及相应的经济补偿。因在司法鉴定及已生效的法律文书中，均已确认患者金××在接受药物试验后出现严重不良反应，且患者个人对损害后果形成并不存在过错。故本院认定金××出现不严重不良反应后，在医疗机构的治疗所产生的费用，和严重不良反应之间存在因果关系，该笔费用属于合同中所约定的"严重不良事件相应的治疗费用"。某医疗器械公司不论从医疗服务合同的约定而言，还是从相关部门规章的规定而言，都应对该笔费用按70%的责任比例予以负担。某医疗器械公司在发生不良事件后已支付的"不良事件就诊费"，应当从本院所判决的费用中扣除。

第十七章　医务人员合法权益保护

近些年侵害医务人员合法权益事件频繁爆出。如2019年12月24日，北京民航总医院杨文被砍杀；2020年1月20日，朝阳医院陶勇被砍成重伤；2020年10月31日，广州中山大学附属第三医院陶炯被砍伤；2021年1月22日，浙江大学医学院附属第一医院发生爆炸伤人，导致3名医护人员和1名病人受伤；2021年1月26日，江西吉水县人民医院胡淑云被砍杀；甚至在疫情期间，湖北汉川市人民医院医生遭新型冠状病毒肺炎康复者殴打。每一个爆出的新闻都让人不寒而栗。保障医务人员合法权益已呈迫在眉睫的态势。国家颁布了众多法律法规保障医务人员的合法权益，如《治安管理处罚法》第二十三条、《执业医师法》第二十一条、《基本医疗卫生与健康促进法》第五十七条、《刑法修正案（九）》第三十一条等。

《民法典》第一千二百二十八条作出了保障医疗机构和医务人员合法权益的规定，妨碍医务人员工作、生活，侵害医务人员合法权益的，应当依法承担法律责任。民事权益保护涉及权利人工作生活的全角度，首要讨论的就是对于医务人员基本权利保护，即人格权保障。人格权是个体生存发展的基础，是民事主体对其特定的人格利益享有的权利，关系到人格自由与尊严，是公民行使其他一切权利的前提和基础。只有讨论清楚自然人的基本权利，才便于进一步探讨其他合法权益。本章将从医务人员作为自然人的基本权利展开探讨。

一、人格权保护概述

人格权与民事主体共始终，自然人、法人只要具有法律上的人格，在社会上存在，就享有人格权，既不能因某种事实而丧失，也不能基于某种原因而被剥夺。[①] 本次《民法典》进行了大量的改动，围绕着保障自然人格尊严和人身自由

---

① 参见杨立新：《人格权法》，法律出版社2015年版，第45页。

设计了更具可行性、操作性的人格权编。其借鉴《民法通则》《侵权责任法》《民法总则》的立法经验,有效地结合人民法院的司法解释、司法政策、典型案例,吸收司法实践过程中延伸出的司法原则、价值导向、裁判规则。除此之外,还吸收了各个法律法规中对于人格权保护的内容,如《信息网络传播权保护条例》《儿童个人信息网络保护规定》《消费者权益保护法》《网络安全法》等。人格权编规定了人格权的内容、权利边界、行使方式、保护规则,为人格权的保护奠定了民事请求权的基础。

(一)人格权保护规则

《民法典》有关人格权的保护规则放在人格权编和侵权责任编。人格权编的保护指的是针对人格权的固有权利的保护,即人格权请求权;侵权责任编指向的是侵权损害赔偿请求权。关于固有请求权和侵权损害赔偿请求权的差别,按照杨立新教授的解释,就像人体免疫系统和外部的医疗救济的关系,一个不需要任何协助就可以进行自我救护,一个借助外力进行权利救济(见表17-1)。①

表17-1 人格请求权与侵权损害赔偿请求权的区别

比较项目	人格请求权	侵权损害赔偿请求权
法律依据	《民法典》第九百九十五条	《民法典》第一千一百七十九条、第一千一百八十二条、第一千一百八十三条
请求权性质	固有请求权(保护自己的权利)	侵权请求权(外部力量)
救济措施	停止侵害、排除妨害、消除危险、恢复名誉、赔礼道歉	损害赔偿
维护权利的方式	保护权利的完满	救济权利的损害
维护权利的目的	预防性、保护性	救济性
救济时效	无诉讼时效	有诉讼时效
主观过错要求	无主观过错要求	要求主观过错
界定之关键词	妨害	侵害
构成要件要求	行为要件	结果要件

1. 人格权请求权

人格权请求权是指民事主体在其人格权的圆满状态受到妨害或者有妨害之虞

---

① 参见杨立新:《中华人民共和国民法典条文精释与实案全析》,中国人民大学出版社2020年版,第11页。

时，得向加害人或者人民法院请求加害人为一定行为或者不为一定行为，以恢复人格权的圆满状态或者防止妨害的权利。①《民法典》第九百九十五条规定了人格权请求权的内容及适用方式。

人格权请求权是依据人格权而独立存在的请求权，具有人格权的特性，其因人格权的存在而天然存在，具有附属性、人身专属性，只能该人格权主体请求，无法转让、继承。因其根本权利的属性，人格权请求权的目的在于及时实现人格权的完满性，即在侵害尚未发生时，即可以请求停止侵害、排除妨害、消除危险等及时救济方式，其救济也因此无诉讼时效的要求。

人格权为对世权、绝对权，只要当人格权受到侵害或者有受侵害之虞时，权利人即有权主张人格权请求权，并不要求妨害人存在主观过错及产生损害后果。与之相应，提出人格权请求权时的举证责任仅需要受害人证明人格权益遭受妨害，便可主张排除妨害、消除危险。

2. 侵权损害赔偿请求权

侵权损害赔偿请求权是当人格权遭受侵害时，权利人有权要求侵害人进行赔偿损失，进行权利损害后救济。满足一般侵权责任的构成要件，要具有主观过错，有行为要件，有因果关系及损害后果，且受诉讼时效限制。根据《民法典》第一千一百八十二条、第一千一百八十三条规定，侵权损害赔偿包括人身损害赔偿、财产损失赔偿及精神损害赔偿。

所有的人格权均可以提出人格权请求权，只要存在侵害行为。但侵权损害赔偿请求权则相对复杂。故此本章有关人格权具体适用的法律解读及具体救济的论述，就不再赘述人格权请求权，仅就侵权损害赔偿请求权进行具体分析。

（二）权利保护的界限

人格权的绝对权属性，决定人格权的保护必然会与他人的自由形成对抗。人格权保护的无边界，必然导致司法资源的浪费和对他人过分、严苛且无意义的自由限制。所以对人格权行使要进行边界限制：出于公共利益的限制，当个人人格权与公共利益发生冲突时，以公共利益优先，如新冠肺炎疫情之下的管控、治理；公众人物人格权限缩，这里的公共人物指所有应置于公众监督下的人员，包括行医时的医务人员；适当容忍义务，对于他人正当行使权利不可避免地造成的轻微损害，应当容忍；新闻监督，对于为了公共利益的新闻报道、监督行为，不

---

① 参见杨立新、袁雪石：《论人格权请求权》，《法学研究》2003年第6期。

第十七章 医务人员合法权益保护

承担民事责任。

《民法典》第九百九十八条规定了除物质性人格权以外，在评价人格权侵权责任时应考虑行为人和受害人的职业、影响范围、过错程度以及行为的目的、方式、后果等因素。生命权、身体权、健康权具有不可撼动的全面保护的权利属性，其他各精神性人格权的具体内容则不尽相同，故此规定一个动态的衡量标准。医务人员的人格权遭受侵害时，本书认为应该给以更多的保护，在具体个案评价时应考虑裁判后的社会效应，以起到保护医务人员的正向引导作用。

《民法典》第九百九十九条规定了人格权的合理使用范围，为公共利益实施新闻报道、舆论监督等行为的，可以合理使用民事主体的姓名、名称、肖像、个人信息等。这是抗辩实务中的"新闻性"抗辩事由。《民法典》对新闻报道、舆论监督与人格权的关系进行了系统的规定，本章会在后面作具体分析。

《民法典》第一千条规定，消除影响、恢复名誉、赔礼道歉等民事责任的承担应当与行为的具体方式和造成的影响范围相当。在司法实务中，对于法律责任的承担方式等，法官会考虑个案的具体情况。

【案例 17-1】

赔礼道歉在不同个案中具体形式不同

王某诉焦某、南京某科技发展有限公司偷拍其试穿内衣的照片并发到朋友圈进行宣传的案件中，法官判决其在朋友圈进行 3 天的赔礼道歉，而驳回了其要求道歉 30 日的请求。①

杨某诉北京某互联网信息服务有限公司名誉权纠纷案，被告在其新闻页面的转载侵犯其名誉权，法院判北京某互联网信息服务有限公司在其新闻中心板块连续 3 天刊登向杨某的致歉声明。②

（三）人格权禁令

《民法典》第九百九十七条首次规定了人格权禁令。人格权一旦侵害，再使

---

① 参见王某与焦某、南京某科技发展有限公司人格权纠纷案。见锡林郭勒盟中级人民法院（2019）内 25 民终 948 号民事判决书。

② 参见杨某与某互联网信息服务有限公司名誉权纠纷案。见安徽省合肥市中级人民法院（2016）皖 01 民终 2240 号民事判决书。

其恢复到完满状态难度极大，且侵害人格权造成的后果往往是难以估量且难以回转的，故此预防性措施一直是人格权保护的首选。禁令，是指申请人为及时制止正在实施或即将实施的侵权行为，或可能造成侵害的行为，在诉前或诉中请求法院作出的禁止或限制被申请人实施某种行为的强制命令。① 对于威胁、侵害医疗机构、医务人员人格权的行为，医疗机构及医务人员可以向法院提出人格权禁令。

目前我国仅在《民法典》中有针对人格权禁令的规定，但也仅有原则性规定，其适用错误的救济、违反禁令的损害后果、是否需提供担保等还尚未有明确的约定，有待之后的法律解释和司法实践具体规定。

第九百九十七条　民事主体有证据证明行为人正在实施或者即将实施侵害其人格权的违法行为，不及时制止将使其合法权益受到难以弥补的损害的，有权依法向人民法院申请采取责令行为人停止有关行为的措施。

1. 人格权禁令特征

人格权禁令不是一种裁判结果，而是一种过渡性、预防性的文书。人格权禁令特征具有如下特征。

（1）临时性救济。禁令是在紧急状况下由法院出具的，一般仅进行书面审查，禁令并不能终局性地确定当事人之间的权利义务关系，且不必然伴随着之后通过诉讼程序请求人民法院判决。② 禁令的适用时间短，在出现特定情况下法院可以解除，当事人也可以提出延长，在终局裁判后禁令会失效。

（2）预防性与救济性。禁令设置的目的在于防止损害进一步扩大和损害的继续发生，兼具预防性和救济性。而不考虑对将来判决的顺利进行。③

2. 禁令的适用

（1）适用禁令的要件。其一，有证据证明行为人正在实施或者即将实施侵害其人格权的违法行为。禁令适用在具有现实危险的情况，即正在实施或者有侵害之虞；且要提供证据证明危险的现实存在，即提供满足高度盖然性的证据。其二，能够侵害其人格权。针对人格权具有现实存在的危险而不能是请求人主观臆断的。其三，不及时制止将使其合法权益受到难以弥补的损害。因为人格权禁令

---

① 参见刘晴辉：《正当程序视野下的诉前禁令制度》，《清华法学》2008年第4期。
② 参见王利明：《民法典人格权编的亮点与创新》，《中国法学》2020年第4期。
③ 参见郭小东：《民事诉讼侵害阻断制度释义及其必要性分析》，《法律科学》（西北政法大学学报）2009年第3期。

第十七章 医务人员合法权益保护

是依据人格权请求权出具的,故此只要具有危险性,不用考虑行为人的主观状态。现实紧迫性的具体考量参照《民事诉讼法》保全制度的适用。其四,受害人须依法向人民法院申请禁令。禁令不是法院自行作出的,权利人要向法院提出申请。法院根据具体情况,考虑实际侵权的可能性,即申请人的胜诉可能性,以及影响范围、其他救济手段、紧迫程度、公共利益等作出禁令。① 根据《民事案件案由的规定》,人格权侵害禁令为非诉程序案由,但其类型代字和具体适用程序都暂无规定。人格权禁令具体参照保全制度或人身安全保护令制度要等待后续的司法实践。

(2) 申请禁令的时间。禁令适用于发生现实损害及损害可能性,故此既可以在诉前提出,也可以在诉讼过程中提出。

【案例17-2】

人格权侵害禁令首案②

李某系某房地产公司开发楼盘的业主。因不满房屋质量,李某在2020年5月至8月,通过个人自媒体账号发布了10篇涉及该房地产公司的文章,文章内使用了大量过激性用语。后某房地产公司以李某侵害其名誉权为由向广州互联网法院提起诉讼。诉讼中,上述10篇文章被自媒体平台删除。此后,李某又通过自媒体账号发布多篇文章,内容主要是对其购房遭遇的描述和房产质量的主观感受,文章同样包含情绪化用语。2021年1月4日,某房地产公司向法院申请人格权侵害禁令,请求法院禁止李某在自媒体平台上发布侵害该公司名誉权的文章、言论。

法院经审查认为,因网络传播速度快、受众广、影响范围大,网络不实言论或信息容易对法人商业信用、股价、产品或服务声誉、营业活动等带来不利影响,导致公众对该法人社会评价的降低或者带来此种风险,从而侵害或即将侵害法人名誉权。某房地产公司向法院提交禁令申请,是其基于对涉案事实和情势的判断,行使《民法典》赋予的人格权请求权。但李某的行为是否具有侵害某房地产公司名誉权的较大可能性,应当综合考量双方法律关系、行为性质、目的、方

---

① 参见王迁:《知识产权法教程》,中国人民大学出版社2019年版,第13页。
② 参见许燕玲:《人格权侵害禁令首案:自由与法治,边界在哪里?》,《人民法院报》2021年2月5日。

式等因素进行判断。从涉案文章内容来看，李某的言论主要针对的是房屋质量及某房地产公司是否已履行承诺等问题，其中含有"骗""忽悠""坑业主"等情绪化用语，反映出李某对楼盘质量的负面评价及对某房地产公司的不满情绪。尽管双方对文章描述的有关事实是否属实存在争议，但上述言论仍属购房者对购房体验和感受的主观描述，出于维权目的而发布的可能性较大，不同于故意捏造事实、恶意诽谤，某房地产公司作为房地产开发商对此应当予以必要的容忍。从文章阅读量来看，由于涉案文章主要通过李某的自媒体账号发布，李某发布的涉案言论影响范围有限。即使存在部分针对某房地产公司的负面评价，某房地产公司亦能通过事后救济来弥补其财产损失。

法院认为，现有证据不足以证明李某具有侵害某房地产公司名誉权的较大可能性，且李某的行为不具有现实紧迫性。如果作出禁令，将严重限制李某作为购房者评论房地产开发商的权利，从而导致双方之间的利益失衡，并引发房地产开发商利用人格权侵害禁令阻止购房者发布相关言论的不良示范效应。法院遂裁定驳回了某房地产公司的禁令申请。

二、《民法典》人格权保护适用法律问题的解读

一些医患纠纷发生后，患者和家属动员亲属进行"闹医""闹访"。社会上还存在一种"职业医闹"，进行"职业性医闹"活动。在"医闹"过程中甚至存在威胁医疗机构和侮辱、殴打医护人员等过激行为，已经严重干扰了正常的医疗秩序，侵害医务人员的合法权益，对医务人员的工作和生活造成很大影响。

针对医务人员这一特殊群体常见的侵害人格权的情形有：①"医闹"，对医务人员的身体、健康、生命权的侵权；②未经医务人员同意拍照录像，即对肖像权、声音权的侵权；③利用信息网络将偷拍内容传播，侵害隐私权、个人信息；④利用信息网络上对夸张、扭曲的事实传播，即对隐私权、名誉权、肖像权、个人信息、荣誉权的侵权。

（一）医务人员的生命权、身体权、健康权保护

三大物质性人格权是所有人格权的基础，是根本的人格权。在所有对医务人员人格利益的保护中，最首要保护和考虑的就是对于医务人员生命权、身体权、健康权的维护。《民法典》第一千零二条、第一千零三条、第一千零四条、第一千零一十一条对三大物质性人格权作出规定。

第十七章 医务人员合法权益保护

1. 权利内容

《民法典》对于生命权的内容规定为生命安全维护权和生命尊严维护权，对所有侵害可能均具有对抗性。身体权指的是身体完整权、身体支配权，以及保持和支配自身自由的权利，行动自由也归入身体权的范畴。健康权的客体指向生理健康与心理健康。

2. 权利边界

对身体权的支配权是有限度的，不得违反法律法规以及公序良俗，如器官捐献。《民法典》第一千零六条、第一千零七条对于人体捐献与器官、血液买卖作出了翔实的规定。对于健康权的处分有更加严格的限制，只有为了医学进步和人类发展的新药、新技术试验才可以。① 《民法典》第一千零八条对于人体试验作了明确而严格的规定和限制。

3. 注意事项

在《民法典》规定的物质性人格权中，在司法实践中应该注意身体权与健康权的区别，对于那些对身体有损害而未触及健康的，应纳入身体权保护范畴，如剪指甲、抽血、未造成伤害的击打等。

在健康权的司法实践中应注意对精神性疾病与心理上的痛苦、焦虑的区分，只有精神性疾病是纳入健康权保护的范畴，而心理的痛苦、焦虑则属于精神损害赔偿考虑的范畴。

（二）医务人员的姓名权、声音权与医疗机构名称权保护

《民法典》第一千零一十二条到第一千零一十七条规定了姓名权、名称权。在医务人员权益保护范围内应注意的是对于姓名的盗用或者冒用。本次《民法典》还将具有一定的社会知名度、为相关公众所知悉的自然人的笔名、艺名等也纳入姓名权保护范畴。作为法人和非法人组织，享有名称权，对侵犯医疗机构名称权的行为，医疗机构可以依法追究侵权人的责任。

《民法典》第一千零二十三条规定了自然人的声音权。自然人的声音具有唯一性、稳定性，是标表性人格权，可以对外展示个人行为和身份，具有人格属性。其保护的内容是自然人的声音本身，即纯粹的声音，既非声音的载体，也非声音中的具体内容。自然人声音的保护准用对肖像权保护的规定。

---

① 参见杨立新：《人格权法》，法律出版社 2015 年版，第 162 页。

(三) 医务人员的肖像权保护

《民法典》第一千零一十八条到第一千零二十二条全面系统地确立了完整的肖像权制度。就肖像权的定义、内容、消极权能、合理实施以及许可使用作出了完整而又系统的规定。

1. 权利内容

(1) 一定载体上呈现的外部形象。肖像权指在一定载体上所反映的特定自然人可以被识别的外部形象。肖像应具备外部形象、载体反映、可识别性等基本要素。其中外部形象表明，肖像不仅限于自然人的面部形象。[①] 对于肖像的范围也扩充为只要能让他人通过该外部形象、外部特征清楚地识别出某个特定自然人的，均视为肖像。肖像不是指特定自然人本人，而是其形象投射之后的载体，如相片、影像、雕塑、绘画等。可识别性，是指一般人凭直观清晰辨认，产生与特定人有关的思想或者情感活动。如果通过技术手段辨认的，则不属于肖像权。

(2) 已删除"以营利为目的"。《民法典》删除了以营利为目的的构成要件，对于肖像权的权利内容规定了"制作、使用、公开和许可他人使用"4 种情形。私自制作呈现他人肖像的载体，如拍摄照片、影像均为侵害肖像权；使用、公开他人制作的未经肖像权人同意的肖像作品，为侵害肖像权；肖像制作人，即肖像作品权利人未经肖像权人同意，私自将肖像作品授予他人使用也是侵害肖像权的行为，肖像制作人不会因为创作了肖像作品获得任意使用他人肖像的权利。

2. 权利边界

《民法典》第一千零二十条规定了肖像权的合理使用，这是肖像权在借鉴著作权之后，对合理使用作出明确规定。对于满足合理使用的范畴，均不视为侵权。其一，为个人学习、艺术欣赏、课堂教学或者科学研究，在必要范围内使用肖像权人已经公开的肖像。这里要注意的是必要范围和已经公开的肖像。其二，用于新闻报道、舆论监督。要注意是不可避免的，也要注意报道的真实性、合理注意义务、为公共利益的目的。其三，为维护公共利益的，要明晰其目的就是为公共利益，如医疗经验的宣传、揭露犯罪事实等，也应注意合理限度。日本大阪法院的林真须美肖像权案例中，提出了针对维护公共利益的衡量三要件：实施的公益性、目的的公益性、手段相当性。[②] 2005 年日本最高法院确立了"六要素"

[①] 参见王泽鉴：《人格权法：法释义学、比较法、案例研究》，北京大学出版社 2013 年版，第 139 页。
[②] 参见五十岚清：《人格权法》，铃木贤、葛敏译，北京大学出版社 2009 年版，第 138 页。

标准：被拍摄者的社会地位、被拍摄者活动的内容、摄影的场所、摄影的目的、摄影的方式以及摄影的必要性。①

【案例 17 - 3】

为公共利益合理使用肖像不构成侵权案例②

在施某某等诉徐某肖像权、名誉权、隐私权纠纷案中，博主为保护未成年人利益和揭露可能存在的犯罪行为，依法在其微博中发表未成年人受伤害信息，且对相关照片进行模糊处理，没有暴露受害未成人的真实面容，也没有披露其姓名和家庭住址。受害人以博主的网络举报行为侵犯其肖像权、名誉权、隐私权为由，主张博主承担侵权责任，人民法院不予支持。

3. 保护规则

《民法典》第一千零一十九条详尽规定了肖像权的消极权能。当提出侵权请求权时，要满足以下构成要件：①主观上具有过错。主观上要存在故意或者过失，即"未经肖像权人同意"，采用过错责任。同时在司法实践中，请求侵权责任时要考虑过错程度。②有侵害行为。他人不得丑化、污损、伪造、制作、使用、公开肖像权人的肖像；肖像作品权利人不得以发表、复制、发行、出租、展览等方式使用或公开肖像权人的肖像。③产生损害事实。结果不以存在财产损害为前提。

（四）医务人员及医疗机构名誉权与荣誉权保护

1. 名誉权及其保护

名誉是一种人格利益，针对特定主体的综合表现作出的良好的、客观的社会评价。③ 名誉权制度写在《民法典》第一千零二十四条到第一千零三十条。

（1）权利内容

名誉是对民事主体的品德、声望、才能、信用等的社会评价，是对民事主体的正向评价，虽没有直接利益，但给人社会生活的正向引导。但该条文中并未涵

---

① 参见日本最高裁平成 2017 年 11 月 10 日判决判时 1203 号。转引自张红：《肖像权保护中的利益平衡》，《中国法学》2014 年第 1 期。

② 参见施某某等诉徐某肖像权、名誉权、隐私权纠纷案。见南京市江宁区人民法院（2015）江宁少民初字第 7 号民事判决书。

③ 参见王利明：《人格权法研究》，中国人民大学出版社 2005 年版，第 467—468 页。

盖名誉感,如果仅是权利人本人感到受害,而社会评价并没有降低的,则不视为侵害名誉权。

(2) 权利边界

名誉权保护要适度忍受为公共利益目的,新闻报道、舆论监督可在合理范围内对名誉权造成评价降低的后果。

(3) 保护规则

①主观上具有过错,采用过错责任。无论是侮辱还是诽谤,或者错误评价,都是主观上具有故意或者过失,没有尽到审慎的一般人的注意义务。②具有侵害行为。采用诽谤、暴力行为、语言侮辱、文字侮辱、行为侮辱和其他方式侮辱贬低他人人格、毁损他人名誉的行为均视为侵犯名誉权。① 民事上的侮辱与刑法学中的侮辱不尽相同,民法上的侮辱的范围要宽于刑法,不要求严重的损害后果。③产生权利人社会评价降低的结果。侵害名誉权要具体针对某一特定主体,而不能是群体,实施的侵害行为应该可以指向特定的民事主体,且侵害行为必须为不特定第三人所知悉,如发布朋友圈、向微信群发布等。

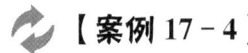

赵某与黄某名誉权案②

赵某系某医院内科医师。2015 年 7 月 21 日,黄某带领部分家政服务人员前往赵某所在医院体检。双方因排队候诊问题发生误会引发争吵,黄某曾出言不逊,当着其他病人和医护人员的面辱骂赵某。赵某报警后,当地派出所调解室曾主持双方进行调解,因黄某拒绝向赵某赔礼道歉,双方没有达成和解协议。赵某遂向法院提起诉讼。

一审法院判决:黄某应于判决生效之日起 10 日内向赵某书面赔礼道歉。

二审法院认为,黄某带队在某医院就诊时出言不逊,对赵某的人格和医德进行攻击和贬低,侵犯了赵某的名誉权,双方对该事实均未提出异议,本院予以确认。赵某请求黄某在某医院公告栏上向赵某书面赔礼道歉具有事实和法律依据,本院予以支持。原审法院仅判决黄某向赵某书面赔礼道歉而未明确恢复名誉、消

---

① 参见王利明:《人格权法研究》(第三版),中国人民大学出版社 2018 年版,第 490—491 页。
② 参见赵某与黄某名誉权纠纷案。见广东省深圳市福田区人民法院(2015)深福法民一初字第 6847 号民事判决书,广东省深圳市中级人民法院(2016)粤 03 民终 3796 号民事判决书。

除影响的范围，处理不当，本院予以纠正。赵某还要求黄某赔偿精神抚慰金1万元，但赵某并未提供证据证明黄某的侵权行为给赵某造成了严重的精神损害，而根据最高人民法院《关于确定民事侵权精神损害赔偿责任若干问题的解释》第八条的规定，因侵权致人精神损害，但未造成严重后果，受害人请求赔偿精神损害的，一般不予支持。故原审判决不予支持赵某该项主张并无不当，本院亦不予支持。最终判决黄某应于本判决生效之日起10日内在某医院公告栏上向赵某书面道歉。

【案例 17-5】

钮某与丁某某名誉权纠纷①

2015年12月19日至2016年1月5日，钮某与丁某某因领养猫事宜发生矛盾，丁某某在未经钮某许可下通过自己的QQ、当地论坛发布钮某的手机号码、车牌等个人隐私并发布写有"丧心病狂的女人，才短短几天，让它走上不归路"的言论的帖子。法院认为，丁某某发帖对钮某加以道德上的指责，通过在双方所在地范围内具有较高知名度的网络平台散布，可认定社会公众对钮某的评价降低，对于钮某的名誉和人格尊严均产生损害。此行为过于轻率，其主观过错明显存在，该发帖行为以贬低钮某名誉为目的，属于违法行为，由此产生的钮某名誉权受损结果与丁某某的违法行为具有直接的因果关系，故丁某某的行为构成了对钮某名誉权的侵害。

2. 荣誉权及其保护

(1) 荣誉权的内容

荣誉权是自然人、法人和非法人组织依法享有的参与荣誉授予，获得、接受和保持其享有的荣誉称号，并不受他人非法侵害和剥夺的权利。荣誉权制度写在《民法典》第一千零三十一条。

第一千零三十一条　民事主体享有荣誉权。任何组织或者个人不得非法剥夺他人的荣誉称号，不得诋毁、贬损他人的荣誉。

获得的荣誉称号应当记载而没有记载的，民事主体可以请求记载；获得的荣

---

① 参见钮某与丁某某名誉权纠纷案。见江苏省常州市中级人民法院（2016）苏04民终2825号民事判决书。

誉称号记载错误的，民事主体可以请求更正。

(2) 权利保护

对于荣誉权的侵犯不仅包含荣誉的授予者还包括非荣誉授予者。荣誉授予者，主要是授予荣誉和剥夺荣誉的程序正当性。非荣誉授予者的侵害，包含否认荣誉取得的事实，表示剥夺荣誉享有者的荣誉称号，声称荣誉享有者不配获得相应的荣誉，声称荣誉享有者系采取不正当手段获取荣誉称号等。① 在实践操作中，因为侵害荣誉权而导致的荣誉丧失、财产损害、精神损害等均可以在诉讼请求中提出。

(五) 医务人员隐私权与个人信息的保护

关于自然人的隐私权与个人信息的保护有比较多的规定，本书第九章也有讨论。医务人员依法享有的隐私权，其个人信息同样受法律保护，适用《民法典》中的相关规定。相关内容参阅本书第九章，本章不再论述。

【案例 17-6】

张玉某、孙某诉张明某、范君某网络侵权责任纠纷②

原告张玉某系被告张明某、范君某聘请的保姆，照顾二被告的小孩，因小孩摔伤发生纠纷。后经人民法院审理，双方达成调解。被告之后在百度贴吧上对二原告大肆攻击，谩骂其为黑保姆、故意摔孩子等，并未经原告许可将原告照片、电话、住址、家庭成员、婚姻状况等进行公布。

法院认为，虽然二被告答辩称在网上发帖系为寻找原告，但其在网帖内容中对原告使用了侮辱性语言，并公布了原告的电话、住址等信息，已经超出其抗辩的为寻找原告张玉某而发帖的必要限度，故二被告的行为存在过错。二被告发帖网站为百度贴吧，该贴吧为对社会公众开放的公共信息空间，原告生活在大港油田区域，二被告所发网帖已引起其他网络用户关注、讨论，其在网帖中公布了原告的姓名、照片等个人信息，对原告使用侮辱性词语，必然在一定程度上降低原告的社会评价，导致其名誉利益受损。二被告未经原告许可，在网络上公开其电

---

① 参见叶金强：《〈民法总则〉"民事权利章"的得与失》，《中外法学》2017 年第 3 期。
② 参见张玉某、孙某诉张明某、范君某网络侵权责任纠纷案。见天津市滨海新区人民法院 (2013) 滨港民初字第 1511 号民事判决书。

话、住址、家庭成员、婚姻状况等信息,导致原告隐私利益受损。综上,二被告因过错实施了侵权行为,导致二原告人格利益受到损害,侵犯了原告的名誉权、隐私权。

网络用户在利用互联网时应遵守法律规定,并不得侵犯他人合法权益,网络用户利用网络以"人肉搜索"形式侵害他人名誉权、隐私权等民事权益,应当依法承担侵权责任。

【案例 17-7】

庞某与北京某信息技术有限公司、某航空股份有限公司隐私权纠纷[①]

2014 年 10 月 11 日,庞某委托鲁某通过某电商平台订购航空机票。13 日,庞某收到未知号码发来短信:"……您预订某日、某时、某次航班由于机械故障已取消,服务热线'4008—129—218'(注:改签乘客需要先支付 20 元改签手续费,改签成功后每位乘客额外得到补偿 200 元)……",后拨打客服电话予以核实,客服人员确认该次航班正常,并提示收到的短信应属诈骗短信。

14 日,客服向庞某发送通知短信"……由于飞机故障,您原定某日、某航班飞行时刻进行调整",后拨打客服予以确认,得到答复为该次航班确因故障延误。此后庞某又两次收到客服发来的航班时刻调整短信通知。当日晚 19:43,鲁某再次拨打客服确认航班时刻,被告知该航班已取消。

庞某认为某信息技术公司、某航空公司泄露其个人信息,才引发短信诈骗,被告公司侵犯其隐私权。

法院经审理认为:第一,单纯的姓名和手机号不构成隐私信息,但当姓名、手机号和行程信息(隐私信息)结合在一起时,结合之后的整体信息也因包含了隐私信息(行程信息)而整体上成为隐私信息。第二,庞某从收集证据的资金、技术等成本上看,作为普通人根本不具备对相对方内部数据信息管理是否存在漏洞等情况进行举证证明的能力,客观上,法律不能也不应要求庞某确凿地证明必定是信息技术公司、航空公司泄露了其隐私信息。从该案的现有证据证明,掌握庞某姓名、身份证号、手机号、航程信息的主体最大可能仅有本案的双方。故此

[①] 参见庞某与北京某信息技术有限公司等隐私权纠纷一案。见北京市第一中级人民法院(2017)京 01 民终 509 号民事判决书。

法院认定信息技术公司、航空公司存在泄露庞某隐私信息的高度可能。举证责任回到信息技术公司、航空公司方，需要其提交证据推翻侵犯隐私的高度可能。本案中信息技术公司、航空公司仅证明自己采取了安全管理措施，但不具有直接推翻侵犯隐私权的证据，不能证明泄露信息由他人或者信息本人造成的。故此，法院判决信息技术公司、航空公司承担侵权责任。第三，信息技术公司、航空公司在被媒体多次报道涉嫌泄露乘客隐私后，即应知晓其在信息安全管理方面存在漏洞，但是，该两家公司却并未举证证明其在媒体报道后迅速采取了专门的、有针对性的有效措施，以加强其信息安全保护。而本案泄露事件的发生，正是其疏于防范导致的结果，因而可以认定具有过错，理应承担侵权责任。

该案例对于个人信息相关案件审理具有指导意义。由于技术壁垒的限制，举证责任必然要存在合理的倾斜。涉及私密信息的个人信息由隐私权保障。

既然个人信息的处理是依据个人意志进行的，那么就应该允许权利人随时知晓个人信息目前的处理情况，故此应该可以进行查阅与复制；如果发现存在错误，应该可以进行修正；如果存在违法、违约行为，应该可以请求删除。

个人信息加入法律的目的就是保障权利人对个人信息的控制与利用。对于个人信息的及时修正、删除的目的就是减少个人信息肆意传播，以防止侵害的进一步扩大，减少维权成本。应注意，如个人信息处理人与权利人约定对查阅、复制、更改、删除个人信息支付报酬，则该约定无效。

（六）利用信息网络侵害医疗机构及医务人员的权益

网络用户利用网络侵害他人民事权益常见侵权行为有：盗用或者假冒他人姓名，侵害姓名权；未经许可使用他人肖像，侵害肖像权；发表攻击、诽谤他人的文章，侵害名誉权；非法侵入他人电脑，非法截取他人传播的信息，擅自披露他人个人信息、大量发送垃圾邮件，侵害隐私权、个人信息；等等。

《民法典》第一千一百九十四条、第一千一百九十五条、第一千一百九十六条、第一千一百九十七条，结合《最高人民法院关于审理利用信息网络侵害人身权益民事纠纷案件适用法律若干问题的规定》对利用信息网络侵权作出了系统的规定。第一千一百九十四条规定的是侵权人、提供内容或者产品服务的网络服务提供者直接侵权行为，侵权与否及损害救济依据所侵害的人格权进行判断即可。第一千一百九十五条、第一千一百九十六条、第一千一百九十七条是对网络技术服务提供者何时承担连带责任的规定。

1. "避风港"制度——"通知—移出"程序

（1）通知。不能仅以其提供的服务中出现侵权事实就当然推定其应当知道。应该以通知的形式告知网络服务提供者。其一，采取有效的通知形式，权利人应当根据网络服务的类型和性质，采取确定网络服务提供者能够知晓的形式；其二，通知的内容应当包括构成侵权的初步证据及权利人的真实身份信息；其三，要求网络服务提供者采取删除、屏蔽、断开链接等必要措施。

（2）移出。网络服务提供者接到通知后，应当及时将该通知转送相关网络用户，并根据构成侵权的初步证据和服务类型采取删除、屏蔽、断开链接等必要措施。

2. 网络用户的反通知——"反通知—恢复"程序

《民法典》规定了网络用户的反通知和网络服务提供者的恢复程序。网络用户提交包含不存在侵权行为的初步证据的不构成侵权的声明。网络服务提供者将该声明转送发出通知的权利人，告知权利人网络用户的抗辩主张并告知权利人可以向有关部门投诉或者向人民法院提起诉讼，如未有任何行为，为保障网络用户的合法权益，网络服务提供者将终止所采取的措施，恢复被删除的网络信息，或者恢复被断开的链接。

3. 网络服务提供者的连带责任

网络服务提供者经过权利人"通知"后未及时采取必要措施的，对损害的扩大部分与该网络用户承担连带责任；网络服务提供者知道或者应当知道网络用户利用其网络服务侵害他人民事权益，未采取必要措施的，与该网络用户承担连带责任。

（七）新闻、舆论监督侵权

《民法典》第九百九十九条是总则性地规定了新闻报道、舆论监督对人格利益应尽到合理使用的义务；第一千零二十五条、第一千零二十六条、第一千零二十八条是新闻报道、舆论监督侵犯名誉权的相关规定。新闻、舆论监督侵权不仅是内容侵权，对于标题与内容严重不符以及标题产生误导公众的可能性的，均视为侵权。患者在微信、微博、抖音等自媒体上擅自发布医疗机构、医务人员人身攻击、侮辱性的信息，均可构成侵权。

1. 合理使用的义务

（1）真实性。新闻是对现实事件的真实反映，不允许出现篡改、夸张、扭曲、杜撰等行为。新闻素材应该是真实的，不得是自行想象的。

（2）公正性。新闻媒体基于客观事实发表评论性报道，讨论应具有公正性。报道或评论应遵循客观、真实、中立、全面的原则，不得夸大片面事实、具有倾向性。评价应具有善意，不得具有侮辱、诽谤的内容。

（3）必要性。最小损害原则，对于不得不使用的个人信息应加以尽量小损害的引用。对于不必要表明的信息应该进行模糊处理。

（4）目的合理性。新闻报道、舆论监督应该出于公共利益的目的，没有侵权的故意。

2.新闻报道、舆论监督对名誉权的侵犯

（1）合理核实的义务。新闻报道、舆论监督主体应该尽到审慎人注意义务。审慎人注意义务兼顾不同群体、不同年龄、不同职业等人群的特点，确定其应当具有的注意义务标准，① 如具有众多粉丝的媒体人、专业打假人、职业新闻记者等。新闻媒体对不同渠道的消息来源，应当按照其权威性和可靠性程度的高低决定直接引用、进一步审查还是避免使用，如转载、匿名投稿等。②

（2）补救措施。及时采取更正或者删除措施是人格权请求的具象化，提出的补救措施请求满足人格权请求的条件即可。在提请补救时，权利人应该提交报道失实损害名誉权的基本证据。

【案例17-8】

陈立某、昆明市某医院名誉权纠纷③

2019年4月1日，被告陈立某因"发现右膝渐增性包块半年余"到原告昆明市某医院（以下简称医院）骨伤科住院治疗，于2019年4月2日行"右膝囊肿形成切除术、右胫骨近段植骨术"，并于2019年4月5日出院。2019年7月23日，被告及家属数人在原告院区拉横幅，横幅内容"严惩医生手术顶包行为 拒绝假病历"。自2019年7月26日起，被告分别在其微信朋友圈、微博、头条、抖音发布"昆明市某院李金某医生无资质做膝盖囊肿手术"的相关信息。医院遂向法院起诉，要求陈立某停止侵害，删除相关信息，赔礼道歉，赔偿精神损失费

---

① 参见王利明：《侵权责任法研究》，中国人民大学出版社2010年版，第347页。
② 参见亓培冰、李丹：《新闻报道使用匿名消息来源是否侵权的认定》，《人民司法》2016年第29期。
③ 参见陈立某、昆明市某医院名誉权纠纷案。见昆明市盘龙区人民法院（2020）云0103民初348号民事判决书；云南省昆明市中级人民法院（2020）云01民终6347号民事判决书。

1元人民币，损失费由被告承担。

一审法院认为，被告陈立某在原告医院做"右膝囊肿形成切除术、右胫骨近段植骨术"后，在未核实李金某医生是否具有医师资格的情况下，到原告院区拉内容为"严惩医生手术顶包行为 拒绝假病历"的横幅，在微信朋友圈、微博、头条、抖音上发布"昆明市某医院李金某医生无资质做膝盖囊肿手术"的不实信息，在一定范围内给原告造成巨大的负面影响，导致原告社会评价降低，严重侵害了原告的名誉权。另查明：医院李金某医生具有云南省卫生和计划生育委员会颁发的医师执业证书和昆明市卫生和计划生育委员会颁发的医师资格证书。

一审法院判决：（1）被告陈立某删除其自媒体上相关信息；（2）被告陈立某在其自媒体上向原告医院赔礼道歉（内容由一审法院审核，被告陈立某逾期不执行上述内容，由一审法院选择一家云南省公开发行的报刊，刊登判决的主要内容，刊登费用由被告陈立某承担）；（3）被告陈立某向原告医院赔偿损失人民币1元。案件受理费由被告负担。二审法院维持了该判决。

三、医疗机构面临的问题与对策

（一）强化地方立法对医疗秩序及医务人员人身权益保护

目前暴力伤医事件并没有因为疫情而停止，对医务人员权益的救济的落地现已成为迫切的现实需要。在《民法典》第一千二百二十八条、《基本医疗卫生与健康促进法》第五十七条保护医务人员的原则性规定基础上，鉴于医疗环境的特殊性和各地的差异性，目前各省（区、市）已经在有序地颁布切实可行的权益保障办法，如《北京市医院安全秩序管理规定》《上海市医疗卫生人员权益保障办法》等。这些地方性立法维护医院安全和医务人员合法权益，强调医疗卫生人员人身安全和人格尊严不可侵犯，全面地保护医疗卫生人员的合法权益，强调卫生健康部门、公安机关、医疗机构等各司其职，强调单位主责、协调联动、依法处置，有许多内容值得其他省（区、市）推广与借鉴。

1. 《北京市医院安全秩序管理规定》

北京作为首都，在医院安全秩序管理的地方立法方面也率先起到了引领作用。北京市第十五届人大常委会第二十二次会议通过《北京市医院安全秩序管理规定》并于2020年7月1日实施。该规定以维护医院安全秩序，惩治涉医违法犯罪行为，保护医务人员安全和社会公众利益为立法目的，按照医警联动、预防为主、综合治理、共同维护的工作原则，设计制度，制定措施，设定条款，聚焦医疗安全秩序管理的主要矛盾和关键症结。

《北京市医院安全秩序管理规定》的亮点有：①强调预防。规定要求对醉酒、精神或行为异常并有暴力倾向等就诊人员，医院可以安排治安保卫人员协助医务人员实施约束、隔离等保护性医疗措施。对有涉医违法犯罪前科和多次来医院无理缠闹，或者扬言实施暴力等高风险就诊人员，医院发现后应当通知公安机关，由公安机关先进行法治宣教，告知不得有违法行为；在其承诺遵守医院管理规定后，由医院治安保卫人员陪诊监督，直至离开医院。②医院应建立安检制度。规定明确进入医院人员有接受安检义务，严禁携带枪支、弹药、匕首等管制器具和易燃易爆、有毒有害等危险物品，以及菜刀、斧头、棍棒等公安机关规定的其他禁带物品进入医院。不接受安全检查的，医院有权拒绝其进入。③医务人员的避险保护措施。规定指出，医务人员人身安全受到暴力威胁时，可以采取避险保护措施，回避对就诊人员的诊疗；在不危及就诊人员生命安全的情况下，医院可以暂停诊疗；影响医务人员人身安全情形消失后，应当及时恢复诊疗。④建立高危就医人员信息共享的联防联控机制。共享共用医疗纠纷信息、高风险就诊人员信息、涉医"110"警情和涉医案件违法犯罪行为人数据等信息。同时要求卫生健康部门、公安机关与医院应当定期会商通报信息，分析医院治安形势，开展矛盾纠纷排查调处，进行风险评估预警。医院应当建立医疗纠纷风险评估制度，定期对医疗纠纷进行摸排分析，预防、减少和妥善化解医疗纠纷。

2.《上海市医疗卫生人员权益保障办法》

上海市卫生健康委在前期会同市公安局制定《上海市医患纠纷突发事件医警联动工作机制》的基础上，进一步明确医患纠纷突发事件的工作原则，规范医警联动机制的组织架构，明确各有关单位职责分工，确保医患纠纷突发事件依法、规范、有序处置。《上海市医疗卫生人员权益保障办法》经 2020 年 11 月 30 日市政府第 106 次常务会议通过，2020 年 12 月 28 日公布，自 2021 年 3 月 1 日起施行。

《上海市医疗卫生人员权益保障办法》的亮点有：①逐步提高医疗卫生人员的薪酬待遇。医疗卫生机构及其上级主管部门会同有关部门，落实国家和本市关于医疗卫生事业单位工作人员收入分配各项政策规定，建立正常的调整机制，逐步提高医疗卫生人员的薪酬待遇。对参加突发公共卫生应急处理的医疗卫生人员，根据国家和本市规定及时落实相应的补助补贴等政策。②对长时间超负荷工作的人员安排强制休息。医疗卫生机构应当依法保障医疗卫生人员休息休假时间。对于参加突发公共卫生事件应急处理或者执行紧急任务的医疗卫生人员，医疗卫生机构应当合理安排轮休、调休、补休，对长时间超负荷工作的人员安排强制休息。③保障医护人员心理健康。医疗卫生机构应当重视医疗卫生人员心理健康，建立心理疏导制度，定期进行心理健康宣传，为医疗卫生人员提供心理评估等服务。④要预防伤医行为发生。建立行政机关、司法机关、医疗卫生机构以及市场主体共同参与的跨部门、跨领域、跨区域的涉医失信联合惩戒机制。⑤对医闹人员实施失信惩戒。建立惩戒信息定期通报机制，相关部门定期将联合惩戒措施的实施情况反馈至市公共信用信息服务平台，市卫生健康主管部门应当定期汇总、分析并向各相关部门通报。根据医闹者的违法危害程度，区别一般失信处罚和严重失信惩罚。

（二）加强取证意识和维权意识，依法维护医务人员合法权益

司法诉讼实际上就是证据的对峙，是举证能力的对抗。目前的举证责任和证据规则，医务方的责任比患者方多一些。

在侵权行为发生时，及时、准确地保留相关证据对于后续维权具有重要意义。目前各医院已经装有各种监控设备，有效、准确地利用电子证据对于现有环境下医务人员举证极其重要。各医疗机构应该有意识地积极保养本机构内的监控设备，随时查看监控状况，对已记录的音视频材料进行规范管理和存储，应积极下载相关材料并进行合理期限的存储。同时，各种术前通知、具有重大影响的诊疗告知等应该在有效的录音录像设备下进行。

现全国人民群众法律意识已经普遍增强，在此背景下医疗机构和医务人员应该转换思维，对侵权行为积极正向的维权并不应该作为医务人员的职业污点存在。医疗活动虽然具有社会属性，但在民法领域，医务人员的角色已经是平等主体之间医疗服务合同关系的一方。随着患者"医从性"降低，参与意识和监督意识以及自我保护意识明显增强，医务人员的法治意识应该逐步增强。

"自然人享有生命权，有权维护自己的生命安全和生命尊严"，"自然人的身心健康受法律保护"。抛开职业属性，医务人员个人作为自然人，无论是否在执业过程中遭到人身伤害，均有作为独立的民事主体进行维权的权利。同时，医务人员的职业属性决定了其承载着维护公共卫生安全的职责，营造尊师重卫、理性就医的良好社会风气需要全社会的努力，因此医务人员在执业过程中遭受的人

身伤害事件更应受到社会的关注和重视。

《执业医师法》第四十条规定：阻碍医师依法执业，侮辱、诽谤、威胁、殴打医师或者侵犯医师人身自由、干扰医师正常工作、生活的，依照《治安管理处罚法》的规定处罚；构成犯罪的，依法追究刑事责任。《医疗纠纷预防和处理条例》第二十九条规定：医患双方应当依法维护医疗秩序。任何单位和个人不得实施危害患者和医务人员人身安全、扰乱医疗秩序的行为。医疗纠纷中发生涉嫌违反治安管理行为或者犯罪行为的，医疗机构应当立即向所在地公安机关报案。公安机关应当及时采取措施，依法处置，维护医疗秩序。

医务人员在执业过程中遭遇人身伤害事件后，医疗机构应履行的义务包括及时向公安机关报案，保障医务人员安全，配合调取证据，协助医务人员进行法律维权咨询等。但在治安甚至刑事案件调查处理过程中，主张权利、申请民事救济的主体应是受到侵害的医务人员个人。

【案例17-9】

北京朝阳医院眼科医生陶勇被害案[①]

引起医疗界高度关注的崔振国涉嫌故意杀人罪案，北京市人民检察院第三分院于2020年11月24日向北京市第三中级人民法院提起公诉，北京市华卫律师事务所童某洪律师、孙某楠律师受托作为陶勇医生的代理人参加诉讼并提起刑事附带民事诉讼，2020年12月30日北京市第三中级人民法院依法公开审理该案。

法院经审理查明，被告人崔振国因其眼睛治疗效果未达其预期，对朝阳医院陶勇等诊治医生心生怨恨，伺机报复。2020年1月20日13时50分许，崔振国持事先准备的菜刀进入朝阳医院门诊楼七层，趁正在为患者检查的医生陶勇不备，砍击陶勇的后脑部、颈项部，后继续追砍陶勇至其他楼层，过程中又将陶勇手臂砍伤，并先后将阻拦其行凶的其他三人砍伤。根据陶勇的伤情恢复情况，司法鉴定机构于2020年11月4日出具鉴定意见，陶勇身体损伤程度为重伤二级。另经鉴定，其他三名被害人身体损伤程度为一人轻伤二级，二人轻微伤。

一审法院认为，崔振国预谋作案，持刀故意砍击他人要害部位，构成故意杀

[①] 参见赵岩：《北京朝阳医院伤医案一审宣判，崔振国被以故意杀人罪（未遂）判处死缓》，《人民法院报》2021年2月4日。

人罪，其在人员众多的医疗公共场所公然持刀追砍行凶，手段残忍，后果特别严重，社会影响极其恶劣，人身危险性极大，故判处被告人崔振国死刑，缓期二年执行，剥夺政治权利终身。

（三）如何多管齐下遏制"医闹"

相对于其他类型的社会冲突或群体性事件，"医闹"有其特殊性。（1）"医闹"缘起的医疗纠纷相对于其他类型的民事纠纷而言，具有很强的专业性。这就意味着纠纷的解决需要专业组织或专业力量的介入。（2）"医闹"相对于其他类型的群体性事件，外在表现比较特殊。它具有"发起急，危害大，内部分异大"的特点。发起急，即意味着"医闹"群体性事件通常在短时间内快速形成，具有骤发性特点。危害大，指"医闹"引起的群体性事件不仅破坏公共医疗秩序，也常常损害公共交通秩序，危害医务人员的身心健康。内部分异大，指"医闹"引起的损害性事件形态存在显著差异，可分为群体型"医闹"和个体型"医闹"两种。（3）医疗纠纷通常涉及大量的直接人身损害后果，相对于其他民事纠纷中的利益性损害后果，对当事方的身心影响更大。因此，对医疗纠纷及相关的"医闹"事件的产生及其解决充分反映了国家在治理社会冲突过程中的困境，也因其区别于一般民事纠纷的专业性和情感性要素强化了这一困境。如何冲出困境，需要多管齐下。

首先，建立顺畅的医疗纠纷解决途径，让患方有充分的机会表达诉求，并给予充分的回应和解决。在医疗纠纷中，患方的基本诉求可分为3种。第一种是金钱补偿，属于经济性诉求。患方因为遭受医疗损害及其后续治疗希望得到物质补偿。第二种是责任判定，以及对相关责任人的处理，希望"讨个说法"，属于伦理性诉求。第三种是情感发泄，希望有关部门能够对自身由于医疗纠纷导致的"痛苦不堪的""不公平的""艰难的""被欺负和被损害的"的生存条件和生活状态改变作出应对措施，例如提供情感慰藉和疏导，属于情感性诉求。中国民众的维权通常存在着一系列的困难，正式维权途径的低效率和相关主体的不作为现象仍然普遍存在。民众在理性计算和情感触发的多重因素影响下，往往求助于非常规化和非制度化的解决策略。因此为了避免患方非理性行为的触发，针对上述基本诉求，与之对应的机构和部门应顺畅途径，积极履职，妥善处理。医院内部应设立专门的投诉和纠纷处理部门，由专门的人员疏导患方的不良情绪，了解患方的诉求，进行院内基础的调查处理并给予回复，告知纠纷处理途径和权利义务，积极引导患方通过合法途径主张权益。第三方调解组织应积极履行调解职能，个性化疏导，真正起到调解矛盾、化解矛盾的作用。各级医学会、司法鉴定机构和法院等部门，作为医患纠纷民事诉求处理的终端机构，应客观公正、快速高效，杜绝出于维持合法性和社会稳定的考虑，选择性地对不同诉求进行回应，导致机会主义在民众维权行为中的泛滥，从而加剧民众不满和怨恨，在极端情形下导致个体的暴力事件。

其次，严惩暴力手段扰序、伤医。2006年7月10日，原卫生部新闻发言人毛群安将"医闹"行为定义为一种违法行为。2012年4月30日，原卫生部、公安部联合发出《关于维护医疗机构秩序的通告》，明确警方可以依据《治安管理处罚法》，对参与"医闹"的相关主体予以处罚，严重者乃至被追究刑事责任。《刑法修正案（九）》明确"医闹入刑"，聚众扰乱医疗场所秩序的行为已经"犯罪化"，面临法律制裁手段中最严厉的"刑事处罚"。"医闹入刑"的立法实践表明国家依靠法律打击"医闹"，保护医院和医卫人员正当权益的决心。不断加大对"医闹"事件的惩戒力度也必然震慑"医闹"的相关参与者，维护正常的医疗秩序。

再次，医疗卫生行业的"自我反省"和改变。医学本身是一个专业性特别强的行业，普通患者本身就对其知之甚少，需要建立畅通的信息沟通渠道，保障医疗信息的沟通，避免因信息不规则膨胀而导致医患关系破裂。提高医务人员依法执业、依规执业的意识，提高医务人员的职业素养和人文素养，通过行业文化的营造、服务意识的提升、管理流程的人性化改进等措施逐步加强医疗行业内部管理和建设，在医患的角色中走出"医"先行的一步，引领医患关系走向互信和谐。

最后，普及健康宣教，引导科学就医。数据证明，有很大一部分的医疗投诉和纠纷是因为患者"不会看病"引起的。2019年印发的《国务院关于实施健康中国行动的意见》，提出实施健康中国行动，提高全民健康水平。"每个人是自己健康第一责任人。"应加强公众健康理念的宣教，培养个人健康管理意识及大健康视野。健康不仅包括身体健康还包括心理健康，培养健康的生活方式同样也需要在生活中保持心理健康，学会正确看待我与他人、我与世界的关系。同时引导公众科学理性就医，营造健康良好的社会氛围。

（四）重视舆情管控，加强医院自媒体建设

2020年7月12日在浙江金华，某名微博、抖音大V在其家属脚部存在3cm

伤口进入医院治疗过程中与医务人员发生冲突并进行直播,致使医务人员无法正常工作。后经当地公安介入,进行法制教育,才有所收敛。也因该医院有一位在自媒体平台拥有众多粉丝的医务人员将事件在信息网络平台进行还原,才防止了事件产生错误舆论。① 在互联网支撑下的新媒体、自媒体的时代,"人人是记者,个个是编辑",医疗机构及医务人员的各种信息随时可能在互联网上出现。医疗机构及医务人员要适应这种新的舆情环境,为此本书提出如下建议。

首先,医疗机构及医务工作者在重视舆情管控的同时,也应当加强自媒体建设,利用医院自媒体做好宣传,对相关争议事件及时发声,在法律框架之内建设好自己的立体化、矩阵化宣传平台,加强与公众的交流和沟通,为其解疑答惑,从长远角度建立双方信任关系。其次,医疗机构及医务工作者可以通过拍摄并发布短视频等新媒体手段管理医患关系,加强医学知识传播,普及中国医疗状况和行业动态,促进公众了解医院和理解医务人员。再次,医疗机构及医务工作者可以建立常态化的沟通机制,设立专职人员安抚重病患者及家属,解答其医学疑问,提供后续事宜的帮助。最后,在具体的医患冲突中透明公开,解除患者对医院的误会,建立医院、医务工作者与公众平等互动的关系。

互联网信息平台蓬勃发展,每个人都有发声的渠道,且互联网信息传播极快,医患关系又是一个敏感话题,稍不注意很容易引发舆情。每个发声的自然人不一定都会尽到审慎注意义务,很有可能产生对医务人员人格权益,如名誉权、隐私权、个人信息等的损害。各医疗机构应该积极关注可能存在的舆情风险,及时把握舆论走向,客观、冷静地发声,以防止损害的进一步扩大。

---

① 参见《两"男演员"直播大闹医院,护士长忍无可忍,叫来439万粉丝大V医生》,环球网,2020年7月13日。

附　录　相关法律文件全称、简称对照表

法律文件全称	法律文件简称
中华人民共和国民法典	民法典
中华人民共和国民法通则	民法通则
中华人民共和国侵权责任法	侵权责任法
中华人民共和国老年人保障法	老年人保障法
中华人民共和国未成年人保护法	未成年人保护法
中华人民共和国消费者权益保护法	消费者权益保护法
中华人民共和国妇女权益保障法	妇女权益保障法
中华人民共和国网络安全法	网络安全法
中华人民共和国基本医疗卫生与健康促进法	基本医疗卫生与健康促进法
中华人民共和国执业医师法	执业医师法
中华人民共和国药品管理法	药品管理法
中华人民共和国疫苗管理法	疫苗管理法
中华人民共和国中医药法	中医药法
中华人民共和国母婴保健法	母婴保健法
中华人民共和国传染病防治法	传染病防治法
中华人民共和国精神卫生法	精神卫生法
中华人民共和国民事诉讼法	民事诉讼法
中华人民共和国治安管理处罚法	治安管理处罚法
中华人民共和国刑法修正案（七）	刑法修正案（七）
中华人民共和国刑法修正案（九）	刑法修正案（九）
中华人民共和国刑法修正案（十一）	刑法修正案（十一）

续表

法律文件全称	法律文件简称
最高人民法院关于贯彻执行《中华人民共和国民法通则》若干问题的意见（试行）	民通意见
最高人民法院关于适用《中华人民共和国民法典》时间效力的若干规定	民法典时间效力规定
最高人民法院关于审理医疗损害责任纠纷案件适用法律若干问题的解释	医疗损害解释
最高人民法院关于审理人身损害赔偿案件适用法律若干问题的解释	人身损害赔偿解释
最高人民法院关于确定民事侵权精神损害赔偿责任若干问题的解释	精神损害赔偿解释

案例索引

【案例00-1】上千家"协和"要改名！国家出手整治李鬼医院　　7
【案例00-2】某医院以互联网文章侵犯其名誉权诉讼案　　7
【案例00-3】关于意思表达的规定在医疗实践中的运用　　11
【案例00-4】手术标本处置约定　　13
【案例01-1】杨江某与解放军某医院未经其同意终止彭某妊娠的案例　　20
【案例01-2】超过诉讼时效被法院驳回起诉的案例　　22
【案例01-3】一个规范性文件规定的错误　　25
【案例01-4】温州白先生夫妇、黄先生夫妇与温州某医院错换婴儿案　　36
【案例01-5】董某诉于某私扣车辆及货物纠纷案　　41
【案例01-6】抢救时剪破患者衣物并丢弃被患者家属索赔　　42
【案例01-7】住院患者医院外自杀责任自己承担案　　44
【案例01-8】焉某与乳山市某医院名誉权纠纷　　46
【案例02-1】患者家属自主决定放弃治疗并拔管的案件　　53
【案例02-2】中国首例因安宁疗护纠纷案　　55
【案例02-3】中国首例离体受精胚胎监管权处置权纠纷案　　57
【案例02-4】死胎的所有权争议　　59
【案例02-5】车祸伤后漏诊精神异常的医疗纠纷案　　61
【案例02-6】医院对患者出院后定期复查告知不到位纠纷　　62
【案例02-7】遗腹子继承纠纷案　　66
【案例02-8】死产与活产的区别　　66
【案例02-9】医院尸体遗失案　　68
【案例02-10】北京某医院医生擅自摘取死者角膜的案件　　70
【案例02-11】非法摘取死者器官构成刑事犯罪　　70
【案例03-1】福建省尤溪县开展公立医院薪酬制度改革　　87

【案例 04-1】 等待住院床位未能入院是否属于违反医疗合同 　　93
【案例 04-2】 接到急救电话不出诊引发的医疗损害赔偿纠纷案 　　98
【案例 04-3】 医院组织实习生观摩手术侵犯患者隐私权案例 　　102
【案例 04-4】 患者子女未尽陪护义务的医疗服务合同纠纷 　　106
【案例 04-5】 患者监护人对医疗欠费承担连带责任案 　　107
【案例 04-6】 医疗欠费属于夫妻共同债务及继承财产范围清偿案 　　108
【案例 05-1】 医疗机构门诊预约告知示例 　　115
【案例 05-2】 患者爽约要求退医事服务费、赔偿误工费案 　　116
【案例 05-3】 前往急诊呼叫点途中被其他患者拦停救护车 　　121
【案例 05-4】 陈某等与上海市某医疗急救中心医疗损害责任纠纷 　　122
【案例 05-5】 医疗欠费及担保合同纠纷案 　　129
【案例 06-1】 患者在医院内储物柜存放物品丢失后与医院产生纠纷 　　132
【案例 06-2】 薛某等与荥阳市某医院等保管合同纠纷案 　　135
【案例 06-3】 尸体发生干化现象之医院保管不善担责 　　136
【案例 06-4】 寄存人可随时领取保管物，法院判决医院返还胚胎 　　137
【案例 06-5】 医院未收取车辆管理费，无须赔偿 　　138
【案例 06-6】 患者家属探病将车停放在医院指定场所后被盗，医院被判赔 　　139
【案例 06-7】 天津某人力资源服务有限公司与天津市某医院服务合同纠纷案 　　141
【案例 06-8】 医院不履行买卖合同，被法院判决解除合同并赔偿损失 　　143
【案例 06-9】 患者家属租用医院看护椅受伤，医院被判决赔偿 　　147
【案例 06-10】 医院自有物的所有权转让回租式融资租赁法律关系 　　149
【案例 06-11】 医患双方签订和解协议后已履行，患者再主张权利被法院驳回 　　154
【案例 06-12】 医院和解协议因欺诈被撤销 　　155
【案例 07-1】 国内首个意定监护案例 　　164
【案例 07-2】 某精神病院因病人在病房自杀被诉医疗损害案 　　170
【案例 07-3】 家属陪护告知书示例 　　172
【案例 08-1】 2020年10月7日长春某医院急诊外车祸求助事件 　　182
【案例 08-2】 为老人自愿实施紧急救助做心肺复苏压断12根肋骨遭索赔 　　184
【案例 08-3】 在医疗机构内紧急救治尽到合理注意义务不承担赔偿责任 　　185
【案例 08-4】 在医疗机构内紧急救治未尽到合理注意义务承担赔偿责任 　　186

【案例09-1】	上海疾控中心出"内鬼"数十万新生儿信息被售卖	190
【案例09-2】	上海疫情公布"只提地点不提人"	193
【案例09-3】	医院的电子病历经鉴定存在篡改，推定医院全责	200
【案例09-4】	病历质量管理缺陷与违法的界限	202
【案例09-5】	未经患者同意，医疗机构擅自给他人复制病历诉讼案	206
【案例09-6】	病历记载内容涉嫌侵犯他人名誉诉讼案	207
【案例10-1】	撞上医院的玻璃门，是赔人还是赔门	213
【案例10-2】	患者在医院跳楼死亡，家属索赔被驳回	215
【案例10-3】	陪诊人员在医院内摔伤引发的侵权纠纷	216
【案例10-4】	患者坠床责任应该由谁承担	218
【案例10-5】	住院患者走失的责任承担	221
【案例10-6】	患者财物被偷，医院是否担责	223
【案例10-7】	在医院内和小偷扭打15秒，医院职工没人来干预	226
【案例11-1】	李某娥等诉北京某医院医疗损害赔偿案	240
【案例11-2】	日本某教派教徒输血医生未尽告知义务案	247
【案例11-3】	诊断性治疗未告知说明的责任认定及损害赔偿	248
【案例12-1】	因篡改病历导致鉴定不能，医疗机构承担赔偿责任	261
【案例12-2】	致残后因其他原因死亡残疾赔偿金年限确定案	264
【案例12-3】	医疗机构提供医疗产品手续完善，不承担赔偿责任	270
【案例13-1】	医院向医务人员追偿获法院支持案例	284
【案例13-2】	医院向医务人员追偿未获法院支持案例	285
【案例13-3】	医院向医院试岗人员追偿未获支持	286
【案例14-1】	县医院因尽到当时的医疗水平而免责	295
【案例14-2】	医院职工未经挂号私下诊疗行为导致不良后果的责任	298
【案例14-3】	患者私下联系外院医师会诊的法律责任	298
【案例14-4】	住院私自外出后死亡引发纠纷	302
【案例14-5】	无过错输血引发纠纷	303
【案例14-6】	患者家属不同意转院致病情恶化引发的纠纷	304
【案例15-1】	近年来国家相关部门查处的骗保大案	312
【案例15-2】	鲁某与首都医科大学附属北京某医院医疗服务合同纠纷	315
【案例16-1】	对逾期未交冷冻保存费的胚胎集中销毁的通知	329

【案例 16-2】 世界首例基因编辑婴儿案　　　　　　　　　　　　342

【案例 16-3】 张某诉某医药公司、北京某医院临床试验合同纠纷案　　343

【案例 16-4】 某医疗机构诉某医疗器械公司临床试验医疗服务合同纠纷案　　344

【案例 17-1】 赔礼道歉在不同个案中具体形式不同　　　　　　　　349

【案例 17-2】 人格权侵害禁令首案　　　　　　　　　　　　　　　351

【案例 17-3】 为公共利益合理使用肖像不构成侵权案例　　　　　　355

【案例 17-4】 赵某与黄某名誉权案　　　　　　　　　　　　　　　356

【案例 17-5】 钮某与丁某某名誉权纠纷　　　　　　　　　　　　　357

【案例 17-6】 张玉某、孙某诉张明某、范君某网络侵权责任纠纷　　358

【案例 17-7】 庞某与北京某信息技术有限公司、某航空股份有限公司
　　　　　　 隐私权纠纷　　　　　　　　　　　　　　　　　　359

【案例 17-8】 陈立某、昆明市某医院名誉权纠纷　　　　　　　　　362

【案例 17-9】 北京朝阳医院眼科医生陶勇被害案　　　　　　　　　366

后 记

《民法典》构建了一整套民事法律事务规范，必将对我国的医疗机构管理和医疗服务产生深远影响。医疗机构对此虽有预期，但是究竟如何将《民法典》规定的各项民事法律制度与医疗机构的各项工作联系起来，尤其是如何针对各医疗机构的具体情况、具体制度加以落实，需要医疗机构管理者及医疗机构法务人员进行研究。我们相信，本书能给广大医疗机构管理者及法务人员以一定的启迪。我们相信，在《民法典》实施的背景下，顺应《民法典》的要求，医疗机构的管理工作和医疗服务工作将更加规范，在保护医患双方合法权益方面发挥更大的作用。

本书的作者团队在医疗一线长期从事医疗法务工作，本书的撰写正是他们将《民法典》规范与医疗机构实践结合的经验荟萃。当然，由于《民法典》颁布时间不长，与医疗实务相结合进行研究的经验有限，加上我们自身才疏学浅，对《民法典》的学习和理解不一定到位，错漏在所难免，欢迎各位方家和热心读者不吝赐教，以便我们再版时进行修正、补充。

在本书脱稿之际，作者团队成员衷心感谢给予该书研究和写作大力支持的中国政法大学、中国人民解放军总医院、北京积水潭医院等单位及领导。同时团队成员也衷心感谢家属们给予该书写作的物质和精神的支持。

作者
2021 年 3 月 1 日